ÉTUDE

SUR LE

LIBER PONTIFICALIS

PAR

M. l'abbé L. DUCHESNE

ANCIEN MEMBRE DE L'ÉCOLE FRANÇAISE DE ROME, CHANOINE HONORAIRE DE SAINT-BRIEUC.

SUIVIE DE

I. RECHERCHES SUR LES MANUSCRITS ARCHÉOLOGIQUES DE JACQUES GRIMALDI, ARCHI-
VISTE DE LA BASILIQUE DU VATICAN AU SEIZIÈME SIÈCLE, PAR M. EUGÈNE MÜNTZ,
ANCIEN MEMBRE DE L'ECOLE FRANÇAISE DE ROME.

II. ÉTUDE SUR LE MYSTÈRE DE SAINTE AGNÈS, PAR M. CLÉDAT, ANCIEN MEMBRE DE
L'ECOLE FRANÇAISE DE ROME.

PARIS

ERNEST THORIN, ÉDITEUR

LIBRAIRE DES ÉCOLES FRANÇAISES D'ATHÈNES ET DE ROME
DU COLLÉGE DE FRANCE ET DE L'ÉCOLE NORMALE SUPÉRIEURE

7, RUE DE MÉDICIS, 7

1877

PRÉFACE

Pour juger sûrement de la valeur d'un document historique, il y a trois choses à déterminer : le texte, la date et les
sources. Déterminer le texte, c'est reconstituer autant que
possible la rédaction primitive, telle qu'elle est sortie des
mains de l'écrivain. Déterminer la date, c'est replacer l'œuvre au temps précis et dans le milieu littéraire où elle s'est
produite. Déterminer les sources, c'est indiquer la valeur des
renseignements et l'autorité du témoignage.

J'entreprends cette triple enquête à propos du *Liber Pontificalis*, recueil de biographies des papes, imprimé et cité souvent sous le nom d'Anastase-le-bibliothécaire. Peu de documents ont une importance plus grande pour l'histoire des papes
et de la ville de Rome pendant le moyen âge, pour l'archéologie chrétienne, la topographie romaine et l'histoire des arts.
Jusqu'ici, cependant, son autorité est restée mal définie. Entre les opinions extrêmes de ceux qui l'attribuent tout entier
à Anastase-le-bibliothécaire et de ceux qui en font une collection de biographies officielles, rédigées aussitôt la mort de
chaque pape, par les soins de son successeur, et cela depuis
saint Pierre et Linus, beaucoup de systèmes se sont produits (1)

---

(1) Je n'ai pas entrepris de faire la bibliographie du sujet : elle eût été intermi-
nable. Dans le chapitre premier on trouvera l'indication des principaux ouvra-

sans qu'aucun d'eux puisse être considéré comme une solution définitive. Il n'était donc pas inopportun de reprendre
l'étude de ce livre et de chercher à en définir la valeur et
l'autorité.

En ce qui concerne la date, il y a un double intérêt à la
fixer avec certitude. Tout le monde est d'accord qu'une partie du livre des papes a d'abord été écrite tout d'un jet, à laquelle une série de continuations contemporaines sont venues
successivement s'adjoindre. On comprend qu'il est très-im-
portant de savoir si les vies des premiers papes ont été écrites au septième siècle, par exemple, ou au neuvième; mais
il n'est pas moins intéressant de fixer le moment où commencent les continuations dues à des contemporains et revêtues
par cela même d'une tout autre autorité que ce qui précède.
Pour cette recherche, je suis parti d'une conjecture féconde
qui s'est trouvée ensuite vérifiée de tant de manières qu'elle
entraînera, je crois, la conviction, mais si simple, que je
m'étonne encore de l'avoir aperçue le premier. Le catalogue
des papes terminé à Félix IV († 530) a jusqu'ici été considéré
comme le noyau et la première rédaction du *Liber Pontificalis*.
J'ai pensé qu'il en pouvait être, au contraire, un simple
abrégé : cette hypothèse m'a conduit à reporter au delà de
l'année 530, limite du catalogue félicien, la rédaction primitive

---

ges, parmi lesquels ceux de Ciampini, Schelstrate et Bianchini méritent une
mention toute spéciale. On peut en dire autant des *Origines de l'Eglise romaine*,
par les Bénédictins de Solesmes, Paris, 1836. Ce dernier ouvrage est encore
dans la tradition ancienne : il résume fort bien les conclusions acquises jusqu'au commencement de ce siècle. Quant aux travaux allemands, je dois exprimer ici le regret de n'avoir pu me procurer la dissertation de W. Giesebrecht :
Ueber die Quellen der früheren Papstgeschichte, publiée dans l'*Allgemeine Monat-
schrift* de Halle, avril 1852. Je ne crois pas d'ailleurs que les questions dont je
me suis occupé y aient été discutées ; au moins je n'en vois pas trace dans les
ouvrages allemands qui ont paru depuis sur ce sujet. Au moment où j'écris, je
viens à peine de prendre connaissance de l'*Introductio generalis ad historiam
ecclesiasticam* du P. de Smedt, S. J., professeur d'histoire ecclésiastique à Lou-
vain, Gand, 1876. Ce livre, recommandable à bien des titres, contient, sur le *Liber
Pontificalis*, comme sur les autres sources de l'histoire ecclésiastique, d'abon-
dantes indications bibliographiques. Les sages conclusions du P. de Smedt sur
l'autorité de la chronique papale trouveront dans mon travail une complète jus-
ification.

du livre des papes. Il m'a fallu traiter d'abord cette question de date et la faire passer avant l'étude du texte, ce qui peut sembler moins naturel ; en suivant un ordre différent, j'aurais été obligé de supposer acquises certaines solutions ou exposé à tomber dans une terminologie obscure et compliquée.

L'étude du texte comportait d'abord le dépouillement de tous les manuscrits connus. J'en ai vu par moi-même quatre-vingt-dix-huit, sur les cent dix que comprend mon catalogue. Ce sont ceux de France, d'Italie, de Suisse, de Belgique et de Hollande. Sur les manuscrits allemands, danois, anglais, espagnols, d'obligeants correspondants (1), experts dans les recherches paléographiques, m'ont renseigné très-suffisamment, de sorte que j'ai tout lieu de croire que le classement établi dans ce livre ne sera pas sensiblement modifié par des découvertes ultérieures.

Outre le classement des manuscrits, la détermination de leur valeur respective pour les éditions futures et de la sincérité des éditions passées, le dépouillement des manuscrits m'a donné lieu de relever un certain nombre de faits intéressants sur la diffusion, les recensions et les continuations du livre des papes pendant le moyen âge. Les éditions le terminent toujours à Etienne V († 891) ; on verra que cette coupure n'est pas entièrement justifiée et que le *Liber Pontificalis* a été continué de diverses manières jusqu'à Martin V († 1431). Je ne doute pas qu'il n'eût été prolongé au delà, si les humanistes italiens de la Renaissance n'eussent été dégoûtés de son style. Vers la fin du quinzième siècle, Platina donna satisfaction à leurs exigences littéraires et son recueil de vies des papes, continué par Panvinio et Ciacconio, supplanta pour longtemps les antiques biographies pontificales.

L'étude des sources à laquelle j'ai consacré la troisième partie de ce travail a eu surtout pour but de démêler, dans

---

(1) On trouvera leurs noms en différents endroits de cet ouvrage; mais je dois ici remercier M. Emile Châtelain, actuellement membre de l'Ecole de Rome, des vérifications qu'il a bien voulu faire pour moi dans les manuscrits de Paris pendant que je voyageais à l'étranger.

les éléments divers de la première rédaction, ce qu'il y a
d'authentique et ce qui est apocryphe, et de caractériser les
procédés généraux de la composition. J'ai tenu à n'aborder
que les questions qui pouvaient avoir une solution d'ensemble ; entrer dans le détail et analyser une à une toutes les
indications du *Liber Pontificalis* eût été faire un commentaire,
et ce n'est pas ici le lieu. L'autorité des continuations diverses, depuis le sixième siècle jusqu'au dixième, se trouve définie dans le chapitre consacré à ces continuations. Au delà,
c'est-à-dire du dixième au quinzième siècle, ce qu'il y avait à
dire a été placé dans les chapitres du livre second qui traitent
des recensions de cette période.

Quant à l'esprit dans lequel ont été conçues et poursuivies
ces recherches, il ne peut être autre que l'esprit d'exactitude
et le désir d'éclairer les origines d'un document intéressant
pour l'histoire et l'archéologie chrétienne. On pense bien que
l'honneur de l'Eglise romaine et de ses pontifes n'est pas
pour moi chose indifférente, et que si je n'hésite pas à sacrifier tout ce qui est faux et apocryphe dans les documents
qui se donnent comme leur histoire, je suis bien loin de con-
fondre la cause avec les mauvais arguments qu'on a prétendu
invoquer pour la défendre. Ces sentiments ne m'auront pas,
je l'espère, fait dévier de la rigueur nécessaire dans une semblable discussion ; autre chose est la probité scientifique, autre chose l'indifférence. Je puis d'ailleurs citer ici les noms de
ceux que je regarde comme des maîtres et des modèles,
Victor de Buck et Jean-Baptiste de' Rossi. Hélas ! le premier
de ces noms est désormais celui d'un mort.

Paris, 23 novembre 1876, fête de saint Clément, pape et martyr.

N. B. — Le *Liber Pontificalis* est toujours cité suivant l'édition Bianchini, réimprimée par Migne, *Patrologie latine*, tomes CXXVII et
CXXVIII. Pour aller plus vite, je désigne ces deux volumes par les
n⁰ˢ I et II.

ÉTUDE

SUR

LE LIBER PONTIFICALIS

LIVRE PREMIER

La date

CHAPITRE PREMIER.

ÉTAT DE LA QUESTION.

Jusqu'à la fin du quatorzième siècle les manuscrits du *Liber Pontificalis*, tout en le présentant sous des titres très-divers, s'accordent à le laisser anonyme. Ce n'est que dans quelques manuscrits des recensions terminées à Honorius II et à Martin V que l'on voit apparaître le nom de Damase (1). Il n'est pas douteux, d'ailleurs, que l'intention du premier rédacteur n'ait été de le faire passer sous le nom de ce pape : les deux lettres de saint Jérôme à Damase et de Damase à saint Jérôme, qui, dans tous les manuscrits, quelque anciens qu'ils soient, servent de préface à la série des notices, témoignent assez de ce dessein. Aussi au quinzième et au seizième siècle l'ouvrage est-il toujours cité sous le nom de Damase : il fut même question d'en détacher la partie antérieure à ce pontife pour en faire une édition sous son nom. Quant au reste, que l'on ne pouvait plus attribuer à Damase, on se préoccupa de bonne heure d'en fixer l'origine.

---

(1) Déjà vers la fin du treizième siècle Martinus Polonus emploie, en citant le *Liber Pontificalis*, la formule *ex chronicis Damasi papæ de gestis pontificum* (Chron. Martini Pol., *Proœmium*).

A la marge, ou même quelquefois dans le texte de plusieurs manuscrits de la recension de Martin V, on trouve la note suivante : « *Liber iste intitulatur* DAMASUS DE GESTIS PONTIFICUM; *sed quum non potuerit nisi ad sua tempora scribere, quod superadditum est alterius est auctoris cujus nomen non teneo. Verum in vita Gelasii papæ II quidam Pandulfus hostiarius affirmat se ista scripsisse, quod intelligi potest vel de toto opere vel de vita Gelasii tantum quod ex vita Pascalis II conjectari licet.* »

Ce n'était là qu'une conjecture écrite par un lecteur à la marge de son manuscrit et propagée ensuite dans plusieurs autres. Onofrio Panvinio est le premier qui ait proposé un système : selon lui, les notices du *Liber Pontificalis* se répartissent entre les auteurs suivants : Damase : de saint Pierre à Libère ; — Anastase le Bibliothécaire : de Damase à Nicolas I⁰ʳ ; — Guillaume le Bibliothécaire : d'Hadrien II à Alexandre II ; — Pandolfe de Pise : de Grégoire VII à Honorius II ; — Martinus Polonus : d'Innocent II à Honorius IV ; — Dietrich de Niem : d'Honorius IV à Urbain VI ; — un auteur inconnu : de Boniface IX à Martin V.

Les deux premières séries seulement sont citées habituellement sous le nom de *Liber Pontificalis ;* c'est d'elles que nous allons d'abord nous occuper ; quant aux autres, personne n'a jamais douté qu'elles ne fussent des additions postérieures ; nous y reviendrons plus tard, quand nous aurons déterminé à quelle époque on a commencé à rédiger la première partie, à laquelle, pour la commodité du langage, nous restreindrons provisoirement l'appellation de *Liber Pontificalis.*

Constatons d'abord que c'est Panvinio qui a le premier mis en avant le nom d'Anastase. Personne avant lui n'y avait songé : aucun manuscrit ne contient quoique ce soit qui puisse, directement ou indirectement, confirmer cette conjecture.

Elle ne tarda pas néanmoins à faire fortune : Bellarmin l'accepta sans examen (1) ; l'éditeur de Mayence alla même plus loin, et publia (1602) sous le nom d'Anastase toute la partie qui va de saint Pierre à Etienne V († 891) (2). Dès lors il fut admis qu'Anastase devait avoir eu au moins une grande part dans la composition du livre pontifical : les uns, s'attachant au système de Panvinio, divisèrent la série des notices entre Damase et Anastase ; d'autres, comme Baronius, Possevino, Holste, Ciampini (3),

----

(1) *De scriptorib. ecclesiast.,* art. Damase.
(2) V. la préface de cette édition.
(3) Baronius, **ad ann.** 867, n⁰ 139 ; Holste : notes manuscrites citées par

bornèrent le rôle d'Anastase à une simple coordination de notices
écrites avant lui par divers auteurs; d'autres enfin, comme Blon-
del et Saumaise, tout en laissant la première rédaction à Damase,
y discernèrent des interpolations qu'ils mirent sur le compte du
Bibliothécaire en même temps que la continuation du recueil.

Vers le milieu du dix-septième siècle, divers savants remarquè-
rent que le livre pontifical avait été mis à contribution par le
fabricateur des fausses décrétales et cité par plusieurs auteurs
certainement antérieurs à Anastase, en particulier par Bède le
Vénérable. Il fallut donc renoncer à faire d'Anastase le premier
éditeur. Pearson (1) l'écarte résolument et Damase avec lui. Dans
son système, le *Liber Pontificalis* a été rédigé vers la fin du sixième
siècle; cette première rédaction constitue le catalogue félicien qui
venait alors d'être édité par les Bollandistes; plus tard, mais certainement avant Anastase, il a été à la fois interpolé et continué
de manière à revêtir sa forme actuelle. Martinelli (2) rejette aussi
l'attribution à Anastase; selon lui, la première compilation a été
faite par l'ordre de Damase, après lequel divers auteurs l'ont successivement continuée. Schelstrate (3) est le premier qui ait marqué
un terme précis : il arrête à Constantin († 715) (4) la première rédaction. Ses motifs sont très-sérieux : 1° Les allusions que l'on
trouve dans le texte à l'existence de l'exarchat de Ravenne ; 2° les
limites de certains manuscrits qui ne vont pas au delà du pape Constantin ; 3° les citations de Bède († 731). Bianchini (1718) adopta
dans son commentaire (5) le système de Schelstrate ; mais il eut le
tort de sacrifier à l'usage reçu et de conserver le nom d'Anastase en
tête de son édition. Plus prudent, Vignoli, sans se prononcer sur la
date du *Liber Pontificalis*, le publia comme un ouvrage anonyme.

En 1822, un élément nouveau vint s'introduire dans le pro-
blème. M. Pertz découvrit à Naples un très-ancien manuscrit de
la chronique des papes; mutilé à la fin, ce manuscrit s'interrompt

---

Schelstrate, *Dissert. de antiq. rom. pont. catalogis*, VII, 7, dans son *Antiquitas
Ecclesiæ illustrata*, I, p. 381 ; Possevino : *Apparatus sacer*, I, p. 71; Ciampini :
Examen Libri pontificalis, 1688, réimprimé dans les *Scriptores* de Muratori, III,
part. I.

(1) *De serie et successione primorum Romæ episcoporum diss. duæ*. Londres,
1687, *Diss.*, I, chap. XII, p. 124.

(2) *Roma ex ethnica sacra*. Rome, 1653, p. 499.

(3) *Antiquitas Ecclesiæ illustrata*, t. I, p. 383.

(4) Holste croyait que toutes les notices, depuis saint Pierre jusqu'à Grégoire III inclusivement, devaient être attribuées au même auteur (Schelstrate,
l. c., p. 381). On verra bientôt que cette opinion n'a aucun fondement sérieux.

(5) V. la préface du Iᵉʳ volume, nᵒˢ 6-8.

dans la vie d'Anastase II (496-498) ; mais une liste de papes, placée en tête des notices, s'arrête à Conon (687). Il y avait donc lieu,
les caractères paléographiques étant d'accord avec cette indication
chronologique, de fixer à l'année 687 la transcription du manuscrit, et le savant allemand en jugea ainsi. D'autre part on connaissait déjà, par l'édition de Joseph Bianchini, un texte du *Liber Pontificalis* terminé également à Conon. Cette rédaction, conservée
dans un manuscrit de Vérone, est, il est vrai, plus succincte que
le texte ordinaire; mais il est évident qu'elle n'en est qu'un
abrégé. Il fut dès lors démontré qu'on devait reporter plus haut la
date du *Liber Pontificalis*, et, à l'heure qu'il est, tous les savants,
critiques ou archéologues, s'accordent à le faire remonter à l'an
687 (1).

Une autre opinion reçue au sujet du *Liber Pontificalis*, c'est que
cette rédaction de l'an 687 n'est pas la première : on en admet
une autre, beaucoup moins étendue et terminée à Félix IV
(† 530). Ce texte connu sous les noms de catalogue félicien,
second catalogue (2), catalogue sous Justinien, *Liber Pontificalis*
de l'an 530, fut publié pour la première fois par Henschen dans
la collection bollandienne (3), puis par Schelstrate dans son
Antiquitas Ecclesiæ illustrata. En le comparant au *Liber Pontificalis*,
deux conclusions pouvaient s'offrir à l'esprit : ou bien le catalogue félicien était le premier germe, le noyau du *Liber Pontificalis*
déjà connu, ou bien il n'en présentait qu'un abrégé. Dans le premier cas on avait deux rédactions distinctes, l'une plus succincte,
mais plus ancienne, et partant plus autorisée, l'autre interpolée
et relativement récente. Dans l'autre hypothèse, le *Liber Pontificalis* complet était reporté à une date antérieure à Félix IV et le catalogue félicien n'avait par lui-même d'autre importance que celle
des leçons nouvelles qu'il pouvait présenter.

Il est remarquable que personne ne songea à cette seconde
solution au moment où parut le texte félicien, et que personne ne
semble y avoir encore songé. Henschen et Schelstrate ayant
déclaré que le *Liber Pontificalis* avait été formé en développant le

(1) Röstell, *Beschreibung der Stadt Rom.*, t. I, p. 207-217. Stuttgart et Tübingen,
1830. — Mommsen, *Abhandlungen der philol.-hist. Classe der königl. Sachs.
Gesellschaft der Wissenschaften*, t. I. p. 582, 1850. — Piper, *Einleitung in die
monumentale Theologie.* Gotha, 1867, p. 315-349. — R.-A. Lipsius, *Chronologie
der Römischen Bischöfe.* Kiel, 1869, p. 82 et suiv. — De' Rossi, *passim*, et notamment *Roma sott.*, I, p. 123. — Kraus, *Die Römischen Katacomben*, p. 24.
(2) A cause du catalogue philocalien de l'an 354.
(3) *Act. SS.* Aprilis, t. I.

catalogue préexistant de l'an 530, personne ne s'est avisé de vérifier leur assertion : je dis leur assertion, car, en fait de preuves, Schelstrate n'en donne absolument qu'une, et cette preuve est fausse, comme on le verra bientôt (p. 26).

Je me propose d'établir que le *Liber Pontificalis* est antérieur au catalogue félicien, qui n'en est qu'un abrégé, et que sa première rédaction, qui a dû précéder l'année 530, doit se placer peu de temps après la mort du pape Symmaque (514).

Toutefois, avant d'aller plus loin, il convient d'en finir avec les titres d'Anastase et de Damase à la paternité de la chronique papale.

Quant à Anastase, dont le nom ne se trouve en tête d'aucun manuscrit (1), il faut l'écarter absolument, et ce serait faire preuve d'érudition arriérée que de citer les vies des papes sous le nom de cet auteur, ou même de lui attribuer une part quelconque dans la rédaction, la continuation ou la publication du recueil. Damase n'a d'autres titres que les deux lettres qui, dans tous les manuscrits, précèdent la collection des notices ; ces deux lettres sont apocryphes ; comme en bien d'autres endroits du *Liber Pontificalis*, on y trouve la trace des préoccupations qui agitaient les contemporains de Symmaque ; elles ne doivent donc pas être séparées du reste. D'un autre côté, rien ne prouve que le livre pontifical, tel que nous le possédons, ait été précédé d'une autre collection analogue dont il serait un développement. Il n'y a donc pas à lui chercher des origines antésymmachiennes auxquelles on pourrait rattacher le nom de Damase. Les titres d'Anastase se bornent à une conjecture de Panvinio ; ceux de Damase, à deux lettres apocryphes : ils doivent être regardés comme également insuffisants.

---

(1) Pearson parle de quelques manuscrits où se trouverait le nom d'Anastase. Je n'en connais absolument aucun, à moins qu'il ne soit question de titres de seconde main ajoutés par un lecteur, d'après l'édition de Mayence.

CHAPITRE II.

Le catalogue félicien (1) s'est conservé dans trois manuscrits :
1° *Vaticanus Reginæ* 1127, qui est connu par l'édition Schelstrate ;

2° Le *Parisinus* 1451, collationné par Baluze pour cette même édition ;

3° Le *Bernensis* 225, publié avec le plus grand soin par M. R.-A. Lipsius (2).

Ces trois manuscrits sont à peu près du même âge, c'est-à-dire du commencement du neuvième siècle. Pour les deux premiers on peut être plus précis; le *Vat. Reg.* 1127 a été écrit de 824 à 827 ; le manuscrit de Paris, de 795 à 816 (3).

Entre ces deux manuscrits la ressemblance est si grande, même dans les plus petites minuties d'orthographe, qu'on les pourrait croire copiés l'un sur l'autre; au moins doit-on admettre qu'ils ont été exécutés sur le même original. Le texte du manuscrit de Berne est un peu différent; mais ces différences ne consistent qu'en suppressions attribuables à des fautes de copiste. De plus il est incomplet : le texte s'interrompt dans la vie du pape Libère, non par un accident arrivé au manuscrit lui-même, mais parce que le copiste n'a pas cru opportun d'aller plus loin ou parce que l'original était mutilé. Pour le reste, le manuscrit de Berne appartient à la même famille que les deux précédents. Au

---

(1) Pour suivre la série des raisonnements dans lesquels nous entrons, il sera utile d'avoir sous les yeux l'édition de Schelstrate, *Antiquitas Ecclesiæ illustrata*, t. I, p. 402 et suiv., où les trois textes du catalogue libérien, du catalogue dit félicien et du *Liber Pontificalis* sont disposés en colonnes parallèles.

(2) *Chronologie der Römischen Bischöfe*. Kiel, 1869, *ad calcem*.

(3) V. plus bas les notices de ces deux manuscrits.

jugement de M. Lipsius, il ne dérive pas du même original que ceux-ci, mais cet original et lui proviennent d'une source commune (1). Il est certain que la ressemblance n'est pas aussi grande, entre les deux premiers manuscrits et le *Bernensis*, qu'entre les deux premiers comparés l'un à l'autre. Je me hâte de dire que la différence est tout à l'avantage de ceux-ci : plus complets que le manuscrit de Berne, ils sont aussi beaucoup moins mal orthographiés. C'est en somme à eux qu'il faut s'adresser pour étudier le catalogue félicien, soit au point de vue de l'état du texte, soit, ce qui nous intéresse actuellement, au point de vue de la rédaction générale.

Dans les deux manuscrits de Paris et de Rome, le catalogue félicien est inséré au milieu de divers documents dont l'ensemble forme la préface d'une collection canonique comprenant des conciles et des décrétales.

En tête de ces documents on lit :

INCIPIT PREFATIO CONCILIORUM.

On trouve ensuite cinq distiques qui figurent souvent en tête de collections canoniques semblables à celles-ci :

Concilium sacrum venerandi culmina juris
    condidit, et nobis congrua frena dedit,
ut bene fundatus justo moderamine possit
    intemerata gerens clericus ordo regi.
Pontifices summi veterum præcepta sequentes
    planius hæc monitis exposuere suis.
Hinc fidei nostræ se pandit semita, et omnes
    errorum damnant dogmata sancta vias.
Quisque Dei famulus fuerit Christique sacerdos
    hoc sale conditus dulcia mella fluet.

Puis vient le catalogue félicien, suivi de deux listes ; l'une est celle des métropoles gauloises avec les évêchés qui y ressortissent ; l'autre, celle des provinces de l'empire romain. Ce n'est

(1) Voici la traduction figurée du jugement de M. Lipsius :

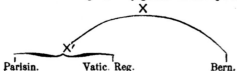

qu'après ces documents que l'on trouve enfin le titre de la collection elle-même :

In Dei nomine continentur in hoc libro canones seu regulæ ecclesiasticæ diversarum provinciarum græcorum atque latinorum , epistolæ decretales ; quorum nomina et ordo ita se habent. Feliciter.

Suit la table annoncée par ce titre : « *Nomina et ordo* », puis les différentes pièces qui forment la collection, d'abord les conciles grecs, puis les conciles latins qui sont presque tous des conciles gaulois, enfin les décrétales des papes. Là se termine le recueil, comme le dit la formule finale :

Explicit feliciter. Deo gratias semper. Amen.

Il ressort de cette description sommaire que les trois pièces insérées après les cinq distiques du commencement, sous la rubrique *Præfatio conciliorum*, sont en rapport avec les trois parties de la collection : la liste des provinces de l'empire avec les conciles grecs, celle des provinces de la Gaule avec les conciles gaulois (1), enfin le catalogue félicien avec les décrétales (2).

La relation paraît plus étroite encore si l'on considère que le catalogue et la collection se renferment dans les mêmes limites chronologiques.

Voici la table des conciles latins et des décrétales , telle qu'elle se trouve dans le manuscrit ; j'y joins les dates et je supprime les détails inutiles : je laisse aussi de côté les conciles grecs, qui sont tous antérieurs à la moitié du cinquième siècle : ils comprennent les dix premiers numéros.

XI. Canones cartagenenses (extraits de divers conciles africains, 397-427).

XII. Canones thelenses (418).

XIII. Canones romanorum (cinquième siècle) (3).

---

(1) On peut même noter dans le titre l'expression « *canones diversarum provinciarum græcorum atque latinorum,* » qui accentue encore le rapprochement.

(2) Il est peu de manuscrits contenant des décrétales où l'on ne trouve au moins un catalogue de papes. Rien n'est plus naturel. Dans la collection qui nous occupe, on a voulu faire plus et donner non-seulement les noms et la suite des souverains pontifes , mais aussi quelques renseignements biographiques sur chacun d'eux. D'autres manuscrits contiennent le *Liber Pontificalis* intégral, avec ses notices disposées en tête des décrétales attribuées à chaque pape (*Vat.* 629) ou réunies en forme de préface à la collection (*Parisin.*, 16987, 5141).

(3) Ces canons, dont la date ne peut être déterminée d'une manière précise , sont certainement très-anciens. V. Sirmond , *Concilia ant. Galliæ,* t. I, p. 581-592. Voici ce qu'il en dit dans ses notes, p. 623 : « *Antiquissimos prorsus esse tam exemplarium vetustas docet, tum ipsa maxime, quæ priscis Ecclesiæ sæculis congruunt, decretorum argumenta. Et decretorum autem et scriptionis forma non*

XIIII. Canones agenses (Agde, 506).

XV. Canones andecavenses (Angers, 453).

XVI. Canones aurelianenses (Orléans, 511).

XVII. Canones arelatenses (Arles, 355).

XVIII. Canones arausicani (Orange, 441).

XVIIII. Canones valentiniani (Valence, 374).

XX. Canones regenses (Riez, 439).

XXI. Canones vasensiani (Vaison, 442).

XXII. Canones item arelatenses (Arles, 314).

XXIII. Canones arvernenses (Clermont, 535).

XXIIII. Canones item aurelianenses (Orléans, 549).

XXV. Canones epaonenses (Epaone, 517).

XXVI. Sinodus arausicana de gratia et libero arbitrio (Orange, 529).

Item epistolæ decretales.

XXVII. Epistolæ papæ Leonis († 461).

Epistola Celestini († 432).

XXVIII. Epistola Zosimi († 418) ; epistola Simmachi († 514) ; epistolæ Innocentii († 417).

XXVIIII. Epistola Sirici († 398) ; item Celestini, item Innocentii.

XXX. Canones Spaniæ, ubi fuerunt episcopi LXXII, quando Ricaredus conversus est (Tolède, 589).

Ainsi, la dernière pièce, dans l'ordre de la série comme dans l'ordre chronologique, est le second concile de Tolède de l'an 589, sous le pontificat de Pélage II (578-590).

Le catalogue, de son côté, bien qu'il se termine avec la vie de Félix IV († 530), est prolongé par une simple liste, qui ne comprend plus que les noms des papes et la durée de leurs pontificats jusques et y compris Pélage II. De plus, en tête de la série des vies pontificales, on lit une liste encore plus succincte, qui ne comprend que les noms des papes depuis saint Pierre jusqu'à Pélage II. Ainsi, le document qui a rapport a la succession chronologique des papes a été arrêté au même point où se terminait la collection.

On peut aller plus loin. Il est étonnant que le concile de Tolède figure, non pas au milieu des autres conciles, mais seulement après les décrétales : il faut qu'il ait été ajouté après coup, et que la collection se soit terminée originairement par les décrétales,

abhorret ab epistolis Innocentii Papæ. Quare non inanis fortasse opinio fuerit, si quis horum auctorem illum fuisse conjiciat. »

comme l'annonce le titre. Voyons donc si, dans la série des conciles latins et des décrétales, nous ne trouverions aucun indice d'une rédaction moins étendue.

Les décrétales sont toutes antérieures à l'an 515. Parmi les conciles latins, plusieurs sont du sixième siècle ; le dernier est de 529, dernière année de Félix IV. Dans la table, ce concile est annoncé d'une manière toute spéciale ; pour les autres, on dit : « *Canones regenses, arelatenses*, etc. » Et, en effet, dans le texte on ne trouve autre chose que les canons, ou plutôt un choix parmi les canons de ces conciles ; encore sont-ils abrégés çà et là. Le concile d'Orange, au contraire, est annoncé par le titre : « *Synodus arausicana de gratia et libero arbitrio* » ; à ce changement dans la formule de la table correspond une différence très-considérable dans le texte. Ce ne sont plus seulement les canons, mais le texte intégral du concile, et même on a eu soin de mettre en tête la lettre de confirmation adressée à son président, saint Césaire d'Arles, par Boniface II, successeur immédiat de Félix IV. Je ne puis m'empêcher de voir là une preuve que la collection s'arrêtait originairement au second concile d'Orange et n'allait pas au delà. Il est vrai que deux conciles postérieurs, celui de Clermont (535) et le second d'Orléans (549), sont placés dans la série avant celui d'Orange ; mais il est fort possible qu'ils y aient été intercalés lors d'une transcription postérieure, et ils ont pu l'être avec d'autant plus de facilité que les conciles ne sont point rangés par ordre chronologique.

Nous avons donc affaire à une collection formée originairement après la mort de Félix IV et continuée plus tard jusqu'à celle de Pélage II. Le catalogue félicien a été arrêté à Félix IV et prolongé par une liste de noms et d'années de siége jusqu'à Pélage II. Dans cette collection il figure au milieu de documents qui sont manifestement destinés à faciliter l'intelligence des textes canoniques. Le rapport ne saurait donc être plus étroit.

Il faut maintenant, avant d'aller plus loin, écarter deux objections :

D'abord, outre les documents canoniques dont j'ai donné l'indication, la collection conciliaire contient un concile tenu à Rome le 5 juillet 595. Ce concile se trouve à la même place dans les deux manuscrits ; celui de Rome le fait même précéder d'un fragment considérable d'un *ordo romanus* ou cérémonial liturgique.

Je ferai remarquer que ces deux pièces ne figurent nulle part dans la table ; que l'*ordo romanus* n'a évidemment rien à voir avec la collection conciliaire ; que le concile de 595, s'il en avait jamais fait partie, devrait se trouver ailleurs : il est inséré, en effet, au milieu des conciles grecs et même au milieu des pièces qui ont rapport au concile de Nicée, au lieu de figurer parmi les synodes latins ou à leur suite. Il est donc évident qu'il a été introduit postérieurement et maladroitement dans la collection. Quant à l'*ordo romanus*, qui ne se trouve pas dans le manuscrit de Paris, il faut ou qu'il ait été introduit pour la première fois dans le texte par le copiste du *Vat. Reg.* 1127, ou que, se trouvant dans l'original des deux manuscrits, il ait été écarté par le copiste du *Parisinus* 1451, comme constituant une intrusion trop évidente. Enfin, malgré toutes ces impossibilités, voulût-on faire entrer le concile de 595 dans la collection terminée à Pélage II, qu'on ne dérangerait en rien les raisonnements qui précèdent, puisque j'ai admis que le recueil canonique, dans sa forme actuelle, date de saint Grégoire le Grand, successeur de Pélage II (590-604).

La seconde difficulté vient du manuscrit de Berne ; où le catalogue félicien se présente seul et indépendant de toute collection canonique. Cependant, si l'on considère l'état fragmentaire et lacuneux de ce texte d'une part, et, d'autre part, l'étroite parenté qui l'unit avec celui des deux manuscrits de Paris et de Rome, on est plutôt porté à le regarder comme dérivé de ces manuscrits ou d'un manuscrit semblable qu'à y voir un recueil indépendant d'abord, puis inséré, à titre de document, dans la préface de la collection canonique. D'ailleurs, tronqué comme il l'est, il a peut-être quelques rapports avec l'ouvrage de saint Jérôme qui lui fait suite (1). Une dernière considération achèvera de compléter cette réponse : les suppressions, dans le texte du manuscrit de Berne, sont absolument les mêmes que dans les deux autres manuscrits. Or ces suppressions portent précisément sur les passages les plus étrangers à l'objet de la collection canonique. C'est le moment de les caractériser d'une manière générale.

Parmi les choses qui se trouvent dans le *Liber Pontificalis* et manquent au catalogue félicien, il y a lieu de distinguer les fondations d'édifices sacrés et les donations mobilières ou immobilières faites aux églises. Pour les autres ordres de renseignements, il n'y a point de différence essentielle. Le texte félicien contient, comme le *Liber Pontificalis*, des indications sur la durée et les dates extrêmes du pontificat, sur le lieu de la sépulture du pontife, les ordinations et la vacance du siége après sa mort, des

_____

(1) C'est le *De scriptoribus ecclesiasticis*.

décrets portant soit sur la liturgie soit sur la discipline générale , des récits historiques ou légendaires sur les faits contemporains. Dans un certain nombre de vies , le catalogue félicien n'en contient pas autant que le *Liber Pontificalis* : voilà tout. Aucun ordre de faits ou de renseignements n'est systématiquement absent du catalogue félicien , si l'on excepte les fondations et les donations. Or n'est-il pas évident que ce sont précisément ces derniers détails qui devaient paraître les plus étrangers au but que l'on se proposait en adaptant le *Liber Pontificalis* à la collection canonique? Et en général , ne sont-ce pas là les parties du texte qui , par leur long et fastidieux développement autant que par le peu d'intérêt qui s'y attachait en dehors de Rome , devaient tenter plus que toutes les autres les ciseaux des abréviateurs? En fait , dans plusieurs manuscrits du *Liber Pontificalis* développé , ils ont été supprimés (1).

Je conclus donc qu'il y a tout lieu de soupçonner le catalogue félicien , document de sa nature subordonné à une collection canonique , de ne représenter autre chose que le *Liber Pontificalis* abrégé pour les besoins de cette collection.

(1) 317 de Paris, H. 111 de Milan, etc. Dans d'autres manuscrits on les abrége : ainsi le manuscrit LII de Vérone. D'autres abrégés, faits dans un temps où les dates consulaires avaient perdu tout intérêt, suppriment systématiquement ces dates : ainsi le manuscrit 1852 de la reine de Suède , abrégé du manuscrit de Lucques. D'autres enfin , comme le *Vat.* 1464 , se réduisent , en dehors des années de siége , à la mention des décrets canoniques.

CHAPITRE III.

Dans le chapitre qui précède, j'ai réuni tout ce qui concourt à prouver que le catalogue félicien contient un texte arrangé ou plutôt raccourci pour les besoins d'une collection canonique avec laquelle il se trouve en rapport étroit. Je vais maintenant entrer dans la comparaison de ce texte avec le *Liber Pontificalis* intégral, et montrer que la rédaction de celui-ci ne trahit pas la moindre préoccupation particulière à une période postérieure à l'an 530, et ne s'inspire d'aucun document qui n'ait été à la disposition du compilateur félicien, bien plutôt qu'à celle d'un réviseur de l'an 687. Pour cela je citerai, en les rangeant dans un petit nombre de catégories, tous les passages que la rédaction complète a de plus que celle de 530.

1° Détails relatifs à saint Pierre et à saint Clément.

La vie de saint Pierre, dans la plupart des manuscrits du *Liber Pontificalis*, contient un long passage relatif : 1° à l'ordination de Linus et de Cletus comme coadjuteurs de l'Apôtre dans le ministère sacerdotal ; 2° à ses discussions avec Simon le Mage et à la fin tragique de celui-ci ; 3° à l'ordination de saint Clément comme successeur de saint Pierre :

« Hic ordinavit duos episcopos, Linum et Cletum, qui præsentialiter omne ministerium sacerdotale in urbe Roma populo vel supervenientibus exhiberent ; beatus autem Petrus orationi et prædicationi populos erudiens vacabat. Hic cum Simone Mago multas disputationes habuit tam ante Neronem quam ante populum, et quos beatus Petrus ad fidem Christi adgregabat, ille per magicas deceptiones segregabat ; et dum

2° *Décrets ou récits relatifs au temps des persécutions.*

A part les deux vies de saint Pierre et de saint Clément, les deux textes ne diffèrent que rarement jusqu'à la vie de Sylvestre. Voici les différences :

Vie de Télcsphore. — « Hic constituit ut... Natali Domini noctu missæ celebrarentur. » Le *Liber Pontificalis* ajoute : « Cum omni tempore ante horæ tertiæ cursum nullus præsumeret missam celebrare, qua hora dominus noster ascendit crucem. »

Vie de Pius. — « Hic constituit hæreticum venientem ex judæorum hæresi suscipi et baptizari et constitutum de Ecclesia fecit. »

Vie de Lucius. — « Hic potestatem dedit omnis ecclesiæ Stephano archidiacono suo, dum ad passionem pergeret. »

Vie d'Eutychien. — « Qui hoc constituit ut quicumque fidelium martyrem sepeliret, sine dalmatica aut colobio purpurato nulla ratione sepeliret ; quod tamen ad notitiam sibi divulgaretur. »

Vie de Gaius. — « Hic constituit ut ordinationes omnes in ecclesia sic ascenderent : si quis episcopus esse mereretur, ut esset ostiarius, lector, exorcista, sequens, subdiaconus, diaconus, presbyter et exinde episcopus ordinaretur. Hic regiones divisit diaconibus. »

Vie de Marcellus. — « Hic rogavit quamdam matronam nomine Priscillam et fecit cymiterium via Salaria et XXV titulos in urbe Roma constituit quasi diœceses propter baptismum et pœnitentiam multorum qui convertebantur ex paganis et propter sepulturas martyrum. »

Vie d'Eusebius. — « Hic hæreticos invenit in urbe Roma quos ad manum impositionis reconciliavit. »

De ces huit textes, le premier est une explication de ce qui précède : dès le cinquième siècle, l'heure de tierce était assignée à la célébration de la messe, comme en témoignent Sidoine Apollinaire, Grégoire de Tours et saint Grégoire le Grand (1). Il ne saurait donc y avoir ici la moindre difficulté.

Les deux décrets de Pius et d'Eutychien ont un tel caractère d'antiquité, que M. Lipsius, qui admet pourtant l'antériorité du catalogue félicien au *Liber Pontificalis*, ne croit pas qu'ils aient pu être inventés à la fin du septième siècle. On peut en dire autant du fait rapporté à propos de Lucius. Quant au décret de Gaius,

---

un des plus importants, et le *Vaticanus* 3764, sur lequel ont été faites toutes les éditions jusqu'à Vignoli.

(1) Sid. Apoll., V, 17. Greg. Tur., *Vita sancti Nicetii.* Greg. M., hom. 37 in *Evang.* Cfr. Bona, *Rerum liturgic.*, t. II, p. 118.

il suffit de rappeler la lettre de Cornelius à Fabien d'Antioche (1)
où l'on voit, dès le troisième siècle, la hiérarchie des ministres
sacrés organisée dans l'Eglise romaine, comme elle est décrite ici.
Les mots : *hic regiones divisit diaconibus* sont un emprunt fait au
catalogue libérien, emprunt maladroit, il est vrai, puisque ce document les donne dans la vie de Fabien, mais incontestable. Le
décret de Marcellus, relatif à des travaux exécutés dans les hypo-
gées de la voie Salaria et aux vingt-cinq titres établis ou plutôt
rétablis par ce pontife, est confirmé par les découvertes récentes
de l'archéologie (2). La mention des hérétiques réconciliés par
Eusèbe est tout à fait analogue à un passage de la vie de Siricius
qui s'est conservé dans le texte félicien (3).

On comprend que je n'entre pas plus avant dans le détail. Il ne
s'agit pas ici de déterminer la valeur historique des passages en
litige, mais de démontrer qu'ils ont pu être écrits au commencement du sixième siècle, et même plutôt à cette époque qu'à la fin
du septième.

Restent deux textes, l'un de la vie de Gaius, l'autre de celle de
Marcellus (4), où le *Liber Pontificalis* contient de plus que le catalogue félicien deux emprunts faits à des actes de martyrs. Voici
le texte relatif à Gaius :

« Qui post annum undecimum cum Gaviniano fratre suo propter filiam
Gavini presbyteri nomine Suzannam, martyrio coronatur. »

On ne connaît point d'actes du pape Gaius : ceux de sainte
Suzanne, assez anciens d'ailleurs, ne mentionnent pas le martyre de ce pape. La tradition monumentale établit d'ailleurs entre
Suzanne et Gaius une relation manifeste. Le *titulus Suzannæ*
portait aussi le nom de *titulus Gaii* ; on le désignait encore par
l'appellation « *ad duas domos* ». Saint Ambroise en parle en 370
et on le voit cité dans le *Martyrologe hiéronymien* (5) et le concile romain de l'an 499.

---

(1) Euseb., *Hist. eccl.*, VI, 43, 11 : Ἐκκλησία ἐν ᾗ οὐκ ἠγνόει (Novatus), πῶς
γάρ; πρεσβυτέρους εἶναι τεσσαράκοντα ἓξ, διακόνους ἑπτά, ὑποδιακόνους ἑπτά,
ἀκολούθους δύο καὶ τεσσαράκοντα, ἐξορκιστὰς δὲ καὶ ἀναγνώστας ἅμα πυλωροῖς δύο
καὶ πεντήκοντα.

(2) De' Rossi, *Roma sott.*, t. I, p. 203, 204.

(3) « *Hic constituit hæreticos sub manus impositione reconciliari.* »

(4) Je néglige le long emprunt fait aux actes de Cornelius, parce que le catalogue félicien relève de ces actes tout aussi bien que le *Liber Pontificalis*.

(5) *III id. Aug. ad duas domos juxta duodecinas* (leg. *Diocletianas*, sc. *thermas*)
natale sanctæ Suzannæ. Cf. de' Rossi, *Bull.*, 1870, p. 96.

Le passage relatif à Marcellus est beaucoup plus long; comparé aux actes de ce pontife, il paraît puisé à une source plus ancienne et plus autorisée. En effet, les actes parlent toujours de *Maximien*, tandis que le *Liber Pontificalis*, d'accord avec l'histoire, écrit constamment *Maxence*. Sur les antécédents de Lucine, sur la première réclusion de Marcellus, ils sont absolument muets. Mais ce qui est plus important, on y chercherait vainement les mots : « *Hic coarctatus est et tentus eo quod ecclesiam ordinaret, comprehensus a Maxentio ut negaret se esse episcopum.* » Cette phrase n'aurait pas de sens si on ne réfléchissait pas aux conditions particulières dans lesquelles se trouvait l'Eglise romaine sous le pontificat de Marcellus. Depuis la mort de Marcellinus (304) l'épiscopat avait *cessé*, comme dit le catalogue libérien, c'est-à-dire que la situation précaire, mais légale, faite jusque-là à la communauté chrétienne, lui avait été enlevée ; et quand, après trois ans d'intervalle, le clergé romain crut pouvoir se donner un évêque dans la personne de Marcellus, cette élection ne fut plus reconnue comme celle de ses prédécesseurs, et non-seulement Marcellus, mais Eusèbe et Miltiade lui-même, jusqu'à l'année 311, se trouvèrent, vis-à-vis de l'autorité civile, dans une situation très-irrégulière. De là ce crime que Maxence fait à Marcellus de reconstituer la hiérarchie, et cette injonction de renoncer à son titre épiscopal non reconnu par l'Etat. On comprend que de tels détails introduits dans cette partie de la notice de Marcellus lui donnent une date notablement antérieure à celle des actes d'où ils sont absents. A une époque plus tardive, les renseignements sur la situation légale de la communauté chrétienne au temps des persécutions devinrent moins intéressants : on s'occupa plutôt de rassembler des détails sur la personne même des martyrs et propres à édifier les fidèles. D'ailleurs, les actes de Marcellus ne sont pas d'une composition récente : la langue y est encore peu éloignée des formes en usage au quatrième siècle, et les nombreux martyrs qui s'y trouvent mentionnés sont dits reposer encore dans les cimetières suburbains, ce qui suppose l'antériorité au huitième siècle.

Je suis entré dans ces détails plutôt pour faire connaître la nature des différences entre les deux textes que pour donner à propos de chaque passage en litige une démonstration rigoureuse. On comprend, en effet, que des explications développées m'entraîneraient trop loin dans le domaine de l'histoire de l'Eglise et de l'archéologie chrétienne. Au fond, la raison pour laquelle j'admets que les passages cités ici ont figuré dans le *Liber Pontifi-*

calis avant la rédaction du catalogue félicien, c'est que ce catalogue comprend une foule de renseignements du même ordre et
puisés aux mêmes sources. Si les uns sont antérieurs à l'année
530, les autres le sont aussi.

3° *Décrets ou récits relatifs aux papes du quatrième et du cinquième siècle.*

J'ai déjà parlé plus haut des fondations et donations qui abondent dans cette partie du *Liber Pontificalis* et sont systématiquement absentes du catalogue félicien. Pour les autres différences,
je ne puis que leur appliquer l'observation que je viens de faire à
propos des vies des papes de saint Pierre à Sylvestre.

Ainsi *a*.) La rédaction abrégée supprime les passages relatifs
aux manichéens dans les vies de Sirice, d'Anastase, de Gélase et
de Symmaque : elle les conserve dans les vies de Miltiade et
d'Hormisdas.

b.) Dans la vie de Gélase, une phrase sur les affaires de Grèce
a disparu dans le texte abrégé ; mais ce même texte contient,
dans les vies de Simplicius et de Félix III, prédécesseurs de
Gélase, des détails tout à fait analogues sur les mêmes affaires.

c.) Dans la vie de Damase, le récit des troubles qui accompa-
gnèrent son ordination a disparu. Il en est de même de la condamnation de Pélage par Innocent ; mais ce sont là des faits
d'une notoriété évidente, et qu'il n'y a aucune raison de supposer
inconnus au rédacteur de l'an 530. Il en est de même de deux
passages relatifs aux dissensions dans l'Eglise de Rome sous les
papes Anastase II et Symmaque : je montrerai plus tard que ces
récits, loin d'être des adjonctions postérieures à la première
rédaction, portent la plus vive empreinte des préoccupations contemporaines et ne sauraient avoir été forgés après 530.

d.) Notons encore une phrase sur un exil qui aurait été souffert
par le pape Jules. Un fait semblable est mentionné dans les mêmes termes, à l'article du pape Lucius, dans le catalogue libérien, d'où il a passé dans la notice correspondante du *Liber Pontificalis*. Comme il n'y a aucune trace d'une tradition semblable
pour le pape Jules, pas même dans les écrits légendaires concernant son successeur Libère, je serais disposé à admettre ici une méprise de copiste causée par la ressemblance des noms de Lucius et
de Julius dans une certaine écriture. Cette ressemblance a introduit une erreur dans le martyrologe hiéronymien, qui mentionne

diutius altercarentur , Simon divino nutu interemptus est. Hic beatum
Clementem episcopum consecravit, eique cathedram et ecclesiam omnem
disponendam commisit, dicens : Sicut mihi gubernandi tradita est a Domino meo Jesu Christo potestas ligandi et solvendi, et ego tibi committo
ut ordinans dispositores diversarum causarum per quos actus ecclesias-
ticus profligetur , tu minime in curis sæculi deditus reperiaris , sed so-
lummodo orationi et prædicare populo vacare stude. »

Dans la vie de saint Clément , le livre pontifical donne trois
phrases que ne contient pas le catalogue félicien :

« Hic dum multos libros zelo fidei et christianæ religionis conscribe-
ret martyrio coronatur... Hic fecit duas epistolas quæ canonicæ nomi-
nantur. Hic ex præcepto beati Petri suscepit ecclesiam et pontificatum
gubernandum sicut ei fuerat a Domino Jesu Christo cathedra tradita vel
commissa. Tamen in epistola quæ ad Jacobum scripta est qualiter ei a
beato Petro commissa est ecclesia reperies. Ideo Linus et Cletus ante
eum conscribuntur eo quod ab ipso principe apostolorum ad ministerium sacerdotale sunt episcopi ordinati. »

Pour tout ce qui, dans ces deux vies, est relatif à saint Clément,
le livre pontifical relève des apocryphes clémentins et spécialement de la lettre de Clément à Jacques , formellement citée par
lui. Cette lettre , traduite en latin par Rufin d'Aquilée († 410) ,
était fort répandue au cinquième siècle ; on la trouve citée dans
le canon sixième du concile de Vaison en 442. Dans la préface
dont Rufin fit précéder sa traduction (1) on trouve la même tentative de conciliation que dans le livre pontifical entre les deux
traditions, dont l'une faisait de saint Clément le successeur immédiat de saint Pierre et l'autre lui donnait Linus et Cletus pour
prédécesseurs.

Quant aux détails relatifs à Simon le Mage, il y avait longtemps
qu'ils étaient dans la tradition romaine. Saint Justin , saint Irénée, l'auteur des *Philosophumena* , mentionnent ses controverses
avec saint Pierre : Arnobe (2) et saint Epiphane (3) , sans parler
du Pseudo-Marcellus , apocryphe du cinquième siècle , donnent
sur sa mort les détails que tout le monde connaît (4).

(1) *Bibl. PP. Lugdun.*, II, p. 385.
(2) *Adv. nationes*, II, 12.
(3) *Hæres*, XXI. V. de' Rossi, *Bullet.*, 1867, p. 70.
(4) J'aurais pu à la rigueur me dispenser de donner ces détails , car les manuscrits du *Liber Pontificalis* complet ne présentent pas unanimement les passages en question. Je citerai parmi ceux qui ne les contiennent pas le *Bernensis* 408,

la sépulture de Julius au jour (*IV non. Mart.*) que nous savons être celui de la *depositio* de Lucius.

e.) Enfin le décret de Zosime, qui interdit aux clercs de fréquenter les cabarets, est inspiré par les mêmes considérations que celui du pape Jules, qui leur défend d'exercer la profession d'avocat; bien que le premier ne figure pas au catalogue félicien, rien n'indique qu'il ait été postérieurement inventé.

Il n'y a donc pas, dans la partie de la série qui va de saint Pierre à Félix IV, c'est-à-dire qui est commune aux deux rédactions, un seul passage qui montre dans le texte le plus long un remaniement du septième siècle. Tout ce qui manque au texte félicien a pu être écrit avant 530. Il n'est pas un seul ordre de renseignements qui ne se présente dans l'une comme dans l'autre des deux rédactions, si l'on excepte cependant ce qui est relatif aux fondations et aux donations. A première vue, il est naturel de croire que ces dernières indications ont dû être introduites dans la première rédaction plutôt que dans un remaniement postérieur. Je vais en donner la preuve directe et montrer que l'abrégé félicien conserve des traces évidentes de ces passages qu'il a cependant systématiquement écartés.

CHAPITRE IV.

LES ABRÉVIATIONS DU CATALOGUE FÉLICIEN.

Je commence par faire remarquer que les documents dont je revendique ici l'attribution au texte antérieur à 530 pourraient à la rigueur y avoir été ajoutés sans que l'ensemble de ma thèse fût ébranlé. Leur caractère tout spécial, l'uniformité de leur rédaction et quelques autres ressemblances de détail, les séparent nettement du reste. On pourrait donc y voir une adjonction faite à un texte déjà constitué. Il n'en est rien cependant, du moins en ce qui concerne le texte abrégé en 530 ; dans lequel ils ont laissé des traces faciles à reconnaître.

Ainsi : 1° dans la vie de Damase. Texte félicien : *Fecit basilicas duas unam ad viam ardeatinam ubi requiescit.* Texte intégral : *Fecit basilicas duas unam* JUXTA THEATRUM SANCTO LAURENTIO ET ALIAM *via ardeatina ubi requiescit.*

On voit ici en passant que le texte raccourci a été obtenu par suppression et non par résumé.

2° dans la vie de Sylvestre. C'est là que se trouvent les énumérations prolixes des dotations immobilières et des vases sacrés attribués par Constantin aux nombreuses églises fondées par lui. De ce document considérable il n'est resté que bien peu de chose dans le catalogue félicien ; mais il en est resté quelque chose :

« *Eodem tempore fecit constantinus augustus basilicam in palatio sessoriano ubi etiam de ligno sanctæ crucis domini nostri ihesu christi auro et gemmis conclusit. eodem tempore fecit basilicam sanctæ agnæ martyris ex rogatu constantiæ filiæ suæ. eodem tempore fecit basilicam sancti laurenti. eodem tempore fecit basilicam sanctorum martyrum marcellini presbiteri et petri exorcistæ.* »

Il est à remarquer que des sept basiliques de Rome dont le *Liber Pontificalis* attribue la fondation à Constantin, l'abréviateur a eu soin d'écarter les trois plus célèbres : celle du Latran, de saint Pierre et de saint Paul. Pour les cinq autres, il conserve l'ordre du *Liber Pontificalis*, les mêmes expressions et notamment la formule *eodem tempore* dont on conçoit la répétition en tête de chacun des longs paragraphes du texte intégral, mais qui dans le résumé n'a plus la moindre raison d'être.

Il n'y a donc pas lieu d'excepter les documents relatifs aux fondations. Tout ce qui se trouve actuellement dans le *Liber Pontificalis* s'y trouvait avant la rédaction du catalogue félicien, et ce catalogue, loin d'être un texte primitif, est un abrégé. Pour compléter la démonstration, il me reste à étudier les procédés de l'abréviateur et à suivre en quelque sorte la trace de ses ciseaux maladroits.

Dans la vie du pape Cornelius, les deux rédactions contiennent plusieurs phrases sur la translation des corps des apôtres Pierre et Paul du cimetière *ad catacumbas* à leurs tombeaux primitifs. Ce passage se termine par les mots : ... *palatii Neronis III. kl. jul.*

Dans le texte félicien on lit ensuite : *Post hoc factum fecit ordinationem unam etc.* Jamais, dans aucune des rédactions, la mention des ordinations n'est introduite par une formule autre que celle-ci : *Hic fecit*, ou (quelquefois dans le texte félicien) *Fecit*. Les mots *post hoc factum* constituent donc une irrégularité. Il est facile de voir d'où elle provient. Après le texte commun ... *palatii Neronis III. kl. jul.* vient dans le *Liber Pontificalis* une longue narration tirée des actes du saint; cette narration, qui sépare les mots *III. kl. jul.* du texte relatif aux ordinations *Hic fecit ordin.* a été supprimée par l'abréviateur. Elle commence par les mots : « POST HOC *ambulavit noctu* » ou « POST HOC *eodem tempore* » suivant les manuscrits. L'abréviateur avait donc sous les yeux cette partie du texte dont il a par mégarde conservé les premiers mots. On trouve d'ailleurs un peu plus bas, à propos de la sépulture de Cornelius, un passage commun aux deux rédactions et puisé à la même source, c'est-à-dire aux actes de ce pape.

Passons à un fait plus important et plus général.

Le rédacteur du *Liber Pontificalis* s'est servi pour la composition de ses notices d'un catalogue beaucoup plus ancien, tout à fait indépendant, publié à Rome vers l'an 354. Ce document porte le nom de catalogue libérien, parce qu'il s'arrête au pape Libère, ou de catalogue philocalien du nom de Furius Dionysius Philocalus

qui semble l'avoir rédigé : on n'y trouve pour chaque pape que la
durée de son pontificat, les dates consulaires de son avénement et
de sa mort, et le synchronisme des empereurs romains. Parfois,
cependant, ce cadre s'élargit et comprend quelques renseignements historiques. Le tout a passé dans le livre pontifical, qui
semble n'en être que le développement et lui emprunte même ses
principales formules : *Hic fecit... Eodem tempore...*, etc. Si le texte
intégral du *Liber Pontificalis* était postérieur à celui de l'an 530,
les développements propres à la recension la moins ancienne de-
vraient tous porter sur des détails étrangers au catalogue de 354 ;
celui-ci devrait se trouver tout entier dans la rédaction de 530, et
celle de 687, comme on la désigne, n'aurait ajouté à la précédente
que des détails puisés à des sources postérieures ou en tous cas
étrangers au catalogue philocalien. Il n'en est pas ainsi : le texte
philocalien est tout entier dans le livre pontifical complet et partiellement dans la recension dite de Félix IV. Voici, par exemple,
la notice de Fabien : j'écris en capitales tout ce qui est emprunté
au catalogue de 354, et en lettres penchées, capitales ou minuscules, tout ce qui est commun au texte félicien et au *Liber Pontificalis*; les lettres droites, capitales ou minuscules, sont réservées aux
mots qui se rencontrent dans le livre pontifical seul et non dans
l'abrégé félicien.

   « *FABIANVS natione romanus ex patre Fabio sedit A$\overline{NN}$. XIIII.*
$\overline{M}.I.\overline{D}.X.$ *FVIT autem TEMPORIBVS MAXIMI* (1) *ET AFRICANI*
VSQVE DECIO II ET GRATO et PASSVS est XII $\overline{KL}$. $\overline{FEB}$. HIC
REGIONES DIVISIT DIACONIBVS et fecit subdiaconos septem qui sep-
tem notariis imminerent ut gesta martyrum in integro fideliter colli-
gerent ET MVLTAS FABRICAS PER CYMITERIA FIERI
IVSSIT et POST PASSIONEM EIVS MOYSES ET MAXIMVS
·PRESBYTERI ET NICOSTRATVS DIACONVS COMPREHENSI SVNT
ET IN CARCEREM SVNT MISSI. *EODEM TEMPORE* SVPERVE-
NIT NOVATVS EX AFRICA ET SEPARAVIT DE ECCLESIA
NOVATIANVM ET QVOSDAM CONFESSORES POSTQVAM
MOYSES IN CARCERE DEFVNCTVS EST QVI FVIT IBI $\overline{M}$. XI. $\overline{D}$.XI.
et sic multi christiani fugerunt, etc. »

   La même relation entre les trois textes s'observe dans les notices de Pontien, de Cornelius, etc. Pour expliquer ces faits,

_____

(1) Il y a ici une lacune tant dans le *Liber Pontificalis* que dans l'abrégé félicien; le catalogue de 354 porte : *et maximi [et Gordiani et Philippi a consulatu*
Maximiani] et Africani etc.

M. Mommsen admet que le catalogue de 354, après avoir servi une première fois au rédacteur de l'an 530, avait été de nouveau mis à contribution deux siècles plus tard par l'auteur du *Liber Pontificalis*.

M. Lipsius rejette cette opinion et n'admet pas que le catalogue libérien ait été consulté après qu'il eut servi au compilateur de l'an 530. Au fond, M. Lipsius a raison, et l'on chercherait en vain une variante notable entre les deux rédactions dans les parties qu'elles empruntent toutes les deux au catalogue libérien. Mais il me semble glisser dans l'hypothèse lorsque, pour rendre compte de la disparition des passages libériens dans le texte de 530, il invente une ancienne recension de ce texte, qui n'a laissé aucune trace dans les manuscrits. La solution la plus simple est celle qui résulte de tout ce que je me suis efforcé de prouver. Le catalogue libérien est entré tout entier dans le *Liber Pontificalis*; puis l'abréviateur félicien est venu, qui a coupé dans le texte de cette compilation sans s'inquiéter s'il supprimait des passages anciens et authentiques plutôt que des détails légendaires et de date récente.

Si le *Liber Pontificalis* avait été en s'accroissant de 530 jusqu'à 687, les choses se seraient passées tout autrement; et la différence entre les deux rédactions n'aurait pas porté sur les parties anciennes et fondamentales.

CHAPITRE V.

Etant acquis que le *Liber Pontificalis*, dans son état actuel, est antérieur à l'an 530, il s'agit maintenant de le dater d'une manière plus précise, ou au moins de circonscrire le plus étroitement possible la période d'années où il fit son apparition.

Joseph Bianchini publia dans le quatrième volume du *Liber Pontificalis* (Migne, II, p. 123) un fragment d'un recueil de vies des papes jusqu'à Symmaque († 514), suivi d'un catalogue qui se termine à la mort de Vigile († 555). Ce texte se présente en tête du manuscrit ·XXII de la bibliothèque capitulaire de Vérone, lequel est malheureusement mutilé au commencement, de sorte qu'il ne reste que les dernières lignes de la vie d'Anastase II, la vie de Symmaque et le catalogue jusqu'à Vigile. L'écriture est du sixième siècle, et le manuscrit doit dater à peu près de l'année 555.

Il est évident que ce manuscrit a contenu autrefois un *Liber Pontificalis* complet; la vie de Symmaque y est précédée du numéro d'ordre LII qui est en effet celui de ce pontife. D'un autre côté, la rédaction doit en être fixée, non pas à l'année 555, mais aux premières années du pape Hormisdas, successeur de Symmaque, et plus précisément entre 514 et 518. En effet, dans la vie d'Anastase II, on parle comme durant encore du schisme qui sépara les Eglises d'Orient et d'Occident jusqu'à l'avénement de l'empereur Justin (518) (1).

Il est donc certain que dès le commencement du sixième siècle

---

(1) « Qui hanc (lettre du pape Anastase II à l'empereur son homonyme) intenta mente sub divino timore perlegerit inaniter *hactenus* inter ecclesias Orientis et Italiæ tam schisma nefarium perdurare cognoscit, »

on se préoccupait de rédiger et de réunir en corps d'ouvrage les
vies des pontifes romains. Du recueil véronais il ne nous reste
malheureusement que la fin, et il est impossible d'affirmer que
ce recueil fût identique au *Liber Pontificalis* actuel. On serait
même porté à nier absolument cette identité si l'on se bornait à
comparer les vies de Symmaque dans l'un et l'autre texte. Cette
conclusion, toutefois, manquerait de fondement. Voici pourquoi :

La vie de Symmaque et ce qui nous reste de celle d'Anastase II
dans le manuscrit de Vérone sont dictées par un esprit d'opposition à Symmaque et en général aux idées qui animaient alors
le clergé romain. Dans le *Liber Pontificalis* se manifestent des
préoccupations tout aussi contemporaines, mais des sentiments
absolument contraires. L'Eglise grecque était alors séparée de la
communion romaine. Acacius, patriarche de Constantinople,
avait été excommunié par Félix III pour sa condescendance à
l'égard des monophysites. Gélase, successeur de Félix, avait conservé la même attitude et refusé de communiquer avec les successeurs d'Acacius qui s'obstinaient à ne pas effacer son nom de
leurs diptyques. Gélase mort, Anastase II, tout en maintenant
les principes défendus par ses prédécesseurs, crut devoir apporter
dans cette affaire quelques tempéraments et écrire à l'empereur
son homonyme une lettre relativement conciliante. C'en fut
assez pour le discréditer aux yeux du parti extrême en ortho-
doxie, dont les rancunes se sont exprimées dans la notice du
Liber Pontificalis (1). A sa mort, l'empereur Anastase, qui n'avait
pas plus cédé à ses avances pacifiques qu'à l'attitude énergique
de Gélase et de Félix, tenta de faire nommer un pape favorable à
son système théologique. De là une élection très-agitée : Symmaque fut choisi par le parti romain et catholique, Laurentius par
le parti byzantin. On porta l'affaire au tribunal de Théodoric, qui
donna gain de cause à Symmaque, et cette sentence fut ratifiée
par un concile tenu à Rome en 499 : Laurentius obtint un évêché
en Campanie. Tous ces événements sont racontés avec détail dans
le manuscrit de Vérone comme dans le *Liber Pontificalis*, mais
l'esprit des deux rédactions ne saurait être plus opposé. Le premier biographe est favorable à Anastase II, exalte Laurentius et

---

(1) « *Eodem tempore multi clerici et presbyteri se a communione ipsius erexerunt
eo quod communicasset sine concilio episcoporum vel presbyterorum vel cleri cunctæ
ecclesiæ catholicæ diacono Thessalonicensi nomine Fotino qui communis erat
Acacio et quia voluit occulte revocare Acacium.* »

traite Symmaque avec une acrimonie sans pareille ; le *Liber Pontificalis* insinue qu'Anastase a glissé dans l'hérésie et voit dans sa mort soudaine un châtiment divin (1) ; pour lui, Symmaque est un saint et digne pontife, Laurentius un usurpateur et un intrus.

Il est donc évident que les deux dernières vies du manuscrit de Vérone, dictées par des préoccupations aussi passagères que violentes, ne sont pas suffisantes pour nous permettre de porter un jugement certain sur l'ensemble du texte auquel elles ont appartenu. Il est possible qu'elles aient été ajoutées à un recueil se terminant à Gélase, ou même qu'elles aient été substituées à celles d'Anastase II et de Symmaque dans le *Liber Pontificalis* actuel. Du reste, ces hypothèses importent peu : ce qui est important et incontestable, c'est que la différence des deux rédactions n'exclut pas la possibilité d'arrêter à Symmaque une édition du *Liber Pontificalis* que nous avons conservé.

Prenons maintenant le texte actuel de cette collection et cherchons-y les traces de la rédaction primitive sur laquelle a été fait l'abrégé de l'an 530.

Il y a peu de lumière à espérer du style général et des formules : un recueil continué par parties comme le *Liber Pontificalis* ne peut manquer de présenter une certaine uniformité de rédaction. L'ordre, les formules, les expressions des parties antécédentes s'imposent naturellement au continuateur. Je ne recourrai donc pas à cet ordre de considérations à moins d'y être absolument réduit, et ce n'est pas le cas en ce moment.

Depuis le commencement du *Liber Pontificalis* jusqu'à Libère, le synchronisme des empereurs et les dates consulaires extrêmes du pontificat sont marqués régulièrement. A partir de Libère, ils disparaissent : c'est que Libère est le dernier pape qui figure au catalogue de l'an 354, lequel, comme il a été dit plus haut, a passé tout entier dans le *Liber Pontificalis* et lui a fourni ces indications chronologiques. Vers la fin du cinquième siècle, on voit reparaître le synchronisme des empereurs ou des rois barbares, depuis Félix III (483-492), puis les dates consulaires à partir de Symmaque (498-514) (2). Les deux indications sont don-

---

(1) Cette notice a fait pendant tout le moyen âge le plus grand tort à la mémoire d'Anastase II. Dante n'hésite pas à le mettre au plus profond de l'enfer avec les hérésiarques (*Inferno*, II, 9).

(2) La seule raison que donne Schelstrate pour établir que le catalogue félicien est la source du *Liber Pontificalis*, c'est que ce dernier ne contient pas une date consulaire de plus que le catalogue félicien. Cette assertion n'est pas exacte : le *Liber Pontificalis* contient les dates consulaires de Symmaque et d'Hormisdas

nées alors régulièrement jusqu'à Jean II (530-532). Après ce pape, plus de dates consulaires, et le synchronisme des empereurs ne se représente plus avant l'époque carlovingienne. Nous avons donc là un indice sérieux. Le premier rédacteur, en introduisant dans son texte le catalogue libérien de 354, devait être porté à suppléer autant que possible ce catalogue au delà du terme où il s'arrête. C'est ce qu'il a fait, sans recourir à des documents écrits ni à des tables consulaires, mais en s'aidant seulement de ses souvenirs personnels. Il était naturel que sa mémoire lui rappelât le synchronisme des rois goths jusqu'à un temps plus reculé que les dates consulaires : aussi le voyons-nous indiqué quinze ans avant Symmaque.

La première édition ne peut pas être placée plus bas que le pontificat de Boniface II (530-532) sous lequel a été écrite la vie de Félix IV. D'autre part, on ne saurait remonter au delà d'Hormisdas, successeur de Symmaque (514-523). Outre l'absence des dates consulaires avant ce dernier pape, il faut considérer que plusieurs écrits légendaires auxquels l'auteur du *Liber Pontificalis* a certainement puisé, ont été fabriqués précisément au temps de Symmaque et pour les besoins de sa cause. Ainsi, les notices de Xystus Ier, de Sylvestre, de Libère, de Félix II, et même celle de Félix Ier, ont été arrangées d'après les apocryphes *Constitutum Silvestri*, *Gesta Liberii papæ*, *Acta Eusebii*, *Acta Felicis* : enfin les *Gesta de Xysti purgatione* sont une des sources de la vie de Xystus III. Dom Coustant (1) a très-bien vu, et sa conjecture est chose jugée, que tous ces apocryphes qui tiennent plus ou moins les uns aux autres doivent avoir une date commune et se placer à l'époque ci-dessus indiquée.

Il reste donc quatre pontificats auxquels on pourrait attribuer la rédaction primaire du *Liber Pontificalis* actuel : Hormisdas (514-523) ; — Jean Ier (523-526) ; — Félix IV (526-530) ; — Boniface II (530-532). — L'incertitude est réduite à dix-huit ans.

J'éliminerai les deux derniers parce que à partir de Jean Ier l'épithète d'hérétique est toujours accolée au nom de Théodoric, tandis que sous les papes précédents, Félix III, Gélase, Anas-

---

qui ne figurent point dans le catalogue félicien ; de plus, au delà des limites de ce catalogue, les vies de Boniface II èt de Jean II contiennent aussi des dates consulaires. Dans la notice de Gaius, le texte félicien est incomplet pour les consuls : « *Fuit temporibus Cari et Carini ex die XVI kal. jan. a consulatu Caro II.* » Le *Liber Pontificalis* continue : « *et Carino, usque in diem X kal. mai. Diocletiano IIII et Constantio II.* » (V. p. 5.)

(1) *Epist. Rom. Pont.*, ad calcem.

tase II, Symmaque et Hormisdas, on ne le voit jamais qualifié
de cette façon. Ce changement, d'ailleurs, n'est pas arbitraire :
jusqu'à Jean Ier, qu'il fit mourir en prison, Théodoric se montra
toujours bienveillant pour l'Eglise romaine. Dans la vie de Symmaque il est question de ses jugements équitables ; dans celle
d'Hormisdas on mentionne les dons qu'il fait à la basilique de
Saint-Pierre. Ce pape est même représenté comme ne pouvant
faire une démarche grave sans le conseil et l'assentiment du roi
goth. Sa vie aura donc été écrite dans la première année du pape
Jean Ier, élu le 13 août 523, et envoyé malgré lui à Constantinople l'année suivante pour demander à l'empereur Justin de
rouvrir les églises des Ariens dans les provinces orientales.

La date du *Liber Pontificalis* est ainsi comprise entre 514 et 524 ;
il serait presque puéril de chercher une précision plus grande.
Cependant, comme les vies de cette période semblent toutes contemporaines des faits qu'elles relatent, il est probable qu'elles
auront été ajoutées une à une à partir de Symmaque, ce qui pla-
cerait la notice de ce pape et la première édition du *Liber Pontificalis* peu après l'année 514.

C'était le temps où, sur la demande de Julianus, prêtre romain
du titre de Sainte-Anastasie, le moine scythe Denys publiait sa
collection de conciles grecs et africains d'abord, puis le recueil
des décrétales authentiques depuis Sirice jusqu'à Symmaque.
Loin de moi la pensée d'assimiler le recueil confus et indigeste
qui forme la chronique des papes avec l'œuvre sérieuse et bien
ordonnée de Denys le Petit ; loin de moi surtout la prétention de
faire du *Liber Pontificalis* un recueil de biographies officielles com-
posées et publiées par un notaire ou un bibliothécaire de l'Eglise
romaine sous le patronage du pape. Le style, si différent des formes correctes de la chancellerie pontificale en ce siècle, le mélange étonnant de faits vrais et de renseignements authentiques
avec les légendes les moins acceptables, l'ignorance profonde que
trahit le rédacteur à l'endroit des événements qui se passent à
Constantinople alors même que ces événements intéressent le
dogme et les controverses du moment, tout s'accorde pour écarter
une plume officielle ou même autorisée.

J'ai parlé tout à l'heure de Denys le Petit et de sa collection.
Sans y insister outre mesure, je ne crois pas cependant pouvoir
me dispenser de signaler un indice d'un rapport entre elle et le
recueil des biographies des papes. Dans la lettre de saint Jérôme
à Damase, insérée avec une réponse tout aussi apocryphe qu'elle-

même en tête du livre pontifical, on discerne une préoccupation de droit canonique. Voici cette lettre :

« *Beatissimo papæ Damaso Hieronymus. Gloriam sanctitatis tuæ nostra humilitas deprecatur ut secundum apostolicæ sedis auctoritatem quam cognovimus per tuam sanctitatem gubernari actus gestorum a beati Petri apostoli principatu usque ad vestra tempora quæ scilicet in sede tua gesta sunt, nobis per ordinem enarrare digneris quatenus nostra humilitas sentiens recognoscat quis meruerit de episcopis supradictæ sedis martyrio coronari vel* SI QUIS CONTRA CANONES APOSTOLORUM *excessisse cognoscatur. Ora pro nobis, beatissime papa.* »

Le pseudo-Isidore a si bien vu la relation qui existe entre cette lettre et la collection des *canones apostolorum*, qu'il l'a mise dans son recueil en tête de ces canons. Or ceux-ci, au temps de Symmaque·, furent pour la première fois traduits en latin par Denys et insérés dans sa collection conciliaire. Il n'est guère probable que l'éditeur du *Liber Pontificalis* n'ait pas eu en vue la collection dionysienne au moment où il fabriquait les lettres de Jérôme et de Damase pour en faire la préface de son recueil ; il semble même qu'il ait voulu profiter de l'intérêt excité par cette publication nouvelle et y rattacher la sienne de quelque façon (1).

Mais ce n'est pas la seule relation que le *Liber Pontificalis* ait avec les travaux de Denys le Petit : je vais en signaler une autre dans la partie de la notice de Victor où il est question de la Pâque.

Dans cette notice on parle deux fois de la controverse pascale. D'abord au commencement : « *Hic constituit ut sanctum pascha die dominico celebraretur.* » Ce texte exprime bien la solution que Victor admettait et voulait faire prévaloir dans le débat.

La seconde mention se rencontre vers la fin : « *Hic fecit constitutum ad interrogationem sacerdotum de circulo ut* (var. *et) die dominico paschæ cum presbiteris et episcopis facta collatione et accersito Theophilo episcopo Alexandriæ facta congregatione, ut a XIIII^a luna primi mensis usque ad XXI^am die dominica custodiatur sanctum pascha.* »

Le sens de ce décret est que la Pâque doit être célébrée du 14 au 21 de la lune ; il s'agit ici de la lune pascale, c'est-à-dire de celle dont l'opposition suit l'équinoxe de printemps. Voici ce qui a pu donner lieu, non pas à une décision prise en ce sens par le pape Victor, mais à la fabrication du texte qui nous occupe.

Après que le concile de Nicée eut définitivement tranché la

_____

(1) Sur l'accueil fait dans le clergé romain à la collection de Denys, voir la lettre de ce dernier au pape Hormisdas (Pitra, *Juris eccles. græcor.*, t. I, p. XLI)·

question que Victor n'avait pu résoudre au deuxième siècle et con-
traint les évêques d'Asie à célébrer la Pâque le dimanche, il resta
dans le choix du dimanche pascal des divergences assez fréquentes
entre les églises d'Orient et celles d'Occident, tant parce qu'on se
servait de cycles imparfaits que parce qu'on ne s'entendait pas
sur la fixation de l'équinoxe. A Rome on se servait d'un cycle de
quatre-vingt-quatre ans, et l'on plaçait l'équinoxe au 18 mars.
L'Eglise d'Alexandrie, de son côté, partait d'un cycle de dix-neuf
ans, moins imparfait que celui de Rome, et fixait l'équinoxe au
21 mars. Ces divergences préoccupaient beaucoup les évêques
des grands siéges et les empereurs eux-mêmes. A la demande de
Théodose, Théophile, patriarche d'Alexandrie, rédigea une table
pascale dont malheureusement nous n'avons plus que le prologue (1). Plus tard, vers 465, l'Eglise romaine adopta et fit prévaloir, au moins dans le midi de l'Italie, le cycle de Victor d'Aquitaine (Victorius Lemovicensis), dont l'auteur s'était inspiré sur
presque tous les points des principes appliqués à Alexandrie. Un
cas cependant pouvait se présenter où le désaccord était possible
entre les deux premières églises de la chrétienté. Lorsque le 14 de
la lune tombait un vendredi on célébrait la Pâque le dimanche
suivant ; s'il tombait le dimanche, on le renvoyait à huit jours ;
jusqu'ici l'accord existait. Mais si le 14 de la lune arrivait un
samedi, tandis qu'Alexandrie fêtait la Résurrection dès le lendemain, Rome attendait encore à huit jours. Pour ce dernier cas,
Victorius se contenta de calculer et d'indiquer les deux dates
sans se prononcer ni pour l'une ni pour l'autre.

En 525, Denys le Petit proposa son cycle, qui ne tarda pas à
faire loi, bien que nous ne puissions dire au juste quelle année
eut lieu la substitution de son comput à celui de Victorius ; de
cette manière l'usage alexandrin s'introduisit d'une manière
complète et définitive en Occident.

Les questions de cet ordre ont toujours passionné les esprits.
Les tenants de l'ancien comput romain et ceux de la réforme dionysienne ne tardèrent pas à anathématiser leurs adversaires, et
dans les écrits apocryphes Victorius d'Aquitaine devint un hérétique. La *Constitutio Silvestri*, avec un anachronisme de près de
deux siècles, le fait condamner par le pape Sylvestre. Voici ce
passage curieux et qui n'a point été remarqué jusqu'à présent par
les chronologistes : « *Victorinum itaque.... qui in sua ferocitate
quidquid vellet affirmabat hominibus et cyclos paschæ pronuntiabat*

(1) V. Boucher, *De ratione temporum*, ad calcem.

*fallaces, ut hoc quod constituit X kal. mai. custodiri, vestro sermone,
sicut veritas habet, cassetur et vestro judicio condemnetur.* » Plus
loin : « *Damnavit autem.... Victorinum episcopum qui ignorans
lunæ rationem sub arbitrio sui tenacitate disrumpebat veritatem.* »

Il me semble difficile de contester l'identité de ce Victorinus
évêque avec le Victorius auteur du cycle pascal que nous connaissons. La différence des noms est bien petite, et d'ailleurs
Victorius d'Aquitaine est quelquefois appelé Victorinus (1) ; quant
à la qualité d'évêque qui lui est attribuée par le faux concile,
c'est une des moindres transformations parmi celles qu'il se permet dans ce même chapitre où le pape Calliste est présenté comme
un hérétique sabellien. Le reproche qu'on fait à Victorinus de
vouloir placer la Pâque au *X kal. mai.* s'inspire des anciens usages romains, comme nous pouvons le voir par ce passage d'une
chronique syriaque publiée par le cardinal Mai : « *Sed quum re-
nuissent Romani dicentes se ob traditionem a Petro apostolo acceptam
haud progredi ultra XXVI Pharmuthi neque citra XXX Phamenot* (2). »
Le .XXVI Pharmuthi correspond au *XI kal. mai*, et, en effet,
nous savons que dans le courant du cinquième siècle, si le pape
saint Léon accepta des Pâques du *IX* et même du *VIII kal. mai.*,
ce ne fut qu'à contre-cœur et pour le bien de la paix qu'il sacrifia
la tradition de son église au calcul alexandrin.

Depuis l'adoption du cycle de Victorius jusqu'au pontificat de
Symmaque, les calculs nouveaux ne se trouvèrent pas en contradiction avec le vieil usage de ne pas dépasser le *XI kal. mai.* Ce
fut précisément sous Symmaque que ce cas se présenta, et il se
présenta deux fois, en 501 et 513. Il n'y a donc pas lieu de douter
du sentiment qui a inspiré le décret apocryphe et de se tromper
sur le système qu'il a en vue.

La décision attribuée par le livre pontifical au pape Victor indique une préoccupation tout opposée : c'est une condamnation du
système de Victorius, non parce qu'il est conforme aux usages
d'Alexandrie, mais parce qu'il ne les suit pas assez. Il s'agit de
de circonscrire entre le XIV et le XXI de la lune les limites dans
lesquelles peut se placer la célébration de la Pâque. Disons tout de
suite que le texte qui nous occupe est mal rédigé. En effet, il laisse
entrevoir la possibilité d'une Pâque tombant le 14 de la lune, ce

---

(1) Boucher, *De ratione temp.*, p. 90.
(2) Cfr. S. Léon, *Ad Marcianum aug. ep.* 61: «*Siquidem ab XI kal. april. usque
in XI kal. mai. legitimum spatium sit præfinitum intra quod omnium varietatum
necessitas concludatur ut Pascha dominicum nec prius habere possimus nec tardius.*»

qui, depuis le concile de Nicée, était devenu absolument impossible; il faut donc l'entendre dans ce sens que la Pâque la plus
précoce arrivera le 15, la plus tardive le 21. C'est tout à fait le
système alexandrin. Comme nous l'avons vu plus haut, l'Eglise
d'Alexandrie célébrait la Pâque le lendemain de la pleine lune, si
la pleine lune tombait un samedi. A Rome, dans ce cas, on renvoyait la Pâque à huit jours; la célébration ne pouvait donc avoir
lieu avant le 16 de la lune, et elle pouvait être différée jusqu'au 22.
Cette dernière hypothèse n'existait pas dans le calendrier alexandrin, et c'est même la seule différence qui subsistât entre les
deux observances depuis l'adoption du cycle de Victorius.

Le texte du *Liber Pontificalis* exprime donc ici la doctrine alexan-
drine sous sa forme la plus pratique et la plus populaire (1).

On peut se demander maintenant s'il a été rédigé sous l'impression produite par la publication du cycle de Denys le Petit, ou
s'il ne représente que des préoccupations individuelles (2). Cette
dernière hypothèse est par elle-même bien peu vraisemblable.
Reste la première, qui semble contredire la date précédemment
fixée pour la rédaction du *Liber Pontificalis*. Si en effet celui-ci
a été rédigé avant le pontificat de Jean Ier (523-526), sous lequel
parut le cycle dionysien, comment a pu y être introduite la phrase
relative à la Pâque? Il faut admettre une interpolation opérée entre
525 et 530. Or, en examinant la disposition de la notice de Victor,
on voit tout de suite que la phrase qui nous occupe se trouve à
une place insolite, entre les ordinations et la sépulture qui, dans
les autres notices, se suivent toujours sans intervalle. Cette interpolation, d'ailleurs, n'est pas isolée : j'en aurai d'autres à signaler plus tard (3).

---

(1) Plus tard, en 551, le système de Victorius eut à supporter une attaque
plus sérieuse de la part de Victor, évêque de Capoue, qui lui consacra une réfu-
tation en règle.

(2) Plusieurs églises du nord de l'Italie, et Milan en particulier, suivaient
depuis le quatrième siècle l'usage alexandrin; mais le *Liber Pontificalis* est un
livre tellement romain qu'il est bien difficile d'y chercher des inspirations venant d'aussi loin.

(3) On comprend maintenant comment il faut constituer le texte *hic fecit constitutum... de circulo ut* (ou *et*) *die dominico Paschæ*. Il est clair que les mots *ut
die dominico* proviennent de la glose explicative *vel* (abrégé $\overline{ut}$) *de dominico* écrite
par un lecteur qui ne comprenait pas le sens de *de circulo*, et passée plus tard
dans le texte. Il faut donc les supprimer et lire : *Hic fecit constitutum... de circulo
Paschæ*. Quant à la mention de Théophile d'Alexandrie, elle doit être regardée
comme un anachronisme dans un autre anachronisme : il n'y faut pas voir une
confusion avec le Théophile, évêque de Césarée, qui, d'après Eusèbe, observa

De tout ce qui vient d'être dit, il résulte qu'il faut placer la rédaction actuelle du *Liber Pontificalis* au milieu de la littérature plus ou moins suspecte à laquelle donna lieu la compétition de Laurentius et les désordres qui agitèrent l'Eglise romaine au commencement du sixième siècle. Y a-t-il lieu de chercher une rédaction antérieure à celle qui nous a été conservée ? Est-il supposable qu'un *Liber Pontificalis* plus ancien et puisé à des sources plus pures ait précédé celui-ci, et qu'on n'ait fait autre chose, en 514, que de le rééditer avec des remaniements et des interpolations ? Il y a deux raisons de poser la question : d'abord la coexistence d'éléments authentiques et d'éléments apocryphes dans la rédaction actuelle ; il peut se faire que les premiers aient d'abord constitué un texte primitif et actuellement perdu, les apocryphes n'étant venus s'y adjoindre que sous la plume du rédacteur de 514. En second lieu, il a existé un autre *Liber Pontificalis* terminé à Symmaque et inspiré par les sentiments schismatiques du parti laurentien ; nous en pouvons juger par ses deux dernières notices, certainement différentes du *Liber Pontificalis* que nous connaissons. N'y a-t-il pas lieu de croire que les précédentes aient présenté des différences aussi notables ? Le texte ancien et authentique n'aurait-il pas été précisément celui du *Liber Pontificalis* laurentien ?

Je répondrai que nous n'avons aucun moyen d'imaginer une conjecture tant soit peu probable sur les notices perdues du *Liber Pontificalis* laurentien ; il est possible qu'elles aient été identiques à celles du *Liber Pontificalis* symmachien, soit qu'on ait simplement remplacé les deux dernières de celui-ci par celles que nous trouvons dans le fragment de Vérone, soit que celles du fragment de Vérone aient été ajoutées à une série préexistante et terminée à Gélase. Il est encore possible que les notices laurentiennes aient été très-différentes de celles que nous avons et puisées uniquement à des sources authentiques. Mais si l'on admet cette dernière hypothèse, il faut dire qu'elles n'ont aucunement servi à la rédaction des notices symmachiennes.

Ici je reviens à l'objection que j'ai posée en premier lieu. Il y a sans doute dans le *Liber Pontificalis* des éléments sérieux mêlés aux récits apocryphes, mais, sauf de bien rares exceptions, tout est fondu ensemble ; encore les rares interpolations que l'on peut

dans la question de la Pâque une attitude analogue à celle du pape Victor. L'auteur du *Liber Pontificalis* ne connaît pas l'histoire d'Eusèbe. C'est bien le Théophile, évêque d'Alexandrie, qui, comme il a été dit plus haut, intervint sous Théodose en faveur du comput de son église.

signaler çà et là ne portent-elles pas exclusivement sur des documents suspects : la longue énumération des fondations constantiniennes dans la vie de Sylvestre y a été ajoutée après coup, entre
514 et 530 : or il est difficile de contester la valeur et l'authenticité
de cette pièce. On comprend que je n'entre pas ici dans le détail ;
l'étude des sources du *Liber Pontificalis* nous ramènera sur ce
sujet , et je prouverai alors ce que je ne puis qu'affirmer maintenant , c'est que le *Liber Pontificalis* est tout d'un jet et qu'il n'y a
pas trace d'une rédaction antérieure au sixième siècle.

Ainsi , depuis le pontificat de Libère où s'arrête le catalogue
philocalien jusqu'à l'apparition du *Liber Pontificalis* , il ne semble
pas que l'on se soit occupé à Rome de la biographie ni même de
la chronologie des papes. Les plus anciens catalogues qui se soient
conservés s'arrêtent à Hormisdas (1). Cette circonstance et l'identité de leur chronologie avec celle du livre pontifical me porte à
croire qu'ils dépendent de ce dernier plutôt qu'il ne dépend d'eux.
Par ailleurs ni les manuscrits n'ont rendu un document quelconque de cette nature qui remonte plus haut qu'Hormisdas , ni les
auteurs contemporains n'en ont conservé aucun souvenir. Un
seul monument fait exception : c'est la série des portraits des papes qui figurait autrefois sur les murs de la basilique de Saint-
Paul. Marangoni et Bianchini , au commencement du siècle dernier, recueillirent ce qui restait de ces portraits et des inscriptions
qui les accompagnaient ; ils venaient bien tard et déjà une bonne
partie de ce monument vénérable avait disparu. J'en ai trouvé
une reproduction d'un siècle plus ancienne dans le *Cod. Barberinus* XLIX, 15, 16. Ce manuscrit contient des copies coloriées des
médaillons de Saint-Paul , exécutées en 1634 par les ordres du
cardinal Barberini ; sur un feuillet détaché on lit des notes au
crayon ou à l'encre sur les inscriptions et la position respective
des médaillons. La série commençait près de l'arc triomphal de
la basilique , à l'extrémité du mur méridional de la grande nef ,
et se continuait tout le long de cette nef ; arrivée au bas , elle
passait sur le mur intérieur de la façade , puis sur le mur
septentrional. Déjà , au dix-septième siècle , il ne restait plus
rien des médaillons du mur occidental ; la plupart de ceux du
nord avaient également disparu ; seul le mur sud conservait
ses médaillons intacts , et les a conservés jusqu'à nos jours ,
car l'incendie ayant laissé ce mur debout, on a pu les en détacher

(1) Il sera question plus loin de ces catalogues.

et les transporter dans les corridors du monastère voisin. Malheureusement cette opération, exécutée avec peu de soin, a détruit presque tout ce qui restait des inscriptions. Cette partie de la série contient quarante-deux papes, depuis saint Pierre jusqu'à Innocent Ier, en y comprenant Félix II. Autant qu'on en peut juger d'après les médaillons eux-mêmes qui ont été plusieurs fois repeints, ce ne sont pas des portraits, mais des figures de convention ; les fonds de coupe à dessins dorés permettent, pour certains pontifes comme Calliste, Marcellinus, Damase, un rapprochement assez concluant. Ces peintures sont donc postérieures au quatrième siècle.

J'ai déjà dit qu'il ne s'est conservé aucune trace des médaillons du mur occidental. Quant à ceux du mur nord, le manuscrit Barberini, d'accord avec les descriptions de Marangoni et de Bianchini et même plus complet sur ce point, nous montre qu'ils étaient dans le désordre le plus étrange. Des médaillons du mur sud s'y trouvaient répétés et intercalés pêle-mêle au milieu de papes du septième et du huitième siècle. On y voyait, par exemple, la série suivante : Agathon (678-682), Félix (483 ou 526), Boniface, Etienne, Sergius (687), Eusebius (309) ; un peu plus haut Hadrien (772) s'y trouvait entre Anastase (399 ou 496) et Marcellus (309). Au milieu de ce désordre, et à la seizième place depuis le bas de la nef figurait le portrait de l'antipape Laurentius : le manuscrit Barberini nous a seul conservé ce renseignement ; il reproduit même le médaillon, qui est bien véritablement un portrait. Du reste, cette dernière circonstance importe peu ; que l'image de Laurentius soit un portrait ou une œuvre de fantaisie, sa seule présence sur les murs de la basilique de Saint-Paul comporte une date ; elle n'a pu être placée là que pendant la compétition de cet antipape, c'est-à-dire du vivant de Symmaque. Les peintures existaient donc déjà ; car on ne voit pas pourquoi Laurentius aurait été tenté de les faire exécuter tout exprès pour s'y mettre, auquel cas il aurait eu soin au moins de faire placer son médaillon à son rang chronologique.

Le monument est donc dans son ensemble antérieur au sixième siècle ; quant aux conjectures qui l'attribuent à saint Léon le Grand, elles n'ont aucun fondement. Il est vrai que ce pape fit réparer la basilique après un incendie et que son nom se lit sur les mosaïques de l'arc triomphal ; mais les mosaïques de l'arc et et les peintures de la nef sont des choses différentes. Si l'on tient compte du style barbare des médaillons survivants, si l'on remarque que le plus récent d'entre eux, celui d'Innocent Ier, mort en 417, n'est pas un portrait, mais une figure absolument conventionnelle, on sera conduit à abaisser le plus possible la date de ces peintures et à les rapprocher de la fin du cinquième siècle.

Le *Liber Pontificalis* parle de peintures que Symmaque fit exécuter à Saint-Paul *post confessionem :* cette indication de lieu se rapporte à une autre partie de la basilique, et non à la grande nef ; d'ailleurs il ne dit pas si c'est avant ou après la compétition de Laurentius que ces travaux furent entrepris. Il est possible cependant que Symmaque ait fait travailler à Saint-Paul dans les premières années de son pontificat, et rien ne s'oppose à ce qu'on lui attribue les médaillons des papes. Quoi qu'il en soit, ces peintures étaient encore neuves et brillantes au temps où le *Liber Pontificalis* fut écrit, et je ne serais pas étonné que la popularité qu'elles devaient avoir alors eût contribué pour quelque chose au succès de cette compilation.

Je me suis un peu étendu sur ces détails afin de jeter quelque lumière sur le milieu où le livre pontifical fit son apparition. Ces œuvres de littérature populaire nous cachent facilement leur origine ; nous ne voyons pas clair dans les régions sociales où elles se produisent et font fortune. Il est plus facile de trouver le pourquoi et le comment d'un ouvrage destiné à intéresser des Boèce, des Symmaque et des Cassiodore que de démêler les intentions qui ont fait écrire un livre comme la chronique papale, et les passions qui en ont assuré le succès.

LIVRE II

Les Manuscrits

CHAPITRE PREMIER.

Avant tout, il importe de ranger les manuscrits dans l'ordre géographique des bibliothèques où ils se trouvent. J'indique dans le tableau ci-dessous le nom du pape dont la notice vient en dernier lieu dans le manuscrit, la date approximative de celui-ci et la recension à laquelle il appartient (1). Les majuscules désignent les manuscrits complets, les minuscules les abrégés qu'il est possible de rapporter à une recension déterminée. Plusieurs points après le nom du pape signifient que le manuscrit est mutilé à la fin, et que la vie de ce pape n'est pas terminée; un astérisque indique que je n'ai pas vu moi-même le manuscrit.

Paris, bibl. Nationale.		317.	Constantin.	XII° s.	A.
—	—	1451.	Félix IV.	IX° s.	a..
—	—	2123.	Conon.	IX° s.	a.
—	—	2268.	Hadrien II.	XI° s.	b.
—	—	2400.	Hadrien II.	XI° s.	b.
—	—	2769.	Etienne II.	IX° s.	B.
—	—	5094.	Léon IV.	XI° s.	B.
—	—	5140.	Hadrien II.	XI° s.	B.
—	—	5141.	Etienne II.	XIV° s.	B.
—	—	5142.	Honorius II.	XIV° s.	H.
—	—	5143.	Etienne V.	XIV° s.	AB.
—	—	5144.	Martin V.	XV° s.	M.
—	—	5144 A.	Martin V.	XV° s.	M.
—	—	5145.	Grégoire IV.	XV° s.	B.
—	—	5516.	Léon IV.	IX° s.	B.

(1) A et B sont deux recensions anciennes du livre pontifical; AB, ab et αβ des compromis entre ces deux recensions; H et M des remaniements, l'un du douzième, l'autre du quinzième siècle.

—	—	13729.	Hadrien I.	IX⁰ s.	B.
—	—	15149.	Benoît III.	XIII⁰ s.	a.
—	—	16897.	Etienne II.	XII⁰ s.	B.
—	—	16982.	Conon.	XVIII⁰ s.	a.
— bibl. Mazarine.		543.	Etienne II.	XII⁰ s.	ab.
— bibl. de l'Arsenal.		6 (hist.).	Etienne II.	XII⁰ s.	ab.
Alençon.		2.	Constantin II (antipape).	XII⁰ s.	a.
—		18.	Léon IV.....	XI⁰ s.	B.
Laon.		342.	Hadrien I.	IX⁰ s.	B.
* Montpellier.		154.	Clément.....	IX⁰ s. B fragm.
* Rouen.		(Hist. 24).	Constantin.....	XII⁰ s. abrégé.
Saint-Omer.		188.	Etienne II....	XII⁰ s.	B.
* Valenciennes.		...	Etienne II.	...	abr.

Rome, bibl. Vat., anc. fonds.		296.	Grégoire II.....	XI⁰ s.	fragm.
—	—	—	341.	Etienne IV.	XII⁰ s.	abr.
—	—	—	629.	Hadrien I.....	XI⁰ s.	A.
—	—	—	766.	Léon III.....	X⁰ s.	fragm.
—	—	—	1340.	Nicolas I.	XIV⁰ s.	abr.
—	—	—	1348.	Urbain II.	XII⁰ s.	abr.
—	—	—	1364.	Grégoire VII.	XI⁰ s.	abr.
—	—	—	1437.	Honorius II.	XV⁰ s.	H.
—	—	—	1464.	Nicolas I.	XV⁰ s.	a.
—	—	—	2039.	Honorius II.....	XV⁰ s.	H.
—	—	—	3761.	Hadrien I.	X⁰ s.	αβ.
—	—	—	3762.	Honorius II. Martin IV.	XII⁰ s.	H.
—	—	—	3763.	Martin V.	XV⁰ s.	M.
—	—	—	3764.	Etienne V.	XI⁰ s.	AB.
—	—	—	4970.	Etienne V.	XVII⁰ s.	AB.
—	—	—	4985.	Honorius II.	XVI⁰ s.	H.
—	—	—	5269.	Constantin.	XIII⁰ s.	A.
—	—	—	5623.	Martin V.	XVI⁰ s.	M.
—	—	—	6357.	Martin V.	XVII⁰ s.	M.
—	—	—	6381.	Paschal I.	XII⁰ s.	abr.
—	— fonds Christine.	1127.	Félix IV.	IX⁰ s.	a.
—	—	—	1819.	Sylvestre.....	XVII⁰ s. M frag.
—	—	—	1852.	Hadrien I.	XI⁰ s.	a.
—	—	—	1896.	Etienne II.	XIII⁰ s.	ab.
—	— fonds Ottoboni.	993.	Etienne V.	XVI⁰ s.	AB.
—	—	—	2629.	Léon IV.	XV⁰ s.	B.
—	— fonds Palatin.	39.	Etienne II.	XI⁰ s.	abr.
—	—	1811.	Etienne IV.....	X⁰ s.	fragm.
—	— fonds d'Urbin.	395.	Martin V.	XV⁰ s.	M.
— bibl. Barberini.		xII. 27.	Honorius II.	XIV⁰ s.	H.
—	—	xxxII. 165.	Martin V.	XV⁰ s.	M.
—	—	xxxIV. 57.	Etienne V.	XVII⁰ s.	AB.
— bibl. de la Minerve.		B. V. 17.	Paschal Iᵉʳ.....	XI⁰ s.	abr.
— bibl. Vallicellane.		C. 1ᵇ.	Etienne V.	XVII⁰ s.	AB.
—	—	C. 25.	Jean XXII.	XVI⁰ s.	H.
—	—	C. 79.	Jean XXII.	XV⁰ s.	H.
Assise, b. du Sagro Convento.		xxxII. F. 327.	Léon IV.	XII⁰ s.	abr.

* Bologne.	768.	Martin V.	XVI° s.	M.
* Césène, bibl. Malatesta.	XXIII. 2.	Nicolas I.	XIII° s.	a.
Florence, bibl. Laurentienne.	XX. 10.	Martin I......	XI° s.	B.
— —	XXIII. 4.	Hadrien I.	XVI° s.	A.
— —	LXVI. 35.	Etienne V.	XV° s.	AB.
— — fonds S. Marc.	604.	Léon II.....	X° s.	A.
— bibl. Magliabecchi.	I. III. 17.	Hadrien I.	XI° s.	A.
Florence, bibl. Riccardi.	321.	Boniface III.....	XIV° s.	A et B.
Lucques, bibl. capitulaire.	490.	Constantin. Hadrien.	VIII° s.	A.
Milan, bibl. Ambrosienne.	C. 204.	Martin V.	XV° s.	M.
— —	H. 111.	Martin V.	XV° s.	A et M.
— —	H. 253.	Martin V.	XV° s.	M.
— —	M. 77.	Etienne II.	X° s.	B.
Modène, bibl. d'Este.	VI. F. 5.	Hadrien I.....	XI° s.	AB.
Naples, bibl. nationale.	IV. A. 8.	Anastase II.....	VII° s.	B.
— —	VIII. C. 11.	Martin V.	XV° s.	M.
— bibl. Brancacci.	2. F. 12.	Damase.	XVI° s.	M.
Venise, bibl. Saint-Marc.	359.	Martin V.	XV° s.	M.
* — —	CLXIX. 64³.	Nicolas I.	XV° s.	abr.
Vérone, bibl. capitulaire.	XXII.	Symmaque.	VI° s.	fragm.
— —	LII. 50.	Conon.	IX° s.	a.

Bruxelles, bib. de Bourgogne.	8380 et 9012.	Etienne II.	X° s.	B.
— —	14814.	Martin V.	XV° s.	M.
Leyde, fonds Vossius.	41.	Etienne III.	IX° s.	B.
— —	60.	Etienne II.	VIII° s.	B.
— fonds Scaliger.	49.	Etienne II.	X° s.	abr.
— fonds Vulcanius.	33.	Etienne II.....	XVI° s.	H.
— —	58.	Etienne II.	XII° s.	B.
Berne, bibl. Bongars.	225.	Libère.....	IX° s.	a.
— —	408.	Etienne II.....	IX° s.	B.
— —	412.	Etienne III.	XIII° s.	B fragm.
* Copenhague.	1582.	Sylvestre.....	X° s.	A.
* Wolfenbüttel.	10. 11.	Etienne II.	IX° s.	B.
* Cologne, bibl. capitulaire.	164.	Etienne III.....	IX° s.	B.
* Trèves.	1341.		XIII° s.	
* —	1345.		XIV° s.	
* —	1348.		XV° s.	
* Vienne, bibl. impériale.	388.			
* — —	473.	Etienne II.	IX° s.	B.
* — —	632.	Eugène I.	XI° s.	A.
* — —	748.	Etienne II.	XII° s.	b.
* Madrid, bibl. royale.	P. 91.	Martin V.	XV° s.	M.
* Oxford, bibl. Bodléienne.	Laud. 893.	Jean VIII.	X° s.	b.

CHAPITRE II.

LES DEUX CLASSES DE MANUSCRITS.

M. Pertz est le premier qui ait essayé de classer les manuscrits du livre pontifical (1). Les séries qu'il établit ont pour type les quatre manuscrits indiqués au bas des pages de l'édition Muratori. Je ne m'arrêterai pas à discuter ses conclusions, qui ne résistent pas à l'examen le plus superficiel.

Une seconde tentative tout aussi malheureuse a été faite par M. R.-A. Lipsius dans son livre sur la chronologie des papes. M. Lipsius, préoccupé uniquement des dates et des chiffres, fonde sa classification sur ce seul ordre de renseignements : il n'est pas étonnant qu'il arrive à des résultats inacceptables.

Disons d'abord que cette classification est un travail très-complexe : on ne peut classer ensemble que les manuscrits d'égale étendue ou du moins que les parties qui leur sont communes ; ainsi entre un texte qui ne va que jusqu'à Etienne II et un autre qui est prolongé jusqu'à Martin V, la première partie seule du second manuscrit peut donner lieu à une comparaison. D'un autre côté il se peut que deux manuscrits qui appartiennent à la même classe pour le commencement diffèrent ensuite pour les parties suivantes, que leurs copistes auraient puisées à des sources diverses. Il faut donc se borner d'abord à la partie la plus ancienne et y restreindre un premier classement. Une fois ce travail fait, on le reprendra pour toutes les adjonctions faites successivement à la partie commune et primitive, soit que ces adjonctions se présentent sous la forme de vies isolées, soit qu'elles embrassent un certain nombre de notices. Cette seconde partie du travail est naturellement bien longue et bien compliquée ; je me bornerai pour le moment à la première, qui est déjà

(1) *Archiv*, V. p. 68 et suiv.

une besogne assez considérable, le classement devant s'étendre à plus de cent manuscrits.

Il faut distinguer deux classes principales, en tête desquelles se présentent le *Luccensis* (714) et le *Neapolitanus* (687), les plus anciens manuscrits connus du livre pontifical. J'appellerai A les manuscrits de la première classe, B ceux de la seconde.

Entre ces deux classes il n'y a pas seulement des différences provenant des accidents ordinaires de la transcription ; des passages tout entiers ont été ajoutés, supprimés, remaniés par le copiste du manuscrit original de la recension B. Voici quelques exemples :

VIE DE PONTIEN.

A.	B.
In eadem insula *afflictus maceratus fustibus* defunctus est III kal. nov. et in ejus locum ordinatus est Antheros. Hic fecit ordinationes etc. *Quem beatus Fabianus adduxit cum clero per navem et sepelivit* in cymiterio Calisti via Appia et cessavit episcopatus d. X.	In eadem insula defunctùs est III kal. nov. et in ejus locum ordinatus est Antheros II *kal. decemb.* Hic fecit ordinationes, etc. Qui etiam sepultus est in cymiterio Calisti via Appia et cessavit episcopatus dies X.

VIE DE CORNELIUS.

Capite truncaretur ; hoc factum est : qui cum adorare non vellet decollatus est in loco supradicto. Cujus corpus noctu collegit beata Lucina cum clericis et sepelivit in crypta juxta cimiterium Calisti via Appia in prædio suo XVIII kal. octob.	Capite truncetur ; post hoc, id est III non. mart., postquam passus est itaque jam ante passionem suam omnem ecclesiam tradidit Stephano archidiacono suo. Hic fecit ordinationes duas per mens. decemb. presb. IIII, diac. III, epos per diversa loca n. VII ; qui etiam sepultus est juxta cymiterium Calisti in arenaria via Appia VIII kal. sept.

VIE DE MARCELLINUS.

Martyrio coronantur, et post hoc factum.	Martyrio coronantur ; *quem conjurans beatus Marcellinus Marcellum presbyterum dum pergeret ad passionem suam ut præ-*

cepta Diocletiani non impleret et
post hoc factum. . . . .

VIE DE FÉLIX II.

Qui *etiam capite truncatus est*
in civitate Corana *cum multis
clericis et fidelibus occulte juxta
muros urbis ad latus formæ Trajani* III id. novemb. et exinde
rapuerunt corpus ejus *christiani
cum Damaso presbytero et sepelie-
runt* in basilicam quam ipse
construxit via Aurelia XVII
kal. dec. *in pace.*

Qui *etiam passus est* in civitate Corana III id. novemb. et
exinde raptum est corpus ejus
a presbyteris et a clericis et sepultum in basilica quam ipse
construxerat via Aurelia XII
kal. decemb.

VIE DE DAMASE.

Hic fecit basilicas duas, unam
beato Laurentio juxta theatrum
*et alteram via Ardeatina ubi et
requiescit* et in catacumbas. . .

Eodem tempore fecit basilicas
duas, unam juxta theatrum
sancto Laurentio et aliam in
catacumbas. . . . .

VIE DE XYSTUS III.

Fecit autem monasterium in
catacumbas; fecit et fontem bap-
tisterii ad sanctam Mariam et
columnis porphyreticis exornavit. Hic constituit columnas in baptisterio basilicæ
constantinianæ quæ ex tempore
Constantini Aug. fuerant con-
gregatæ ex marmore porphyretico numero VIII quas erexit
cum epistyliis suis et versibus
exornavit . . . .
Fecit autem scyphos aureos
III unum ad s̄c̄m̄ Petrum qui
pensat libras VI, ad s̄c̄m̄ Paulum unum qui pensat libras VI,
ad beatum Laurentium unum
qui pensat libras III, calices mi-
nisteriales aureos XV pens.

IIic fecit in basilica constantiniana ornamentum super fontem quod ante non erat, id est
epistylia marmorea et columnas
porphyreticas erexit quas Constantinus Aug. congregatas dimisit et jussit ut erigerentur
quas et versibus exornavit . . .

sing. libras singulas . . . . . .

Hujus temporibus fecit Petrus episcopus basilicam in urbe
Roma sanctæ Sabinæ ubi et
fontem construxit.

VIE DE SAINT LÉON.

Hic renovavit basilicam beati
Petri apostoli et cameram et
beati Pauli post ignem divi-
num. Fecit vero cameram in basilica constantiniana. Fecit autem basilicam beato Cornelio
episcopo et martyri juxta cymiterium Callisti via Appia. Hic
propter nomen romanum susci-
piens legationem ambulavit ad
regem Unnorum nomine Atti-
lam et liberavit totam Italiam a
periculo hostium. Hic constituit monasterium apud beatum
Petrum apostolum. Hic constituit ut intra actionem sacrifi-
cii diceretur « sanctum sacrificium etc. » Hic constituit ut
monacha non acciperet velamen
capitis [benedictionem] nisi pro-
bata fuerit in virginitate LX
annorum. Hic constituit super
sepulcra apostolorum custodes
qui dicuntur cubicularii ex
clero romano. Hic fecit ordinationes . . . .

Hic fecit cameram beati Petri basilicæ et ornavit, et basilicam beati Pauli renovavit.
Hic fecit ordinationes . . . . .

VIE DE GÉLASE.

Hic sub gesta sinodo cum
fletu et sub satisfactione libelli
purgatum Mesenum episcopum
revocavit, quem ecclesiæ suæ
restituit, qui peccaverat in
causa Acacii et Petri.

Hic sub gesta synodica revocavit Mesenum episcopum ad
communionem et restituit eum
ecclesiæ suæ sub satisfactione
libelli et purgatus est receptus.

Eodem tempore fugiens Johannes Alexandrinus catholicus venit Romam ad sedem apostolicam, quem beatus Gelasius suscepit *cum gloria cui etiam et sedem secundam præbuit.* Ipsis temporibus *fecit synodum et misit per tractum Orientis* ; et iterum misit et damnavit in perpetuum Acacium.. . . . . .
. . . vicesimo. Hic fecit quinque libros adversus Nestorium et Eutychen ; fecit et hymnos in modum beati Ambrosii ; item libros adversus Arium ; fecit etiam et sacramentorum præfationes et orationes cauto sermone et epistolas fidei delimato sermone. Multum sub hujus episcopatu clerus crevit. Hic fecit ordinationes, etc. Qui etiam sepultus est, etc.

Eodem tempore fugiens Johannes Alexandrinus venit Romam ad sedem apostolicam. Ipsis temporibus beatus Gelasius suscepit Johannem et iterum misit et damnavit in perpetuum Acacium. . . . .

. . . vicesimo. Sub hujus episcopatu clerus crevit. Hic fecit ordinationes, etc. Qui etiam sepultus est , etc. Hic fecit tractatus et hymnos sicut beatus Ambrosius episcopus et libros adversus Eutychen et Nestorium qui hodie in bibliotheca ecclesiæ <et> archivo reconditi tenentur.

Ces différences se rencontrent jusqu'à la fin du cinquième siècle ; à partir de là le texte de A et celui de B deviennent sensiblement identiques.

Outre les différences de rédaction, les deux classes présentent encore des titres diversement conçus. Le plus grand nombre des manuscrits B portent en tête : *Incipit liber episcopalis in quo continentur acta beatorum pontificum urbis Romæ*, puis après les deux lettres de saint Jérôme et de Damase, vient un catalogue contenant seulement le nom de chaque pape et la durée de son pontificat, enfin, la série des notices, précédée du sous-titre : *Incipiunt gesta suprascriptorum pontificum.* Dans le manuscrit de Lucques le titre est beaucoup plus simple ; il se borne aux mots : *Incipit episcopale*, reproduit dans le *Vaticanus Reginæ* 1852 ; les autres manuscrits de cette classe ne présentent aucun titre, si ce n'est le *Magliabecchianus*, en tête duquel on lit : *Liber Pontificalis.* Il y a une différence essentielle entre les titres du *Luccensis* et du *Magliabecchianus* d'une part, et ceux des manuscrits B d'autre part ; dans ceux-ci on nomme la ville de Rome ; ils dérivent donc d'un exemplaire qui n'y a point été écrit ; les manuscrits A , au

contraire, plus exacts sous le rapport topographique, plus primitifs, s'il est permis de s'exprimer ainsi, par l'ensemble de leur
rédaction, semblent remonter à un manuscrit fait par ou pour
des personnes dont le pape était le propre évêque. On pourrait
donc donner à cette recension le nom de *recension romaine*.

CHAPITRE III.

Voici la liste des manuscrits de la classe A :

1º *Manuscrits complets* :

1. *Luccensis* 490, VIIIe siècle.
2. *Florentinus* (Magliabecchi) I. III. 17, XIe s.
3. *Vaticanus* 629, XIe s.
4. *Vindobonensis* 632, XIe s.
5. *Vaticanus* 5269, XIIIe s.
6. *Laurentianus S. Marci* 604, Xe s.
7. *Parisinus* 317, XIIe s.
8. *Havniensis* 1582, Xe s.
9. *Vaticanus Reginæ* 1852, XIe s.
10. *Riccardianus* 321, XIVe s.
11. *Urbinas* 395, XVe s.
12. *Ambrosianus* H. 111, XVe s.
13. *Laurentianus* XXIII. 4, XVIe s.
14. *Vallicellanus Blanchinii* D, XVIIIe s.

2º *Manuscrits des abrégés* :

15. *Parisinus* 1451, IXe s.
16. *Vaticanus Reginæ* 1127, IXe s.
17. *Bernensis* 225, IXe s.

18. *Parisinus* 2123, IXe s.
19. *Veronensis* LII, IXe s.
20. *Parisinus* 16982, XVIIIe s.

I

DESCRIPTION.

1. *Luccensis*. Bibl. capitulaire, n° 490 (1). Il contient un grand nombre d'écrits et même de manuscrits divers réunis sous la même reliure. Le *Liber Pontificalis* commence avec le cahier n° XXII; les cahiers XXII, XXIII et XXIV forment un manuscrit distinct de ce qui précède et de ce qui suit; ils comprennent le *Liber Pontificalis* jusqu'au pape Constantin inclusivement. Titre: *In xp̄i nomine inc episcopale epistula hieronimi*; suivent les deux lettres de Jérôme et de Damase, puis les notices. Celle de Constantin finit avec le XXIV° cahier. Dans la marge inférieure du dernier feuillet v°, on lit de première main: *Hucusque CXXVIIII anni sunt quod langobardi venerunt et VII menses.* L'écriture est la minuscule antécarlovingienne; mais comme le manuscrit a été copié par cahiers, le copiste arrivant trop tôt au bout de son texte à la fin de chaque cahier emploie alors l'onciale, pour ne pas laisser de blanc; c'est donc un mélange d'onciale et de minuscule. — Les cahiers XXV-XXVII forment un manuscrit tout différent de ce qui précède, et portent même une numérotation particulière, I, II, etc. Ils contiennent la suite du *Liber Pontificalis* de Grégoire II à Hadrien, en onciale plus grande que celle de l'autre copiste. Les deux parties sont contemporaines de la mort des deux papes auxquels elles s'arrêtent, c'est-à-dire que la première a été écrite vers l'an 715, l'autre vers l'an 795. La note sur l'arrivée des Lombards, qui se lit à la fin du premier manuscrit, provient, sans doute, de l'original de ce manuscrit, car en ajoutant 129 ans et 7 mois à la date connue de l'invasion lombarde (568), on arrive à l'année 697 et non à 715. Ce renseignement peut servir à dater l'original du manuscrit de Lucques. L'année 697 tombe dans le pontificat de Sergius I°r, successeur de Conon; or, nous avons deux autres exemples de manuscrits du *Liber Pontificalis* qui n'allaient pas plus loin que ce dernier pontife; il est donc naturel de croire qu'il en était de même de l'original du *Luccensis*. La note chronologique qu'on y avait ajoutée à la fin aura été transportée mal à propos par le copiste du *Luccensis* après les vies de Sergius à Constantin, empruntées à un autre texte.

(1) Vignoli, *Liber Pont.*, t. III, préface; — de' Rossi, *Roma sott.*, t. I, p. 123; — Bethmann, *Archiv*, t. XII, p. 704; — Mansi, *De insigni codice Caroli M. ætate scripto*, dans la *Raccolta d'opuscoli scientifici e filologici* de Calogiera, Venise, 1751, t. XLV, p. 76 et suiv.

La leçon de ce manuscrit, de beaucoup le plus important de la classe A, et en général de tous les manuscrits du *Liber Pontificalis*, n'est connue que d'une manière très-insuffisante par une mauvaise collation insérée à la fin du troisième volume de l'édition Vignoli. C'est Joseph Bianchini qui avait fait exécuter cette collation, en 1751, pour le cinquième volume de la grande édition de son oncle ; il la communiqua au continuateur de Vignoli. Plus tard, en 1759, il parvint à obtenir copie complète du manuscrit, et se proposait même de l'éditer intégralement dans son cinquième volume ; celui-ci n'ayant jamais paru, la copie est restée à Rome dans la bibliothèque de l'Oratoire, parmi les papiers de Joseph Bianchini.

, 2. *Florentinus* (biblioteca nazionale, fonds Magliabecchi), I. III. 17, membr. in-f°, 355^{mm} sur 255 ; écriture de la fin du onzième siècle. Il a appartenu à la biliothèque du couvent de Saint-Marc, où il porta successivement les numéros *193 de XII banco, plut. XV. n° CXCIX* et 581. C'est là que le trouvèrent Holste, qui en tira un choix de variantes, et Fr. Bianchini, qui en donne un *fac-simile* (t. II, p. LIX), auquel il ne faut pas se fier. Antérieurement à l'année 1437, il appartenait à Nicolas Nicoli, comme le dit la note suivante écrite au quinzième siècle, sur le v° du feuillet de garde.

In hoc volumine continentur per ordinem infrascripti libri s.

Liber qui dicitur pontificalis editus a bto Jeronimo (2de m. *a. b. Damaso pp.*).

Expositio santi Ambrosii super cantica canticorum.

Liber Johannis crisostomi de reparatione lapsi.

Liber ejusdem de compunctione ad Demetrium.

Liber ejusdem de eadem materia ad Stellevium.

Liber Anselmi qui appellatur prologyon id est alloquium.

Conventus sc̄i Marci de Florentia ordinis predicatorum de hereditate doctissimi viri Nicolai Nicoli Florentini.

Le *Liber Pontificalis* occupe les sept premiers cahiers, c'est-à-dire les cinquante-six premiers feuillets. Il commence par les deux lettres de Jérôme et de Damase, puis vient le titre INCIP̄ LIB̄ PONTIFICALIS. Cette dénomination, qui a passé en usage, ne se rencontre que dans ce manuscrit et dans ses copies. Les vies s'étendent jusqu'à Hadrien Ier inclusivement, précédées chacune d'un simple numéro, sauf pour Benoît Ier, où il y a un titre : *Vita vel acta benedicti pp.*

La leçon n'est connue que par les variantes recueillies çà et là par Holste (*Flor.* 1) et publiées par Schelstrate, Bianchini et Vignoli. Copie : *Laurentianus* XXIII. 4.

3. *Vaticanus* 629 (1). Membr. in-f°, 478^{mm} sur 364, comprenant deux manuscrits distincts. Le premier (f°^{s} 1-119) se termine par la chronique d'Isidore, suivie de deux listes, l'une des empereurs d'Allemagne jusqu'à la dix-huitième année d'Henri III (1056), l'autre des empereurs d'Orient jusqu'à Alexis Comnène (1081-1118). Le second, le seul qui nous intéresse, commence, f° 120, par un catalogue de papes jusqu'à Urbain II (1088-1099), dont les années ne sont pas indiquées, ce qui montre que le manuscrit a été écrit sous ce pape; diverses mains ont depuis prolongé le catalogue jusqu'à Eugène IV (1431). Ensuite commence la collection des décrétales pseudo-isidoriennes, avec les vies des papes distribuées en tête des lettres attribuées à chacun d'eux. A partir de Félix IV, il n'y a plus de décrétales, et les notices se suivent dès lors sans interruption jusqu'à Hadrien Ier inclusivement. Le manuscrit se termine par dix chapitres du concile romain de 1078, un *ordo pœnitentiæ* de Grégoire VII (inédit, d'après M. Hinsch), et le concile de Plaisance sous Urbain II (1095), ce qui achève de dater l'écriture. Ainsi, la rédaction de ce manuscrit se place entre les années 1095 et 1099 ; on peut en dire à peu près autant du précédent, qui m'a paru de la même main.

Vignoli a eu le *Vaticanus* 629 à sa disposition : il le cote *Vat. III*, et en donne quelques maigres variantes, suivant sa coutume.

4. *Vindobonensis* 632, autrefois *Hist. eccl.*, n° 161. Membr. in-8°, de 117 feuillets, écrit en l'année 1100, d'après M. Pertz. Il fut donné par Jean Dorstayner, chanoine de Ratisbonne, à l'église de Saint-Magnus, près de cette ville. Dorstayner mourut en 1433. — F° 1. Description de plantes, l'hysope, le saxifrage, etc. — F° 1 v°. Isidore de Séville : *De ortu vel obitu scorum Patrum in novo testamento.* — F° 12. Le *Liber Pontificalis* précédé des deux lettres de Jérôme et de Damase, et d'une simple liste des papes depuis saint Pierre jusqu'à Eugène Ier († 656). Aucun titre : le texte ne va pas non plus au delà d'Eugène Ier. Sur son successeur Vitalien, il n'a que les mots : « *Vitalianus natione Signiensis provinciæ Campaniæ de patre Anastasio sed. ann.   mens.* » Une main bien postérieure a ajouté les chiffres XIIII et VI, puis continué la série par un catalogue, avec les années, mois et jours, jusqu'à l'élection de Grégoire IX (1227) (2).

---

(1) Faustinus Arevalo, *Opp. S. Isidori Hispalensis*, t. I, p. 244; — Hinsch, *Decretales Pseudo-Isidorianæ*, p. xlix ; — Bethmann, *Archiv*, XII, p. 220.

(2) V. sur ce manuscrit, Pertz, *Archiv*, III, p. 668. Je dois de bons rensei-

5. *Vaticanus* 5269. Membr. in-4°, 249^{mm} sur 158, 99 feuillets, écriture du treizième siècle. C'est le *Vatic.* 2 de Vignoli. Il contient : *a)* le *Chronicum Venetum* de Sagornini, p. 1-40 ; *b)* le *Chronicum Aquilegiæ* du même auteur, p. 41-48 ; *c)* le *Liber Pontificalis*, p. 49-96, précédé des deux lettres de Jérôme et de Damase, et d'un catalogue de papes jusqu'à Grégoire II : *Gregorius an. XVI. m. VIIII. d. XI.* La dernière notice est celle de Constantin († 715) ; sur son successeur Grégoire II, il n'y a que les lignes suivantes : « *Gregorius natione romanus ex patre Marcello sedit ann. XVI. ms. VIIII. d. XI.; fuit autem temporibus Anastasii, Theodosii, Leonis atque Constantini augustorum.* » *d)* Le manuscrit se termine par une liste chronologique des empereurs romains, puis des empereurs de Constantinople jusqu'à Baudouin II (1228-1261) : « Post mortem vero Johannis Balduinus gener ejus filius supradicti Petri imperavit ann.   »

6. *Laurentianus*, fonds Saint-Marc, n° 604. Membr. in-8°, 222^{mm} sur 138, en écriture lombarde du dixième siècle. Il a porté un autre numéro dans la bibliothèque de Saint-Marc, comme on le voit par la note suivante écrite au quinzième siècle , sur le f° 4v°.

211. de XII banco ex parte orientis.

Liber qui dicitur pontificalis virorum illustrium et venerabilium editus a sco Jeronimo.

Liber de heresibus Aurelius Aug. ad dyaconum quod vult dnm Conventus S. Marci de Florentia ordinis Predicatorum, de hereditate Nicolai Nicoli Florentini viri doctissimi.

Il contient : *a)* f° 1 , quelques lignes sur les sept merveilles de Dieu et les sept merveilles du monde; *b)* f° 1v°-4 : un abrégé des vies des évêques de Naples par Jean Diacre édité par Bianchini (Migne, I, p. 231); *c)* cinq cahiers contenant le *Liber Pontificalis*, précédé des deux lettres de Jérôme et de Damase , puis du titre : « *Incip. catalogus apostolicorum damasi ad hieronimus;* » un cahier s'est perdu entre Hormisdas ... *sperans ad sedem apostolicam* — et Vigile : — *et presentati ante imperatorem afflicti et desolati...* Le cinquième cahier, qui était originairement le sixième, se termine par les mots ... *honorius pyrrus* — dans la notice de Léon II. Il manque ici un ou plusieurs cahiers. Le texte reprend dans *d)* le *De viris illustribus* de saint Jérôme, continué par Gennadius, qui forme trois cahiers séparés , le premier depuis la notice de saint Jacques le Mineur — *ibit ad Jacobum et aperuit ei...* jusqu'à Qua-

gnements sur ce manuscrit et sur plusieurs autres manuscrits de Vienne à l'obligeance de M. Eduard Chmelar, attaché à la bibliothèque Albertina.

dratus; le second depuis Origène jusqu'à Lucifer; le troisième depuis Siagrius jusqu'à la fin, ... *ante triennium regnante Zenone*. Sur ce même cahier commence l'ouvrage suivant : *e*) lettres de *QuodvultDeus* à saint Augustin avec les réponses. Viennent ensuite : *f*) saint Augustin, *De hæresibus ; g*) Cassiodore : « Primus divinarum scripturarum, etc. ; » *h*) Concile romain sous Damase, *De exemplaribus fidei et de recipiendis et non recipiendis libris ; i*) préceptes de morales en vers, en proverbes, et même en figures géométriques; *k*) quelques figures cosmographiques avec explications; *l*) le *Carmen de eclipsi lunæ* : « Tu forte in luco lentus, etc.» (Isid. ed. Arevalo, VII, p. 183).

Ce manuscrit, qui a, comme on l'a vu, la même histoire que le Florentinus, I. III. 17, a été comme lui collationné par Holste qui le cote *Flor.* 2 et en donne quelques variantes reproduites par Schelstrate, Bianchini et Vignoli.

7. *Parisinus* 317. Membr. in-4°, de 150 feuillets ; écriture du douzième siècle; ancien numéro : 4060. Contenu : *a*) f⁰ˢ 1-143. Le *Liber Pontificalis* jusqu'à Constantin, précédé des lettres de Jérôme et de Damase, mais sans aucun titre. Après la notice de Constantin on lit : « Gregorius natione Romanus ex patre Marcello » ; là s'arrête le texte au haut du f° 143v°; *b*) *Passio s. Laurentii* (f⁰ˢ 144-149) ; *c*) un petit poëme en l'honneur de saint Benoît: « Ordiar unde tuos — piis meritis. »

8. *Havniensis*. Bibliothèque royale de Copenhague, ancien fonds royal, n° 1582, 4 (1). Membr. in-f° min.; 18 feuillets, dont 16 du dixième siècle; les deux derniers ont été ajoutés au douzième. Le *Liber Pontificalis* commence au f° 1 par les deux lettres de Jérôme et de Damase, puis viennent les notices jusqu'à celle de Sylvestre, qui s'arrête au bas du f° 14v°, aux mots : ... *clericum contradicentem. Hic ordines presbyterorum* —; la copie est restée inachevée. Sur les f⁰ˢ 15-18 on lit un catalogue de papes jusqu'à Hadrien III inclusivement (884-885). Le f° 18 contient deux documents dont une lettre de Calixte II, relatifs au monastère de Sainte-Marie de monte Albaro, en Italie; on peut donc admettre que le manuscrit a été exécuté dans ce monastère ou acquis par lui.

9. *Vaticanus Reginæ* 1852. Membr. in-4°; 60 feuillets. Sous cette cote et aussi sous la même pagination sont compris deux manuscrits

___

(1) Je dois remercier ici M. Schiern, professeur à l'université de Copenhague, et M. C. Weeke, employé à la bibliothèque royale de cette ville, des renseignements qu'ils ont bien voulu me faire parvenir sur ce manuscrit.

distincts. Le premier (f⁰ˢ 1-30) contient diverses chroniques ange-
vines (douzième siècle) ; le second (f⁰ˢ 31-60) est un *Liber Pontifi-*
calis abrégé, en écriture du onzième siècle. Les notices vont de
saint Pierre jusqu'à Hadrien inclusivement : elles ont été rédigées
sur le manuscrit de Lucques, comme on le voit par le titre : *In-*
cipit episcopalis, et la note *hucusque CXXVIIII an. sunt*, etc., insérée
après la vie de Constantin.

Vignoli, le seul qui ait employé ce manuscrit, le désigne par
la cote *Alex. II.*

10. *Riccardianus* 321. Membr. in-4° (240ᵐᵐ sur 175) de 90 feuillets ; fin du quatorzième siècle. Contenu : *a)* f⁰ˢ 1-32. Chronique
de Prosper ; *b)* f⁰ˢ 32-73. Le *Liber Pontificalis* sans titre ni catalogue ; les deux lettres de Jérôme et de Damase figurent en tête. De
saint Pierre à Félix II inclusivement il suit un manuscrit B ; de
Félix II à Boniface III (607) un manuscrit A ; ces manuscrits sont
probablement le *Laur.* XX. 10, et le *Magliabecchianus* ; il ne va
pas au delà de Boniface III ; *c)* f⁰ˢ 75-90. L'*Augustalis* de Benvenuto de Rambaldis d'Imola ; c'est une chronique qui s'arrête à
l'année 1385.

11. *Urbinas* 395. Ancien numéro : 773. Membr. in-f°, 325ᵐᵐ sur
220 ; 263 feuillets. Ecriture de la fin du quinzième siècle. La première page est encadrée dans une bordure historiée avec des armes
surmontées d'une couronne sans fleurons et accostées des initiales
G. F. Il contient : *a)* le *Liber Pontificalis* jusqu'à Martin V (f.1-231);
b) la chronique de Sigebert (f° 232-263). Je range ce manuscrit
parmi ceux de la classe A, à cause de sa première partie ; jusqu'à
Etienne II, c'est une copie du *Florentinus* dont il reproduit le
titre : *Incipit pontificalis.* A partir de Paul Iᵉʳ, il suit fidèlement le
Vaticanus 3762, et au delà des limites de ce manuscrit il se continue suivant la recension de Martin V. C'est un des manuscrits
de Vignoli, qui le cite sous l'ancienne cote.

12. *Ambrosianus* H. 111. Chartac. in f° min., 170 feuillets, écriture du quinzième siècle. Ce manuscrit fut acheté à Naples aux
héritiers de Vicenzio Pinelli pour le card. Frédéric Borromée (1),
comme il résulte d'une note d'Olgiati, datée de 1609, écrite sur le
f° de garde. Il est à peu près dans le même cas que le précédent ;
jusqu'à Etienne II il suit la recension A ; mais à partir de Paul Iᵉʳ
jusqu'à Martin V, où il se termine, il appartient à la classe M.
Encore la première partie contient-elle plusieurs des interpolations qui caractérisent cette dernière classe. Muratori en a donné

(1) Cfr. Tiraboschi, *Storia della letteratura italiana*, t. X, p. 356.

une collation au bas des pages de son édition ; c'est le manuscrit qu'il désigne par la lettre B.

13. *Laurentianus* XXIII. 4. Membr. in-f° du seizième siècle. C'est une copie de *Florentinus* I. III. 17, exécutée pour Léon X, dont le portrait (en habit de cardinal, malgré les initiales L. X. P. M. qui le surmontent) se voit au bas de la première page. En tête de chaque vie, il y a une initiale exécutée avec une certaine élégance.

14. *Vallicellanus*, dans les papiers de Bianchini, sous la lettre D. C'est la copie du *Luccensis* que Joseph Bianchini fit exécuter, en 1759, à Lucques, par un certain Bernard Baroni. Chart. in-f°, qui comprend tout le texte du *Luccensis* jusqu'à Hadrien.

Les manuscrits dont il nous reste à parler se rapportent à deux abrégés de la plus grande importance dont il a déjà été question dans la première partie. L'un d'eux a été rédigé d'après un manuscrit qui n'allait pas au delà de Félix IV, c'est-à-dire de l'année 530 ; l'autre d'après un manuscrit terminé à Conon (687). Je commence par le premier, qui s'est conservé dans les manuscrits cotés ici 15, 16 et 17.

15. *Parisinus* 1451 (1). Membr. in-f° de 107 feuillets ; probablement écrit sous Léon III (795-816). Il a appartenu au monastère de Saint-Maur-des-Fossés, comme l'indique la note suivante écrite au quinzième siècle sur le v° du premier feuillet : *Iste liber est sci pet. fossaten.* De Saint-Maur il passa dans la bibliothèque de Nicolas Lefebvre, puis dans celle du président de Thou, dans la Colbertine (n° 1868), et enfin dans la bibliothèque royale où il porta d'abord le n° 3887.

Pour le contenu, il est identique au suivant, sauf trois particularités : 1° il est mutilé à la fin et se termine dans le concile de Tolède (589), par ces mots : « cum anathemate eorum propria manu subscripsimus » ; — 2° il est plus ancien : le catalogue de papes mentionné au f° 10 du suivant et qui va, dans ce dernier manuscrit, jusqu'à Pascal Ier, s'arrête ici à Hadrien Ier. Dans l'entre-ligne une main postérieure a ajouté le nom et le numéro de Léon III, successeur d'Hadrien, mais sans y joindre la durée de son pontificat : le caractère de l'écriture concorde avec la date

---

(1) V. Coustant, *Epp. Rom. Pont.*, p. LXXI ; — Baluze cité par Schelstrate, *Antiq. eccl. Diss. de antiq. Rom. pont. catalogis*, ch. IV, 3, 6. 7 ; — Lipsius, *Chronologie der römisch. Bischöfe*, p. 81 ; — Maassen, *Sitzungsberichte der philosophisch.-hist. Classe der Wiener Akademie*, t. LIV, p. 173.

fournie par cet indice ; — 3° le Parisinus ne contient pas l'*ordo romanus* inséré, f°s 52-55, dans le *Vaticanus Reg.* 1127.

La leçon de ce manuscrit est connue d'une manière insuffisante par la collation que Baluze envoya à Schelstrate, et dont ce dernier publia quelque chose dans son édition. Depuis, une nouvelle collation a été faite pour M. Lipsius qui s'en est servi dans son livre sur la chronologie des papes.

16. *Vaticanus Reginæ* 1127. Membr. in-f°, 370^{mm} sur 317 ; 165 feuillets. Ecriture du neuvième siècle. Ce manuscrit, exécuté sous Eugène II (824-827), a autrefois appartenu à quelque église ou monastère du pays d'Angoulême, d'où il est venu entre les mains d'Alexandre Petau, qui, en 1647, écrivit une table des matières sur le second feuillet de garde. La pagination est moderne ; elle comprend les deux premiers feuillets de garde, mais exclut deux autres feuillets, intercalés après le f° 10 et qui évidemment proviennent d'un autre manuscrit. Sur ces deux feuillets on lit le *Chronicon Engolismense*, publié par Labbé (*Bibl. mss.*, I, p. 323), dom Bouquet (VII, p. 222) et Pertz (*Script.*, XVI, p. 485). Contenu : f° 3v°, originairement blanc ; au dixième siècle, on y a écrit une liste des provinces de la Gaule : — f°s 3v°, et 4r°, tables de degrés de parenté et d'affinité ; — f° 4v°, liste des six premiers conciles œcuméniques, lettre de Justinien au cinquième concile, lettre du cinquième concile au pape Vigile ; — f° 10v°, catalogue de papes jusqu'à Pascal Ier : « ... Paschalis sedit an. VI, d. XVI ; » puis, après un blanc laissé là pour l'éventualité d'une prolongation du catalogue, quelques indications chronologiques dont voici la plus remarquable : « A passione d̄n̄i n̄r̄i ih̄u x̄p̄i usq. ad sedem beatis-
» simi marcellini papæ sunt anni CCLXXVI m̄. VIIII. de aposto-
» lato jam facto x̄p̄i martyris marcellini usq; tempus gloriosissimi
» dom̄ Karoli regis XXV anni regni ejus hoc est VIII kl. april sunt
» anni CCCCXC̄ et menses III. » Ces calculs, en partant de l'an 29 de l'ère vulgaire admis alors comme l'*annus emortualis Christi* et de la date du 25 mars où la tradition fixait la date de la Passion, nous portent au 25 mars 796, qui tombe en effet dans la vingt-cinquième année de Charlemagne, seul roi de toute la monarchie franque depuis le 4 décembre 771. Nous avons ainsi la date de l'original du *Vaticanus Reginæ* ; — f°s 11-20, diverses expositions dogmatiques sans rapport avec notre sujet ; — f° 20, FINIT. INCIPIT PREFATIO CONCILIORVM. Suit la collection canonique décrite plus haut (L. I, ch. II) ; parmi les documents insérés dans la préface figure le *Liber Pontificalis* abrégé, précédé des deux lettres de Jérôme et de Damase et d'une liste de papes avec de simples

numéros d'ordre. Cette liste s'arrête à Pélage II (578-590); la série des vies qui vient immédiatement après et sans autre titre ne va pas au delà de Félix IV († 530), après lequel on ne trouve plus qu'un simple catalogue avec les années, mois et jours, jusqu'à Pélage II, dernier nommé. Ce catalogue se termine par les mots : « A beato » petro usque nunc sunt anni CCCCXLIIII et menses VI excepto » intervallo episcopatus. » La collection, qui diffère beaucoup soit du recueil de Denys le Petit soit de la recension hadriano-diony- sienne, se termine au f° 152v° par ces mots : « Explicit feliciter. » Deo gratias semper. Amen. » Au milieu des pièces qui ont rap- port au concile de Nicée, sont intercalés deux documents tout à fait étrangers à la collection : un concile de Rome de l'an 595, sous saint Grégoire et un *Ordo Romanus :* « Incipit capitulare ecclesias- » tici ordinis qualiter sancta et apostolica romana ecclesia cele- » brat sicut ibidem a sapientibus et venerabilibus patribus nobis » traditum fuit » ; — f°ˢ 152v°-159v°, divers extraits canoniques sans rapport avec ce qui précède ; — f°ˢ 159v°-161, feuillets lais- sés originairement en blanc, puis couverts de notes sans intérêt, de diverses mains, depuis le neuvième jusqu'au douzième siècle; — f°ˢ 162-164. *Passio septem dormientium ;* — f° 165, *Regula for- matarum ,* de seconde main.

C'est ce manuscrit qui a servi aux éditions qu'Henschen d'abord, puis Schelstrate, ont données de cet abrégé (1). M. Lipsius en a eu, comme du précédent, une collation nouvelle.

17. *Bernensis* 225. Trois manuscrits différents sous la même re- liure. Pour les deux premiers, on pourra voir l'excellent catalo- gue de M. Hagen (2). Le troisième (f°ˢ 88-103) est un in-4° de parchemin, 28 cent. sur 18, du neuvième siècle. Il contient les vies des papes, précédées des deux lettres de Jérôme et de Da- mase, et d'une simple liste de noms jusqu'à Pélage II. La série des vies·s'arrête au milieu de la notice de Libère : ... *cimitirio sanctæ agnen ubi sedebat* — au milieu d'une page et même d'une ligne, après quoi, sans autre séparation qu'une ligne en blanc et sans aucun titre, commence le *De viris illustribus* de saint Jérôme. Le manuscrit étant mutilé à la fin, ce dernier ouvrage s'inter- rompt dans l'article de saint Luc, aux mots : *in carne non fue-*

---

(1) *Acta SS.* Aprilis, t. I ; Schelstrate, *Antiq. eccl. illustrata,* t. I, p. 402 et suiv.
(2) *Catalogus codd. Bernensium,* edidit *Hermannus Hagen,* Bernæ, 1875. — Cfr. R.-A. Lipsius, *op. cit.,* p. 81. — Halm, *Verzeichniss der Handschriften latei- nischer Kirchenväter in den Bibliotheken der Schweiz.* Vienne, 1865, p. 37. — De' Rossi, *Rom. sott.,* II, p. xxvii, note.

rat sed et a ceteris. — Les limites dans lesquelles le copiste a ici
renfermé le *Liber Pontificalis*, l'absence de titre au *De viris illustribus* et une grande initiale tracée en tête de la lettre de saint Jérôme qui précède les notices pontificales, me portent à croire que
celles-ci n'ont été copiées dans ce manuscrit que pour servir de
préface au livre de saint Jérôme.

Ce manuscrit, signalé pour la première fois par M. de' Rossi
(l. c.), a été publié intégralement et avec la plus grande minutie
par M. Lipsius (1).

18. *Parisinus* 2123. Membr. in-f° oblong, de 156 feuillets, mutilé au commencement et à la fin ; écriture du dixième siècle. Il
a appartenu à P. Pithou, à J.-A. de Thou et à Colbert (1655),
avant d'entrer dans la bibliothèque du roi, où il porta d'abord le
n° 4240,7. Il contient un recueil de textes canoniques (2), au milieu duquel, p. 29 v°, commence un abrégé du *Liber Pontificalis*,
sous le titre : *Incipit ordo episcoporum Romæ.* Comme dans les deux
manuscrits 15 et 16, cet abrégé est joint à une double liste des provinces de l'empire et des cités gauloises, mais le texte est tout
différent, tantôt plus, tantôt moins étendu. La série des notices
se prolonge jusqu'à Conon; elle est ensuite continuée par un catalogue avec les années jusqu'à Hadrien I⁰ʳ inclusivement. Une
main postérieure y a joint les noms et les années jusqu'à Nicolas Iᵉʳ, puis les noms seulement jusqu'à Jean XVIII (1003). Il est
à remarquer que l'antipape Constantin II figure dans le catalogue,
de première main, avant Etienne III.

Copie : *Parisinus* 16982.

19. *Veronensis* LII. 50 (Bibl. capitulaire). Membr. in-f° oblong,
de 277 feuillets ; écriture du dixième siècle (3). Il contient : *a*) des
homélies de différents Pères ; — *b*) la règle de saint Benoît ; —
c) l'itinéraire de Bordeaux à Jérusalem ; — *d*) f°ˢ 244-277, le *Liber
Pontificalis* abrégé, même texte et même titre que le précédent ;
seulement, comme il est mutilé à la fin, le catalogue terminal ne
va pas au delà de Paul Iᵉʳ. Encore la dernière page est tellement
effacée que beaucoup de mots sont devenus illisibles.

Ce manuscrit a été publié intégralement et assez exactement
par Jos. Bianchini dans le quatrième volume de son édition,
p. i-xii (Migne, II, p. 1406).

---

(1) *Op. cit.*, p. 269.
(2) V. Maassen, *Sitzungsberichte der Wiener Academie*, t. LIV, p. 213.
(3) Cfr. Reifferscheid, *Biblioth. Patrum latin. italica*, p. 104.

20. *Parisinus* 16982. *Chart.* in-f° du dix-huitième siècle. C'est
une copie du *Parisinus* 2123, exécutée par le président Bouhier,
lorsque ce dernier manuscrit était encore dans la bibliothèque de
Thou. Il contient, outre l'abrégé cononien du *Liber Pontificalis*,
deux autres livres épiscopaux, celui de Besançon et celui d'Auxerre.

II

CLASSEMENT.

Sur les quatorze manuscrits où le texte n'est pas abrégé, il faut
d'abord en éliminer cinq, les nᵒˢ 9, 10, 11, 13, 14, qui sont des
copies d'originaux encore existants. L'*Ambrosianus* H. 111 (nᵒ 12),
présente, dans la partie où il suit la recension A, tant de retouches et d'interpolations, il est en outre de date tellement récente,
qu'on peut le mettre également de côté.

Restent les huit premiers. La comparaison que j'ai faite de
leurs variantes me permet d'affirmer qu'aucun d'eux ne dérive de
l'un des autres (1). Commençons par les moins importants. Le *Laurentianus S. Marci* (nᵒ 6) et le *Parisinus* (nᵒ 7) présentent déjà quelques
atteintes à l'intégrité du texte ; tous deux suppriment systématiquement les passages relatifs aux donations et aux fondations
d'églises. Le *Laurentianus*, indépendamment des mutilations qu'il
a subies, omet la vie de Sixte II et ne mentionne jamais la vacance du siége. Le *Parisinus* a une grande lacune entre Félix III
et Gélase. Leur valeur est donc secondaire.

Le *Vindobonensis* et le *Vaticanus* 5269 sont très-voisins l'un de
l'autre, quoique différents d'âge et d'étendue. Le premier ne va
que jusqu'à Eugène Iᵉʳ ; c'est de tous les manuscrits complets
celui qui s'arrête le plus tôt. Rien n'empêche de croire qu'il dérive
d'un manuscrit contemporain de ce pontife ou de son successeur
Vitalien (657-672). D'autres indices que je signalerai plus tard
autorisent à admettre que l'une des continuations du *Liber Pontificalis* s'est arrêtée à peu près vers ce temps. Cependant, malgré
l'antiquité de la recension dont ils dérivent, on ne saurait préférer le *Vindobonensis* et le *Vaticanus* 5269 aux manuscrits 1, 2, 3 ;
ils portent en effet, le second surtout, des traces évidentes de retouches faites non pas d'après un texte plus pur, mais par simple

---

(1) Je dois faire quelques réserves pour ce qui concerne le manuscrit de Copenhague, que je ne connais qu'imparfaitement : il est d'ailleurs incomplet, puisqu'il se termine dans la notice de Sylvestre.

conjecture, pour éclaircir les passages difficiles ; leur chronologie a été également remaniée, particulièrement dans le sens du catalogue philocalien. On ne peut donc s'en servir qu'avec réserve et en distinguant bien la leçon primitive des retouches postérieures.

La tradition de la recension A n'est donc sûrement et intégralement représentée que par le *Luccensis*, le *Florentinus* et le *Vaticanus* 629, ce qui ne fait en réalité que deux témoignages différents, car les deux derniers ont été certainement copiés sur le même original, et probablement par le même copiste. Le meilleur comme le plus ancien est le *Luccensis* ; toutefois les deux autres, bien que postérieurs de près de quatre siècles, n'en diffèrent pas notablement. Le manuscrit de Copenhague (n° 8) semble appartenir au même groupe que ces trois manuscrits ; mais comme il ne va pas au delà de la notice de Sylvestre, son importance est beaucoup moindre.

Outre ces manuscrits qui donnent le texte complet, on pourra, dans un très-grand nombre de cas, recourir aux deux abrégés terminés à Félix IV et à Conon.

Des trois manuscrits qui représentent l'abrégé terminé à Félix IV, les deux premiers se ressemblent tellement qu'on pourrait croire le *Vaticanus* copié sur le manuscrit de Paris ; non-seulement ils occupent la même place dans une collection identique, mais la plupart des fautes de l'un se reproduit dans l'autre, et la similitude se poursuit jusque dans les abréviations. Toutefois, le *Parisinus* présente deux ou trois lacunes qui ne se trouvent point dans le *Vaticanus*, et celui-ci étant le moins ancien des deux, il s'ensuit qu'ils ne procèdent point l'un de l'autre ; au moins peut-on dire qu'ils reproduisent le même original. Quant au *Bernensis*, outre qu'il est incomplet, ses nombreuses lacunes et quelques traces de remaniement (1) le placent à une certaine distance des autres ; il ne peut plus être considéré comme une copie du même original, et ses leçons n'ont qu'une valeur secondaire, comparées à celles des deux premiers.

L'abrégé terminé à Conon n'était représenté jusqu'à présent que par un seul manuscrit, celui de Vérone ; les deux *Parisini* que je signale pour la première fois se réduisent à un seul, le *Par.* 2123. Ce dernier n'est ni une copie, ni l'original du manuscrit de Vé-

---

(1) Dans la vie de Télesphore il a la phrase : « Hic magnus et clarus in vir- » tutibus fuit per gratiam Spiritus Sancti, » inconnue à tous les autres manuscrits du *Liber Pontificalis*. C'est évidemment une retouche inspirée par un texte bien connu d'Eusèbe (*Hist. eccl.*, V, 6).

rone : il s'en rapproche cependant beaucoup ; et tous les deux
doivent avoir un ancêtre commun peu éloigné. L'écriture d'ailleurs,
autant qu'on en peut juger à la distance de Paris à Vérone, et le
format extraordinairement oblong, semblent faire remonter ces
deux manuscrits au même atelier de librairie.

CHAPITRE IV.

Les manuscrits appartenant à la classe B sont :

1. *Neapolitanus* IV. A, 8, VIIe siècle. — Abbaye de Bobbio (1).

2. *Leydensis Vossianus* 60, VIIIe s. — Saint-Remy de Reims.
3. *Laurentianus* XX. 10, XIe s. — (Pierre Ier de Médicis.)
4. *Parisinus* 16897, XIIe s.
5. *Parisinus* 5141, XIVe s. — (Pierre Pithou.)

6. *Parisinus* 13729, IXe s. — (même copiste que le suivant.)
7. *Laudunensis* 342, IXe s. — Cathédrale de Laon.
8. *Coloniensis* 164, IXe s. — Cathédrale de Cologne.
9. *Leydensis Vossianus* 41, IXe s. — Cathédrale d'Auxerre.
10. *Ambrosianus* M. 77, Xe s. — Abbaye de Bobbio.
11. *Vindobonensis* 473, IXe s. — Saint-Pierre de Worms.
12. *Bruxellensis* 8380, Xe s. — Abbaye de Saint-Bertin.
13. *Audomarensis* 188, XIe s. — Eglise de Saint-Omer.

14. *Alentianus* 18, XIe s. — (exécuté à Angoulême.)
15. *Parisinus* 5094, XIe s.
16. *Parisinus* 5145, XVe s. — (copie de l'un des deux précédents.)
17. *Ottobonianus* 2629, XVe s. — (P. Petau; copie du précédent.)
18. *Parisinus* 2400, XIe s. — Saint-Martial de Limoges.

(1) J'indique ici la provenance des manuscrits afin de mettre en évidence le caractère particulièrement français de cette recension.

19. *Parisinus* 2268, XIe s. — Saint-Martial de Limoges.
20. *Parisinus* 5517, XIe s. — (provient de Tulle.)

21. *Bernensis* 408, IXe s.
22. *Guelferbytanus* 10. 11, IXe s. — Saint-Pierre et Saint-Paul de Wissembourg.
23. *Parisinus* 5140, XIe s.

24. *Parisinus* 2769, IXe s. — Saint-Pierre de Beauvais.
25. *Leydensis Vulcanii* 58, XIIe s. — Saint-Pierre de Beauvais.
26. *Parisinus* 5516, IXe s. — Cathédrale de Tours.

I

DESCRIPTION.

1° *Le manuscrit de Naples.*

1. Il serait tout à fait en dehors de mon sujet de donner une description détaillée de ce manuscrit célèbre. Je renvoie donc aux notices de MM. Pertz et Bethmann (1) pour tout ce qui concerne le contenu du manuscrit, tant dans son écriture actuelle que dans l'écriture inférieure des feuillets palimpsestes dont il est composé.

Le *Liber Pontificalis* occupe les huit derniers feuillets. Comme le reste du manuscrit, ces feuillets sont de parchemin d'épaisseur moyenne et à peu près carrés (hauteur, 0^m 300, — hauteur, 0^m 280). L'écriture supérieure, la seule qui nous intéresse, est la cursive qui a précédé la minuscule carlovingienne ; elle est fine, serrée, très-nette. Le texte est divisé en deux colonnes qui contiennent un nombre assez variable de lignes, de quarante à quarante-six.

Le manuscrit vient très-probablement de l'abbaye de Bobbio. En effet, on lit sur un des feuillets du milieu, en écriture du treizième siècle, *Liber S. Columbani* ; le.feuillet étant déchiré à cet endroit, on ne peut dire s'il y avait à la suite les deux mots *de Bobbio* qui se rencontrent ordinairement sur les manuscrits de cette provenance, mais les mots *S. Columbani* suffisent. Il appartint ensuite à Janus Parrhasius (1470-1533), puis à Seripandi (1493-1563), enfin au monastère napolitain de Saint-Jean a Car-

(1) Pertz (*Arch.*, V, 69); Bethmann (*Arch.*, XII, 515).

bonara, d'où il est venu, au commencement de ce siècle, à la bibliothèque royale de Naples. C'est là que M. Pertz le découvrit en 1822. On trouvera dans l'article cité de l'*Archiv* une minutieuse description de la forme des lettres et l'exposé des raisons qui ont déterminé M. Pertz à fixer à la fin du septième siècle la date de l'écriture la moins ancienne. Ces raisons sont d'abord le caractère de l'écriture, puis les limites du catalogue qui précède le *Liber Pontificalis* et du *Liber Pontificalis* lui-même. Je reviendrai tout à l'heure sur ce second argument.

Les feuillets qui contiennent le *Liber Pontificalis* sont actuellement détachés du manuscrit ; ils portent les numéros 40-47. En haut de la page 40 *a*, on a écrit, au treizième siècle, dans la marge supérieure, le titre : *Gesta summor pontificu*, mais à l'origine il n'y avait point de titre. Les premiers mots de l'écriture du septième siècle forment le titre de la lettre de saint Jérôme : BEATISSIMO PAPAE DAMASO   HIERONIMS. Suivent les deux lettres, puis un catalogue de papes de saint Pierre à Conon, les noms seulement avec des numéros d'ordre, sauf pour les deux premiers papes dont les années sont aussi marquées. Ce catalogue est disposé sur deux lignes verticales ; il ne finit pas sur la première colonne, mais sur la seconde, à la septième ligne. On lit ensuite le texte suivant, en onciale : *Quid est tibi mare quod fugisti et t//////////* puis après deux lignes en blanc, l'*incipit*, en minuscule à filaments plus grosse que celle du texte : *In nomine scae trinitatis atque sci omnes prophetAE*. Le texte commence ensuite, chaque vie étant précédée d'un numéro placé à la marge. Il semble que le copiste ait craint de manquer de place, car il emploie constamment le blanc laissé par l'alinéa à la fin de chaque vie en y continuant le texte après la première ligne de la suivante, de sorte qu'il faut toujours, avant de passer à la seconde ligne, lire ce rejet à la ligne supérieure.

Le huitième feuillet se termine dans la vie du pape Anastase II (496-478) à ces mots : *qui noctu divino noto percussus est*—. Le manuscrit est donc mutilé et le texte se prolongeait au delà d'Anastase II sans qu'on puisse savoir jusqu'où il s'étendait. M. Pertz pense qu'il se terminait avec la vie du pape Conon (✝ 687), le dernier qui figure au catalogue. Je ne crois pas que l'on ait le droit de formuler cette conclusion ; en général, sans doute, l'étendue du recueil des vies est en rapport avec les limites du catalogue qui l'accompagne, mais il y a beaucoup de manuscrits où le catalogue va plus loin que les vies, par exemple les trois manuscrits de l'abrégé félicien, où la dernière vie est celle de Félix IV, bien que le catalogue se prolonge jusqu'à Pélage II. Je ne veux pas presser cette considération ni en faire sortir même une hypothèse sur les limites du recueil napolitain, mais je constate qu'on ne peut pas affirmer qu'il se prolongeait jusqu'au pape Conon.

Le texte de ce manuscrit est resté jusqu'à présent inconnu. M. Pertz a dû en prendre une copie exacte, car il annonce dans sa notice une reproduction minutieuse ; en attendant, il s'est abstenu de renseigner le public sur le contenu, et plusieurs des personnes qui en ont parlé d'après lui ne savaient pas même si c'était un abrégé ou un texte complet. J'en ai pris copie à,mon tour au mois d'avril 1875 ; malheureusement, en beaucoup d'endroits, la lecture est impossible ; depuis longtemps noircis, salis, usés, ces feuillets antiques ont été dans ce siècle soumis à des préparations chimiques pour faire revivre l'écriture inférieure, de sorte que les passages où l'écriture du septième siècle n'a pas complétement disparu exigent, pour être déchiffrés, une grande patience et beaucoup d'application.

2° *Famille du manuscrit de Leyde.*

2. *Leydensis Vossianus 60.* Membr. in-4° oblong, 121 feuillets ; ancien numéro 195. Les cahiers sont numérotés par les lettres de l'alphabet depuis A jusqu'à O. Ce manuscrit a appartenu depuis le neuvième siècle à la cathédrale de Reims. On lit sur le feuillet 3, en écriture de ce siècle : *Liber sc̄i Remigii francorum apostoli. qui ei abstulerit illum anathema sit. Fiat. Fiat. Amen.* Sur le f° 3v° : *Liber sc̄i Remigii Rem̄. vol. LXIX;* de même en haut des f°ˢ 8 et 9 : *Liber sci Remigii.* Depuis, il passa aux mains d'Alex. Petau qui écrivit en marge du f° 9 les mots *Anastasius bibliothecarius*, et au bas de ce même folio cette formule que l'on trouve sur tous ses manuscrits, mais qui a été presque entièrement grattée dans celui de Leyde : *Alexander Pauli filius Petavius senator parisiensis.*

Le texte ne commence qu'au f° 9. — F° 1, r° blanc ; v° en écriture du neuvième siècle différente de celle du manuscrit : *Expositio cujusdam moderni abbatis monachorum monasterii quod usque nunc discitur fasceum in territorio Autisioderensi nomine hamonis temporibus Hludovici imperatoris et filii ejus Karoli sententia in epistolam Johannis evangelistae ad locum* quoniam tres sunt qui t. d. *Si prudenter negotium inspicimus sicut deprehenduntur sc̄i patres quadragesimalibus diebus..... pertinet ad sortem adoptionis filiorum*

Dei (f° 2 v°). Le titre n'est pas de la même main que le texte. —
F° 3, r° blanc ; — v° en capitales : INCIPIT EPISTULA HIERONIMI, etc.,
les deux lettres de Jérôme et de Damase. — F° 4, r° blanc ; —
v° croix dans un encadrement en entrelacs ; dans les vides :

> Gestat honorand͞ cuncti manus inclita lignum
> Quod se s͞ca sinit pendere victima mundi
> Perditam ut miseris reddat mors una salutem.

— F° 5. En grandes capitales coloriées : *Incipiu͞t capitula ordo
episcopo͞r sedis apostolicæ R͞omn. ecles.* Ici commence un catalogue
contenant les noms et la patrie de chaque pape, avec des numéros
d'ordre. Le dernier nom de première main est Etienne II. *Stephanus nat. Romanus.* La même main a continué la série des numéros depuis le XCIIII° qui est celui d'Etienne II jusqu'au CXI° ;
une seconde main a écrit les noms de Paul, d'Etienne et d'Hadrien, qui suivent immédiatement Etienne II ; puis une troisième
a ajouté les années, mois et jours, de Paul et d'Etienne III, ne
donnant à Hadrien que vingt ans : *Adrianus sed. ann. XX,* tandis
que ce pape a siégé réellement vingt-trois ans, dix mois et dix-
huit jours. La troisième main a continué la série des papes jusqu'à Marinus (882), en ajoutant en marge le synchronisme des
archevêques de Reims, Alpinus, Ebbo, Hincmarus et Folco. —
F° 7 v°, et 8 r° en blanc; f° 8 v° titre : *In nomine dei summi incipit ordo episcoporum sedis apostolicæ sanctæ ecclesiæ romanæ beatis-
simi principis apostolorum petri ab ipso inchoante. — F° 9.* Ici commence le texte sur deux colonnes très-minces avec de nombreux
alinéas qui s'ouvrent par des majuscules, à peu près comme dans
le manuscrit 289 de Berne qui contient le martyrologe à l'usage
de l'église de Metz. L'écriture participe des formes de la cursive
mérovingienne et de la minuscule carlovingienne ; elle indique
une période de transition entre ces deux écritures et doit se placer dans la seconde moitié du huitième siècle. La série des vies
s'arrête à la fin d'Etienne II (✝ 757).

Outre l'écriture du texte on distingue trois sortes de retouches :
un premier réviseur a corrigé un grand nombre de fautes d'orthographe, un autre a suppléé quelques lacunes en se servant, sans
doute, du manuscrit original ; un troisième a mis çà et là des
notes marginales. Ces trois mains sont du neuvième siècle.

Les particularités qui distinguent à première vue ce manuscrit
et les trois suivants de tous ceux de la recension B, sont : 1° Le
titre ; 2° la disposition du catalogue : nous avons vu que les manuscrits A n'avaient point de catalogue en tête des vies, sauf ceux

de l'abrégé félicien qui n'ont qu'une simple liste de noms ; cette liste sans autres indications se retrouve dans le manuscrit de Naples. Celui de Leyde y ajoute la nationalité de chaque pape, selon le texte des notices ; les autres manuscrits de la classe B présentent en regard de chaque nom la durée du pontificat en années, mois et jours ; 3° le nom du pape Jean II a disparu dans le texte et dans le catalogue initial ; il n'est désigné que par son surnom *Mercurius*.

3. *Laurentianus* XX. 10. Membr. in-4° min. de 56 feuillets, à longues lignes ; écriture du onzième siècle. Il a appartenu à Pierre Ier de Médicis, dont le nom se lit sur le dernier feuillet : *Liber Petri de Medicis cos. f.*

Même disposition et même contenu que le précédent, en ce qui concerne le *Liber Pontificalis* ; mais ici le texte est incomplet ; il s'arrête, sans mutilation du manuscrit, aux mots *...sancti dei ecclesia colligens exercitum —*, dans la vie de Martin Ier (133, l. 4). — Sur les f°s 55 v°, et 56, concile de Latran de l'an 1139 (écriture postérieure).

4. *Parisinus* 16897, ancien *Navarre* 7 ; décrit sous la cote ancienne par M. Hinsch (*Decretales Pseudo-Isid.*, p. LII). Membr. in-f°, de 376 feuillets ; écriture du douzième siècle, sauf pour les huit premiers qui ont été refaits au quatorzième.

Même disposition et même contenu que le *Vossianus* 60 ; après la vie d'Etienne II viennent les vers de Charlemagne sur la mort d'Hadrien ; — f° 34, collection pseudo-isidorienne ; — f° 376, catalogue de papes avec la durée du siége jusqu'à Paschal Ier († 824), prolongé jusqu'à Agapit II († 956) par une simple liste de noms.

5. *Parisinus* 5141. Membr. in-f° max. à 2 colonnes ; écriture du quatorzième siècle. Il a appartenu autrefois à P. Pithou, puis à l'Oratoire de Troyes. C'est une copie du précédent ; cependant, comme il est mutilé à la fin, il n'a pas le catalogue qui termine le *Parisinus* 16897.

Voici maintenant le classement à établir entre les quatre manuscrits qui forment le groupe du *Vossianus* 60. Le n° 5 étant écarté comme copie, les deux manuscrits 3 et 4 présentent entre eux plus de ressemblance qu'ils n'en ont avec le *Vossianus*. Ils ne sont cependant pas dérivés l'un de l'autre. D'autre part, ils sont absolument indépendants de la seconde main du *Vossianus*, j'entends celle qui a suppléé les lacunes, quoiqu'ils ne présentent pas toutes celles qu'a laissées la première main. Ils ne dérivent donc

en aucune façon du *Vossianus*, mais d'un manuscrit très-voisin,
et l'arbre généalogique s'établit ainsi :

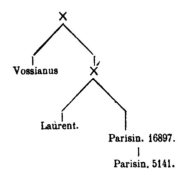

3° *Famille du Parisinus* 13729.

6. *Parisinus* 13729. Membr. in-4°, 161 feuillets, 26 lignes à la
page ; écriture du neuvième siècle. La première page est restée en blanc ; le f° 1 v° contient en grandes capitales le titre
commun au plus grand nombre des manuscrits de la recension B :
*In nomine dni di et salvatoris nri ihu xpi incipit lib episcopalis in
quo continentur acta beatorum pontificum urbis Romæ.* Viennent
ensuite, sur le f° 2, les deux lettres de Jérôme et de Damase,
puis un catalogue qui se termine ainsi (1) :

XCVI. Stephanus	AN. III. M. V. D. XXVIII.	
XVII. Adrianus	ANNOS. XX.	
XCVIII. Leo.	*tertius annis XX. m. V.*	
XCVIIII. Stephanus.	*annis IIII. m. V.*	
C. Paschalis.	*annis septem.*	
CI. Eugenius.	*annis III. m. II.*	

Item nomina romanorum pontificum sine gestis.

Suit un catalogue de seconde main terminé à Innocent III.

C'est cette même seconde main qui a ajouté la durée des quatre
pontificats de Léon III à Eugène II. Ce catalogue va jusqu'au bas
du f° 5 r°. Sur le v° commence la série des notices dont la dernière est celle d'Hadrien. De cette disposition on peut conclure
que le manuscrit a été copié sous Eugène II (824-827) et qu'il

_____

(1) Tout ce qui est imprimé en italique a été ajouté de seconde main.

dérive d'un manuscrit daté de l'an 20me d'Hadrien (790-791) (1) ,
la vie de ce pontife et peut-être celles de quelques-uns de ses prédécesseurs ayant été suppléée d'après un autre manuscrit. Entre
le catalogue et les notices se présente le sous-titre : *In Dei nomine
incipiunt gesta suprascr'ptorum pontificum.*

7. *Laudunensis* 342 (autrefois 308). Il provient de l'église cathédrale de Laon : on lit sur le premier feuillet, d'une écriture peu
postérieure à celle du manuscrit : *Hunc librum dedit domnus Dido
episcopus Deo et sanctæ Mariæ Laudunensis ecclesiæ. Si quis abstulerit offensionem Dei et sanctæ Mariæ incurrat.* L'évêque Dido se
place entre 883 et 893.

Ce manuscrit est l'exacte reproduction du précédent. Le nombre
des feuillets, le nombre des lignes de chaque page, les limites du
catalogue initial et de la série des notices, l'emploi de l'onciale au
commencement des notices, la forme des lettres, et surtout la complète identité du texte, tout annonce le même copiste. Les différences
que l'on peut noter sont tout accidentelles ; ainsi, dans le catalogue,
les papes de Félix IV à saint Grégoire le Grand ont été omis, mais on
a suppléé cette omission sur un petit morceau de parchemin inter-
calé entre deux feuillets ; les titres ne sont pas écrits, mais leur
place est laissée en blanc ; c'est le rubriciste qui les a oubliés ; le
catalogue n'est continué de seconde main que jusqu'à Benoît III
(† 858).

Est-ce à dire que l'un de ces manuscrits a été copié sur l'autre ?
La ressemblance est telle qu'on serait tenté de l'affirmer ; mais
les limites chronologiques en ce qui concerne Hadrien étant
absolument les mêmes et les deux manuscrits étant attribuables
au même copiste, il est plus naturel de songer à un original commun.

8. *Coloniensis* 164 (Darmstadt 2147) (2). Membr. in-f° min. ,
115 feuillets ; écritures du commencement du neuvième siècle ;
copié par cahiers et par différents copistes. Sur le premier feuillet :
Liber s. Petri Colon. Sur le second commence un catalogue
intitulé : *Incipiunt nomina pontificum sanctæ apostolicæ sedis.* Il
se termine par *XCVIII. Leo.* Une seconde main a continué la liste
jusqu'à Jean VIII (872-882). Suivent les vies avec le sous-titre :

---

(1) En se reportant à la description du *Vossianus* 60, on verra que ce manuscrit a été retouché d'après un *Liber Pontificalis* daté aussi de la vingtième année
d'Hadrien.

(2) V. Jaffé et Wattenbach, *Ecclesiæ metropolitanæ Coloniensis codices manu-
scripti.* Berlin, 1874.

Incipiunt gesta suprascriptorum pontificum. Elles vont, sans mutilation du manuscrit, jusqu'à ces mots de la vie d'Etienne III :
... *probatissimos viros scilicet* — (1). Les limites du catalogue et la
remarque de MM. Jaffé et Wattenbach sur la date de l'écriture
semblent faire remonter le manuscrit au temps de Léon III (795-
816). Ne l'ayant pas vu moi-même, je suis réduit à me fier aux
indications de M. Pabst, qui le place tout près des deux précédents (2).

9. *Leydensis Vossianus* 41. Ancienne cote : B. 52. Ce manuscrit
a appartenu à Paul Petau, dont j'ai reconnu l'écriture dans les
marges de quelques feuillets intervertis. Membr. in-4° de la fin
du neuvième siècle. Il n'y a aucun titre, mais après les deux lettres de Jérôme et de Damase vient un catalogue ne contenant que
les numéros et les noms ; il se termine de première main à
Hadrien II (867-872), et de seconde main à Benoît IX, ou plutôt
à côté de la série des numéros continués de première main après
Hadrien II, on a écrit au onzième siècle les noms suivants :

CVIIII. Gregorius.
CX. Johannes.
CXI. Leo.
CXII. Benedictus.
CXIII. Gregorius.
CXIIII. Silvester qui et Girbertus.
CXV. Johannes.
CXVI. Benedictus.
CXVII. Romanus.
CXVIII. Benedictus.

Ces noms sont évidemment ajoutés à contre-temps ; Hadrien II
porte dans la série le numéro CVIII ; les noms qui suivent ne
sont certainement pas ceux de ses successeurs immédiats ; ils ont
été écrits là sans même qu'on ait eu égard à l'ordre de succession,
comme on peut s'en assurer en jetant les yeux sur une liste des
papes du dixième et du onzième siècle.

Le texte du *Liber Pontificalis* va dans ce manuscrit jusqu'à la fin
de la notice d'Etienne III († 772) ; vers la fin, une interversion de
feuillets a induit en erreur le rédacteur du catalogue, qui le fait
se terminer à Grégoire III.

Avant de passer aux mains de Petau, ce manuscrit a appartenu

_____

(1) N° 276, l. 7.
(2) Lipsius, *Chronologie der römischen Bischöfe*, p. 84.

à l'église d'Auxerre : on trouve dans les marges le synchronisme des évêques de ce siége, écrit par deux personnes différentes, au onzième siècle et au quatorzième. Voici la première de ces notes marginales ; elle est en regard de la vie de Xystus II : *Tempus istius papæ cœperunt esse episcopi in civitate autissioderensi, quorum primus fuit scs peregrinus precipiente supradicto papa Xisto et illo anno martirizatus est.*

10. *Ambrosianus* M. 77. Ce manuscrit provient de Bobbio, comme il résulte de plusieurs notes marginales, et en particulier de celle-ci, f° 93 : *Hic liber est monachorum congregationis sancte Justine de observantia ordinis sancti Benedicti residentium in monasterio sancti Columbani de bobio ; scriptus sub numero 69. (XV° s.).* Membr. in-4° du dixième siècle; 93 feuillets, plus deux au commencement qui ne sont pas compris dans la pagination. Les deux feuillets de garde du commencement et de la fin sont des fragments d'un manuscrit de saint Augustin, en onciale du septième siècle. Le titre, le sous-titre, la disposition sont les mêmes que dans le *Parisinus* 13729, sauf que le manuscrit de Milan finit avec la vie d'Etienne II et que son catalogue initial se termine à Paul Ier, successeur d'Etienne II : *Paulus sedit an. X. m. II. d. X.*

Le texte de ce manuscrit est connu par la collation de Muratori qui le désigne par la lettre A.

11. *Vindobonensis* 473 ; autrefois *Hist. eccles. n°* 90 ; anciennement il appartenait à la cathédrale de Worms (*Sci petri in Wormatia*). Membr. in-f° du neuvième siècle, 85 feuillets ; les deux premiers sont perdus ; ils contenaient sans doute le titre et le commencement du catalogue. Celui-ci se termine comme dans le manuscrit précédent, puis vient le sous-titre : *Incipiunt gesta suprascriptorum pontificum* et les vies jusqu'à Etienne II inclusivement. D'après la longue description que lui consacre Lambek (1) et la collation que Pertz en a faite (2), il concorde avec le manuscrit de Milan jusque dans les moindres détails.

12. *Bruxellensis* 8380 (Le dernier cahier est coté 9012). Il a appartenu autrefois à l'abbaye de Saint-Bertin, comme le montre la note suivante collée sur la couverture : *Hic est Codex Bertinianus de ||||| quia ita mutilus ab initio fuit consule ||||| l || fius, pag. 9,* ||| 127. Ancienne cote : — MS 75 (3). Membr. in-4° min. de 82 feuillets ; il en a perdu quelques-uns au commencement : les

_____

(1) *Biblioth. Cæsar.*, t. II, cap. VIII, cod. 277.

(2) V. *Archiv.* t. III, p. 668.

(3) C'est sans doute ce manuscrit que citent les Bollandistes sous le nom de *cod. Bertinianus*, t. I *Apr.*, p. 5 *et alibi passim.*

premiers mots sont : — *fabricas per cimiteria.* . (vie de Fabien).
La dernière vie est celle d'Etienne II.

13. *Audomarensis* 188. Il a appartenu à l'église de Saint-Omer
comme on le voit par la note : *Liber ecclesie sci aud.* au dernier
feuillet. Membr. in-f° max.; écriture de la fin du onzième siècle.
Il contient : *a)* f°* 1-141, les lettres de saint Grégoire; le manuscrit
étant mutilé au commencement, le texte est incomplet; — *b)*
f° 142 v°, le *Liber Pontificalis* précédé du titre : *In nomine dni nri*
ihu xpi incipit liber episcopalis in quo continentur acta beatorum
pontificum urbis Romæ quem domnus Wigumadus episcopus fieri
jussit; puis viennent les deux lettres et le catalogue qui finit
ainsi : *Paulus sedit an.   men.   dies   ,* sans que les chiffres
soient indiqués. La série des notices s'arrête à Etienne II comme
dans le manuscrit précédent. — *c)* catalogue des papes, de
première main jusqu'à Victor III (1087) et de seconde main
jusqu'à Paschal II (1099-1118); ce catalogue ne contient guère
autre chose que les noms des papes et la durée des pontificats. Le
manuscrit de saint Omer est une copie du *Bruxellensis;* je m'en
suis assuré par moi-même, et le voisinage de l'abbaye de Saint-
Bertin explique suffisamment ce fait. Cependant le copiste de
l'*Audomarensis* s'écarte de l'original en ce qu'il transporte dans
chaque notice l'ordination des évêques avant celle des prêtres et
des diacres.

Les huit manuscrits qui composent cette famille peuvent en
réalité se réduire à cinq; celui de Saint-Omer est une copie du
manuscrit de Bruxelles, ceux de Laon et de Vienne sont respecti-
vement identiques au *Parisinus* et à l'*Ambrosianus.* Les cinq manuscrits n°* 6, 8, 9, 10, 12 remontent évidemment à un original
commun, différent de celui de la famille du *Leydensis* et des autres familles de la classe B. Cet original se terminait à Etienne II
comme l'indiquent les limites de l'*Ambrosianus* et du *Bruxellensis;*
les trois autres manuscrits, ceux de Paris, de Leyde et de Cologne, vont sans doute au delà d'Etienne II; mais on verra plus
loin (1) que le manuscrit de Cologne doit vraisemblablement sa
prolongation à un manuscrit étranger à la famille où nous l'avons
placé, et d'ailleurs nous avons vu que le *Parisinus,* bien qu'il contienne la vie d'Hadrien I°*, a été copié sur un manuscrit où elle
ne pouvait figurer.

(1) V. la notice du *Guelferbytanus.*

4° *Manuscrits d'Angoulême.*

14. *Alentianus* 18, provenant de l'abbaye de Saint-Evroult, au pays d'Ouche, comme le dit la note suivante, écrite au quatorzième siècle sur le premier feuillet : *Liber de armariolo sancti Ebrulfi* ; ancien numéro : 124. Membr. in-4°, de 259 feuillets, écriture du onzième siècle. Il contient : *a)* f° 1 v° : *Passio sanctorum Victoris et Coronæ... II id. mai;* — *b)* f° 3 v° : *Passio sancti Peregrini episcopi et martyris... XVII kal. jun.;* — *c)* f° 7 : les vers suivants, publiés par Mabillon (*Analecta*, t. I, p. 418), mais qu'il faut reproduire ici :

Rex dominans mihi fautor ades ne codice fam	A
Opticeat titulus hunc renitescat apu	D
Hocce volumen Egolisma Roho præsul in urb	E
Omnibus eximius condidit egregiu	M
Ecce patrum retinet tomus præclara trophæ	A
Petri quis nituit ordine clarus hono	R
Iuraque bellorum Christi inlustrissima corn	V
Sanctum flamineo quæ tulit ore genu	S
Certatimque venenosos stravere chelidro	S
Ornati stolis quomodo mirific	E
Promptior ac micuit per eos primatibus ardo	R
Vt fuerintque Deo subdita colla di	V
Vir pie, clare bonis, præsul Roho, comptior act	V
Semper amande mihi, accipito hos modulo	S
Xenia Ademarus dederim tibi talia cur mo	X
Rite tuum scire est unde reposco detu	R
Ianua amoris adesto mihi præclara beat	I
Sint furiæque procul dum mihi pars pia si	S
Te sic Eparchiusque Petrus munimine coman	T
In superi nos qui astra vehantque pol	I

L'acrostiche donne *Roho episcopuus Xristi* et *Ademarus servus Xristi.* Ce Rohon est un évêque d'Angoulême du temps du roi Robert (1). Adhémar est un moine de l'abbaye de Saint-Eparchius (Saint-Cybar, près d'Angoulême) ; ce fut une des célébrités littéraires du temps (2) ; il mourut avant l'année 1031. Comme on peut le voir à travers son latin barbare, la pièce de vers ci-dessus est en rapport avec le *Liber Pontificalis* ; c'est probablement l'envoi

---

(1) V. *Gallia Christ.*, t. II, p. 991.
(2) V. *Histoire littér.*, t. VII, p. 300.

à l'évêque Rohon d'un manuscrit exécuté par lui ou sous sa direction. Dans le manuscrit d'Alençon les deux lettres de Jérôme et de Damase viennent aussitôt après la dédicace ; elles sont suivies d'un catalogue terminé à Etienne V : *Stephanus ann. I.*, puis de la série des vies, sans aucun titre ni sous-titre. La dernière notice est celle de Léon IV qui se termine sans mutilation aucune par les mots : ... *procaci artificio elevatis luciflue renovavit* — (541, 1. 2); — f⁰ˢ 163-251 v° : Histoire des Lombards de Paul Diacre ; — f⁰ˢ 252-259 : Vie de saint Mayeul, abbé.

15. *Parisinus* 5094 ; autrefois *Baluz.* 349, puis *Reg.* 3900, 3. Membr. in-f° min. de 139 feuillets, écriture du onzième siècle. Il commence par un catalogue dans lequel saint Clément occupe le premier rang avec le n° 4 ; le premier feuillet ayant disparu, les lettres de Jérôme et de Damase et le commencement du catalogue font défaut. Le catalogue se termine comme dans le manuscrit précédent, avec lequel celui-ci a la plus grande ressemblance : limites du catalogue, absence de sous-titre, interruption du texte aux mêmes mots de la notice de Léon IV. Sans doute il ne renferme pas les trois vies de saints du manuscrit d'Alençon ni l'histoire des Lombards, mais il n'est pas impossible qu'il les ait contenues autrefois. On lit en effet, sur le f° 2, d'une main du quatorzième siècle : *Gesta pontificum CIII ab passione xpi usque VIIIᵉXXXIII. mes. I. dies XXIII. Gesta Langobardorum.*

16. *Parisinus* 5145, autrefois *Colbert.* 736, *Reg.* 4060. Chartac. in-4° de 134 feuillets ; écriture du quinzième siècle. Contenu : — a) f° 1 : copie de l'un des deux manuscrits précédents, ou d'un manuscrit tout semblable. Le titre : *In nomine Dni dei et Salvatoris nri ihu xpi incipit Liber Episcopalis in quo continentur acta beatorum pontificum urbis Romæ* et le sous-titre sont des adjonctions postérieures. Pour le reste, il y a similitude complète, sauf quelques retouches provenant d'un manuscrit de la classe A. La fin du manuscrit a disparu par accident, de sorte qu'au lieu d'aller jusqu'à Léon IV il s'interrompt dans la vie de Grégoire IV ; — b) f⁰ˢ 58-126 : scolies de Pierre, évêque d'Orviéto, sur le *Liber Pontificalis* ; ces scolies, dont il sera question plus tard, se terminent comme plusieurs manuscrits de la recension H par les mots : *Explicit cronica Damasi pape de cathalogo romanorum pontificum* ; elles n'ont aucun rapport avec le texte qui les précède, et sont évidemment empruntées aux marges d'un manuscrit H. — c) f⁰ˢ 127-128 : fragment de Martinus Polonus, papes et empereurs, depuis Innocent II jusqu'à Adrien IV. Suit une table alphabétique qui se rapporte aux scolies de Pierre d'Orviéto.

17. *Ottobonianus* 2629, autrefois *Reginæ* 69 ; c'est sous cette dernière cote que le décrivit Ugolini (1) en 1755; il a donc changé de fonds à une date assez récente ; avant d'entrer dans la bibliothèque de la reine Christine, il avait appartenu à P. Petau, dont le nom s'y lit deux fois f° 1 et f° 83. — Chartac. in-f° de 142 feuillets, écriture du quinzième siècle. Même contenu que le précédent, sauf que le titre ci-dessus et le fragment de Martinus Polonus ne s'y trouvent pas.

18. *Parisinus* 2400, autrefois *Regius* 4069, 3. Il provient de Saint-Martial de Limoges, où il portait le n° LXV. Membr. in-f° min. de 200 feuillets. Ecriture du onzième siècle. — Le *Liber Pontificalis* commence au f° 137 *bis* et va jusqu'au f° 151. Le f° 137 *bis* est une intercalation postérieure; il contient les deux lettres de Jérôme et de Damase, puis une chronique des évêques d'Angoulême :

892. Ooliba eps egolismensis obiit III. non. sept.
895. Anatolus eps egolismensis obiit XII. kal. mai.....
... 993. Ugo eps egolismensis obiit VIII non. decembr. (2).

F° 138. *Incipiunt gesta apostolicorum romanorum.* Suit un texte abrégé du *Liber Pontificalis*, dans lequel chaque notice est précédée d'un titre : *de Callisto, de Silvestro*, etc. Le dernier pape qui en ait une est Hadrien II († 872) ; le recueil se termine comme il suit :

Johannes CVIIII sed. ann. X.
Marinus CX sed. anno I. m. III.
Tertius Adrianus CXI sed. an. I. m. IIII.
Stefanus CXII sed. anno I. Require, obsecro, lector, cæteros pontifices in scrinio scæ romanæ ecclesiæ usque ad tuam ætatem ut cum eis particeps esse merearis in regnum dni nri, etc.

19. *Parisinus* 2268 (anciennes cotes : *Reg.* 3803, 2 ; *Lemerre* 152). Il provient aussi de Saint-Martial de Limoges, et avait été donné à cette abbaye par Jacques Joviond, abbé de 1433 à 1464 (3), comme on peut le voir par une note écrite f° 41v°. Membr. in-f° min. de 89 feuillets; écriture du onzième siècle. Le *Liber Pontificalis* s'y trouve f°° 42-89. C'est exactement le même texte que dans le manuscrit précédent, avec les deux lettres de Jérôme et de Damase, mais sans la chronique d'Angoulême.

(1) Vignoli, t. III, préf.
(2) *Gall. Christ.*, t. II, p. 985.
(3) *Gall. Christ.*, t. II, p. 564.

20. *Parisinus* 5517 (anciennes cotes : *Reg.* 4503, 6 ; *Colbert.* 5267 ;
une note de Baluze indique qu'il fut apporté de Tulle en 1687
dans la Colbertine). Membr. in-f° de 141 feuillets ; écriture de la fin
du onzième siècle. Contenu : — *a*) f°ˢ 1-46 : le *Liber Pontificalis*,
même texte que le précédent ; — *b*) f°ˢ 46-141 : recueil de textes sur
la primauté de l'Eglise romaine; la dernière pièce de cette collection est une lettre d'Urbain II au clergé et au peuple de Limoges:
« *Veniens ad nos confrater noster Humbaldus vestræ civitatis episcopus....* » quelques lignes seulement, le manuscrit étant mutilé à
la fin (1).

Les sept manuscrits 14-20 ont entre eux une parenté évidente.
Tous sont français; et autant qu'on peut se renseigner sur leur
origine, ils proviennent des diocèses d'Angoulême et de Limoges.
Ils s'arrêtent tous à la même date, c'est-à-dire à la première
année d'Etienne V, qui a siégé six ans. L'original commun a
donc été écrit en 885. Les abrégés prolongent jusqu'à Hadrien II
la série des notices qui dans les manuscrits complets s'arrêtent
au milieu de la vie de Léon IV ; cette différence nous oblige à
conclure que les uns ou les autres ne dérivent pas immédiatement
de l'original commun. Quant aux manuscrits complets, ils remontent évidemment à celui qui fut exécuté par Adhémar pour l'évêque
Rohon ; est-ce bien le même que l'*Alentianus* 18 ? Je n'ose l'affirmer : la corruption du texte est telle dans le petit poëme acrostiche, que je ne saurais y voir la main de l'auteur lui-même. —
Toute cette recension d'Adhémar dépend d'un manuscrit de la
même famille que le *Parisinus* 13729, avec laquelle elle a en commun quelques particularités remarquables, par exemple le passage sur le tombeau de sainte Pétronille, dans la vie de Paul Iᵉʳ;
ce passage n'était connu jusqu'à présent que par la collation d'un
manuscrit maintenant perdu de Marquardt Fréher ; il n'est entré
dans le texte d'aucune édition (2). Il est d'ailleurs évident que le
manuscrit qui a servi à la recension d'Angoulême était différent
de tous ceux que nous avons cités comme constituant la famille
du *Parisinus* 13729 , puisqu'aucun de ces derniers ne va au delà
d'Hadrien Iᵉʳ.

(1) Cette lettre ne figure pas dans les *Regesta Pontificum* de Jaffé. *Humbaldus*,
évêque de Limoges en 1087; élection contestée; déposé par Urbain II, le 23 décembre 1095, dans un concile tenu à Limoges. *Gall. Christ.*, t. II, p. 518.
(2) On le trouvera dans les variantes de l'édition de Mayence et de l'édition
Bianchini (Migne, II, p. 1139).

La valeur critique de cette famille dérivée est assez médiocre ; l'auteur de la recension ne s'est pas abstenu d'introduire çà et là dans le texte des corrections de son cru. C'est ainsi que le passage de la vie d'Urbain : *Hic vero confessor*, qui , à la vérité , est inintelligible tel qu'on le trouve dans les manuscrits B, est changé en *Hic vero bis confessor* et relié à ce qui suit , de manière à donner un sens acceptable ; ici Adhémar s'est trop souvenu des actes de sainte Cécile.

5° *Famille du manuscrit de Berne.*

21. *Bernensis* 408. Membr. in-4° de 88 feuillets ; écriture de la fin du neuvième siècle. Il commence par les deux lettres de Jérôme et de Damase, puis vient une liste de noms seulement, sans les années, qui s'arrête au bas du f° 1v° ; le dernier nom est celui de Zosime, mais la série se prolongeait au delà ; deux feuillets ont disparu entre le premier et le second. Avec le f° 2 commencent les notices sous ce titre de première main : LIBER DE GESTIS PONTIFICV̄ ROMANORV̄. Le texte s'arrête dans la vie d'Etienne II aux mots ... *ad recipiendas vero ipsas civitates —*, n° 253 , l. 4. On est alors au milieu du f° 85 v° , ce qui montre que le manuscrit dérive très-probablement d'un original mutilé à partir de cet endroit. Sur le f° 86, on trouve un fragment d'hymne liturgique avec une notation musicale en écriture du douzième siècle.

22. *Guelferbytanus* (August.) 10. 11. Membr. in-4° de 118 feuillets, écriture du neuvième siècle ; il provient de l'abbaye de Saint-Pierre et Saint-Paul de Wissembourg. Ce manuscrit commence par les deux lettres de Jérôme et de Damase, puis vient un catalogue de papes (les noms seulement , précédés de numéros d'ordre) qui se termine par *XCVIII. Leo* (Léon III). Suit, sans aucun titre, la série des notices, de première main jusqu'à Etienne II inclusivement et d'une seconde main, à peu près contemporaine de la première, jusqu'à ces mots de la vie d'Etienne III : ... *probatissimos viros scilicet —* (1).

(1) N° 276, l. 7. Le manuscrit de Cologne décrit ci-dessus, p. 67, se termine précisément à ces mots : il est possible qu'il ait quelque relation avec le *Guelferbytanus*. N'ayant vu ni l'un ni l'autre, je ne saurais rien affirmer à cet égard. D'autre part, le manuscrit B de Marquardt Fréher, qui appartenait certainement à la recension A, se terminait au même endroit que ces deux manuscrits. Il y a donc lieu de constater ici que des manuscrits appartenant à des familles et même à des recensions différentes pour le commencement ont été

23. *Parisinus* 5140. Anciens numéros : *Reg.* 3900, 4 ; *Colb.* 417.
Membr. in-f° de 150 feuillets ; écriture du onzième siècle. Il ne
contient que le *Liber Pontificalis* sans aucun titre, mais précédé
des pièces suivantes :

1° Une table des sépultures pontificales, de saint Pierre à Zacharie († 752), publiée par Bianchini et Vignoli en tête de leurs
éditions, d'après le manuscrit *Vaticanus* 3764, et par M. de' Rossi
(*Roma sott.*, t. II, p. XXIII), d'après le même manuscrit collationné à nouveau.

2° Un catalogue des papes avec les années, mois et jours ; il
s'arrête ici à Agapitus II († 956), mais on l'a continué plus loin,
f° 46 v°, sur un espace laissé en blanc et là il se termine à Sylvestre II *(Silvester qui et Gerberthus vocabatur)* dont les années ne
sont pas indiquées. C'est une date pour le manuscrit dont la transcription se place ainsi de 999 à 1003.

3° Les deux lettres de Jérôme et de Damase.

4° Une table des patriarches de Constantinople, depuis Alexandre jusqu'à Constantin (vers 675).

La série des notices se poursuit sans interruption depuis saint
Pierre jusqu'à Léon IV, dont la notice s'arrête en haut d'une
page à ces mots ..... *cum orbiculis. Amen.* (n° 553, l. 15), f° 131 v°
du manuscrit. A la page suivante commence la vie de Nicolas Iᵉʳ,
puis vient celle d'Hadrien II avec laquelle se termine le manuscrit ; il lui manque donc la notice de Benoît III et la fin de celle
de Léon IV.

Le *Bernensis* 408, le *Guelferbytanus* et le *Parisinus* 5140 ont des
caractères spéciaux qui les distinguent nettement de tous les manuscrits de la classe B. D'abord ils ne contiennent pas (je ne
puis l'affirmer absolument en ce qui concerne le *Guelferbytanus*
sur lequel je n'ai que des renseignements incomplets) dans les
notices de saint Pierre et de saint Clément les passages assez
longs où il est question de Simon le Mage, de Linus et de Cletus
et de l'ordination de Clément lui-même. La même omission se
remarque dans le *Vaticanus* 3764 qui appartient à une recension
mixte à laquelle ont concouru les deux recensions A et B. Le *Vaticanus* 3764 et le *Parisinus* 5140 sont les seuls qui contiennent

---

continués d'après un texte identique (v. p. 40). J'ai reçu quelques renseignements sur le *Guelferbytanus* par l'intermédiaire de M. Förster, professeur à l'université de Rostock, qui a bien voulu les solliciter pour moi de M. le docteur
v. Heinemann, bibliothécaire à Wolfenbüttel.

l'index des sépultures papalès et la table des patriarches de Constantinople. Il est donc naturel de croire que le manuscrit B qui a
servi à constituer le texte du *Vaticanus* 3764 était un manuscrit
de la même famille que le *Bernensis*, le *Guelferbytanus* et le *Pari-
nus* 3764 (1).

Outre ces particularités, les trois manuscrits de cette famille
ont une chronologie un peu différente des autres en ce qui concerne le nombre d'années, de mois et de jours afférents à chaque
pontificat. Leurs chiffres, d'accord en général avec ceux du *Vaticanus* 3764, sont suivis par quelques autres manuscrits. Ils ont
aussi des variantes spéciales et intéressantes parmi lesquelles j'en
citerai une qui a sa valeur pour l'histoire et la topographie des
cimetières romains.

Dans la notice de Marcellus la plupart des manuscrits lisent :
Hic fecit cymiterium (ou *cymiteria) via Salaria*, mais ils ne donnent pas le nom du cimetière. Le manuscrit de Wolfenbüttel
porte : *Hic fecit cymiterium novelle via Salaria* ; au lieu de *novelle*,
le *Bernensis* lit *noille*. Ce nom de *noille* est changé en *nobile* dans
le manuscrit de Paris qui du reste se permet bien d'autres alté-
rations, mais au fond *nobile* et *noille* reviennent au même. Il
s'agit évidemment ici du cimetière *Novellæ*, indiqué par les *Gesta
Liberii papæ* comme situé au troisième mille de la voie Salaria
et qui n'était connu que par cet écrit apocryphe (2). Le livre pontifical n'est pas sans doute plus ancien que lui, mais ici son témoignage est indépendant et peut être considéré comme s'appuyant,
soit sur la notoriété publique, soit sur quelque inscription qui
attribuait à Marcellus la fondation du cimetière de Novella.

Nous venons de voir, comment le *Parisinus* 5140 défigure le
texte plus correct du *Bernensis* et du *Guelferbytanus*. C'est un trait
propre à ce manuscrit que, sans s'écarter pour le fond de la tradition de la classe B et de la famille du manuscrit de Berne, il présente un texte perpétuel!ement remanié. L'ordre des mots est
changé ; çà et là quelques modifications se produisent dans l'orthographe ; les phrases si souvent coupées du livre pontifical sont
réunies par des expressions conjonctives. Il est évident que l'on s'est
appliqué à le rendre plus lisible ; cette préoccupation, qui sem-
blera extraordinaire à la date où elle se révèle, donne au *Parisi-*

---

(1) Les limites de la table des patriarches de Constantinople qui s'arrête à
677 sont peut-être une indication sur la date de l'original commun à toute la
famille du *Bernensis*.

(2) V. Bosio, *Roma sott.*, p. 483; de' Rossi, *Roma sott.*, I, p. 189.

nus 5140 une physionomie qui ne se retrouve dans aucun des autres manuscrits du *Liber Pontificalis*.

6° *Famille du Parisinus* 5516.

24. *Parisinus* 2769. Il a appartenu d'abord à Saint-Pierre de Beauvais : $\overline{sci}$ *Petri belvacensis* (dernier fᵒ) ; plus tard, au seizième siècle sans doute, il fut mis en morceaux, et ce qui en reste fut vendu à Bâle en 1563 : *empt. Basileæ* 1563 (1ᵉʳ f.). Depuis il passa dans la bibliothèque de Colbert (nᵒ 3653), et enfin dans la bibliothèque du roi (4335 , 3).

Membr. in-4° dont il reste vingt-quatre feuillets ; écriture du neuvième siècle, plutôt du commencement que de la fin. Actuellement il occupe les feuillets 30-54 au milieu d'une quantité de fragments qui, réunis ensemble, constituent le nᵒ 2769 de la bibliothèque nationale. Les cahiers sont numérotés : le dernier porte le nᵒ XI ; il en a donc perdu huit. Le texte commence dans la notice de Constantin : *In die autem qua se vicissim...* (1), et va jusqu'à la fin d'Etienne II.

25. *Leydensis Vulcanii* 58 (2). Il provient aussi de Saint-Pierre de Beauvais : au commencement et à la fin on lit : $\overline{Sci}$ *Petri belvacensis*. Membr. in-fᵒ de 142 feuillets ; écriture du douzième siècle. Il a perdu trois cahiers entre les mots : *Joannes natione grecus de patre Platone* — (3) et — *et adsumens secum* (4). Le titre, le catalogue jusqu'à Paul Iᵉʳ et le sous-titre se présentent comme dans le *Parisinus* 5516 ; la série des vies se termine par celle d'Etienne II.

26. *Parisinus* 5516 (autrefois *Thuanus*, puis *Colb.* 1925, puis *Reg.* 4060). Au treizième siècle il appartenait à l'abbaye de Saint-Martin de Tours : *Iste liber est de armario beati Martini tur.* (fᵒ 1) ; plus anciennement encore il faisait partie de la bibliothèque de l'église cathédrale : *Hunc librum ded. Herardus $\overline{sco}$ Mauricio turons* (fᵒ 16, vᵒ) ; $\overline{sco}$ *m*||||||||*o ded. erard. eps hunc libru* (fᵒ 88). L'évêque Herardus mourut le 1ᵉʳ juillet 871 ; il siégeait depuis 855 ou 866 (5) ; l'écriture des deux notes qui le mentionnent doit être de ce même temps.

Membr. in-4° de 170 feuillets ; écriture du neuvième siècle. Les cinquante-cinq derniers feuillets contiennent d'une main diffé-

---

(1) Nᵒ 173, l. 4.
(2) Pertz, *Archiv*, VII, p. 358.
(3) Jean VII, nᵒ 167, l. 1.
(4) Etienne II, nᵒ 238, l. 10.
(5) *Gall. Christ.*, t. XIV, p. 40.

rente, mais contemporaine, le concile de Paris de l'an 829. Le *Liber Pontificalis* commence au premier feuillet par le titre : *In nomine d̄ni n̄ri īhu x̄p̄i incip. lib. episcopalis in quo continentur acta beatorum pontificum urbis Romæ*. Suivent les deux lettres et un catalogue avec les années, mois et jours, jusqu'à Paul Ier : *XCV. Paulus sed. an. X. m. I*; puis le sous-titre *Gesta suprascriptorum pontificum* et enfin les notices qui se poursuivent jusqu'à ces mots de celle de Léon IV : *... in qua si, ut diximus, manere cupitis* — (1). Dans la marge inférieure du f° 115v°, où ce texte finit, une main de peu postérieure à la première a écrit ce qui suit :

Benedictus natione romanus ex patre petro sedit an. II. m̊. VI. d. VIIII. cessavit episcopatus ejus d. XV.

Nicholaus natione romanus ex patre theodoro sedit an. VIIII. m. VI. d. XXI.

Les mots *manere cupitis* sont, il est vrai, à la fin du f° 115v°, mais comme le concile commence immédiatement sur le feuillet suivant, dans le même cahier, je pense que l'interruption subite du *Liber Pontificalis* est due au manque de place, et que l'exemplaire sur lequel il a été copié n'était pas incomplet. C'est aussi ce que montrent les deux lignes sur Benoît III et Nicolas Ier, lesquelles sont certainement empruntées à un *Liber Pontificalis* qui contenait les vies de ces deux papes.

Ce manuscrit original n'allait pas au delà de Nicolas Ier, car Hadrien II, son successeur, mourut en 872, et le *Parisinus* 5516 était au moins depuis les premiers mois de l'année 871 dans la bibliothèque de Saint-Maurice de Tours. Nous avons ici un exemple de la rapidité avec laquelle se répandaient au neuvième siècle les vies ajoutées au *Liber Pontificalis*. Nicolas Ier était mort le 13 novembre 867; trois ans après, sa biographie, d'une étendue considérable, était rédigée et déjà copiée dans l'ouest de la France.

Il y a une autre observation à faire sur les limites du *Parisinus* 5516. Nous avons vu que dans ce manuscrit le catalogue initial s'arrête à Paul Ier, comme dans la plupart des manuscrits qui ne vont que jusqu'à Etienne II. Une seconde main, il est vrai, a profité d'un blanc pour prolonger ce catalogue jusqu'à Nicolas Ier inclusivement, mais c'est là une retouche postérieure. Dans la série des notices, celle de Paul Ier commence un cahier (f° 56), et on remarque à partir de ce moment un changement dans

(1) N° 538, l. 11.

l'écriture. Toutefois, comme le manuscrit a été écrit par cahiers, des changements analogues se produisent souvent d'un cahier à l'autre. S'il y avait réellement lieu de discerner deux écritures séparées par un intervalle de quelques années, je n'hésiterais pas à dire que le *Parisinus* 5516 s'est d'abord terminé à Etienne II, et que tout le reste est une adjonction postérieure; dans l'état, il est plus prudent de ne rien conclure.

La leçon de ce manuscrit est connue. Fabrot en a donné une collation complète sous le nom de *ms. Thuanus*. Elle a été reproduite par Bianchini sous la rubrique *ex Thuano altero*; en réalité il n'y a jamais eu qu'un seul *Thuanus* collationné par Fabrot: Bianchini a été ici induit en erreur par les titres assez mal disposés dans l'édition parisienne.

Ces trois manuscrits forment une famille à part dans la classe B. Leur caractère distinctif consiste dans certains emprunts faits au texte des manuscrits A, là où ceux-ci s'écartent de la classe B. Je citerai en particulier la notice de Pontianus. Le manuscrit de Leyde est vraisemblablement une copie du *Parisinus* 2769, et tous les deux présentent dans leurs limites respectives actuelles un texte tout à fait semblable à celui du *Parisinus* 5516. Si celui-ci n'a pas été copié sur le plus ancien des deux manuscrits de Beauvais, il dérive certainement du même original.

Dans le chapitre II j'ai signalé les principales particularités qui distinguent la classe B de la classe A ; il reste maintenant à déterminer à quelle date on doit placer la séparation de ces deux classes. Nous avons vu que sur six familles dont la classe B se compose cinq remontent à des manuscrits terminés à Etienne II (✝ 757), c'est-à-dire à des originaux du huitième siècle, seconde moitié. Le manuscrit de Naples est de la fin du septième siècle : il nous transporte donc un siècle plus haut ; mais il s'en faut de beaucoup qu'il représente la plus ancienne rédaction de la classe B. Si l'on compare son texte à celui des autres manuscrits de cette classe, on voit tout de suite que bien qu'il ait conservé çà et là des leçons intéressantes, il leur est inférieur et dérive d'un original moins parfait que celui auquel remontent les autres familles de sa classe (1). Il y a donc lieu de reculer vers le com-

(1) Feu le docteur Pabst avait déjà fait cette remarque, que j'ai pu vérifier par mes observations personnelles (Lipsius, *Chronologie der römischen Bischöfe*, p. 84).

mencement du septième siècle la séparation des deux traditions
conservées dans le manuscrit de Naples et dans les cinq autres
familles de la classe B, et à plus forte raison la séparation des
deux classes A et B. Si maintenant on se rappelle que ces deux
recensions ne présentent plus de différences notables à partir du
commencement du sixième siècle, on sera fondé à conclure que
la date de leur séparation est très-voisine des origines du *Liber
Pontificalis*.

Si le manuscrit de Naples ne représente qu'imparfaitement le
texte originaire de la classe B, on peut se demander quels sont
parmi les autres manuscrits de cette classe ceux auxquels on doit
s'adresser de préférence pour le constituer. Je répondrai que,
seule, la famille des manuscrits d'Angoulême, dérivée d'un manuscrit analogue au *Parisinus* 13729, peut être mise de côté (1).
Quant aux autres familles, 2, 3, 5 et 6, qui remontent toutes à
des originaux différents, il n'en est aucune qui n'ait conservé
quelque bonne leçon à elle particulière. Un éditeur prudent devra
donc collationner avec soin et comparer entre eux d'abord les manuscrits de chacune de ces quatre familles, puis les familles entre
elles.

(1) Je ne parle ici, bien entendu, que de la partie primitive du *Liber Pontificalis*; pour les notices du huitième et du neuvième siècle, ces manuscrits ont
évidemment une grande importance et ne sauraient être négligés.

CHAPITRE V.

1° Le Vaticanus 3761.

Déjà dans le *Parisinus* 5516 et ses analogues nous avons constaté une certaine tendance à fondre ensemble les deux anciennes recensions A et B. Abordons maintenant les manuscrits où ces deux recensions ont été nettement et volontairement mêlées. Je signalerai trois combinaisons différentes, dont deux sont restées jusqu'à présent inconnues et ne sont représentées que par des manuscrits, tandis que l'autre a eu la fortune de fournir le texte de presque toutes les éditions.

1° La première de ces rédactions, à en juger par l'âge du manuscrit où elle s'est conservée, se présente dans un seul manuscrit, le *Vaticanus* 3761; je la désigne par le sigle αβ. Le *Vaticanus* 3761 est un membr. in-4° de 91 feuillets, à deux colonnes, écriture du dixième siècle (1). Il a appartenu au pape Nicolas IV (1288-1292), dont le nom NICOLAUS IIII se lit sur le feuillet de garde de la fin. Ce manuscrit est mutilé au commencement et à la fin; les premiers mots appartiennent à la notice de Damase : — *territorio Ferentino cum adiacentibus attiguis...*; les derniers à celle d'Hadrien Ier ... *fecit in eadem basilica beati Pauli apostoli cortinam* —. Cette mutilation ne permet pas de se rendre exactement compte de la manière dont les deux recensions sont mélangées, mais on peut constater : 1° que la fin de la notice de Xystus III est conforme au texte des manuscrits B sauf le passage relatif à sainte Sabine (2), emprunté aux manuscrits A; 2° que la notice de saint Léon Ier se termine comme dans les manuscrits A; 3° que

---

(1) V. Vignoli, t. I, préf. C'est celui qu'il appelle *Vaticanus VIII.*
(2) V. plus haut, p. 43.

celle de Gélase est conforme à la recension B; 4° que la chronologie est très-voisine de celle du *Vaticanus* 5269, ce qui, non moins que le mélange des textes A et B, indique une retouche.

2° *Le Vaticanus* 3764 *et ses similaires.*

La seconde tentative de fusion entre les textes A et B est représentée d'abord par le groupe du *Vaticanus* 3764, en second lieu par le manuscrit de Modène. Je lui attribue le sigle AB.

1. *Vaticanus* 3764. XIe siècle.
2. *Ottobonianus* 993. XVIe s.
3. *Vaticanus* 4970. XVIIe s.
4. *Barberinus* XXXIV. 57. XVIIe s.
5. *Vallicellanus* C. 1^b. XVIe s.
6. *Parisinus* 5143. XIVe s.
7. *Laurentianus* LXVI. 35. XVe s.

8. *Mutinensis* VI. F. 18. XIe s.

Cette classe de manuscrits a l'avantage de contenir un texte prolongé plus loin que tous les autres : le *Parisinus* 5140 le plus étendu de tous ceux que nous avons rencontrés jusqu'ici ne va pas au delà d'Hadrien II. Les manuscrits AB nous donnent une vie d'Etienne V, incomplète il est vrai, mais rédigée avec le même détail que celles qui précèdent. Entre Hadrien II et Etienne V, trois papes, Jean VIII, Marinus et Hadrien III sont restés sans notice. Au commencement, le texte est emprunté pour le fond à un manuscrit A, mais il est fortement modifié par l'emploi d'un manuscrit B semblable au *Bernensis* 408. Les deux notices de saint Pierre et de saint Clément sont incomplètes, ou si l'on veut, exemptes de l'interpolation relative à l'ordination de Linus et de Cletus, à Simon le Mage et à l'institution de saint Clément comme successeur de saint Pierre ; nous retrouvons là une des particularités les plus saillantes du *Bernensis*. De plus, le *Vaticanus* 3764 porte en tête, tout comme le *Parisinus* 5140, la liste des patriarches de Constantinople et l'index des sépultures papales. Outre ces traits remarquables qui rapprochent les manuscrits AB du manuscrit de Berne, les premiers présentent dans leur texte un certain nombre de particularités. Je citerai deux interpolations, l'une relative à l'institution du titre de Praxède, à la fin de la notice de Pie Ier ; l'autre, au commencement de celle d'Etienne Ier, sur le synode *ad arcum Stellæ*, enfin les premiers mots de la vie

de Lucius : *Lucius natione Tuscus de civitate Luca ex patre Lucino ;*
tous les autres manuscrits portent : *Lucius natione Romanus ex
patre Porphyrio.* Cette modification , qui ne correspond à aucune
légende ni à aucun culte rendu plus particulièrement par les Luc-
quois au pape Lucius, doit avoir été inspirée à quelque copiste
par un patriotisme exagéré : elle nous donne une indication assez
vraisemblable sur la patrie de l'un des manuscrits qui ont servi à
constituer le texte AB.

La plupart de ces particularités sont étrangères au *Mutinensis ;*
il en conserve cependant assez, par exemple la variante sur Lucius
et plusieurs autres tout aussi remarquables, pour nous permettre
d'affirmer que ses éléments proviennent des mêmes sources que
ceux des autres, bien qu'ils soient mélangés dans des proportions
différentes. En général il est beaucoup plus voisin du texte B que
le *Vaticanus* 3764 et ses analogues.

1. *Vaticanus* 3764 (1). Membr. in-f° min., 280^{mm} sur 180, de 359
feuillets (le premier n'étant pas compté, il n'y en a que 358 de numérotés). Ecriture du onzième siècle.

Il a appartenu longtemps au monastère de la Cava ; perdu pendant un certain nombre d'années, il fit retour à l'abbaye en 1516,
comme en fait foi une note écrite au seizième siècle sur le verso
du f° 7.

Iste insignis liber per multos annos deperditus extra monasterium
fuit. Tandem Rev. Dno Nicolao Antonio Murensi episcopo procurante,
sacro Cavensi cœnobio restitutus fuit tempore quo pater dnus Chrysos-
tomus de Neapoli ejusdem sacri monasterii abbas existebat, regiminis
vero sui anno quinto, videlicet anno salutis 1516 die 18 novembris.

Sur la demande de Baronius, le cardinal de Montalto, protecteur
de la congrégation bénédictine du Mont-Cassin, fit transporter le
manuscrit à Rome en 1593 (2).

Il contient :

1° f° sans numéro : liste des patriarches de Constantinople
comme dans le *Parisinus* 5140.

2° f° 1 : les deux lettres de Jérôme et de Damase.

(1) Vignoli, t. I, préf. C'est son *Vat.* I. — Watterich, *Pontif. Rom. vitæ*, I,
p. xvi. — Bethmann, *Archiv*, XII, p. 237. — Lipsius, *Chronologie der römischen Bischöfe*, p. 85.
(2) V. une note de Penia, qui fit copier ce manuscrit; elle se conserve dans
le *cod. Ottob.* 993 ; publiée par Bianchini (Migne, I, 1006).

3º fᵒˢ 1vᵒ-2vᵒ : l'index des sépultures pontificales qui figure aussi dans le *Parisinus* 5140. (Publié par Vignoli, t. I, et par M. de' Rossi, *Roma sott.*, t. II).

4º fᵒˢ 3-4vᵒ : catalogue des papes avec des numéros d'ordre et la durée des pontificats jusqu'à Eugène II, sans indications chronologiques jusqu'à Hadrien III ; prolongé alors de seconde main jusqu'à Pascal II, dont les années ne sont pas marquées. Le continuateur a suppléé aussi les années des papes entre Eugène II et Hadrien III, mais il n'a pas mis de numéros d'ordre aux papes qu'il a lui-même ajoutés.

5º fᵒˢ 5-6 : un autre catalogue avec de courtes notices, depuis Lando (913-914) jusqu'à Grégoire VII († 1085). Ce catalogue et le précédent ont été publiés par Bianchini (Migne, I, 1008) et par Vignoli (t. I). Dans Bianchini ils se suivent comme s'ils ne formaient qu'un seul et même catalogue, ce qui n'est pas. Vignoli omet les numéros d'ordre du premier catalogue.

La mention du règne de Grégoire VII est la plus récente de celles qui sont attribuables à la première main. Le manuscrit a donc été écrit au plus tôt sous le successeur de Grégoire VII, c'est-à-dire vers la fin du onzième siècle. C'est ce que remarque fort bien Bianchini (Migne, I, 1007); malgré cela, Vignoli n'a pas hésité à le faire remonter au dixième siècle, et cette erreur a été reproduite par Bethmann et M. Lipsius qui n'ont pas vu le manuscrit et s'en rapportent à Vignoli.

6º fᵒ 8 : le recueil des vies, sans aucun titre, jusqu'aux derniers mots des éditions *et mox læta* qui se lisent en haut du fᵒ 358vᵒ et dernier. La note insérée au vᵒ du fᵒ 7 est reproduite au bas de cette page, mais d'une main différente : *Hic insignis liber*, etc.

Copies du *Vaticanus* 3764 :

2. *Ottobonianus* 993. Chart. du seizième siècle de 811 feuillets en deux volumes, exécuté pour Fr. Penia et collationné par lui sur l'original (1). Bianchini en donne les variantes sous la rubrique : *ex cod. Peniæ*.

3. *Vaticanus* 4970. Chart. in-fᵒ dix-septième siècle. Il devait y avoir deux volumes : le premier seul est conservé; il s'arrête (fᵒ 94) dans la vie d'Etienne III aux mots ..... *in ecclesia Dei pullulavit* — (2).

4. *Barberinus* XXXIV. 57, autrefois 2520. Chart. in-fᵒ du dix-septième siècle, 527 pages. Mutilé au commencement, il com-

(1) V. Bianchini (Migne, I, p. 1006).
(2) Nº 279.

mence, dans la vie de Pontianus, aux mots : — *sedit annos V. m. II. d. II.....*

5. *Vallicellanus* C. 1ᵦ. Chart. in-f°, seizième siècle. Copie de l'*Ottobonianus* 993.

. Il y a, de plus, à Milan, dans la bibliothèque Ambrosienne, un fragment coté D. 95. avec cette rubrique : « Le prime due carte » dell' Anastasio copiate in Roma per il Velsero. » Il va jusqu'à Anicet... *Anicetus natione Grecus* —. Cette note semblerait indiquer que le fragment ambrosien est un débris de la copie exécutée pour l'édition de Mayence en 1602. Martinelli (1) donne un renseignement contradictoire. D'après lui, c'est le *Vaticanus* 4970 qui aurait servi à l'édition; son assertion se fonde sur le témoignage d'Alex. Raynaldi, qui était alors bibliothécaire de la Vaticane. Quoi qu'il en soit de la copie faite pour Welser, il est certain que le texte mayençais provient uniquement du *Vaticanus* 3764, et comme il a été depuis reproduit sans changement par tous les éditeurs jusqu'à Vignoli, c'est surtout par lui que l'on connaît le *Liber Pontificalis.* Muratori, qui donne ce texte alors reçu, ne s'est pas cru dispensé d'indiquer les variantes orthographiques du manuscrit; il les désigne par la lettre D. D est une copie que le cardinal Fréd. Borromée fit exécuter sur le *Vaticanus* 3764. Bianchini donne les mêmes variantes extraites de l'*Ottob.* 993 qu'il appelle *Codex Peniæ.*

6. *Parisinus* 5143. Autrefois *Colbert.* 2885, puis *Reg.* 3900, 5. Membr. in-f°, 120 feuillets de parchemin bicolore. Écriture du quatorzième siècle, sur deux colonnes. Mutilé au commencement, il a perdu un grand nombre de notices ; les premiers mots appartiennent à celle de Silvère — *lygurie mulieres filios suos comedissent...* Les notices se suivent alors sans interruption jusqu'à celle d'Hadrien II inclusivement, puis viennent deux textes canoniques : *Ut nullus presumat principe vivente alium eligere regem*; et *Ut nemo intendat in interitu regis*; suit un catalogue depuis Jean VIII, successeur d'Hadrien II, jusqu'à Anastase III (911-913). Enfin la série reprend avec la notice d'Etienne V, où le texte se termine peu avant la fin du *Vaticanus* 3764 par les mots ..... *pro peregrina mercede in ecclesia* — (2).

7. *Laurentianus* LXVI. 35. Chartac. in-f° du quinzième siècle, 173 feuillets. Il ne contient que la série des notices sous la rubri-

---

(1) *Roma ex ethnica sacra*, p. 410.
(2) N° 650, l. 5.

que : *Incipit chronica pontificum* jusqu'à Etienne V, où il se termine par les mots *et mox læta* comme le *Vaticanus* 3764.

De ces sept manuscrits, deux seulement sont à considérer, le *Vaticanus* et le *Parisinus ;* ce dernier ne dérive certainement pas de l'autre, bien qu'il lui ressemble beaucoup. Pour démontrer qu'ils sont collatéraux, je me bornerai à citer la phrase suivante qui se trouve dans le *Parisinus* à la fin de la notice de Zacharie et manque au *Vaticanus : A tempore Doni pape usque ad hoc tempus sunt anni LXXIIII. m. III. dies quatuor.* Quant au *Laurentianus*, tout porte à croire qu'il n'est qu'une copie, lui aussi, du *Vaticanus* 3764.

8. *Mutinensis* (1) bibliothèque d'Este VI. F. 5; membr. in-f° de la fin du onzième siècle. Le *Liber Pontificalis* commence au f° 13 v°, sans aucun titre, par les deux lettres de Jérôme et de Damase et se poursuit sans interruption jusqu'à Hadrien Ier ; le texte s'arrête dans la notice de ce pape aux mots : *ad balneum ubi et deambulatorium scilicet cum cancellis aereis —* (2); on est alors au milieu d'un verso. Sur le folio suivant commence un catalogue qui s'étend de Léon III à Grégoire VII. Jusqu'à Jean XII, il ne contient autre chose que le nom, la patrie, la famille et les années de chaque pape. Jean XII a une notice : *Johannes de regione via Lata ; pater ejus Albericus princeps romanorum*, etc. (3). Ses successeurs ont aussi une courte notice jusqu'à Grégoire VII, sous qui ce manuscrit a été copié en 1082 : *Gregorius nat.*   *sed. annos VIIII. hic fuit electus ann XVIII. Heinrici tercii indic. X. ann. dni. M. L. XXII.* Diverses autres mains ont continué le catalogue sans notices jusqu'à Alexandre III , Honorius IV et Paul II.

3° *La recension de Saint-Denys.*

La troisième rédaction intermédiaire entre les classes A et B se rencontre dans trois manuscrits français dont le plus ancien est un peu postérieur au *Vaticanus* 3764. Elle semble avoir été arrangée au monastère de Saint-Denys pour faire partie d'un ensemble de documents historiques relatifs à l'histoire de France. Moins étendue que les deux précédentes, puisqu'elle se termine à Etienne II, elle s'en distingue encore par la manière différente dont les textes A et B s'y trouvent mélangés. Il semble qu'on ait apporté un peu

---

(1) Watterich, *Pontif. Romanor. vitæ*, I, p. xv.
(2) N° 329, l. 7.
(3) V. Watterich, *l. c.*, I, p. 45.

plus de critique dans le choix des leçons et un peu plus d'art dans l'arrangement des deux textes combinés. Je désigne cette recension par le sigle **ab**.

1. *Mazarinæus* H. 543. XII⁰ siècle.
2. *Manuscrit de l'Arsenal*, hist. n⁰ 6. XIII⁰ s.
3. *Vaticanus Reginæ* 1892. XIII⁰ s.

1. *Mazarinæus* H. 543. Membr. in-f⁰ de 266 feuillets. Ecriture du commencement du douzième siècle. Il provient de l'abbaye de Saint-Denys : *iste liber est ecclesiæ* b̄i *dyon.* (f⁰ 1), et sur le dernier feuillet : *Ce présent livre est a l'église de sainct denis en france.* Contenu : *a)* f⁰ˢ 1-54 : le *Liber Pontificalis* sous la rubrique : *In Christi nomine incipit liber episcopalis*, précédé des deux lettres de Jérôme et de Damase : le texte des notices s'arrête à la fin de celle d'Etienne II. Vient ensuite un catalogue avec les années, mois et jours, depuis saint Pierre jusqu'à Paschal II (1099-1118) dont les années ne sont pas marquées ; *b)* f⁰ˢ 55-136 : Histoire ecclésiastique de Hugues de Fleury ; *c)* f⁰ˢ 136-175 : *Gesta francorum ex libro Gregorii turonensis ;* le récit des événements se prolonge jusqu'au couronnement de Louis VI (1109) ; *d)* f⁰ˢ 176-221 : *Gesta normannorum*, continué jusqu'à la même date ; *e)* f⁰ 222 : Généalogie des rois de France jusqu'à l'avénement du même roi ; *f)* f⁰ˢ 222-230 : divers récits sur les princes carlovingiens. — Au f⁰ 231 commence un manuscrit tout différent du premier, écrit au treizième siècle et contenant la vie de Louis VI par Suger.

De tous les indices chronologiques que contient ce manuscrit, on peut conclure qu'il a été écrit vers l'an 1109.

2⁰ Bibliothèque de l'*Arsenal*, manuscrits latins, histoire, n⁰ 6. Membr. in-f⁰ du treizième siècle ; 132 feuillets. D'après M. Pertz, il provient de Saint-Martin-des-Champs (1) ; je n'ai trouvé rien qui l'indique. Il contient : *a)* f⁰ˢ 1-53 : le *Liber Pontificalis* avec la même disposition que dans le précédent ; le catalogue de la fin se poursuit jusqu'à Eugène III (1145-1153), dont les années ne sont pas marquées ; *b)* l'histoire ecclésiastique de Hugues de Fleury.

3⁰ *Vaticanus Reginæ* 1896. Il provient de la bibliothèque d'Alex. Petau, dont le nom se lit sur le premier feuillet. C'est un volume de très-grand format, 50ᶜᵐ sur 34, formé des fragments les plus disparates. La partie qui contient le *Liber Pontificalis* est un débris de manuscrit in-f⁰, 434ᵐᵐ sur 300, à deux colonnes, écriture du treizième siècle. Dans la pagination actuelle il comprend les

---

(1) *Archiv*, t. XI.

feuillets 34-96, mais autrefois il formait la fin d'un manuscrit de 215 feuillets, comme le marque la note suivante, f° 96 : *Il a II CCXV fuelles en ce libre.* Il appartenait alors à l'abbaye de Longpont, diocèse de Soissons : *Liber sancte marie longipontis* (f° cit.). Contenu actuel : *a*) un cahier afférent au *Liber Pontificalis* depuis Innocent Ier — *exorcizatum pens. libras V...* jusqu'à Deusdedit... *et interfecit eumdem tyrannum* — (1) ; *b*) 55 feuillets où se trouvent d'abord la fin du *Liber Pontificalis* depuis Grégoire III — *in nomine Salvatoris...* jusqu'à la mort d'Etienne II, puis, à partir du f° 48, l'histoire de Hugues de Fleury.

L'importance critique des manuscrits **ab** est beaucoup moindre que celle des précédents : ils ne contiennent pas les notices des papes du neuvième siècle pour lesquelles nous n'avons qu'un petit nombre de manuscrits. D'autre part ils ne présentent guère de leçons nouvelles dans les parties anciennes de la collection : la recension B est presque toujours suivie, sauf les endroits où les manuscrits A sont plus complets.

(1) N° 57, l. 21. — N° 117, l. 8.

CHAPITRE VI.

RECENSION DU DOUZIÈME SIÈCLE.

I.

HISTOIRE DE LA RECENSION.

Nous avons constaté plus haut qu'à partir d'Etienne V († 891) le soin d'écrire les notices pontificales et de les ajouter à la série préexistante, déjà négligé pour les trois prédécesseurs de ce pape, avait été définitivement abandonné. Vers la fin du onzième siècle, en même temps que l'on s'occupait de revoir et de combiner ensemble les anciens textes, comme le montrent les recensions AB et **ab,** il surgissait de différents côtés des biographes qui reprenaient l'œuvre interrompue et réunissaient en série les vies des papes contemporains. D'Etienne V à Grégoire VII, il ne reste qu'un catalogue développé çà et là en une courte, sèche et insuffisante notice; le plus souvent le nom, la patrie, la famille, la durée du pontificat sont tout ce qu'on y trouve. On conçoit aisément que dans les temps troublés où nous rencontrons les noms néfastes d'Etienne VI, de Jean XII et de Benoît IX, d'autres préoccupations que celle d'écrire l'histoire de leur Eglise aient agité les clercs de Rome. Plus tard, lorsque se fit de nouveau sentir le besoin de renouer la chaîne brisée de l'histoire pontificale, le souvenir de cette sombre période semble avoir arrêté les biographes; ils ne cherchèrent pas à remonter plus haut que Léon IX (1049), ce pape alsacien qui le premier, après un trop long intervalle, « se remit à invoquer le nom du Seigneur (1). » Ce n'était pas que les documents fissent défaut dans les archives du Latran, ni que les clercs du temps de Paschal II ou d'Alexandre III, qui écrivaient en style

---

(1) *Hic cœpit invocare nomen Domini.* Didier, abbé du mont Cassin, depuis pape sous le nom de Victor III. *Dialog.,* III. Watterich, I, p. 95.

officiel et avec pièces à l'appui la vie des papes leurs contemporains, ne fussent pas à portée de s'en servir; mais on voulut ensevelir dans l'oubli le souvenir de ces tristes temps. Cette explication a été proposée par M. Watterich dans la préface de sa collection des vies des papes du neuvième au treizième siècle; je ne puis mieux faire que de m'y associer.

Du reste, pour toute cette période du *Liber Pontificalis*, M. Watterich a dit tout ce qu'il y avait à dire; je ne ferai guère autre chose que de résumer ces conclusions, en les complétant par mes observations personnelles.

Ce que j'appelle la recension du douzième siècle représente un double travail, d'abord la révision de la partie ancienne, puis la continuation de la série jusques et y compris Honorius II († 1030).

Pour la partie ancienne, le texte est emprunté à un manuscrit de la classe A, mais il a été singulièrement remanié et surtout interpolé; ainsi, dans la notice d'Anaclet, il y a une allusion aux fausses décrétales fabriquées sur le nom de ce pape; dans celle de Marcellin, on a inséré un fragment du concile apocryphe de Sinuesse; dans celle de Sylvestre, la donation de Constantin tout entière; dans celle de Xystus III, un passage sur saint Alexis qui, introduit dans le texte de l'édition Vignoli, a donné lieu de citer le *Liber Pontificalis* à l'appui de la légende de ce saint (1). A partir de Paul Ier, les modifications prennent un autre sens; elles consistent en réductions considérables obtenues, non par résumé, mais par des suppressions purement arbitraires. La série se continue jusqu'à Hadrien II inclusivement. C'est ici que commence la partie nouvelle. Jean VIII, successeur d'Hadrien II, a une notice qui ne figure pas dans les anciennes recensions; en revanche, la notice mutilée d'Etienne V que nous ont présentée les manuscrits AB est inconnue à la nouvelle recension. De Marinus à Léon IX, on ne rencontre plus qu'un simple catalogue; de Léon IX à Grégoire VII, ce catalogue s'élargit un peu et l'on a de petites notices. A partir de Grégoire VII, ce sont des biographie complètes et détaillées dont la série se poursuit jusqu'à Honorius II inclusivement.

A ces modifications dans le texte vient s'ajouter un changement dans le titre; on ne trouve plus la rubrique : *Incipit liber episcopalis* ni aucune des transformations qu'elle a subies dans les manuscrits des anciennes recensions. L'ouvrage commence par les deux lettres de Jérôme et de Damase, puis, sans interposition de

---

(1) Nerini, *De templo et cœnobio ss. Bonifacii et Alexii*. Rome, 1752, p. 13,

catalogue, vient le titre nouveau : *Incipit series pontificum romanorum qui in sede beati Petri apostoli ab ipso usque ad hoc tempus
sederunt.*

Voyons maintenant comment s'est formée cette recension; ici je
me borne à suivre M. Watterich. 1° L'ancien *Liber Pontificalis* a
été continué à partir de Jean VIII et sans excepter ce pape, par
un simple catalogue rédigé et ajouté par séries successives, au nombre de neuf, jusqu'à Damase II. Dans toute cette période, il n'y
a guère d'autre renseignement que le chiffre des années de siége;
Jean XII seul a une courte notice, à laquelle, chose remarquable,
le moine Benoît du mont Soracte, contemporain de ce pape, se ré-
fère en la citant sous le nom de *libellus episcopalis* (1). Aucun manuscrit ne nous présente un *Liber Pontificalis* qui se termine à un
pape du dixième ou du onzième siècle, mais la citation de Benoît
de Soracte nous oblige à conclure qu'il en existait de son temps
et qu'alors la chronique pontificale n'avait pas encore perdu son
ancien titre de *liber episcopalis.*

2° Les notices plus ou moins développées que l'on trouve depuis Léon IX jusqu'à Paschal II inclusivement (1048-1118) ont
été, soit revues, soit rédigées de toutes pièces par Pierre de Pise,
d'abord notaire du palais apostolique, puis cardinal sous Paschal II,
et plus tard engagé dans le parti schismatique d'Anaclet II. Il se
désigne lui-même dans la notice de Paschal II, et quelques-unes
des précédentes peuvent lui être attribuées. Pierre de Pise aurait
fait là un travail officiel, sous l'inspiration du pape.

3° Les trois dernières vies, celles de Gélase II, de Calixte II et
d'Honorius II ont pour auteur un certain Pandolfe, originaire
d'une noble famille de Rome, attaché à la cour pontificale sous Gélase II et Calixte II, puis promu au cardinalat par l'antipape Anaclet II. Il se nomme dans les vies de Gélase et de Calixte; celle
d'Honorius II, inspirée par l'esprit schismatique du parti de Pier
Leone, est aussi très-certainement son œuvre.

4° Ainsi continué, le *Liber Pontificalis* passa en France, où un
moine de l'abbaye de Saint-Gilles y introduisit la notice de
Jean VIII. Cette notice est manifestement empruntée aux archives
ou aux traditions de Saint-Gilles, et il n'y est pas mentionné d'autres faits que ceux qui concernent l'abbaye. Vers le temps d'Innocent II, successeur légitime d'Honorius II, un moine de cette
même abbaye, portant le nom de Pierre-Guillaume, y exerçait

(1) *De Johanne duodecimi pape de accidentia illius et morte in libellum episco-
palem reperitur.* Ben. de Soracte, ap. Watterich, t. I, p. 43.

les fonctions de bibliothécaire (1). Or, sur le *Vaticanus* 3762, archétype certain de tous les manuscrits dont nous aurons à nous occuper désormais, on lit la note suivante : PETRUS-GUILLERMUS BIBLIOTECHARIUS APUD ACEIUM DUM IBI MORARETUR ANNO DNICE INCARNATIONIS MILLESIMO. C° XLII°. L'identification de ce personnage avec le bibliothécaire de Saint-Gilles ne peut susciter d'autres objections que la distance entre Saint-Gilles et le monastère d'Acey, *Aceium* ou *Accinctus* (2), dans le diocèse de Besançon en Franche-Comté. Mais on sait que ce monastère était alors (en 1142) une fondation récente, suivant la réforme de Clairvaux, et que dans ce temps-là beaucoup de moines qui habitaient des monastères où cette réforme n'avait pas été introduite, obtenaient la permission de se retirer dans les maisons réformées. C'est sans doute à un séjour semblable que fait allusion le copiste du *Vaticanus* 3762, par les mots *dum ibi moraretur*.

En réalité, Pierre-Guillaume a une assez faible part dans cette recension. Ce n'est pas lui qui a dressé le catalogue de Jean VIII à Léon IX, puisque nous voyons déjà ce catalogue cité au dixième siècle par Benoît du mont Soracte ; ce n'est pas lui qui a rédigé les notices de Léon IX à Honorius II ; mais c'est certainement lui qui a donné la dernière main au travail de ses prédécesseurs, en y introduisant la vie de Jean VIII, peut-être en abrégeant les longues notices du huitième et du neuvième siècle et en joignant au *Liber Pontificalis* du dixième siècle les vies dues à la plume de Pierre de Pise et de Pandolfe de Rome ; enfin, et sans aucun doute, en transcrivant le manuscrit qui a conservé et propagé cette recension.

Ce travail de continuation n'est pas le seul dont vers la fin du onzième siècle le *Liber Pontificalis* devint l'objet. Bonizo de Sutri, dans les cinq derniers livres de son ouvrage intitulé *Liber ad amicum* et composé vers 1085, publia des vies de Léon IX, Victor II, Etienne X, Nicolas II, Alexandre II et Grégoire VII. D'autre part, le manuscrit 1984 de la bibliothèque du Vatican nous a conservé plusieurs séries de notices pontificales rédigées dans un esprit tout opposé à celui de Bonizo, c'est-à-dire favorable aux empereurs allemands contre Grégoire VII et ses successeurs ; ce recueil s'étend de 1044 à 1088.

(1) V. dans les *Monumenta Germaniæ, script. XII*, p. 316, un recueil de miracles de saint Gilles, intitulé : *Rev. patri domno Hugoni abbati monasterii sancti Egidii quod in valle Flaviana situm est frater Petrus cognomento Guillelmus ejusdem loci bibliothecarius*, etc.

(2) V. *Gallia Christ.*, t. XV, p. 272.

Plus tard, vers 1178, sous le pontificat d'Alexandre III, Boson, *camerarius* de l'Eglise romaine, puis cardinal en 1165, forma une autre collection qui comprenait les vies des papes depuis Léon IX jusqu'à la dix-neuvième année d'Alexandre III (1048-1178) (1). Insérée d'abord en 1192 par Cencius Camerarius dans son *Liber censuum Romanæ ecclesiæ*, elle fut retouchée un siècle et demi plus tard par Nicolas Roselli, cardinal d'Aragon (1351-1362). C'est ce texte remanié que Muratori publia dans le troisième volume (part. I) de ses *Scriptores rerum italicarum*, sous le nom de *Nicolaus cardinalis Aragoniæ*. Jusqu'à Honorius II les notices de ce recueil sont en général empruntées à Bonizo ; celles de Gélase II et d'Honorius II reproduisent le texte de Pandolfe.

Au delà, bien que Boson ne signe que la vie d'Hadrien IV, il est naturel de croire qu'il a aussi rédigé les autres d'après ses souvenirs personnels, la tradition orale, les archives du Latran, et aussi, pour ce qui concerne Calixte II et Innocent II, d'après des biographies écrites par l'un des clercs pisans attachés alors à la cour pontificale. M. Watterich a inséré dans sa collection le texte même des manuscrits de Cencius (2).

II

DESCRIPTION DES MANUSCRITS.

1. *Vaticanus* 3762. XIIᵉ siècle.
2. *Barberinus* XII. 27. XIVᵉ s.
3. *Parisinus* 5142. XIVᵉ s.
4. *Vaticanus* 1437. XVᵉ s.
5. *Vallicellanus*. C. 79. XVᵉ s.
6. *Vaticanus* 2039. XVᵉ s.
7. *Vaticanus* 4985. XVIᵉ s.

---

(1) La plupart des manuscrits de Cencius contiennent de plus une vie de Grégoire IX (1227-1241).

(2) Je signale à M. Watterich trois manuscrits de cette collection qui ne sont pas arrivés à sa connaissance. Ce sont les manuscrits 5142 et 5150 de la bibliothèque nationale, et le manuscrit C. 25 de la bibliothèque Vallicellane, à Rome. Le premier a exactement le même contenu que le *Riccardianus* de M. Watterich ; mais le fragment initial : *Dicam breviter*, etc., est mutilé jusqu'aux mots : *voluit Romam videre*, etc. Le second ne contient pas la vie de Grégoire IX, mais il a les canons du concile de Latran après la vie d'Alexandre III. Ces deux manuscrits sont de la fin du quatorzième siècle. Le n° 5142 a été écrit pour l'antipape Benoît XIII (Pierre de Luna). — Le manuscrit C. 25 de la bibliothèque Vallicellane, à Rome, contient le même recueil jusqu'à Grégoire IX.

8. *Vallicellanus* C. 25. XVI° s.
9. *Leydensis Vulcanii* 33. XVI° s.
10. *Vaticanus* 5623. XVI° s.

1. *Vaticanus* 3762. Membr. in-4° oblong, 235^mm sur 145, 182 feuillets, écrit en 1142. Je l'ai partiellement décrit en indiquant la disposition du *Liber Pontificalis* dans cette recension. Il ne comprenait d'abord que 171 feuillets et se terminait, comme la recension elle-même, à Honorius II. Plus tard on y ajouta un cahier d'une douzaine de feuillets sur lesquels se trouvent : — *a)* f°s 172-180 : notices sur les papes successeurs d'Honorius II, depuis Innocent II jusques et y compris Hadrien V († 1277) ; ces notices sont empruntées à Martinus Polonus ; — *b)* f°s 180-182 : vies des trois successeurs d'Hadrien V, Jean XXI, Nicolas III et Martin IV. Celle de Jean XXI est encore de Martinus Polonus ; les deux autres sont l'œuvre de quelque continuateur anonyme : elles ont été imprimées tant dans les éditions de Martinus Polonus que dans les *Scriptores* de Muratori (t. III). Le manuscrit du Vatican ne contient pas la dernière tout entière ; il s'arrête aux mots : ... *non sine magna occisione morum inimicorum* —. Au bas du dernier feuillet verso, l'écriture de cette double série de notices est, depuis Innocent II jusqu'à Hadrien V, la minuscule, et au delà la cursive de la fin du treizième siècle.

La note de Pierre-Guillaume citée plus haut se lit dans les marges supérieures des f°s 91v°, 92, 93v°, 94, 94v° et 95. C'est dans ce manuscrit que se rencontre pour la première fois la mention de la papesse Jeanne. Au bas du f° 124v°, on lit dans la marge, d'une écriture du quatorzième siècle, la notice connue : *Post hunc Johannes Anglicus*, etc., qui fut interpolée entre 1278 et 1312 dans certains manuscrits de Martinus Polonus après la notice de Léon IV. Dans le *Vaticanus* 3762, le f° 124v° appartient encore à la vie de Léon IV qui ne se termine que sur le f° 125v°. Cette interpolation ne s'est pas propagée dans les deux manuscrits suivants. Le *Vaticanus* 3762 est cité par Vignoli sous la cote *Vat. IV.*

2. *Barberinus* XII. 27, autrefois 2017 (1). Membr. in-f°, 45 cent. de hauteur ; écriture du quatorzième siècle. Les sept premiers feuillets sont occupés par une table alphabétique des matières : *Tabula per alphabetum ordinata ad reperiendum facilius testuales materias magis notabiles codicis subsequentis.* Sur le v° du f° 8 on

---

(1) Cf. Ugolini, préf. du 3° vol. de l'éd. Vignoli ; — Bethmann, *Archiv*, XII, p. 379.

lit le titre de première main : *Cronica Damasi $\overline{pp}$ ad jeronimum ;*
plus bas , en caractères d'une date postérieure : *Ex dono Antonii
Feltrii viri integerrimi ac juris pietatisq. consulti.* Au f° suivant
commence le texte disposé.comme nous l'avons dit, mais encadré
au milieu de scolies dues à Pierre Boerius, chapelain et orateur
du roi de France Charles V, plus tard évêque d'Orviéto et de Vaison (1). Elles sont précédées d'une dédicace de l'auteur à Charles V, dont le portrait forme l'initiale des scolies.

Karolo christianissimo principi Deique gratia Francorum regi Petrus
serenitatis tue humilis cappellanus tuusque orator minus ydoneus, paci-
ficare militantem ecclesiam mererique meritis triumphantem. Dignus es
domine mi Rex accipere librum et solvere signacula ejus, etc.

Une autre miniature représente saint Jérôme tendant une lettre vers le pape Damase séparé de lui par la Méditerranée ; armes
cardinalices.

Les scolies sont inédites ; elles ont dû être rédigées avant l'année 1364 , date de l'élévation de Boerius au siège d'Orviéto : jusqu'à présent elles n'ont été citées à ma connaissance que par
Georges Cassander (*De officio missæ*, Cologne, 1561). Pour le
texte, le manuscrit est une copie du *Vaticanus* 3762.

3. *Parisinus* 5142 ; autrefois *Colbert.* 129 et *Reg.* 3622 , 4.
Membr. in-f° max. de 334 feuillets ; écriture de la fin du quatorzième siècle. D'après les armes pontificales que l'on y trouve au
f° 232, on voit qu'il a été exécuté pour l'antipape Benoît XIII
(Pierre de Luna). Contenu : *a)* f°⁵ 1-87 : vies des papes , de
Léon IX à Grégoire IX, recueil du cardinal Boson ; quelques lignes manquent au commencement par suite d'une mutilation du
manuscrit. Les premiers mots sont : *voluit Romam videre et de
concilio , etc.* — *b)* f°⁵ 88-219 : le *Liber Pontificalis* jusqu'à Honorius II , précédé d'une table alphabétique , la même que celle
du *Barberinus* , suivi de deux autres tables disposées dans le
même ordre (f°⁵ 213-219) ; l'une de ces dernières se rapporte aux
scolies , bien qu'elles ne figurent pas sur les marges du *Liber
Pontificalis ;* ces marges ont d'ailleurs un tel développement
qu'elles étaient sans doute destinées à les recevoir. A la fin des
notices même *explicit* que dans le *Barberinus : Explicit Cronici
Damasi pape de cathalogo. ro. pontificum* (2) , puis la signature
du copiste : *Anthonius Ispanus vocatur qui scripsit benedicatur.*

---

(1) V. Ughelli , *Italia sacra*, t. I, et le *Gallia Christiana*, t. I , p. 932.
(2) C'est sous ce titre que Martinus Polonus (v. 1277) cite le livre pontifical.
V. le *proœmium* de sa chronique.

Am. — *c*) f⁰ 220 : trois tables des papes, la première par ordre alphabétique avec la date de leur avénement, la seconde par ordre chronologique jusqu'au 202ᵐᵉ, Clément V ; la troisième contient, suivant les trois chroniques de Martinus Polonus, de Ptolémée de Lucques et de Bernard Guidonis, les dates de l'élection des papes, avec le synchronisme des empereurs, d'après Martinus et Bernard. Elle s'arrête à Jean XXII. — *d*) f⁰ 232 : chronique de Martinus Polonus jusqu'à Nicolas III. Suit une continuation jusqu'à Jean XXII. Dans cette partie du manuscrit ainsi que dans le recueil du cardinal Boson le portrait de chaque pape figure en tête de la notice qui lui est consacrée.

4. *Vaticanus* 1437. Membr. in-f⁰ max. de 207 feuillets ; écriture du commencement du quinzième siècle. Contenu : *a*) f⁰ˢ 1-50 : *Constitutiones imp. Frederici II* avec gloses de Martinus ; — *b*) f⁰ˢ 51-66 : constitutions de Charles, roi de Jérusalem et de Sicile ; — *c*) f⁰ˢ 67-74 : constitution d'Henri VII, empereur d'Allemagne, Pise, III non. apr. 1313 ; — *d*) f⁰ˢ 75-134 : *Apparatus Pauli super Clementinas* ; — *e*) f⁰ˢ 135-193 : collection des vies du cardinal Boson ; — *f*) f⁰ˢ 194-207 : fin du *Liber Pontificalis* de Paul Ier à Honorius II. Après les deux premiers recueils les différentes parties de ce manuscrit y ont été successivement ajoutées et sont dues à diverses mains.

5. *Vallicellanus* C. 79. Membr. in-4⁰ oblong, 257 feuillets, écriture du quinzième siècle. C'est une copie du *Vaticanus* 3762 dans la forme qu'il a actuellement, avec toutes ses continuations ; on a même reproduit la note *Petrus Guillermus etc.* A la suite du texte du *Vaticanus* on a ajouté la fin de la chronique pontificale de Bernard Guidonis, depuis Martin IV qui se trouve ainsi avoir deux notices jusqu'à l'an 1328, sous le pontificat de Jean XXII. Les derniers mots sont : ...*narrationis seriem suo post tempore scribendorum.* Suit de la même main une liste de papes depuis Benoît XII, successeur de Jean XXII, jusqu'à Eugène IIII (1431-1447) sous lequel le manuscrit a été copié. La liste a été ensuite prolongée par diverses mains jusqu'à Léon X ; — f⁰ˢ 256-257 : table alphabétique avec renvoi aux pages. Bianchini a donné une collation de ce manuscrit, pour la partie qui va de saint Grégoire le Grand à Paul Ier (1).

6. *Vaticanus* 2039, ancien numéro : 1082. Chartac. in-4⁰ de 128 feuillets ; écriture du quinzième siècle. Copie du *Vaticanus* 3762 avec tous ses appendices.

(1) Le manuscrit 11889 de la bibliothèque nationale contient une copie de ce manuscrit pour la partie qui va de Jean VIII à Jean XXII.

7. *Vaticanus* 4985. Chart. in-f° du seizième siècle. Copie du *Vallicellanus* C. 79. A la fin, quelques extraits du *Vaticanus* 3764 destinés à combler les lacunes de la recension de Pierre-Guillaume dans les notices du huitième et du neuvième siècle.

8. *Vallicellanus* C. 25. Chartac. in-f° de 201 feuillets, écriture du seizième siècle. Il contient : *a*) une copie du *Vallicel.* C. 79, sauf le commencement jusqu'à saint Grégoire le Grand : le manuscrit commence par la vie de Sabinien ; — *b*) une série de vies des papes de Grégoire XI à Pie II ; — *c*) la collection du cardinal Boson.

9. *Leydensis Vulcanii* 33. Chart. in-f° min. de la fin du seizième siècle ; il en reste 143 feuillets. Commencement du *Liber Pontificalis* jusqu'à Etienne II dont la notice s'interrompt aux mots : ... *eodem papa decreveral per* — (1) ; à la suite de chaque notice, scholies de Pierre Boër.

10. *Vaticanus* 5623. Chart. in-4° de 148 feuillets, seizième siècle. Sur le feuillet de garde on lit : « di Castello » ; ancien n° : 20. C'est une copie du même manuscrit que le *Vallicell.* C. 25. Comme lui, il commence à Sabinien dont le nom est écrit par erreur *Fabianus*. Il contient le *Liber Pontificalis* jusqu'à Martin V. Dans la première partie il suit la recension de Pierre-Guillaume avec quelques interpolations, notamment celle qui a rapport à la papesse Jeanne. La notice de Martin IV est continuée jusqu'à la fin. Au delà, d'Honorius IV à Jean XXII (..... *suo post tempore scribendorum*), ce sont les vies de Bernard Guidonis, après lesquelles, de Benoît XII à Martin V, vient une série de vies toutes différentes de celles qui terminent les manuscrits de la recension suivante ; elles ont été publiées par Muratori dans le tome III, partie 2, de ses *Scriptores* sous la rubrique : *ex cod. Vaticano.*

De ce que nous venons de dire sur les manuscrits de cette recension il résulte qu'ils remontent tous à un archétype encore existant, le *Vaticanus* 3762, et peuvent, sauf celui-ci, être négligés pour la constitution du texte. Encore le *Vaticanus* 3762 n'a-t-il aucune valeur pour les temps antérieurs au dixième siècle : son importance est presque tout entière dans les notices depuis Jean VIII jusqu'à Honorius II. Cependant, au point de vue de l'histoire littéraire du *Liber Pontificalis*, les manuscrits de cette classe offrent un intérêt évident : il en est de même de ceux qui nous restent à signaler.

_____

(1) N° 244, l. 14.

CHAPITRE VII.

I

HISTOIRE DE LA RECENSION.

Le manuscrit de Pierre-Guillaume s'arrêtait à la mort d'Honorius II (1130). Depuis ce moment l'histoire des papes, au lieu de se présenter sous la forme d'une continuation plus ou moins officielle de l'ancien livre pontifical, donne lieu à différentes compilations d'un caractère privé, qui s'inspirent encore des anciennes notices, mais y introduisent tant d'autres éléments, les remanient si complétement, qu'elles deviennent l'œuvre propre des compilateurs. Parmi ceux-ci, les plus connus sont : *Martin de Troppau* (Martinus Polonus), dont la chronique contient en regard deux séries de notices, une sur les papes, l'autre sur les empereurs; son travail, arrêté d'abord à la mort du pape Urbain IV (1264), fut continué par lui jusqu'à celle de Jean XXI (1277) ; *Ptolémée de Lucques*, dominicain, puis évêque de Torcello, qui a écrit une histoire ecclésiastique en vingt-quatre livres, depuis Jésus-Christ jusqu'à l'an 1313 (1) ; *Amalric Auger*, augustin de Béziers, dont la chronique (2) va jusqu'à l'année 1321, sous Jean XXII ; *Bernard de Guy* (3) (Bernardus Guidonis), dominicain, puis évêque de Lodève († 1331) qui atteint sous le même pape Jean XXII l'année 1328 ; *Dietrich de Niem*, abréviateur des lettres pontificales, dont les divers ouvrages comprennent l'histoire des papes de 1288 à 1418 (4) ; *Pierre de Herentals*, auteur d'une chronique des papes,

---

(1) Muratori, *Script.*, t. XI.
(2) Echard, *Corpus hist. medii ævi*, II, p. 1641.
(3) La première partie jusqu'à Grégoire VII, dans Mai, *Spicilegium Romanum*, t. I; le reste dans Muratori, *Scriptores*, III, part. I.
(4) Echard, *Corp. hist.*, t. I, p. 1461.

par notices, de saint Pierre à Urbain VI jusqu'à l'année 1386. Baluze (*Vitæ paparum Avenionensium*, t. I) et Muratori (*Script.*, III, part. 2) en ont publié quelque chose, mais le commencement est encore inédit.

Nous avons déjà vu que des extraits de Martinus Polonus et de Bernard de Guy avaient été ajoutés au *Liber Pontificalis* dans plusieurs manuscrits de la recension précédente. Ainsi, au *Vaticanus* 3762, original commun à tous les autres, on joignit un cahier où figurent les vies des papes depuis Innocent II jusqu'à Hadrien V (1130-1277), suivant le texte de Martinus Polonus. Plus tard, ce cahier étant déjà cousu au manuscrit, on écrivit sur les feuillets restés libres à la fin les notices de Jean XXI, de Nicolas III et une partie de celle Martin IV empruntées, la première à la seconde édition de Martinus, les deux autres, à quelque continuateur contemporain. Dans le manuscrit *Vallicellanus* C. 79, outre les appendices de Martinus Polonus tels que les offre actuellement le *Vaticanus* 3762, il y a toute une série de notices extraites de Bernard de Guy, depuis Martin IV qui se trouve ainsi en avoir deux, jusqu'à Jean XXII, douzième année de son pontificat (1282-1328).

Jusque-là il n'y avait eu que des adjonctions pures et simples, sans aucune tentative de remaniement. Au quinzième siècle, dans les premières années d'Eugène IV (1431-1447), et pour être plus précis, entre 1431 et 1435, un compilateur resté inconnu entreprit de donner une nouvelle édition du *Liber Pontificalis* en le continuant jusqu'à son temps. Nous n'avons plus le manuscrit original de cette recension, mais il s'en est conservé plusieurs copies du même siècle dont la meilleure est un manuscrit Barberini, daté de l'année 1442. Pour constituer ce nouveau texte on se servit d'un manuscrit semblable au *Vaticanus* 3762, peut-être de ce manuscrit lui-même; les notices du commencement, sauf quelques retouches, furent laissées telles quelles, mais on inséra dans le texte l'article de la papesse Jeanne, ajouté au quatorzième siècle en marge du *Vaticanus*; les papes de la fin du neuvième siècle, du dixième et du commencement du onzième, n'avaient le plus souvent, dans la recension de Pierre-Guillaume, qu'une simple mention; on leur donna de petites notices empruntées à Martinus Polonus. Au delà d'Honorius II, Martinus Polonus fournit encore toutes les vies ajoutées après coup au *Vaticanus* 3762; celle de Martin IV (1281-1285) fut poursuivie jusqu'à la fin, d'après l'auteur, qui l'avait commencée dans ce manuscrit; la notice d'Honorius IV (1285-1287) n'est pas la même dans tous les manuscrits.

Après elle le texte est celui de Bernard de Guy, comme dans le *Vallicellanus* C. 79; mais tandis que celui-ci s'arrête avec la chronique de Bernard à l'année 1328, la recension du quinzième siècle donne la fin de Jean XXII, les vies de Benoît XII, de Clément VI et le commencement de celle d'Innocent VI d'après un continuateur anonyme, mais contemporain. Dans aucun manuscrit la notice d'Innocent VI n'est terminée; après elle, vient la partie propre au rédacteur du temps d'Eugène IV; elle va d'Urbain V à la mort de Martin V (1362-1431).

Avant d'aller plus loin et de parler de cette dernière partie, revenons sur nos pas pour résoudre certaines difficultés qui se présentent aux points de jonction des trois textes de Martinus Polonus, de Bernard Guidonis et de l'auteur anonyme des dernières notices. Martinus Polonus étant mort en 1278 n'a pu écrire la vie de Nicolas III (1277-1280); cette vie et celle du pape suivant, Martin IV, ont été écrites par un contemporain qui date sinon les deux notices au moins la dernière du 12 mai 1285; en effet, parlant des miracles qui se faisaient autour du tombeau du pontife (mort le 28 mars) il s'exprime ainsi : « *Nec adhuc quando fuit hæc scriptura compilata XII mensis maii cessabant ibi miracula* (1). »

Les manuscrits ne sont pas d'accord sur la manière de relier à cette notice le texte de Bernard de Guy. Le *Vallicellanus* C. 79 et ses dérivés qui n'ont pas toute la vie de Martin IV d'après le continuateur de Martinus Polonus, commencent leurs emprunts à Bernard par la notice de Martin IV lui-même qui se trouve ainsi en avoir deux, l'une incomplète, l'autre complète, celle-ci d'après Bernard, la première d'après la continuation de Martinus. Dans la recension du temps d'Eugène IV, la vie de Martin IV suivant le premier chroniqueur est complète, de sorte qu'on n'a pas eu besoin d'emprunter à Bernard de Guy une seconde vie de ce pontife. Le plus grand nombre des manuscrits ne commencent à suivre Bernard que depuis Nicolas IV, laissant ainsi Honorius IV entre les deux séries; ils semblent être dérivés d'un manuscrit où l'on avait ajouté après coup une notice d'Honorius IV; cette notice se termine ainsi : *Numerus suprascriptorum pontificum est CXCV ex quibus LXXXVIII fuerunt natione romani.* Ce comput indique évidemment la fin d'un manuscrit.

D'autres exemplaires de la recension du quinzième siècle négligent cette notice, et suivent Bernard de Guy depuis Honorius IV lui-même. Ces manuscrits portent d'ailleurs çà et là des traces

---

(1) **Muratori**, III, p. i, p. 611. Pertz, *Monum. Scr.*, t. XXII, p. 475-482.

d'une retouche faite d'après ceux de la chronique même de Bernard.

Nous avons vu plus haut que tous les manuscrits suivent Bernard jusqu'à Jean XXII. C'est sous ce pape, en 1328, que se termine sa chronique, divisée en notices, mais aussi, vers la fin, rédigée sous formes d'annales. Les dernières lignes ont trait au schisme de l'antipape Nicolas V (Pierre de Corbario) : « *Qui scindere nisus est et adhuc hodie nititur ecclesiæ unitatem... et quoniam adhuc debacchatur infernus et nondum venit finis malorum, in presenti latius scribere distulimus longiorem narrationis seriem suo post tempore scribendorum.* » Ici s'arrête le *Vallicellanus* C. 79 ; la recension du quinzième siècle contient la fin de la vie de Jean XXII et celles des trois papes suivants, rédigées dans la même forme et dans le même esprit que les précédentes par un auteur français et contemporain, qui s'est donné la tâche de continuer Bernard de Guy, mais n'a pu achever la notice d'Innocent VI. Celle-ci, en effet, se termine brusquement par les mots *ordinata fuisse per domnum Thalayrandum* — (1), après lesquels commence une rédaction toute différente, qui comprend la fin du livre pontifical jusqu'à la mort de Martin V.

L'auteur de cette dernière partie est un Romain, familier de Martin V, dont il fait un éloge pompeux ; sa chronique est plutôt une histoire du schisme qu'un récit fidèle des événements de chaque pontificat ; tout ce qui n'a pas un rapport immédiat avec le schisme est passé sous silence. Les deux papes Urbain V et Grégoire XI n'ont que des notices assez courtes dans lesquelles on leur témoigne de la reconnaissance pour leurs tentatives de retour à Rome ; le conclave où fut élu Urbain VI est longuement et minutieusement raconté, sans nul doute d'après un document écrit, car la distance de cet événement (1378) au pontificat d'Eugène IV (1431) est trop longue pour que l'auteur s'en soit rapporté uniquement à ses souvenirs. Un détail de ce récit permet d'établir que le rédacteur a écrit avant l'année 1435. On y parle ainsi de la reine Jeanne de Naples : « *domina serenissima regina Johanna quæ fuerat* ET EST *sanctæ romanæ ecclesiæ devotissima et ipsis cardinalibus valde grata et accepta.* » Jeanne II, reine de Naples, mourut en 1435. Cependant il y a ici une difficulté : la reine Jeanne de Naples, dont il est question dans le récit du conclave de 1378,

_____

(1) Muratori, *Script.*, t. III, p. ıı, p. 609. On trouvera aussi dans ce volume la plupart des notices suivantes jusqu'à Martin V, sous la rubrique : *ex additamentis ad Ptolemæum Lucensem e cod. ms. Patavino.*

ne peut être que Jeanne Ire, morte en 1382; il y aurait donc lieu
de croire que le passage qui la mentionne a fait partie du document écrit dont le rédacteur du quinzième siècle s'est aidé; mais,
d'un autre côté, la reine de Naples est représentée comme toute
dévouée à l'Eglise romaine, ce qui ne s'accorde pas du tout avec
la conduite de Jeanne Ire, dont on connaît les engagements avec
le parti de Clément VII, le pape rival d'Urbain VI. Il faut donc,
ou que le rédacteur du quinzième siècle ait fait ici une confusion
entre les deux Jeannes de Naples ou que les mots *et est* aient été
ajoutés à son texte par quelque lecteur malavisé. Ainsi, d'une manière ou de l'autre, ce texte a été écrit avant la mort de Jeanne II.
C'est ce qui résulte aussi de l'émotion avec laquelle l'auteur parle
de la mort de Martin V (1431).

II

DESCRIPTION DES MANUSCRITS.

Les manuscrits de cette recension sont relativement nombreux;
plusieurs d'entre eux ont été exécutés avec un certain luxe pour
des évêques, des cardinaux et autres dignitaires ecclésiastiques.
Il n'y aurait pas grand intérêt à les classer, leur importance étant
à peu près nulle pour la première partie du *Liber Pontificalis*. Dans
leurs marges on rencontre des annotations fréquentes, qui proviennent de l'original commun; elles ont en général pour but de
mettre en relief les passages intéressants. D'autres scholies marginales se prêtaient mieux par leur contenu à entrer dans le texte;
les copistes n'ont pas manqué de les y introduire : ainsi sur le
Barberinus on lit en regard du passage de la vie de Jean XXII où
il est question de l'antipape Pierre de Corbario, une note sur
l'extinction de la secte à laquelle ce schisme donna lieu et sur la
répression dont elle fut l'objet de la part de Nicolas V en 1449;
ce même pape est également nommé en marge de la vie d'Innocent VII à propos de la chapelle sépulcrale des papes qu'il fit réparer. On peut en dire autant de diverses additions plus importantes à la vie de Martin V, comme le récit de l'arrivée à Florence
des ambassadeurs de Constantinople, etc. Toutes ces scholies,
écrites d'une main fine et élégante dans les marges du manuscrit
Barberini, sont entrées dans le texte d'autres exemplaires.

Au commencement des manuscrits de cette recension on lit,
soit en marge soit dans le texte, deux notes, dont l'une, « *Liber*

iste intitulatur Damasus, etc., » a été mentionnée plus haut (1) ;
l'autre, « *Dominus noster Jesus Christus, etc.*, » fait remarquer que
la série des souverains pontifes commence réellement à Jésus-
Christ, dont saint Pierre est le premier vicaire et successeur.

1. *Barberinus* XXXII. 165 (ancien n° 2241), membr. in-4° de
190 feuillets. Un comput, écrit sur un feuillet de garde, compte
5199 ans de la création à Jésus-Christ et 6641 « usque ad hoc
nostrum tempus » ce qui donne l'année 1442. Il a appartenu
autrefois à Martius Milesius Sarrazanius, juriste romain, éditeur
des œuvres de Damase en 1638. Le dernier feuillet a disparu, de
sorte que la vie de Martin V est incomplète ; les derniers mots
sont ..... *et cum morti proximus foret nequivit se pontifex* —. En
tête, il y a une liste alphabétique des papes et, de seconde main,
une répartition des notices du *Liber Pontificalis* entre divers auteurs, suivant le système de Panvinio, c'est-à-dire entre Damase,
Anastase, Guillaume le bibliothécaire, Pandolfe de Pise, Martinus Polonus, Dietrich de Niem et un auteur inconnu. J'ai dit
au commencement que Damase et Anastase n'avaient rien à voir
avec le *Liber Pontificalis* ; il en est de même de Dietrich de Niem :
pour émettre une pareille assertion, il faut que Panvinio n'ait
jamais songé à comparer Dietrich avec les notices pontificales.

2. *Marcianus* 359. Chartac. in-f° min., 144 feuillets ; écriture du
quinzième siècle. Ce manuscrit a appartenu au cardinal Bessarion ; dans sa bibliothèque il portait le n° 40, comme l'indique
la note suivante : μ′. Βίοι καὶ πολίτειαι τῶν ῥωμαϊκῶν ἀρχιερέων· κτῆμα
Βεσσαρίωνος χαρδινάλεως τοῦ τῶν Τούσκλων. Bessarion étant mort en
1472, le manuscrit a été copié de 1431 à 1472.

3. *Parisinus* 5144 A, ancien *Mazarinæus* 9918 ; il a appartenu
antérieurement à Gabriel Naudé, à Jean Alberson, qui le paya
5 écus, et au cardinal d'Estouteville (1439-1483) pour lequel il fut
exécuté et dont il porte le blason. Chartac. in-f° de 161 feuillets.
La leçon en est connue par Fabrot qui le cite sous la rubrique
Mazarinæus ; ses variantes figurent aussi dans l'édition Bianchini.

4. *Parisinus* 5144. Membr. in-f° de 229 feuillets, copié avec élégance, mais par une personne peu versée dans l'interprétation des
sigles abréviatifs. Il a été exécuté pour le cardinal Louis Poda-
chatarius (1500-1506) dont il porte les armes ; depuis il passa dans
la collection du cardinal Nicolas Ridolfo, archevêque de Florence,
dont le bibliothécaire Matth. Devaris le prit pour un Platina :
« 38. Platinæ vitæ pontificum usque ad vitam Martini V » (note

(1) p. 2.

sur la reliure). Le texte en a été collationné comme celui du précédent pour l'édition Fabrot, et Bianchini en reproduit les variantes.

5. *Vaticanus* 3763. Membr. in-4° de 170 feuillets, quinzième siècle. Il porte les armes cardinalices des Barbo, de sorte qu'il a pu être exécuté pour Paul II, cardinal de 1440 à 1464, ou pour son neveu Marc Barbo, cardinal de 1467 à 1490.

6. *Bruxellensis* 14814, [autrefois R. 68 et B. 104. Chart. in-f° sans pagination, écriture du quinzième siècle. Sur un feuillet de garde, une note attribue les dernières vies à Zeno, patricien de Venise, puis évêque de Feltre ; cette opinion sans fondement est réfutée dans une lettre de Schelstrate jointe au manuscrit.

7. *Matritensis* P. 91. Chart. in-f° min. du quinzième siècle (1).

8. [*Neapolitanus* VIII. C. 11 (bibl. nazionale). Membr. in-4° de 246 feuillets, quinzième siècle, enluminé. Le frontispice porte un écusson archiépiscopal.

9. *Ambrosianus*. C. 204 inf. Chart. in-f° de 152 feuillets ; quinzième siècle. Au seizième siècle il a appartenu à J. Vincent Pinelli, savant italien, mort en 1601. La leçon en est connue par Muratori, qui le cote C.

10. *Ambrosianus*. H. 253. inf. Chart. in-f° de 168 feuillets, quinzième siècle. Il a appartenu à un évêque de Sarno, près de Salerne. C'est très-probablement une copie du précédent.

11. *Vaticanus* 6357. Chart. in-f° de 205 feuillets ; dix-septième siècle ; la reliure porte les armes d'Urbain VIII (1623-1644).

12. *Bononianus* 763. Chart. in-f° du seizième siècle.

13. *Brancaccianus* 2. F. 18. Chart. in-f°, 20 feuillets ; seizième siècle. Il contient d'abord une dédicace adressée au cardinal Ascanio Parisani, légat à Pérouse, et signée par Jean-Pierre Ferretti, docteur *in utroque jure*, Ravenne, XII kal. nov. 1543. Dans son épître dédicatoire, Ferretti explique son projet d'éditer sous le nom du pape Damase la partie du *Liber Pontificalis* antérieure à ce pontife ; bien qu'il prétende avoir tiré le manuscrit dont il s'est servi *ex vetustissimo archivo*, ce manuscrit ne pouvait avoir beaucoup plus de cent ans, puisqu'il contenait le texte de la recension de Martin V (2).

---

(1) Je dois une description de ce manuscrit à M. Graux, répétiteur à l'Ecole des Hautes-Etudes, chargé en 1876 d'une mission scientifique en Espagne. C'est aussi à son obligeante intervention que je suis redevable de plusieurs communications intéressantes sur des manuscrits allemands.

(2) A ces manuscrits il faut joindre l'*Urbinas* 395 et l'*Ambrosianus* H. 111. qui appartiennent, sauf pour les huit premiers siècles, à la recension du temps d'Eugène IV. Ils ont déjà été décrits p. 52.

CHAPITRE VIII.

I

MANUSCRITS ABRÉGÉS.

J'ai déjà eu occasion de décrire et de classer quelques manuscrits abrégés du livre pontifical; certains d'entre eux ont une très-
grande importance, par exemple ceux qui se terminent à Félix IV
et à Conon ; ceux dont il me reste à parler, sont sans doute beaucoup moins intéressants : il ne sera pourtant pas inutile de les
réunir ici, car il n'en est guère qui soient absolument dépourvus
de valeur, sinon pour la constitution du texte, au moins pour son
histoire.

1. *Palatinus* 39. Membr. in-f° min. de la fin du onzième siècle,
233 feuillets. C'est un psautier précédé de différentes tables chronologiques parmi lesquelles l'abrégé du *Liber Pontificalis* occupe
les feuillets 8-15, sous le titre : *Incipiunt nomina episcoporum
urbis Romæ.* Les notices ne vont que jusqu'à Etienne II († 757) ;
suit une liste de noms jusqu'à Paschal Iᵉʳ (817-824). Ce texte a été
publié par les Bollandistes (*Propyl. ad acta ss. Maii*, p. 72), par
Schelstrate (*Antiq. eccl.*, t. I, p. 611) et reproduit par Bianchini
(Migne, I, p. 134). M. Mommsen, dans son étude sur le chronographe de 354 (1), lui donne une importance exagérée, comme l'a
fort bien remarqué M. Lipsius (2). Ce n'est qu'un abrégé très-
incorrect de la recension B ; on y rencontre des omissions très-
graves, par exemple celles de Vigile, Conon, Etienne III.

2. *Valenciennes* 65. Membr. in-12; écriture de la fin du huitième

---

(1) *Abhandlungen der philol.-hist. Classe der königl. Sachs. Gesellschaft der
Wissenschaften*, t. I, année 1850.
(2) *Chronologie der römischen Bischöfe*, p. 84.

siècle, d'après le catalogue (1). Commentaire sur saint Matthieu,
suivi d'un abrégé semblable au précédent : il en diffère en ce
que les synchronismes des empereurs, ajoutés de seconde main
au *Palatinus* sont ici complétement omis. La liste de noms qui
suit Etienne II va jusqu'à Léon IV (847-855) (2).

3. *Vaticanus* 1364. Membr. in-4° du onzième siècle. Collection
canonique d'Anselme de Lucques. Au commencement, un *Liber
Pontificalis* très-abrégé jusqu'à Grégoire VII. Le texte en a été
publié par Schelstrate (*Antiq. Eccl.*, t. I, p. 644), d'après le manuscrit suivant; voir aussi Bianchini (Migne, t. I, p. 142). Ce manuscrit est le n° XIX de Vignoli.

4. *Vaticanus* 6381. Membr. in-f° du douzième siècle. Même
collection, précédée du même abrégé qui s'arrête à Paschal II
(† 1118).

5. *Malatestianus* (Césène, XXIII. 2). Membr. du treizième siècle.
Lexique de Papias, à la fin duquel on trouve un abrégé du *Liber
Pontificalis* informe et sans valeur, quoiqu'il ait été fait sur un
manuscrit A. Il se termine de première main à Nicolas Ier († 867),
au delà duquel vient un simple catalogue jusqu'à Honorius III
(1216-1227). La notice de Valentin est omise. Ce texte a été publié
par Mucciolo (*Catalogus codd. mss. Cæsen.*, 1780, in-f°, t. II, p. 253-
259).

6. *Vaticanus* 1464 (n° VII de Vignoli). Membr. in-f°, de 295
feuillets; quinzième siècle. Même contenu que le précédent : ici
le catalogue des papes se poursuit de première main jusqu'à
Pie II (1464-71), puis, par suite d'adjonctions postérieures, il
atteint Paul III (1534-49).

7. *Casanatensis* B. V. 17 (3); (ancienne cote : N. VIII *de Ricci*).
Membr. in-8°, du onzième siècle, sans pagination. Il contient, au
milieu d'une collection canonique, un cahier qui provient d'un
Liber Pontificalis abrégé : le texte commence dans la notice de
Pélage II : — *absque jussione principum pro oppressione Longobardo-
rum...* et se termine sans mutilation, au milieu de la notice de
Paschal Ier. Sur le cahier suivant, et d'une autre main, un cata-

---

(1) *Catal. des mss. de la bibl. de Valenciennes*, par J. Mangeart. Paris, 1860.

(2) Je n'ai pas vu moi-même ce manuscrit, et j'en parle d'après une copie
que le R. P. Remy de Buck a bien voulu me permettre de consulter à Bruxelles
en novembre 1875.

(3) V, sur ce manuscrit : Garampi, *De nummo argenteo Bened. III*, p. 165.

logue depuis saint Pierre jusqu'à Grégoire VII ; il ne contient
quelques détails que depuis Jean XII, et alors les courtes notices
que l'on y trouve sont empruntées à la continuation du *Liber
Pontificalis* dont nous avons parlé, p. 92. M. Watterich n'a pas
employé ce manuscrit.

8. *Assisianus* XXXII. F. 327 (1). Membr. in-f° de 29 cahiers, à
deux colonnes ; écriture du douzième siècle. Il contient une collection canonique empruntée pour une grande partie aux fausses décrétales ; en tête un catalogue de papes jusqu'à Urbain II († 1099),
dont les années sont indiquées, puis un abrégé du *Liber Pontificalis* qui se termine dans la vie de Léon IV par les mots : *Anasta-
sium presbyterum tituli sci Marcelli absentem deposuit* —.

9. *Alentianus* 2 (Alençon). Membr. in-4° de 146 feuillets ; douzième siècle. Il provient de l'abbaye de Saint-Evroult au pays
d'Ouche. Le *Liber Pontificalis* s'y rencontre au f° 110v°, après une
quantité d'autres écrits très-différents. D'abord viennent les deux
lettres de Jérôme et de Damase, puis le titre : *Incipit ordo episcoporum romæ exceptorum.* Les notices de Pius et d'Anicetus, de Pontianus et d'Anteros, de Julius et de Libère, sont interverties ; de
celle de saint Léon on peut conclure que cet abrégé dérive d'un
manuscrit A. A partir de Deusdedit (615-619), il n'y a plus que la
nationalité et la durée du pontificat. Les trois derniers papes sont
indiqués comme il suit :
XCIIII. *Stephanus romanus annos V. menses IIII. dies XIIII.*
· XC.V. *Paulus romanus.*
XC.VI. *Constantinus romanus.*

Ce dernier est l'antipape Constantin II ; son successeur
Etienne III n'étant pas nommé, il faut que ce texte dérive d'un
manuscrit écrit en 767 ou 768.

10. *Parisinus* 15149. Formé de fragments de manuscrits divers,
ce volume contient un cahier (f°s 137-144) du treizième siècle où
se lit un *Liber Pontificalis* très-abrégé ; la dernière notice est celle
de Léon IV, puis vient le nom de Benoît III avec la durée de son
pontificat. Cet abrégé dérive d'un manuscrit A, comme on peut
s'en assurer à la notice de Gélase. Constantin II y figure entre
Paul Ier et Etienne III.

---

(1) Ce numéro se rapporte à l'ancien classement de la bibliothèque du *Sagro
Convento*, qui comprenait à la fois les imprimés et les manuscrits. A mon passage à Assise (juillet 1875), ces derniers avaient été réunis dans une chambre à
part, mais sans aucun ordre.

11. *Vaticanus* 341. Membr. in-f° du douzième siècle. C'est le n° V de Vignoli (1). Divers écrits de saint Jérôme. Vers la fin, un catalogue d'empereurs romains jusqu'à Augustule, puis un *Liber Pontificalis* abrégé, sous le titre : *Incipiunt nomina episcoporum qui fuerunt urbi romæ : liber gestorum pontificalium.* La dernière notice est celle d'Etienne IV († 817) ; la série se poursuit jusqu'à Jean VIII († 882) par un simple catalogue. Aucune valeur.

12. *Vaticanus* 1340. Membr. in-f° à deux colonnes, quatorzième siècle. Manuscrit des décrétales pseudo-isidoriennes (2) ; n° VI de Vignoli. A la fin une liste des provinces romaines, un catalogue des empereurs jusqu'à Frédéric Barberousse (1152-1190), puis sous le titre : *Nomina romanorum pontificum* un abrégé du *Liber Pontificalis* borné en général aux décrets sur la discipline ou la liturgie. La dernière notice est celle de Nicolas Iᵉʳ († 867) après lequel il ne reste plus qu'un simple catalogue jusqu'à Anastase IV († 1154) et de seconde main, jusqu'à Hadrien IV (1154-59). Cet abrégé est précédé d'un autre catalogue, de saint Pierre à Clément III (1191) ; quelques-uns des papes y sont qualifiés de martyrs (mr).

13. *Marcianus* CLXIX, LXIV, 3 de Zanetti. Chart. in-f° du quinzième siècle. C'est le second volume d'une collection de décrétales identique à celle du manuscrit précédent. A la fin, mêmes catalogues.

14. *Vaticanus* 1348. Membr. in-12 du douzième siècle. En marge du premier feuillet : *Iste liber est monasterii sce marie de angelis de florentia.* Au f° 182, à la suite de la chronique d'Isidore prolongée jusqu'à l'empereur Henri III, commence un catalogue de papes avec des extraits du *Liber Pontificalis.* Titre : *Chronica pontificum sce romane ecclesie et quot annos vel menses seu dies quisque eorum ibi sedit.* La dernière notice est celle d'Urbain II († 1099) ; vient ensuite le nom de Paschal II, sans autre indication ; c'est sans doute sous ce pape qu'a été copié ce manuscrit, sans aucune valeur en ce qui concerne le *Liber Pontificalis.*

15. *Leydensis Scalig.* 49. Membr. in-4° min. du dixième siècle. Martyrologe de Fulda à la fin duquel (p. 74-79) se trouve un abrégé du *Liber Pontificalis* jusqu'à Etienne II avec une prolonga-

(1) Reifferscheid, *Bibl. PP. lat. italica,* t. I, p. 534.
(2) Hinsch, p. XVII.

tion par une simple liste de noms jusqu'à Jean VIII († 882).
Titre : *Incipiunt nomina episcoporum qui fuerunt urbis romæ*. De
seconde main , une continuation jusqu'à Grégoire VII avec quelques détails historiques vers la fin de la série.

16. *Laudianus* 893 (à la Bodléienne d'Oxford). Membr. in-fᵒ du
dixième siècle. Ce manuscrit contient entre autres choses un
catalogue des papes (fᵒ 146) de saint Pierre à Jean VIII ; en tête
de ce catalogue on lit les deux lettres de Jérôme et de Damase
sous la rubrique : *In nomine Domini nostri Jesu Christi incipit
liber episcopalis in quo continetur* (sic) *acta beatorum pontificum
urbis Rome*. Il a donc été extrait d'un *Liber Pontificalis* complet ;
c'est du reste le cas de la plupart des catalogues de papes que l'on
rencontre si souvent dans les manuscrits.

17. *Rothomagensis* (histoire 24). Membr. in-fᵒ, sæc. XII (v. Montfaucon, *Bibl. Bibl.*, p. 1209 , nᵒ 50). Il contient sur les sept premiers feuillets un abrégé du *Liber Pontificalis* terminé au pape
Constantin († 715) , ou plutôt interrompu au milieu de la notice
de ce pape. Le titre est ainsi conçu : *Incipit episcopalis ordo
romanæ* ; un ou deux feuillets ont disparu entre Boniface II et
Vitalien. Suivent divers ouvrages de saint Isidore de Séville (1).

18. *Vindobonensis* 748 (2). Membr., sæc. XII, de 98 feuillets. Au
folio 22 commence le *Liber Pontificalis* sous le titre particulier aux
manuscrits de la classe B : *Incipit liber episcopalis in quo etc.* ,
puis viennent les deux lettres de Jérôme et de Damase , un catalogue jusqu'à Formose et la série des vies abrégées qui se termine à Etienne II. Dans le catalogue on a noté à l'article d'Hadrien Iᵉʳ les dates du siége et de la prise de Pavie, ainsi que celle
de la mort du pontife.

II

FRAGMENTS DE MANUSCRITS.

1. *Veronensis* XXII. 20. Membr. in-4ᵒ min. de 174 feuillets ,
25 lignes à la page, écriture du sixième siècle (3).

---

(1) Je dois une description de ce manuscrit à l'obligeance de M. l'abbé
Lebarcq , professeur au petit séminaire de Rouen.
(2) V. Denis, catalogue , t. I, p. 884 ; il le décrit sous l'ancienne cote
cod. CCLV.
(3) V. Reifferscheid, *Biblioth. PP. latinorum italica*, t. I, p. 90.

C'est le célèbre manuscrit qui contient la fin du livre pontifical laurentien (1). Le premier cahier a perdu sa feuille extérieure, de sorte qu'il manque deux feuillets, le premier et le huitième; celui-ci appartenait à l'ouvrage qui suit les vies des papes. De celles-ci il ne reste que les dernières lignes de la notice d'Anastase II, celle de Symmaque tout entière et un catalogue avec la durée du pontificat jusqu'à Vigile : *LX. Vigilius sedit annos decem et octo menses duo, dies novem ; moritur in Syracusis secunda feria, nocte, septimo idus junias, indictione tertia.* Tout ce qui reste de ce *Liber Pontificalis* a été publié par Bianchini (Migne II, p. 1423). Vient ensuite, à partir du f° 4, le *De viris illustribus* de saint Jérôme avec la continuation de Gennadius, puis des lettres des papes dont les plus récentes sont celles de Gélase († 496).

2. *Montispessulanus* 154 (Montpellier, bibl. de l'Ecole de médecine). Dans la reliure, 2 feuillets in-f° du neuvième siècle, fragment d'un manuscrit B contenant le commencement du *Liber Pontificalis*, précédé des deux lettres de Jérôme et de Damase et d'un catalogue jusqu'à Paschal Ier († 824) Le texte s'arrête à ces mots de la notice de saint Clément : ... *Qui gestis martyrum sollicite et curiose unusquisque* — (2).

3. *Vaticanus* 296. Membr. in-4° du onzième siècle. Un feuillet de garde contenant la fin de la notice de Constantin et le commencement de celle de Grégoire II.

4. *Vaticanus* 766. Membr. in-4° du onzième siècle. Quatre feuillets de garde contiennent la fin de la notice d'Hadrien et le commencement de celle de Léon III. C'est le n° IX de Vignoli (3).

5. *Palatinus* 1811. Membr. in-4° du dixième siècle. Un cahier de huit feuillets contenant la fin de la notice de Léon III et le commencement de celle d'Etienne IV.

6. *Vaticanus Reginæ* 1819. Chartac. in-4° du dix-septième siècle. Manuscrit sans valeur aucune. Il contient le commencement du *Liber Pontificalis* jusqu'à Sylvestre, d'après un manuscrit de la dernière recension (M).

7. *Bernensis* 412. Membr. in-4° de 31 feuillets; écriture du treizième siècle. Fin d'un *Liber Pontificalis;* les premiers mots sont : — *exarchum vel qui eum direxerat* (vie de Grégoire II, n° 184, l. 10); la dernière notice est celle d'Etienne III.

---

(1) V. p. 24 et suiv.
(2) Pertz, *Archiv,* t. VII, p. 193.
(3) Comm. : *per alveum...* (n° 356, l. 11) ; fin : ...*purissimo mi* (n° 395, l. 9).

III

1° Le manuscrit de l'abbaye de Sigberg, qui servit à l'édition de Crabbe (v. au ch. suivant). Il appartenait à la classe A.

2° Le manuscrit A de Marquardt Freher, collationné comme le suivant pour l'édition de Mayence ; ces variantes ont passé dans les éditions de la Byzantine et dans Bianchini. Il allait jusqu'à la vie d'Hadrien II et appartenait à la classe B, comme on en peut juger par les variantes.

3° Le manuscrit B de Marquardt Freher : il s'arrêtait dans la notice d'Etienne III aux mots ....*præsumptione quam* (1). Quoique appartenant à la classe A, ce manuscrit contenait dans la vie de Paul Ier deux ou trois passages qui ne se retrouvent que dans certains manuscrits de la classe B, le *Parisinus* 13729 et ses similaires.

4° Le *Farnesianus* de Bianchini. Manuscrit en onciale, qui se trouvait encore en 1726 dans la bibliothèque de Parme. Après plusieurs savants parmi lesquels je puis citer M. Pertz je l'ai vainement cherché tant à Parme qu'à Naples. Ce manuscrit, mutilé au commencement et à la fin, ne comprenait plus au temps de Bianchini que la partie qui va de Silvère — *intra civitatem et custodivit...* à Hadrien Ier.... *retrusi erant absolvi fecit* — (2). Bianchini en donne deux *fac-simile* et une collation qui paraît exacte.

. 5° Le *Farnesianus* d'Ugolini. Ugolini, neveu de Vignoli, parle dans la préface du tome III d'un manuscrit farnésien qu'il veut identifier avec le précédent, que son oncle connaissait d'après les seules indications d'Holste. Il est bien probable qu'il s'agit ici d'un manuscrit tout différent et appartenant à la recension de Martin V. Outre qu'il se terminait à ce pape et non dans la vie d'Hadrien, les rares variantes qu'Ugolini en donne d'après les papiers de son oncle concordent avec les manuscrits M. Cependant il contenait dans la notice de Sergius II un passage évidemment interpolé et qu'on ne retrouve nulle part ailleurs (V. plus bas, liv. III, chap. VIII). Ce manuscrit avait appartenu au cardinal Etienne Nardini, évêque de Forli ; il portait au temps de Vignoli la cote E. 4. 25.

----

(1) N° 275, l. 7.
(2) N° 98, l. 10 — n° 292, l. 12. V. Bianchini (Migne, t. I, p. 151 et 226).

6° Le *Cassinensis* d'Holste. Holste avait recueilli quelques variantes dans un manuscrit du mont Cassin ; j'ai en vain cherché ce manuscrit dans la bibliothèque de l'abbaye. Les variantes figurent dans l'édition Bianchini.

7° Le catalogue des manuscrits latins de la bibliothèque nationale de Paris porte sous la cote 4999 A : *Cod. membr. quo continentur..... 3° Damasi papæ chronicon de summis pontificibus quod anonymus produxit ad Adrianum I et annum 772.... Is codex XIV sæc. ineunte videtur exaratus.* Ce manuscrit a disparu de la bibliothèque.

Avant de terminer cette étude sur les manuscrits du livre pontifical, il y a une remarque intéressante à faire sur leur distribution géographique. L'Angleterre et l'Irlande n'en ont fourni aucun, car le manuscrit d'Oxford n'est qu'un simple catalogue ; un seul et de basse époque se rencontre en Espagne; un très-petit nombre viennent des pays allemands ; la plupart ont été écrits et sont conservés encore en Italie ou en France.

Entre ces deux pays il y a une répartition très-instructive. Les manuscrits de la dernière recension sont tous ou presque tous italiens; si on les met à part, ainsi qu'un certain nombre de copies du quinzième ou du seizième siècle, on verra que la grande majorité des anciens manuscrits a été exécutée en France. Les manuscrits A, relativement peu nombreux, forment, si l'on y joint les deux ou trois anciens exemplaires de la recension mixte AB, la part de l'Italie ; ils se répartissent à raison d'un ou deux par siècle, entre le huitième siècle et le treizième.

La recension B, au contraire, est presque toute formée de manuscrits français ; il en est de même des exemplaires de l'abrégé félicien : un bon nombre de ces manuscrits fut exécuté dans le courant du neuvième siècle. Plus tard, à Angoulême, à Saint-Denys, en Franche-Comté, on s'occupe de réviser, de corriger, de continuer même le *Liber Pontificalis.* Les deux recensions dérivées d'Angoulême et de Saint-Denys sont complétement françaises et ne se propagent pas au dehors. La recension de Pierre-Guillaume, après avoir été constituée en France, y trouve un commentateur dans la personne de Pierre Boër ; c'est elle qui, passée en Italie en même temps que la cour pontificale revenait d'Avignon, devint la souche de la nouvelle et dernière recension terminée à Martin V.

De cette rapide esquisse, le trait le plus saillant est l'empresse-

ment avec lequel le livre pontifical fut accueilli en France au
neuvième siècle. Ce n'étaient pas seulement des particuliers ou
de pauvres clercs qui s'intéressaient à ses récits. Toutes les grandes
églises voulaient en posséder un exemplaire; nous avons encore
ceux de Reims (1), Tours, Laon, Cologne, Auxerre, Worms,
Beauvais, Wissembourg, Saint-Bertin. J'ai montré, dans la description de celui de Tours, avec quelle rapidité se transmettaient
les notices nouvellement éditées à Rome, et quel soin on mettait
à tenir les exemplaires au courant.

Cet empressement témoigne assez des sentiments du clergé
franc à l'égard de l'Eglise romaine; d'un autre côté, il n'est pas
sans relation avec la fortune rapide des décrétales pseudo-isidoriennes. Theiner et Eichhorn ont placé à Rome la fabrication de
ces documents supposés; une de leurs raisons était que l'on ne
connaissait pas encore au neuvième siècle le livre pontifical en
dehors de l'Italie. On voit combien cette assertion est peu fondée;
c'est le contraire qui est vrai : au neuvième siècle le livre pontifical était beaucoup moins répandu en Italie qu'en France.
M. Hinsch a solidement établi que la rédaction des fausses
décrétales doit se placer en France, et plus particulièrement dans
la province ecclésiastique de Reims. Leur prompte diffusion et
l'autorité qu'elles acquièrent en peu de temps de ce côté-ci des
Alpes s'explique dans une certaine mesure par la publicité dont y
jouissait alors le livre pontifical. Soigneusement mises en rapport avec lui, fabriquées même, pour une bonne partie, d'après
ses indications, elles purent sembler autorisées par lui. Dans tous
les cas elles trouvèrent un public habitué à bien accueillir tout ce
qui se donnerait comme venant de Rome et du siége apostolique,
et disposé par la lecture du livre des papes à chercher et à admettre des décisions pontificales en dehors de celles que contenaient les collections canoniques en usage.

(1) Hincmar de Reims (*Adv. Hincm. Laud.*, opp. II, p. 455) cite à plusieurs
reprises le *Liber episcopalis*; mais ce n'est pas d'après le manuscrit *Vossianus* 60,
bien qu'il appartînt certainement dès le neuvième siècle à l'église de Reims. En
effet, ce manuscrit n'est pas de ceux qui présentent le titre : *Incipit liber episcopalis, etc.* V. p. 64.

CHAPITRE IX.

LES ÉDITIONS.

I

DESCRIPTION.

Le premier qui ait publié quelque chose du *Liber Pontificalis* est Pierre Crabbe, frère mineur de Malines, éditeur d'une collection de conciles en 1538. Son ouvrage publié à Cologne et dédié à Charles-Quint, porte le titre suivant : *Concilia omnia, tam generalia quam particularia, quæ jam inde ab apostolorum temporibus in hunc usque diem celebrata etc.* Il est distribué par pontificats. Pour chaque pape il donne les conciles et les décrétales authentiques ou non qui s'y rapportent, en les faisant précéder de la vie du pontife. Mais comme il n'y a pas eu de concile sous tous les papes et que plusieurs d'entre eux n'ont pas de décrétales, un certain nombre de vies sont supprimées. En réunissant toutes ces vies éparses on obtient :

1º Le *Liber Pontificalis* jusqu'à saint Grégoire le Grand inclusivement ;

2º les vies d'Adeodatus Iᵉʳ, d'Honorius Iᵉʳ, de Théodore, de Martin, d'Eugène, de Vitalien, de Donus, d'Agathon, de Léon II, de Grégoire II, de Grégoire III, de Zacharie et d'Eugène II († 827).

L'édition partielle de Crabbe est puisée à une bonne source : elle dérive d'un manuscrit de la classe A. C'est probablement ce manuscrit que dans sa préface Crabbe dit lui être venu « ex mo- » nasterio famatissimo et antiquo Sigebergensi ordinis divi Be- » nedicti non longe a Bonna civitate. » Crabbe le reçut à titre de prêt et s'en servit « felicissime. »

La première édition des conciles de Crabbe, celle de 1538, était en deux volumes. Elle fut réimprimée avec quelques modifications qui ne portent pas sur le texte du *Liber Pontificalis* en trois volumes, à Cologne, en 1551.

Le texte de Crabbe passa, jusqu'à Félix II inclusivement, dans le tome III du *Vitæ ss. priscorum patrum* d'Aloysius Lippomani (Venise, 1554), avec quelques corrections dues aux conjectures du nouvel éditeur. Il fut ensuite répété tel que l'avait d'abord édité Crabbe dans les éditions des conciles de Surius, Binius, Labbé, etc. Le P. Hardouin l'élimina de la sienne. A part les notes explicatives ajoutées par Binius, les éditeurs de conciles n'ont absolument rien fait pour le *Liber Pontificalis*.

Baronius, dans son histoire ecclésiastique, s'est beaucoup servi du *Liber Pontificalis*, qu'il cite d'après divers manuscrits du Vatican; ses variantes furent plus tard recueillies et mises en marge de l'édition de Mayence.

On pourra voir à la notice du manuscrit Brancaccianus. 2. F. 18, que dès l'année 1543 on songeait en Italie à éditer le *Liber Pontificalis*. Mais comme on partait de l'idée fausse qu'il avait été écrit par le pape Damase, c'est sous son nom que Jean-Pierre Ferretti, de Ravenne, devait publier les vies des papes, en s'arrêtant toutefois à Damase lui-même. La conception n'était pas heureuse et l'exécution eût été déplorable, car la copie pour l'impression avait été faite sur un manuscrit de la classe M, la plus récente et la plus interpolée.

La véritable édition *princeps* du *Liber Pontificalis* dans son ensemble est due au jésuite Jean Busée (1) qui la publia à Mayence en 1602 chez Jean Albinus, sous le titre : *Anastasii S. R. E. bibliothecarii de vitis Romanorum pontificum etc.*, *ex bibliotheca Marci Velseri Augustanæ R. P. II viri*. Le manuscrit de Welser était une copie du *Vaticanus* 3764. Qu'est devenue cette copie? Martinelli (*Roma ex ethnica sacra*, p. 410) sur la foi d'Alexandre Raynaldi, alors bibliothécaire de la Vaticane, indique le manuscrit *Vat.* 4970.

---

(1) On doit ce renseignement (car l'édition est anonyme) au jésuite Labbé, qui s'exprime ainsi en parlant du prétendu Anastase : « Historia quæ a R. P. » Joanne Busæo, Noviomagensi, Soc. Jesu, Moguntiæ edita anno 1602, etc. » (*De script. Eccl.*, t. I, p. 64 de l'éd. Cramoisy, 1660) ; ce qui ne l'empêche pas un peu plus loin (p. 253) de protester contre André Rivet, qui mettait cette édition au compte de la Compagnie : « Rivetus, cujus a Claudio Salmasio acceptum » impudentissimum mendacium de jesuitis Moguntinæ editionis anni 1602 pro- » curatoribus etc. » Le texte de Rivet, qui n'est point indiqué par Labbé, se trouve dans le *Criticus Sacer*, l. III, ch. 14, p. 307, éd. de Genève, 1660.

Celui-ci est certainement une copie du n° 3764, mais il ne va pas au delà d'Etienne II, soit qu'il ait perdu un second volume, soit qu'il n'ait jamais été achevé, auquel cas il n'aurait pu servir à l'édition. On trouve à la bibliothèque Ambrosienne, sous la cote D 95, deux feuillets contenant le commencement du *Liber Pontificalis* suivant le texte du *Vaticanus* 3764, sous la rubrique : « Le » due prime carte dell' Anastasio copiate in Roma per il Velsero. » Il y a donc incertitude sur le manuscrit de Welser, mais non sur l'original qu'il reproduisait.

En marge du texte, on trouve dans cette édition quelques variantes tirées de l'édition partielle des conciles et de l'histoire ecclésiastique de Baronius. L'impression était terminée et l'ouvrage prêt à paraître, lorsque l'éditeur eut communication de deux manuscrits appartenant à Marquardt Freher ; il n'eut que le temps de les collationner rapidement et d'en insérer les variantes à la fin du livre ; encore plusieurs exemplaires avaient-ils paru avant cette addition importante. Cette collation laisse sans doute beaucoup à désirer ; on voit cependant que des deux manuscrits, l'un, celui qu'il appelle A et qui était un in-f°, appartient à la classe B ; le plus petit, au contraire, désigné par la lettre B, appartient à la recension A, la meilleure comme la plus ancienne.

En 1648 l'édition de Mayence fut réimprimée intégralement avec ses préfaces, notes et variantes à la suite de l'*Histoire tripartite*, par Annibal Fabrot, dans le XX° volume de la Byzantine du Louvre. A cette réimpression sont jointes trois collations : d'abord celles d'un *manuscrit Regius* et d'un *Mazarinæus* qui présentent à peu près les mêmes variantes, puis celles d'un manuscrit *Thuanus*, plus ancien et moins étendu que les deux autres. J'ai pu identifier ces manuscrits aux numéros 5144 A, 5144 et 5516 de la bibliothèque nationale.

Ainsi augmentée d'une triple collation, l'édition du *Liber Pontificalis* passa dans la réimpression vénitienne de la Byzantine en 1729.

Vers le temps où parut l'édition de Fabrot, Lucas Holste, alors préfet de la Vaticane, s'occupait d'en préparer une autre où le texte aurait été établi d'après les meilleurs manuscrits. Malheureusement la mort l'empêcha de mener à terme ce grand travail ; des éléments qu'il avait rassemblés il ne reste plus qu'un exemplaire de l'édition de Mayence, avec des variantes à la marge, conservé à la Vaticane. Sa correspondance avec Lambek, son neveu, insérée par celui-ci dans sa *Bibliotheca Cæsarea*, montre qu'il ne se bornait pas aux manuscrits italiens et qu'il faisait col-

lationner à Paris par Lambek lui-même (1). Cependant nous
n'avons pas lieu de regretter beaucoup l'édition de Holste; il ne
demandait à Lambek que des collations très-superficielles, et celles
qui nous ont été conservées dans l'exemplaire du Vatican ne contiennent qu'un bien maigre choix de variantes. On peut s'en faire
une idée par l'édition de Schelstrate, qui les a publiées jusqu'à
Félix IV. Bianchini les reproduit d'après Schelstrate.

Celui-ci qui fut, comme Holste, préfet de la bibliothèque du
Vatican, fit paraître en 1692, dans le premier volume de son
Antiquitas Ecclesiæ illustrata le catalogue de Félix IV d'après le
manuscrit de la reine Christine sur lequel il avait déjà été publié
par le Bollandistes (t. I d'avril); il mit aussi en œuvre une collation du *Colbertinus* que lui envoya Baluze. En regard du texte
félicien il disposa vie par vie celui du *Liber Pontificalis* selon
l'édition de Mayence, en l'accompagnant des variantes recueillies
par Holste et d'une dissertation substantielle sur les anciens catalogues pontificaux. Depuis Schelstrate jusqu'à nos jours le texte
félicien n'a pas été reproduit.

Quant au *Liber Pontificalis*, il allait, au commencement du dix-
huitième siècle, être l'objet de quatre éditions nouvelles, en y
comprenant la réimpression de la Byzantine à Venise.

Edition Bianchini. — Le premier qui y mit la main fut François Bianchini, prélat véronais célèbre par ses travaux d'érudition et par ses connaissances astronomiques. L'édition d'Anastase, comme on disait alors, devait comprendre cinq énormes
volumes in-f°. Le premier volume parut en 1718, sous les auspices de Clément XI, à la typographie vaticane. Il comprenait,
après une préface longue et érudite, le texte entier du *Liber Pontificalis* de saint Pierre à Etienne V, divisé en chapitres à chacun
desquels étaient jointes les collations, c'est-à-dire :

1° les variantes des manuscrits A et B de Freher;

2° les variantes des manuscrits *Reg.* et *Maz.* de Fabrot. Bianchini, trompé par la disposition des titres dans l'édition parisienne, crut qu'il avait affaire à trois manuscrits différents, de
sorte qu'il donne toujours cette collation sous le titre *Ex codd.
Regio, Mazarinæo et Thuano*, appliquant l'expression *ex Thuano
altero* au manuscrit suivant, qui était le seul *Thuanus* de Fabrot;

3° les variantes du *Thuanus* de Fabrot;

(1) Les papiers de Holste sont conservés dans les archives des PP. de l'oratoire de Rome; mais ils ne sont pas classés et on ne les communique pas au
public.

4° les variantes recueillies par Holste, d'après l'édition de Schelstrate ;

5° une collation d'une copie du *Vat.* 3764 (codex Peniæ = *Ottob.* 993) ;

6° à partir de Silvère, une bonne collation du *Farnesianus*, manuscrit en onciale aujourd'hui perdu ;

7° à partir de saint Grégoire le Grand, une collation également minutieuse du *Vallicellanus* C. 79 qui est une copie du *Vaticanus* 3762.

Quant au texte, Bianchini se borna à reproduire l'édition de Mayence. Comme il ne cite pas un seul manuscrit de la Vaticane, on a le droit de croire que l'accès de cette bibliothèque lui demeura fermé : Vignoli en était alors préfet et songeait pour son propre compte à une édition du *Liber Pontificalis*. Quoi qu'il en soit, le premier volume de Bianchini, par le nombre et la valeur des collations qu'il réunit, permet de se faire une idée des principales variétés du texte dans les manuscrits.

Les volumes suivants parurent en 1724, 1728 et 1735, ce dernier après la mort de Fr. Bianchini et par les soins de son neveu Joseph. Ils contiennent, outre différents documents inédits jusqu'alors, un commentaire vie par vie du *Liber Pontificalis*. Ce commentaire, extrait de différents auteurs et augmenté d'un vaste travail chronologique de Bianchini lui-même, ne laisse pas d'être intéressant et utile, malgré le disparate assemblage qu'il présente et l'érudition confuse du principal auteur. Il ne s'étend pas au delà de la vie de Paul Ier. Le cinquième volume, qui devait comprendre le commentaire des dernières vies, jusqu'à Etienne V, avait reçu un commencement de préparation sous la direction de Joseph Bianchini. Déjà, dans le quatrième volume, celui-ci avait publié l'abrégé cononien et le fragment terminé à Symmaque ; dans le cinquième, il aurait sans doute donné le texte intégral du manuscrit de Lucques dont il avait fait prendre une copie actuellement conservée à la Vallicellane (1).

Edition Vignoli. — En même temps que le second volume de Bianchini paraissait à Rome en 1724 le premier des trois tomes de Vignoli. Il contient les vies des papes jusqu'à Sisinnius († 708). La grande nouveauté de cette édition, c'est une tentative pour l'amélioration du texte à l'aide des manuscrits. Vignoli donne un

---

(1) Les quatre volumes de Bianchini ont été réimprimés, sauf quelques suppressions, dans les tomes CXXVII et CXXVIII de la *Patrologie latine* de Migne.

catalogue de ceux qu'il a eus à sa disposition comme préfet de la
Vaticane. Outre le *Vaticanus* 3764, qui avait fourni le texte des précédentes éditions, il n'y a guère qu'une demi-douzaine de manuscrits intéressants ; le reste se compose de fragments sans importance
ou d'abrégés informes ; Vignoli aurait bien fait d'indiquer ces
derniers comme tels. Pour la constitution du texte il ne suit
aucun manuscrit en particulier ni aucun principe déterminé ;
son neveu lui-même en fait la remarque dans la préface du
tome II. En somme, son texte est certainement plus lisible que
celui des éditions précédentes, mais il s'en faut bien que tous les
changements qu'il y a introduits soient justifiés par les règles
d'une saine critique. Au bas des pages, Vignoli disposa non plus
des collations complètes, mais un choix de variantes très-in-
suffisant, quoique un peu plus riche que celui d'Holste. Ces
variantes sont empruntées non-seulement aux manuscrits du
Vatican, mais encore aux collations précédemment publiées, y
compris celles du *Farnesianus* de Bianchini. Quant aux notes,
historiques ou autres, Vignoli lui-même avertit le lecteur de n'y
pas attacher une grande importance.

Le second et le troisième volume ne parurent que longtemps
après le premier, par les soins de Pierre Ugolini, neveu de
Vignoli. Son successeur trouva le texte préparé pour l'édition jusqu'à la vie de Léon IV ; quelques feuilles avaient même été imprimées. Ce qui manquait en notes et en variantes fut suppléé
par le nouvel éditeur avec l'aide de Jean-Fr. Baldini. A la fin du
troisième volume on ajouta une collation du manuscrit de Lucques, fournie généreusement par Joseph Bianchini ; cette collation est très-insuffisante, aussi Joseph Bianchini ne s'en contenta pas et réussit à se procurer la copie complète dont j'ai parlé
plus haut.

Edition Muratori. Le premier volume de Vignoli n'avait pas
encore paru lorsque Muratori inséra le *Liber Pontificalis* dans le
troisième volume de ses *Scriptores* (tome III, p. 1 ; Milan, 1723),
en l'accompagnant de la préface de Bianchini et des deux dissertations de Schelstrate et de Ciampini(1). Le texte de Muratori est,
comme il en prévient le lecteur, emprunté à l'édition de Bianchini,
mais on trouve au bas des pages la collation de trois manuscrits
de Milan, dont l'un, M. 77, qu'il appelle A, est un des meilleurs
représentants de la classe B ; les deux autres (B et C), identiques

---

(1) Schelstrate, *Antiquitas Eccles. illustrata*, t. I ; Ciampini, *Examen libri
Pontificalis*, Rome, 1688.

pour la fin, qui se prolonge jusqu'à Martin V, diffèrent au commencement. C représente nettement le texte de la classe M, B un compromis entre cette classe et la classe A ; ils sont tous deux du quinzième siècle et n'ont que bien peu de valeur. Quant au manuscrit que Muratori appelle D, ce n'est qu'une copie moderne du *Vaticanus* 3764.

II

VALEUR RELATIVE DES ÉDITIONS.

L'édition de Crabbe est dérivée d'un manuscrit de la classe A ; cependant, outre qu'elle ne donne pas le texte complet du *Liber Pontificalis* et qu'elle disperse les vies au milieu des documents de la collection canonique, il est difficile de lui accorder une grande importance. L'éditeur des conciles y a inséré les vies des papes comme un accessoire et ne s'est guère donné de peine pour en établir le texte. Son manuscrit appartient, il est vrai, à la classe la plus ancienne, mais nous n'avons aucun renseignement sur son âge et, à en juger par le texte de Crabbe, il était loin de figurer parmi les meilleurs. D'ailleurs Crabbe ne s'est pas fait faute de le corriger et avec bien peu de sens critique.

Les quatre éditions de Mayence, de Paris, de Bianchini et de Muratori reproduisent identiquement le même texte, celui du *Vaticanus* 3764. J'ai dit plus haut ce qu'on devait penser de la valeur de ce manuscrit. Unique ou à peu près pour la vie d'Etienne V, il a une grande autorité pour celles du neuvième siècle. Quant au commencement, sa valeur est beaucoup moindre. Cependant, tel qu'il est, il présente encore une certaine unité que les éditeurs , depuis Welser jusqu'à Muratori, ont tenu à respecter, se bornant à mettre au bas des pages les variantes de manuscrits meilleurs et dont la valeur ne leur était pas inconnue.

Il en va tout autrement dans l'édition Vignoli, pour laquelle on mit à contribution tous les manuscrits du Vatican. Le cadre est bien encore celui de l'édition de Mayence et, dans l'ôrdre des manuscrits, le *Vaticanus* 3764 conserve le premier rang ; mais les variantes et surtout les additions , de quelque part qu'elles viennent, sont admises dans le texte avec plus d'empressement que de méthode. Vignoli n'a pas la moindre idée de la valeur relative des éléments divers dont il compose son texte : il y introduit pêle-mêle les interpolations de la classe H et les bonnes leçons des manuscrits A ; il puise jusque dans le catalogue libérien et ne se fait pas faute de remplacer par le texte de ce document tout le passage du

Liber Pontificalis relatif aux constructions du pape Jules, sans se
douter qu'au lieu de faire une correction de texte, il substitue
l'un à l'autre deux documents d'origine très-différente. Ce manque de critique dans la constitution du texte n'est malheureusement pas suppléé par les variantes mises au bas des pages. Au
lieu des collations complètes données par Fabrot, Bianchini et
Muratori, nous n'avons ici qu'un maigre choix de leçons dont
l'insuffisance se révèle surtout aux passages caractéristiques, de
sorte que les renseignements de Vignoli ne permettent pas de se
faire une idée générale du texte de ses manuscrits, à plus forte
raison de les classer méthodiquement. Il y a donc lieu de se défier
toujours de cette édition dans laquelle un passage donné peut
tout aussi bien provenir d'une interpolation du douzième siècle
que de la rédaction originaire.

On prépare depuis une cinquantaine d'années une nouvelle
édition du *Liber Pontificalis* qui sera insérée dans les *Monumenta
Germaniæ*. Dans le cours de ses nombreux voyages, M. Pertz réunit des renseignements sur un grand nombre de manuscrits ; on
peut voir dans le tome III de l'*Archiv*, où il décrit les manuscrits
de Vienne, qu'il n'avait pas dès le commencement des idées bien
nettes sur la valeur relative des manuscrits déjà connus. Dans
le tome V, après avoir longuement parlé du manuscrit de Naples
retrouvé par lui, il entreprend une sorte de classement qui, je
regrette de le dire, est absolument sans valeur. On en pourra
juger par ce fait qu'on y trouve rangés pêle-mêle, dans la même
classe, tous les manuscrits du Vatican et de Florence, les deux
de Berne, celui de Modène et celui de Lucques.

Les idées de M. Pertz ont dû se modifier plus tard par une
étude plus approfondie de la question. Quoi qu'il en soit, l'impression produite sur lui et sur ses collaborateurs par l'antiquité
du *Neapolitanus* ne s'est pas effacée ; je vois par les renseignements
que donne M. Lipsius (p. 83), d'après une lettre du docteur
Pabst, alors (1) chargé de la publication, que l'on s'est borné à
collationner les meilleurs manuscrits de la classe B. M. Lipsius
en donne la liste avec quelques observations du docteur Pabst,
qui a fort bien vu que le *Neapolitanus* n'est pas le plus sûr représentant de la classe à laquelle il appartient, et qu'il faut préférer
à ses leçons celles des autres, quand ils s'accordent contre lui.

D'après tout ce que j'ai dit plus haut, il est clair que la classe
B ne représente pas le meilleur ni le plus ancien état de texte du

(1) En 1869.

Liber Pontificalis. C'est à la classe A qu'il faut s'adresser pour l'ensemble, sauf à ne pas négliger les variantes de l'autre ni surtout celles du *Vaticanus* 3764, les deux recensions postérieures ne pouvant prétendre qu'à une très-faible autorité pour toute la partie antérieure au dixième siècle. Il importe donc de collationner à nouveau tous les manuscrits importants de la recension A et de les classer rigoureusement ; ils sont d'ailleurs assez peu nombreux. Espérons que les futurs éditeurs du *Liber Pontificalis* (1) sauront le comprendre et ne négliger aucun des matériaux nécessaires pour cette intéressante publication.

(1) M. le docteur Scheins, de Berlin, m'écrit en ce moment (avril 1876) que la direction des *Monumenta Germaniæ* vient de lui confier cette tâche.

LIVRE III

Les sources

CHAPITRE PREMIER.

LE CATALOGUE PHILOCALIEN DE L'AN 534.

Un grand nombre de personnes ont cru et croient encore que le livre pontifical a été rédigé officiellement, sous l'inspiration des papes et d'après les documents les plus autorisés. Je laisse de côté l'enthousiasme de certains écrivains des trois siècles derniers, et même de quelques auteurs contemporains; mais voici ce que je rencontre dans la préface d'un ouvrage consciencieux, et qui mérite d'ailleurs toute sorte d'éloges; je veux parler du recueil de M. Watterich : « *Pontificum Romanorum qui fuerunt ab exeunte sæculo IX usque ad finem sæculi XIII vitæ ab æqualibus conscriptæ* (1). » « Rome chrétienne, sortant, au commencement du quatrième siècle, de l'obscurité des catacombes, entreprit d'écrire les annales des souverains pontifes pour des raisons plus hautes et plus saintes que la Rome antique ne l'avait fait.... D'après des listes de noms, des inscriptions sépulcrales, l'autorité des livres et autres documents, la tradition encore vivante dans la mémoire de certains hommes, les clercs romains commencèrent au quatrième siècle à rédiger officiellement le livre pontifical de Rome D'abord ils se contentèrent d'y indiquer le nom de chaque pape, sa patrie, sa famille, le quartier même d'où il était originaire, la date et la durée de son pontificat, les décrets qu'il avait promulgués, le lieu de sa sépulture, le temps de la vacance du siège après sa

---

(1) Leipzig, Engelmann, 1862. Les deux premiers volumes (872-1198) seulement ont paru au moment où j'écris.

mort ; puis, peu à peu, on y ajouta les ordinations, les dons vo-
tifs, les fondations d'églises, enfin les actes qui avaient rempli
chaque pontificat ; ainsi se formèrent ces notices qui contiennent, jusqu'à la fin du neuvième siècle, l'histoire de l'Eglise
romaine. Combien il eût été intéressant pour l'histoire universelle que cette manière d'écrire, parfaitement digne de la Rome
pontificale, eût été suivie pour les siècles postérieurs !... »

Il y a dans cet éloge plusieurs choses à distinguer : d'abord le
caractère officiel attribué au livre pontifical, puis l'autorité des
sources auxquelles ses éléments ont été puisés, enfin la manière
dont cette compilation a été exécutée.

Quant au caractère officiel, il faut remarquer d'abord que nous
n'avons d'autre moyen d'en juger que d'étudier la rédaction elle-
même. On sait que l'*Ordo romanus* était un cérémonial liturgique
officiel parce que tous les documents écrits ou même figurés nous
montrent les cérémonies sacrées s'accomplissant suivant ses prescriptions. De même nous ne pouvons douter du caractère officiel
attaché au *Liber diurnus*, parce que nous rencontrons ses formules
en tête et au bas de toutes les lettres pontificales. Le *Liber Ponti-*
ficalis n'est ni un livre liturgique ni un recueil de décrets ou de
formules ; aucune occasion ne s'est jamais présentée d'en faire un
usage solennel et public. S'il est dû à une inspiration officielle,
nous le verrons par son texte même.

La question étant ainsi posée, il est tout naturel de distinguer,
dès la première lecture, les vies des papes du huitième et du neuvième siècle de celles de leurs prédécesseurs, et particulièrement
des notices afférentes aux cinq premiers siècles. J'examinerai plus
loin dans quelle mesure les vies du huitième et du neuvième siècle peuvent être considérées comme contenant l'histoire officielle
des papes de ce temps. Dès à présent, je puis concéder qu'elles
ont été écrites sous l'œil des pontifes et à l'aide de documents certainement empruntés aux archives de l'Eglise romaine. Pour les
notices anciennes, il en va tout autrement. Sans entrer dans de
longs détails, deux raisons écartent absolument toute plume trem-
pée dans l'encre des chancelleries pontificales : d'abord le style
grossier et la langue barbare de ces vies, qu'il est facile de comparer avec les lettres et autres documents contemporains rédigés
par les secrétaires des papes ; ensuite, comment croire que des
souverains pontifes faisant écrire sous leurs yeux une histoire de
leurs prédécesseurs eussent consenti à laisser flétrir leur mémoire ?
C'est cependant ce qui est arrivé pour deux d'entre eux, Libère et
Anastase II ; le premier est transformé en hérétique et en tyran,

l'autre n'est guère mieux traité : on l'accuse d'avoir renié plus ou
moins ouvertement, en matière de communion, c'est-à-dire de
foi, les principes de ses prédécesseurs, Félix III et Gélase ; sa
mort est attribuée à un juste jugement de Dieu.

Je ne m'arrêterai pas plus longtemps à discuter sur ce point ;
tout ce que j'aurai à dire sur la prédilection du livre pontifical
pour les documents apocryphes, sur l'ignorance absolue où était
son rédacteur des sources les plus essentielles et les plus élémen-
taires de l'histoire ecclésiastique ; enfin sur l'inintelligence avec
laquelle il a fondu ensemble les éléments divers de ses notices,
prouvera en même temps qu'il ne doit pas être confondu avec les
notaires, archivistes ou bibliothécaires attitrés de l'Eglise romaine.

Avant d'aller plus loin et de rechercher une à une les sources
où le *Liber Pontificalis* a été puisé, il faut indiquer brièvement
celles où il ne l'a pas été. On s'explique difficilement comment
un écrivain qui entreprenait une tâche aussi élevée que l'histoire
des papes dans les cinq premiers siècles du christianisme
ait pu rester étranger aux documents les plus indispensables
comme aussi les plus faciles à consulter. Non-seulement il ne sait
pas le grec et ne connaît pas l'histoire ecclésiastique d'Eusèbe et
de ses continuateurs ; non-seulement il ignore les anciens Pères
latins, tant ceux que nous avons perdus, mais qui ne l'étaient
pas encore de son temps, que ceux dont les ouvrages sont venus
jusqu'à nous, comme Tertullien, saint Cyprien, saint Augustin et
saint Jérôme ; il n'a même pas ouvert l'histoire ecclésiastique de
Rufin ni celle de Paul Orose ; les décrétales authentiques dont
plusieurs depuis Siricius nous ont été conservées, il n'en a
qu'une connaissance vague et imparfaite. C'est à peine s'il a cru
devoir emprunter quelques chiffres à la chronique de saint Jérôme, dont il s'est servi plus ou moins heureusement pour modifier ceux du catalogue libérien, le seul et unique document authentique qui semble être arrivé à sa connaissance, si l'on
excepte certains renseignements sur les dons mobiliers et immo-
biliers faits aux églises.

En revanche, la littérature apocryphe contemporaine lui a
fourni beaucoup ; nous le verrons bientôt avec détail. Pour le moment, occupons-nous des sources authentiques.

M. Mommsen, qui a consacré (1) une étude importante au

---

(1) *Ueber den Chronographen vom Jahre* 354. Abhandlungen der philologisch-
histor. Classe der königl. Sächs. Gesellschaft der Wissenschaften, t. I, 1850.

chronographe de l'an 354, a laissé bien peu de chose à dire sur le catalogue de papes qui figure dans cette collection. Pour tout ce qui concerne les sources et les diverses rédactions de ce catalogue, je ne puis mieux faire que de rapporter ici ses conclusions, passées désormais en chose jugée (1).

Le catalogue se divise en deux parties : la première va depuis saint Pierre jusqu'à la mort d'Urbain (230), la seconde depuis Pontien, successeur d'Urbain, jusqu'à l'ordination de Libère (352). La première partie est empruntée à la chronique d'Hippolyte, qui comprenait un catalogue de papes actuellement perdu, sauf le titre : *Nomina episcoporum Romæ et quis quotannis præfuit.* Rédigé vers 234, ce catalogue devait s'arrêter à Urbain ; il ne contenait autre chose que les noms et la durée de chaque pontificat en années complètes, peut-être en années, mois et jours. Dans le catalogue libérien il y a de plus le synchronisme des empereurs et les dates consulaires extrêmes de chaque pontificat. Cette modification a fait ajouter au titre du catalogue d'Hippolyte *quis episcopus quot annis præfuit* inséré dans le document philocalien les mots *vel quo imperante.* Par elles-mêmes ces dates consulaires n'ont aucune autorité ; elles ont été ajoutées d'après les chiffres d'années indiqués par Hippolyte, en partant de l'année 55 comme date de la mort de saint Pierre ; les consuls assignés à l'avénement d'un pape sont invariablement ceux qui dans les Fastes viennent après les consuls de la mort du pape précédent. Ils ne peuvent donc servir à autre chose qu'à vérifier l'état de conservation des chiffres d'années attribués à chaque pontife.

A partir de Pontien la rédaction change : les dates consulaires, le synchronisme des empereurs sont marqués avec précision ; le jour de la mort, quelquefois celui de l'ordination, sont indiqués ; au commencement et à la fin de cette seconde partie on rencontre même de petites notices historiques, empreintes d'un caractère contemporain. Tous ces renseignements sont puisés à des sources authentiques. M. Mommsen indique l'*archivium* de l'Eglise romaine ; M. de' Rossi les registres de la préfecture urbaine.

Cet important document, avec toute la collection chronologique de 354, s'est conservé jusqu'au dix-septième siècle dans un manuscrit orné de miniatures intéressantes et d'un frontispice où se lisait le nom du propriétaire : *Valentine floreas in Deo; Valen-*

---

(1) De' Rossi, *Inscript. christ.*, t. I. p. LVII. — Lipsius, *Chronologie der römischen Bischöfe*, p. 40.

tine lege feliciter, etc., et celui du calligraphe *Furius Dionisius Filocalus titulavit* (1). Ce Filocalus est connu, d'autre part, comme inventeur de l'alphabet épigraphique qui a servi pour les inscriptions du pape Damase; on a retrouvé son nom sur quelques-unes de ces inscriptions. Le manuscrit, qui appartenait à Cuspinien, fut prêté à Peiresc, et il est longuement décrit dans les papiers de ce savant, notamment dans sa correspondance avec Aléander. Depuis il s'est perdu et il n'en reste qu'une copie conservée à Bruxelles dans les manuscrits des anciens Bollandistes.

C'est cette copie qui servit à l'édition du P. Boucher. La bibliothèque de Berne conserve (n° 108) treize feuillets d'un manuscrit du neuvième siècle qui ne comprend malheureusement qu'un fragment de la collection philocalienne; le catalogue des papes ne figure pas dans la partie conservée; d'un manuscrit semblable à celui de Berne, mais complet, est dérivée une copie du quinzième siècle actuellement dans la bibliothèque impériale de Vienne (n° 3416).

Dans les deux copies de Vienne et de Bruxelles, et par conséquent dans le manuscrit de Cuspinien, le catalogue présente plusieurs lacunes importantes, mais que l'on peut combler au moyen du texte conservé par le *Liber Pontificalis*. C'est le moment de parler de la manière_dont ce dernier recueil a fait usage du catalogue libérien.

Le catalogue libérien forme le noyau du *Liber Pontificalis*; il y a été inséré tout entier, sauf quelques rectifications qui portent sur le comput des années, mois et jours de certains pontificats. Mais la maladresse avec laquelle on a rattaché à son texte les développements postérieurs, sans doute aussi la négligence que l'on a apportée dans le choix de l'exemplaire à copier et dans la transcription elle-même ont fait qu'il serait très-difficile de le reconstituer avec le seul secours du *Liber Pontificalis*. Nous venons de voir que ce dernier recueil nous a conservé certains passages qui manquent aux manuscrits philocaliens; en revanche il présente lui-même de nombreuses lacunes et des fautes considérables. C'est à peine si sur les trente-sept notices de saint Pierre à Libère on en peut compter six où le texte philocalien se soit conservé dans son intégrité. Dans toutes les autres il y a des suppressions si nombreuses et si uniformément reproduites par tous les manus-

---

(1) Cod. *Barberinus* XXI, 39; voy. aussi l'édition du P. Boucher (*De ratione temporum*). Le cod. *Barberinus* contient une copie des miniatures exécutée au dix-septième siècle.

crits, qu'on ne peut les attribuer uniquement aux copistes et qu'il faut les mettre sur le compte du premier rédacteur. Celui-ci se permet même de commenter et de développer le texte, qu'il ne comprend pas toujours. Ainsi le catalogue libérien, après avoir mentionné l'exil de Pontien et d'Hippolyte dans l'île de Sardaigne, ajoute : *In eadem insula discinctus est IIII kl. octobr. et loco ejus ordinatus est Antheros.* Le rédacteur du *Liber Pontificalis* n'a pas compris le mot *discinctus* qui signifie évidemment ici que Pontien se démit de l'épiscopat ; il le transforme en *defunctus* et indique même un genre de mort : *In eadem insula [afflictus maceratus fustibus] defunctus est.* Dans la notice philocalienne de Pius on trouve la phrase suivante : *Sub hujus episcopatu frater ejus Ermes librum scripsit in quo mandatur contineturque quod ei præcepit angelus cum venit ad illum in habitu pastoris.* Il s'agit ici du fameux livre du Pasteur, attribué en effet au frère de Pius par l'auteur du deuxième siècle qui a écrit le catalogue des livres saints connu sous le nom de canon de Muratori. Le rédacteur du *Liber Pontificalis*, qui n'a point lu le livre d'Hermas, croit devoir ajouter : *Et præcepit ei ut Pascha die Dominico celebraretur* ; or il n'est nulle part question de la Pâque dans le Pasteur d'Hermas.

Les consuls sont omis complétement dans les notices de saint Pierre, de Télesphore, d'Urbain et de Cornelius ; l'une des dates ou tout au moins le nom de l'un des consuls manque dans celles de Xystus Ier, d'Alexandre, de Pius, d'Eleuthère, de Calliste, d'Etienne, de Marcellus, de Miltiade, de Julius. Ailleurs c'est le synchronisme des empereurs qui a disparu, comme pour Urbain, Fabien, Cornelius ; d'autres fois les noms des empereurs sont amalgamés avec ceux des consuls de telle façon qu'on n'y retrouve plus aucune date. Dans sa seconde partie le catalogue libérien ajoute quelques détails aux dates consulaires et à la mention des empereurs ; c'est pour le rédacteur du *Liber Pontificalis* une occasion de multiplier ses bévues. Ainsi, dans la notice de Xystus II, le texte philocalien donne d'abord les dates consulaires du pontificat, puis celles de l'interrègne assez long qui suivit : *Cœpit a consulatu Maximi et Glabrionis* (256) *usque Tusco et Basso* (258) *et passus est VIII id. Aug. et presbyteri præfuerunt a cons. Tusci et Bassi usque in diem XII kal. Aug. Æmiliano et Basso conss.* (259). On ne peut imaginer un texte plus clair ; pourtant il n'a pas été compris, et en le remaniant on l'a rendu absurde et inintelligible. Au lieu de placer après les deux premières dates 256 et 258 les détails relatifs au martyre de Xystus, le *Liber Pontificalis* les met avant, avec la date du jour

9

VIII id. Aug., puis il continue : *et præsbyteri præfuerunt a consulatu Maximi et Glabrionis II usque ad Tuscum et Bassum a consulatu Tusci et Bassi usque XII kal. Aug.* De cette façon, l'interrègne qui eut lieu après Xystus II se trouve placé au temps même de son épiscopat, et la phrase à partir de *a consulatu Tusci et Bassi* reste manifestement interrompue.

Ces observations suffisent à donner une idée de la manière inintelligente dont on s'est servi du catalogue libérien pour la rédaction du *Liber Pontificalis*. En vain s'efforcerait-on d'atténuer l'impression qui résulte de cette étude en s'objectant que les dates consulaires n'étaient plus comprises au temps où cette compilation a été écrite. Au commencement du sixième siècle la chronologie par les consuls était encore pleinement en vigueur ; un grand nombre d'inscriptions sépulcrales de Rome portent des dates consulaires de ce temps. D'ailleurs l'auteur du *Liber Pontificalis* était tellement peu étranger à cette chronologie qu'il la rétablit de souvenir pour les papes de son temps, comme nous l'avons dit plus haut (p. 26).

Une autre altération fort grave que subit le catalogue philocalien en passant dans le *Liber Pontificalis* ce fut l'interversion des papes Clément et Cletus , Clément occupe le troisième rang dans le catalogue philocalien, où la série commence ainsi : Petrus , Linus, Clemens, Cletus, Anacletus. Dans le livre pontifical, l'ordre est : Petrus, Linus, Cletus, Clemens, Anacletus. Je n'ai pas à me prononcer ici sur la légitimité de l'un ou de l'autre de ces systèmes. Pour ce qui concerne la distinction entre Cletus et Anacletus ou plutôt Anencletus ('Ανέγκλητος), il y a de part et d'autre des arguments considérables. Le *Liber Pontificalis* admet la distinction des deux personnes, mais il change l'ordre adopté par le catalogue philocalien, c'est-à-dire par la chronique d'Hippolyte. Quelles qu'aient été ses raisons pour le faire, il fallait au moins changer aussi les consuls et ne pas transporter après la notice de Cletus les consuls donnés originairement à Clément. C'est cependant ce qui a eu lieu , et par ce changement l'empereur Galba se trouve placé après Vespasien et les consuls de l'an 68 sont chargés d'indiquer une date postérieure à l'an 83.

CHAPITRE II.

La chronologie du *Liber Pontificalis* pour les trois premiers siècles semblerait devoir être identique à celle du catalogue philocalien, qui, comme on l'a vu, forme le noyau de la chronique pontificale. Il s'en faut cependant de beaucoup. Le rédacteur du *Liber Pontificalis* a conservé seulement les dates consulaires, le synchronisme des empereurs, et çà et là quelques dates kalendaires d'élection ou de déposition. Quant au compte des années, des mois et des jours assignés à chaque pontificat, il suit une chronologie bien différente, laquelle se retrouve essentiellement dans plusieurs catalogues du sixième siècle. Voici les principaux :

1° Catalogue de Mabillon, publié par lui (1) d'après un manuscrit de Corbie (n° 26, maintenant n° 12097 *lat.* de la bibliothèque nationale). Il se terminait originairement à Hormisdas († 523), et ne fut continué que jusqu'à Vigile († 555), au temps duquel remonte le manuscrit.

2° Catalogue de Montfaucon (2), tiré par ce savant d'un manuscrit de la bibliothèque de Saint-Jean de Laon. Le manuscrit est du septième siècle. Quant au catalogue, il va jusqu'à Pélage Iᵉʳ († 560), avec une continuation qui atteint Pélage II et saint Grégoire le Grand.

3° Catalogue de Sicipertus, transcrit d'un manuscrit ancien par un copiste de ce nom, au quatorzième siècle. Le manuscrit qui le contient (*Vaticanus-Christinæ* 1997) a été décrit par Bethmann (3)

---

(1) *Vetera analecta*, t. III, p. 426.
(2) *Opp. Athanasii*, t. I, P. 1, p. LXXXIX.
(3) *Archiv*, XII, p. 328,

et Reifferscheid (1) ; mais le texte n'en a pas encore été publié.
Comme celui de Mabillon, il se termine à Hormisdas.

4° Le catalogue de Middlehill, manuscrit n° 380, autrefois 1743,
collection de sir Philips. Il n'a pas encore été édité. M. Lipsius
en donne les variantes d'après une copie exécutée pour les *Monumenta Germaniæ* (2). Il ne va pas non plus, au moins de première
main, plus loin qu'Hormisdas : les noms des deux papes suivants, Jean Ier et Félix IV, ont été ajoutés après coup. Le manuscrit est du huitième siècle.

5° Le catalogue de Cologne (*cod. metropol. Coloniensis* n° 212),
qui se termine de première main à Agapitus († 536) et de seconde
main à saint Grégoire le Grand : *Dom Gregorius sed an.*   mens.
    dies   . QUI FIUNT ANNI DCVIII. Il a été publié par MM. Jaffé
et Wattenbach, à la fin de leur catalogue des manuscrits de
Cologne (3).

M. Lipsius en cite encore deux autres, publiés l'un par Dodwell (4), l'autre par Mabillon (*l. c.*) ; mais ils sont moins anciens
que les précédents, et par conséquent moins importants.

Tous ces catalogues s'accordent avec le *Liber Pontificalis* pour la
chronologie des papes pendant les deux premiers siècles. Voici les
traits principaux du système qu'ils suivent :

1° L'ordre des premiers papes est : Linus, Cletus, Clemens.
2° Cletus et Anencletus sont confondus : les catalogues suppriment toujours l'un ou l'autre ; le *Liber Pontificalis*, il est vrai,
leur consacre deux notices distinctes ; mais il ne donne pas à
Anencletus des chiffres spéciaux et se contente de répéter pour lui
les chiffres de Clemens. 3° Jusqu'au pape Urbain, les chiffres des
années sont visiblement les mêmes que ceux de saint Jérôme ; ils
diffèrent beaucoup de ceux du catalogue philocalien ; celui-ci
fournit les chiffres de mois et de jours qui d'ailleurs ne figurent
pas dans saint Jérôme.

Au delà du pape Urbain, les particularités des catalogues sont
moins apparentes ; on ne les voit plus aussi franchement d'accord
avec saint Jérôme contre la chronologie philocalienne. D'un autre
côté, le *Liber Pontificalis* ne les suit plus aussi rigoureusement ; il
les corrige souvent d'après les chiffres philocaliens. Dans certains
cas même, il arrive que les manuscrits du *Liber Pontificalis* reproduisent soit l'une soit l'autre chronologie.

---

(1) *Bibliotheca Patrum latinorum italica*, 5ᵉ livr., p. 333.
(2) Lipsius, *op. cit.*, p. 128 et suiv.
(3) *Ecclesiæ metropolitanæ Coloniensis codices mss.* Berlin, 1874, p. 165.
(4) *Dissertatio singularis de Romanorum pontificum etc.* Londres, 1688, p. 229.

Nous avons parlé précédemment de l'autorité des chiffres philocaliens ; reste à déterminer l'importance que l'on peut attribuer à la seconde chronologie. Pour expliquer celle-ci, M. Lipsius imagine un catalogue qui, rédigé sous saint Léon le Grand, se serait originairement terminé à Xystus III son prédécesseur et aurait été ensuite prolongé jusqu'à Hormisdas. De ce catalogue, qu'il appelle *Leonianus*, auraient été extraits ceux que nous ont conservés les cinq manuscrits dont il a été question plus haut. Je dis *extraits*, car dans le système de M. Lipsius le *catalogus Leonianus* aurait été formé d'une série de notices plus développées que celles du catalogue philocalien, et aurait servi plus tard à la rédaction du catalogue félicien, qu'il considère comme le noyau et non comme l'abrégé du *Liber Pontificalis*. Ce *catalogus Leonianus* reposerait lui-même sur un autre écrit du même genre, mais plus concis, s'arrêtant à la moitié du quatrième siècle et contenant : 1° les noms des papes de saint Pierre à Urbain, dans l'ordre : Lin, Clet, Clément...... Pie, Anicet..... peut-être Anteros, Pontien... avec le chiffre des années suivant le second système, les chiffres des mois et des jours comme dans le catalogue philocalien ; 2° les noms des papes suivants jusqu'à Marc ou Jules, avec un compte d'années, de mois et de jours tout différent du philocalien ; 3° une table des dépositions depuis Pontien, peut-être même depuis Calliste jusqu'à Sylvestre, sauf pour Cornelius et pour Marcellin, ce dernier pape ne figurant en aucune façon dans ce catalogue ; 4° quelques données historiques depuis le commencement du quatrième siècle, peut-être même depuis la moitié du troisième ; peut-être aussi quelques renseignements sur la famille et la patrie des pontifes. Tel serait le texte qui, développé d'abord un siècle plus tard dans le *catalogus Leonianus*, aurait ensuite servi, concurremment avec le catalogue philocalien, à former les notices féliciennes, d'où serait sorti enfin le *Liber Pontificalis* de l'an 687.

On voit combien l'imagination a de part dans le système de M. Lipsius. Que le *Liber Pontificalis* ne suive pas, surtout au commencement, le comput philocalien, c'est évident ; qu'il y ait, parmi les éléments disparates qui composent ses notices, un triage à faire pour séparer les récits légendaires des renseignements authentiques puisés à des sources anciennes, c'est ce que je m'efforce d'établir. Mais il y a loin de là à la détermination précise des deux ancêtres que lui donne M. Lipsius sans se mettre en peine de fournir d'autre preuve que la commodité de son hypothèse.

Il est vrai qu'il trouve un argument dans ces mots que présentent quelques manuscrits du *Liber Pontificalis* à la suite de la vie de Xystus III : *A morte Silvestri usque ad hunc primum Leonem sunt anni XCIX menses V dies XXVI.* Mais outre que ces manuscrits sont en très-petit nombre et d'une autorité médiocre , M. Lipsius aurait dû s'apercevoir que les mêmes manuscrits présentent un comput analogue à la fin de la notice de Pélage II , prédécesseur de saint Grégoire le Grand : *A morte sancti Silvestri usque ad hunc primum Gregorium fuerunt anni CCXLVI.* Les trois papes saint Sylvestre , saint Léon et saint Grégoire sont assurément les plus célèbres parmi les pontifes du quatrième au huitième siècle. Un copiste aura eu le désir de calculer le temps qui les sépare et aura écrit en marge le résultat de ses investigations. Plus tard , ce calcul a passé de la marge dans le texte , comme il est arrivé à une note analogue écrite d'abord en marge du manuscrit de Lucques , et que l'on retrouve dans le texte du *Vat. Reg.* 1852 (1). D'ailleurs , je l'ai déjà dit , on ne peut rien conclure d'une note inconnue aux manuscrits A et B , qui ne figure absolument que dans le manuscrit *Vaticanus* 3764 et ses dérivés (2).

Il n'y a donc pas lieu de conclure à l'existence d'un catalogue du quatrième siècle différent de la chronique philocalienne ; tout ce qu'on peut dire , c'est que dans le courant du cinquième siècle la chronologie de ce dernier document a été corrigée d'après saint Jérôme, ce qui ne pouvait manquer d'arriver , vu la grande publicité à laquelle parvint rapidement la chronique du saint docteur. A quel moment précis et sous quelle forme s'introduisit ce changement , c'est ce qu'il est impossible d'établir avec quelque probabilité. Les chiffres du *Liber Pontificalis* n'ont d'autres sources que saint Jérôme et le catalogue philocalien ; leur autorité doit donc , dans tous les cas , être jugée d'après celle de celui de ces deux documents auquel ils sont empruntés.

Pour que le lecteur puisse en juger par lui-même, je vais mettre en regard les chiffres du catalogue libérien , ceux de saint Jérôme et ceux du *Liber Pontificalis.* Sans m'arrêter aux petites différences qui ne sont évidemment attribuables qu'à des fau-

---

(1) V. p. 47 et 52.

(2) M. Lipsius ne semble pas être en peine de cette circonstance : « Diese Notiz fehlt zwar in unsern Handschriften von F (cat. félicien; on voit qu'il faudrait dire : de presque tous les manuscrits), kann aber unmöglich aus der Luft gegriffen sein , und weist darauf hin, dass der in F P (cat. félic. et *Lib. Pont.*) zu Grunde liegende Katalog ursprünglich bis zum Tode Silvesters, die Fortsetzung bis zum Tode Sixtus' III, ging. » *l. c.* p. 126.

tes de copiste, comme un I de plus ou de moins, un V (**ʊ** dans l'ancienne écriture, onciale ou cursive) pris pour deux I, quelquefois même un X mal fait (X) confondu avec un V. Je discuterai les écarts plus notables et montrerai qu'ils peuvent tous se ramener paléographiquement, soit aux chiffres de saint Jérôme, soit à ceux du chronographe de l'an 354.

Auparavant toutefois, je crois devoir expliquer la divergence relative aux chiffres de saint Pierre : XXV. I. VIIII dans le catalogue libérien, XXV. II. III dans le *Liber Pontificalis*. Ces deux computs proviennent du chronographe de l'an 354, mais par un calcul différent. D'après ce document, en effet, la mort de saint Pierre est fixée au 29 juin 54, celle de la Passion de Notre-Seigneur au 25 mars (1). Les vingt-cinq années de saint Pierre se comptent donc depuis Jésus-Christ sans aucun intermédiaire. En prenant pour point de départ la Passion, c'est-à-dire le 25 mars, on obtient vingt-cinq ans, trois mois et trois jours.

Le résultat est un peu différent si, au lieu de compter les années de Pierre à partir de la mort du Christ, on prend pour point de départ la Pentecôte suivante. Le Vendredi-Saint tombant le 25 mars, la Pentecôte arrive le 15 mai, et de là jusqu'au 29 juin il n'y a plus qu'un mois et quatorze jours.

En chiffres romains :

1ʳᵉ hypothèse : III mois III jours.

2ᵉ hypothèse : I mois XIIII jours.

Le premier calcul donne les chiffres du *Liber Pontificalis*, sauf une légère correction, III mois au lieu de II; le second est identique à celui du catalogue libérien, sauf le changement du V en X.

Passons maintenant aux pontificats suivants : pour faciliter l'intelligence de la discussion où je vais entrer, je mets ici en regard les chiffres du catalogue philocalien, de saint Jérôme et du livre pontifical :

	Catalogue philocalien.			Saint Jérôme.	Livre pontifical.		
Petrus.	XXV.	I.	VIIII.	XXV.	XXV.	II.	III.
Linus.	XII.	IIII.	XII.	XI.	XI.	III.	XII.
Cletus.	VI.	II.	X.	XII.	XII.	I.	XI.
Clemens.	VIIII.	XI.	XII.	VIIII.	VIIII.	II.	X.

(1) Prologue du catalogue philocalien : *Imperante Tiberio Cæsare passus est D. N. I. C. duobus Geminis cons.* (29.) *VIII kl. Apr.* — Notice de saint Pierre : *Fuit... a cons. Minuci et Longini* (30) *usque Nerine et Vero* (55).

	Catalogue philocalien.			Saint Jérôme.	Livre pontifical.		
Anencletus.	XII.	X.	III.	(manque.)	VIIII.	II.	X.
Evaristus.	XIII.	VII.	II.	VIIII.	VIIII.	X.	II.
Alexander.	VII.	II.	I.	X.	X.	VII.	II.
Xystus.	X.	III.	XXI.	X.	X.	II.	I.
Telesphorus.	XI.	III.	III.	XI.	XI.	III.	XXI.
Hyginus.	XII.	III.	VI.	IIII.	IIII.	III.	IIII.
Pius.	XX.	IIII.	XXI.	XV.	XVIIII.	IIII.	III.
Anicetus.	(lacune).			XI.	XI.	IIII.	III.
Soter.	VIIII.	III.	II.	VIII.	VIIII.	VI.	XXI.
Eleutherius.	(lacune).			XV.	XV.	III.	II.
Victor.	VIIII.	II.	X.	X.	X.	II.	X.
Zephyrinus.	(lacune).			(lacune).	VIII.	VII.	X.
Callistus.	V.	II.	X.	V.	VI.	II.	X.
Urbanus.	VIII.	X.	XII.	VIIII.	IIII.	X.	XII.
Pontianus.	V.	II.	VII.	V.	VIIII.	V.	II.
Anteros.	»	I.	X.	mens. I.	XII.	I.	XII.
Fabianus.	XIIII.	I.	X.	XIII.	XIIII.	XI.	XI.
Cornelius.	II.	III.	X.	II.	II.	II.	III.
Lucius.	III.	VIII.	X.	mens. VIII.	III.	III.	III.
Stephanus.	IIII.	II.	XXI.	III.	VII.	V.	II.
Xystus II.	II.	XI.	VI.	XI.	I.	X.	XXIII.
Dionysius.	VIII.	II.	IIII.	VIIII.	VI.	II.	IIII.
Felix.	V.	XI.	XXV.	V.	IIII.	III.	XXV.
Eutychianus.	VIII.	XI.	III.	mens. VIII.	I.	I.	I.
Gaius.	XII.	IIII.	VII.	XV.	XI.	IIII.	XII.
Marcellinus.	VIII.	III.	XXV.	VIIII.	VIIII.	IIII.	XVI.
Marcellus.	I.	VII.	XX.	(manque.)	V.	VII.	XXI.
Eusebius.	»	IIII.	XVI.	mens. VII.	VI.	I.	III.
Miltiades.	III.	VI.	VIII.	IIII.	IIII.		
Silvester.	XXI.	XI.	»	XXII.	XXIII.	X.	XI.
Marcus.	»	VIII.	XX.	mens. VIII.	II.	VIII.	XX.
Julius.	XV.	I.	XI.	XVI. mens. IIII.	XV.	II.	VI.

De Linus à Urbain, sauf les petites fautes attribuables aux copistes, les chiffres du *Liber Pontificalis* sont ceux de saint Jérôme pour les années, ceux du catalogue philocalien pour les mois et les jours. Ces derniers cependant ne sont pas toujours attribués au même pape par les deux documents ; pour toute une partie de la série, le *Liber Pontificalis* les attribue au successeur du pape auquel ils sont marqués dans le catalogue philocalien ; cela a lieu depuis Clément jusqu'à Eleuthère.

Il est inutile de chercher la raison de cette divergence qui est sans doute en relation avec l'absence d'Anaclet dans le catalogue de saint Jérôme ; on peut aussi remarquer qu'elle suppose

Anicetus avant Pius dans le document où elle s'est d'abord produite, ce qui est précisément le cas du catalogue philocalien, et qu'enfin elle disparaît à un point de la série où le texte du catalogue philocalien a été de bonne heure fort maltraité.

A partir d'Urbain, la conformité se poursuit, sauf quelques exceptions sur lesquelles nous reviendrons tout à l'heure et quelques divergences apparentes que je vais expliquer immédiatement. Pour Pontien et Cornelius les chiffres des années et des mois du catalogue philocalien sont transportés aux mois et aux jours dans le *Liber Pontificalis*. Pour Etienne et Xystus II les chiffres des jours ont été intervertis d'une ligne à l'autre; pour Fabien le chiffre des mois est douteux : un certain nombre de manuscrits, parmi lesquels les abrégés de Félix IV et de Conon ainsi que le manuscrit H, donnent *m. I* comme le catalogue philocalien; les autres répètent pour les mois le chiffre XI attribué aux jours. L'un et l'autre sont inadmissibles, le pape Fabien n'ayant pu, d'après les dates du catalogue philocalien lui-même, siéger un mois entier de plus que ses quatorze ans; il est donc certain que l'on doit y corriger les chiffres ainsi qu'il suit : *Fabianus ann. XIIII. d. XI.* On voit l'origine des deux fautes : un copiste aura par habitude inscrit l'abréviation de *menses : Fabianus ann. XIIII. m. d. XI.* De là les uns ont tiré *m. XI. d. XI;* les autres, prenant le signe abréviatif qui suivait *m.* pour le chiffre I, ont écrit *m. I. d. XI* (1).

Ces détails vont nous servir à expliquer le cas d'Eutychianus; à ce pape, le catalogue philocalien nous donne *ann. VIII. m. XI. d. III.* Cette leçon se retrouve dans plusieurs manuscrits (2), mais ils paraissent avoir été revus d'après le catalogue philocalien lui-même, de sorte qu'on n'en doit rien conclure. Je crois plutôt que les manuscrits du *Liber Pontificalis* relèvent d'un texte où ne figurait aucun chiffre : *Eutychianus ann. m. d.* Outre le fait que je viens de signaler pour Fabien, je puis citer d'autres exemples de cette confusion. Le manuscrit de Florence *S. Marci* 604 donne pour Miltiade les chiffres 4. 1. 1. Or, pour ce pape, il y a deux leçons dans les manuscrits : la leçon du catalogue philocalien III. VI. VIII et une autre dont je ferai voir tout à l'heure l'origine, *ann.* IIII sans mois ni jours. Cette dernière est de beaucoup la plus commune; aussi je crois pouvoir affirmer que c'est d'elle que provient la leçon IIII. I. I du manuscrit de saint Marc.

---

(1) On peut dire aussi que la leçon *m. XI. d. XI* provient de la durée *m. XI. d. XI* attribuée, dans le catalogue libérien, à l'exil du prêtre Moyse, précisément dans la notice de Fabien.

(2) *Guelf., Bern., Vatt.,* 3764, 5269, 1364.

Maintenant, comment les chiffres d'Eutychien sont-ils venus
à disparaître dans le texte d'où est sortie la leçon I. I. I. ? Nous
n'avons pas besoin de l'expliquer, tant d'accidents peuvent en
rendre compte ; je ferai cependant remarquer, sans accorder aucune importance à cette conjecture, que la différence entre les
textes de Philocalus et de saint Jérôme (Philoc. *ann. VIII. m. XI.
d. III* — saint Jérôme *mens. VIII*) pouvait donner à réfléchir à
celui qui a combiné les deux chronologies et le déterminer à suspendre son jugement.

La manière dont s'est introduite la leçon *m. XI. d. XI* pour le
pape Fabien rend tout à fait raison de la leçon *m. X. d. XI* dans
la notice de Sylvestre, au lieu de *m. XI*; il est inutile de s'y
arrêter.

J'ai dit tout à l'heure que les chiffres philocaliens *m. VI. d. VIII*
du pape Miltiade se rencontraient dans certains manuscrits du
Liber Pontificalis. Comme il s'agit de manuscrits importants (les
féliciens, le *Vat.* 629, etc.), je pourrais m'en tenir là et conclure à
l'accord entre le *Liber Pontificalis* et le catalogue libérien ; mais je
crois pouvoir rendre compte de la leçon *ann. IIII* sans mois ni
jours, qui est la plus répandue. Le catalogue philocalien donne les
dates extrêmes des deux pontificats d'Eusèbe et de Miltiade; celles
de ce dernier (2 juillet et 11 janvier) correspondent pour les chiffres des mois et des jours au comput *m. VI. d. VIII.* Quant à celles
d'Eusèbe (18 avril et 17 août), elles comprennent quatre mois tout
juste, tandis que le catalogue indique quatre mois et seize jours.
La leçon primitive est donc *Eusebius m. IIII* et les mots *d. XVI*
qui viennent ensuite, ne sont autre chose qu'une dittographie oc-
casionnée par le chiffre XIIII qui se présente immédiatement après.
Eusebius m. IIII. [d. XVI.] a. XIIII kl. maias etc. C'est ce chiffre
isolé *m. IIII* qui est l'origine de la leçon *Miltiades ann. IIII* que
nous trouvons actuellement dans la plupart des manuscrits du
Liber Pontificalis. Dans l'abrégé félicien on la rencontre aussi,
mais appliquée à Marcellus ; cette fois les chiffres du pape Eusèbe,
au lieu de tomber sous le nom de son successeur, ont été reportés
à l'article de son prédécesseur.

Nous venons de voir qu'il s'est fait à un certain moment une
confusion complète entre les chiffres des trois papes Marcellus,
Eusèbe et Miltiade; c'est à cette confusion qu'il faut sans doute
recourir pour expliquer l'écart entre les deux documents quant
aux chiffres d'Eusèbe, *m. IIII* dans le catalogue philocalien,
ann. VI. m. I. d. III dans le *Liber Pontificalis.* Le chiffre des années vient sans doute de celui des mois dans saint Jérôme qui

donne *m. VII.* Peut-être serait-il plus raisonnable de regarder le groupe *ann. VI. m. I. d. III* comme ayant eu d'abord la forme *ann. VI. d. III* que l'on trouve dans les catalogues du temps d'Hormisdas. Cette dernière forme aurait elle-même pour origine le groupe *m. VI. d. VIII* afférent à Miltiade. L'échange des chiffres entre ces deux pontifes rend cette conjecture assez plausible.

On voit qu'il est assez facile de retrouver dans le catalogue philocalien les chiffres de mois et de jours du *Liber Pontificalis*. Il reste cependant deux écarts dont je ne saurais rendre compte aussi aisément : ce sont ceux qui se produisent pour Lucius et pour Marcellinus. Dans ce dernier cas, il ne s'agit que du chiffre des jours qui, selon le catalogue philocalien, serait XXV; selon les manuscrits les plus autorisés du *Liber Pontificalis*, XVI. La transformation de XXV en XVI n'est pas impossible, mais on ne ne peut nier qu'elle ne soit moins probable que celles dont nous avons parlé précédemment.

La leçon III. VIII. X pour Lucius se trouve dans l'abrégé de Conon et dans les catalogues du temps d'Hormisdas. Reste à savoir comment il se fait que tous les autres manuscrits s'accordent sur l'autre leçon III. III. III. M. Lipsius pense qu'elle pourrait bien venir d'une confusion analogue à celle qui a déjà été signalée pour Pontianus et Cornelius (1). Il faudrait admettre alors la chute du V dans le chiffre (VIII) des mois. Peut-être les deux chiffres III. III viennent-ils des chiffres II. III qui dans le *Liber Pontificalis* sont attribués à Cornelius, le prédécesseur de Lucius.

De toute cette discussion, il résulte, je crois, qu'on ne saurait chercher ailleurs que dans le catalogue philocalien l'origine des chiffres de mois et de jours du *Liber Pontificalis*. Venons maintenant au chiffres d'années.

Quant aux chiffres d'années, l'accord existe soit avec le catalogue libérien, soit avec saint Jérôme pour 24 des 36 pontificats de saint Pierre à Jules I⁰ʳ.

J'ai déjà rendu compte des écarts qui concernent Anacletus, Eutychianus et Miltiade ; il ne reste plus à examiner que les chiffres afférents à Pius, Zephyrinus, Urbanus, Pontianus, Anteros, Félix, Marcellus, Eusebius et Marcus.

(1) « Bei Pontianus und Cornelius, vielleicht auch bei Lucius sind die Jahre und Monate von Lib. (Liberianus) als Monate und Tage verrechnet. » p. 138.

Voici les trois séries de chiffres :

	Cat. philocalien.	S. Jérôme.	Liber Pontificalis.
Pius.	XX.	XV.	XVIIII.
Zephyrinus.	XVIII.	(lacune.)	VIII.
Urbanus.	VIII.	VIII.	IIII.
Pontianus.	V.	V.	VIIII.
Anteros.	»	»	XII.
Felix.	V.	V.	IIII.
Marcellus.	I.	(manque.)	V.
Eusebius.	»	»	VI.
Marcus.	»	»	II.

Pour le premier, Pius, le chiffre philocalien est faux et doit être changé en XVI d'après les dates consulaires qui s'y trouvent jointes ; de XVI à XVIIII la transition est possible ; dans les manuscrits féliciens et cononiens on trouve la leçon XVIII ; XVII se rencontre dans l'un des catalogues du temps d'Hormisdas.

Pour Zéphyrin et Urbain, la différence ne porte que sur une lettre en plus ou en moins, X dans le premier cas, V dans le second. M. Lipsius (1) admet cette filiation, qui n'a rien que de très-naturel.

Entre les deux chiffres indiqués par Pontien, la différence est grande, mais la transition possible ; le même cas se présente pour Dionysius, où le nombre VIIII se trouve successivement dépouillé de tous les I et ramené à V. Ici encore les formes intermédiaires sont données par les catalogues du temps d'Hormisdas et les manuscrits féliciens.

La leçon *Anteros ann. XII.* est une grosse erreur toute particulière au *Liber Pontificalis.* Les catalogues du temps d'Hormisdas ne la présentent pas ; on peut croire qu'elle vient du chiffre des jours qui est XII.

Les deux chiffres IIII et V de Félix diffèrent peu par leur valeur mais beaucoup par leur aspect paléographique ; il faut admettre le dédoublement du V et l'addition de deux I. Le chiffre de Marcellus a dû suivre une marche contraire : I est devenu II, puis V.

La leçon *Eusebius ann. VI.* (*an VII* dans les féliciens) provient du *mens. VII* de saint Jérôme.

Enfin les deux années indûment attribuées au pape Marcus peuvent s'expliquer par la leçon *ann. m. VIII. d. XX* devenue *ann. I. m. VIII. d. XX,* puis *ann. II. m. VIII. d. XX.*

(1) *loc. cit.,* p. 132.

J'avouerai volontiers , en terminant, que les personnes qui n'ont pas eu affaire à des manuscrits contenant des chiffres pourront trouver quelques-unes de ces dérivations un peu hardies. Sans les obliger à contrôler les innombrables variantes qui ont été compulsées pour la rédaction de ce chapitre , je puis les renvoyer au livre de M. Lipsius (1) , où elles constateront plus facilement et sur une échelle restreinte les incroyables changements que peuvent subir les chiffres sous la plume de copistes inattentifs.

Indications relatives à la vacance du siége.

Outre les chiffres des années , mois et jours de chaque pontificat , le *Liber Pontificalis* indique aussi la durée de la vacance du siége après la mort de chaque pape. A partir de Symmaque , ces indications sont données d'une manière exacte et conforme aux renseignements que l'on peut avoir d'ailleurs. Il n'en est pas de même pour la première partie de la série : là, le contrôle est, il est vrai, souvent impossible; mais dans un certain nombre de cas les dates extrêmes de plusieurs pontificats successifs s'étant conservées soit dans le catalogue libérien , soit dans le martyrologe hiéronymien , nous sommes en mesure de vérifier les données du livre pontifical. Sauf pour quelques interrègnes de la fin du troisième siècle ou du commencement du quatrième , il est toujours en défaut. Voici du reste le tableau des vacances de siége d'après les documents certains et d'après le livre pontifical.

		Durée réelle de la vacance.	Durée de la vacance d'après le *L. P.*
Démission de Pontianus	28 sept. 235.	1 mois et 23 jours.	10 jours.
Ordination d'Anteros	21 nov. 235.		
Mort de Fabien	20 janv. 250.	1 an et 2 mois.	6 jours.
Ordination de Cornelius	mars 251.		
Mort de Xystus II	6 août 258.	11 mois et 16 jours.	35 jours.
Ordination de Dionysius	22 juillet 259.		
Mort de Dionysius	27 déc. 268.	9 jours.	5 jours.
Ordination de Félix	5 janv. 269.		
Mort d'Eutychianus	8 déc. 283.	9 jours.	8 jours.
Ordination de Gaius	17 déc. 283.		
Mort de Gaius	22 avril 296.	2 mois et 8 jours.	11 jours.
Ordination de Marcellinus	30 juin 296.		

(1) V. particulièrement les deux tables des pages 98 et 128.

Mort de Marcellus	15 janv. 309.	3 mois et 8 jours.	20 jours.
Ordination d'Eusebius	23 avril 309.		
Mort d'Eusebius	17 août 309.	10 mois et 15 jours.	7 jours.
Ordination de Miltiade	2 juillet 310.		
Mort de Miltiade	10 janv. 314.	21 jours.	16 jours.
Ordination de Sylvestre	31 janv. 314.		
Mort de Sylvestre	31 déc. 335.	10 jours.	15 jours.
Ordination de Marcus	10 janv. 336.		
Mort de Marcus	7 oct. 336.	4 mois.	20 jours.
Ordination de Julius	6 fév. 337.		
Mort de Julius	12 avril 352.	1 mois et 5 jours.	25 jours.
Ordination de Liberius	17 mai 352.		
Mort de Damase	10 déc. 384.	21 jours au plus.	31 jours.
Ordination de Siricius	déc. 384.		
Mort d'Innocent	12 mars 417.	6 jours.	21 jours.
Ordination de Zosime	18 mars 417.		
Mort de Zosime	26 déc. 418.	3 jours.	11 jours.
Ordination de Boniface	29 déc. 418.		

On voit par ce tableau que l'accord entre les chiffres réels et les chiffres du *Liber Pontificalis* n'existe que pour les vacances du siége après Dionysius et Eutychianus, peut-être aussi après Miltiade. Et cependant le compilateur avait sous les yeux le catalogue philocalien, où les dates si clairement indiquées, rendaient le calcul facile.

Il est impossible de conclure autre chose, sinon que les chiffres des vacances ont été tout simplement inventés par le rédacteur du livre pontifical. En veut-on une autre preuve? Après Félix II il compte une vacance de trente-huit jours. Or, en se tenant même aux récits qu'il donne sur la retraite de cet antipape et sur le retour de Libère, on ne peut compter que quatre jours entre les deux : *Depositus Felix de episcopatu habitavit in prædiolo suo via Portuense ubi et requievit in pace IIII. kal. Aug. Ingressus Liberius in urbem Romam IIII. non. Aug. etc.*

Il serait donc imprudent d'attacher une importance quelconque aux chiffres des vacances donnés par le livre pontifical pour les cinq premiers siècles; à plus forte raison est-il absurde de fonder, comme l'a fait Vignoli, une chronologie des papes sur des chiffres aussi suspects.

CHAPITRE III.

LES FONDATIONS D'ÉGLISES.

A partir du quatrième siècle les notices pontificales contiennent de nombreuses indications relatives aux fondations d'églises par les empereurs ou par les papes, sur les revenus qui leur sont attribués, sur les vases sacrés, lampadaires et autres objets mobiliers que la piété des souverains, du clergé ou des fidèles se plaît à y consacrer. On comprend tout l'intérêt de ces détails pour les études de topographie romaine, pour la détermination des dates des édifices sacrés et même pour l'histoire de l'art décoratif ou industriel. Il importe donc de déterminer le degré de confiance que nous pouvons leur accorder, et de remonter, autant que faire se pourra, aux sources où ils ont été puisés. Je commence par les fondations d'églises.

Au commencement du sixième siècle la plupart des églises de Rome étaient encore désignées non par le vocable d'un saint, mais par le nom de leur fondateur. C'était l'usage primitif, et il s'appliquait non-seulement aux *tituli* ou églises paroissiales *intra-muros*, mais encore aux cimetières suburbains. Ainsi, l'on disait : *cymiterium Pontiani*, *Prætextati*, *Cyriacæ*; ce n'est que plus tard que l'on transforma ces expressions en : *cymiterium ad sanctos Abdon et Sennen*, *ad s. Januarium*, *ad s. Laurentium*. De même pour les basiliques de l'intérieur de la ville on disait *titulus Julii*, et non *titulus sanctæ Mariæ trans Tiberim*, *titulus Pamma-chii*, et non *titulus ss. Joannis et Pauli* (1).

Le synode romain tenu sous Symmaque en 499 contient les si-

___

(1) Certaines exceptions apparentes viennent de ce que le fondateur et le saint éponyme ne font qu'une même personne, ainsi les *tituli sancti Clementis, sanctæ Cæciliæ, sancti Marcelli*, etc.

gnatures de tous les prêtres de Rome ; leurs églises titulaires y
sont désignées suivant l'usage ancien, observé encore un siècle
plus tard dans les conciles de saint Grégoire le Grand, et qui n'a
pas complétement disparu.

Outre ces dénominations dont l'usage au cinquième et au
sixième siècle est si complétement attesté, le rédacteur du *Liber
Pontificalis* avait à sa disposition les inscriptions dédicatoires encore visibles de son temps ; quelques-unes se sont conservées jusqu'à nous ; d'autres qui ont péri se retrouvent dans les manuscrits des collectionneurs d'inscriptions du neuvième siècle, ou
même de temps bien postérieurs. Ces monuments étaient disposés dans l'endroit le plus apparent des églises et ne pouvaient
manquer de frapper les yeux. Ainsi la mosaïque de l'arc triomphal à Sainte-Marie-Majeure porte encore l'inscription dédicatoire de Xystus III : *Xystus episcopus plebi Dei.* Au-dessus de la
porte principale, à l'intérieur, se lisait une autre inscription mé-
trique maintenant disparue, mais dont nous avons le texte (1).
Elle commençait par le vers :

> *Virgo Maria tibi Xystus nova tecta dicavit.*

La basilique de Sainte-Sabine sur l'Aventin conserve une dédicace du même genre, précisément à la même place que les
vers de Xystus III occupaient à Sainte-Marie-Majeure :

> *Culmen apostolicum cum Cœlestinus haberet.*
> *Primus et in toto fulgeret episcopus orbe,*
> *Hæc quæ miraris fundavit presbiter urbis*
> *Illyrica de gente Petrus,* etc.

D'autres fois la date du monument était indiquée par la formule : SALVO N. EPISCOPO ; ainsi les marbres de Saint-Clément et
de Sainte-Pudentienne portent le nom de Siricius : SALVO SIRICIO
EPISCOPO ECCLESIÆ SANCTÆ. Les inscriptions du pape Damase sont
assez célèbres pour que je n'aie pas besoin d'en parler. On trouvera d'ailleurs bientôt, dans le second volume des *Inscriptiones
christianæ*, de M. de' Rossi, le *corpus* complet de toutes les inscriptions de ce genre.

Il n'était donc pas difficile, au commencement du sixième siècle, de déterminer quelles églises avaient été ou fondées ou
agrandies ou embellies par tel ou tel pape. A cet égard, les indi-

---

(1) Gruter, 1170, 7.

cations du livre pontifical peuvent non-seulement être jugées exactes *a priori*, mais dans la plupart des cas il est possible de les vérifier par les monuments.

Venons maintenant aux énumérations de fonds de terre et d'objets mobiliers affectés à l'entretien et au service des églises. Rien de moins légendaire que ces détails ; à première vue on reconnaît qu'ils n'ont pu être inventés et qu'ils sont puisés à bonne source. Ici cependant nous n'avons plus le secours des inscriptions existantes et les indications dont il s'agit ne sont pas de celles qui puissent s'autoriser de la notoriété publique. Mais si les inscriptions actuellement conservées ne reproduisent jamais pour telle ou telle basilique les documents insérés dans le *Liber Pontificalis*, il ne s'ensuit pas que celui-ci n'ait pas puisé à des textes lapidaires actuellement perdus. Il était d'usage d'afficher à la porte des basiliques les chartes des donateurs transcrites sur le marbre ou sur le bronze. C'est ainsi que l'on peut voir encore dans le portique de Saint-Pierre une charte de Grégoire II concédant à cette basilique certains terrains plantés d'oliviers pour le service du luminaire autour du tombeau de l'apôtre ; un document semblable, émané de saint Grégoire le Grand et daté de l'an 604, se lisait avant l'incendie à la porte de Saint-Paul-hors-les-Murs. On en peut voir d'autres dans le recueil d'inscriptions chrétiennes de Marini publié par le cardinal Mai (1). M. de' Rossi en a commenté quelques-unes dans son bulletin ; parmi ces dernières je ferai remarquer celle de l'église des saints Jean et Paul sur le Cœlius (2) ; elle a pour titre : *Notitia fundorum juris tituli hujus*. Comme dans le *Liber Pontificalis* on y trouve le nom des fonds de terre avec leur situation, par exemple : *Fundus Casa Quinti in integro, via Latina, milliario plus minus XI*. D'autres inscriptions présentent toute la terminologie du livre pontifical ; elles distinguent les terrains en *fundi*, *massæ*, les assignent à divers *territoria*, les subdivisent en *unciæ* et en *siliquæ* (3) ; quelquefois même, quoique plus rarement, elles en indiquent le revenu.

Aucun des documents conservés sur le marbre ou sur le bronze n'est antérieur à la rédaction première du livre pontifical ; mais c'est là un hasard, et nous ne pouvons douter qu'il n'en ait existé

---

(1) *Scriptorum veterum Vaticana collectio*, t. V, p. 209 et suiv.

(2) Année 1870, p. 89 et 113 ; année 1873, p. 36.

(3) V. par exemple la donation de Sergius Iᵉʳ à sainte Susanne ; de' Rossi, *Bulletin*, 1870, pl. VIII.

de plus anciens. Nous avons d'ailleurs d'autres pièces du même genre qui proviennent directement des archives et remontent à une antiquité plus haute. Je citerai comme exemple le document appelé *Charta Cornutiana* publié pour la première fois par Mabillon (1). Ce document est daté de l'année 471 ; il a rapport à une église des environs de Rome. On ne saurait rien imaginer qui ressemble plus aux énumérations du livre pontifical. Non-seulement les fonds de terre, mais les objets affectés au culte, les calices, encensoirs, patènes, lampes et candélabres, les tapisseries, les voiles de soie et de lin, les livres de chœur, en un mot tout le mobilier de l'église y est catalogué dans le plus grand détail. Il n'y manque que le chiffre du revenu des terrains et le poids des pièces d'orfèvrerie (2).

C'est évidemment à des titres de ce genre qu'on a emprunté les fondations et donations contenues dans le livre pontifical. On pourrait objecter que le rédacteur de cet ouvrage se montre en général bien peu soucieux de recourir aux véritables sources historiques et qu'il est étonnant de trouver dans sa compilation des traces de recherches aussi sérieuses. A cela je répondrai que les documents dont il s'agit étaient peut-être plus à sa portée qu'il ne paraît; cet auteur inconnu était certainement un clerc, un homme d'église, peut-être le conservateur de quelque dépôt d'archives ou de vases sacrés; tout au moins était-il à même d'avoir des relations dans le personnel préposé à la garde de ces sortes de collections (3).

Tout en lui sachant gré de ses recherches, on peut lui repro-

---

(1) *De re diplomatica*, p. 462.

(2) Le signataire de la charte cornutienne, *Fl. Valila V. C. et inlustris et comes et magister utriusque militiæ* fonda par testament une autre église dans l'enceinte même de Rome. V. l'étude que M. de' Rossi a consacrée à cette fondation dans le bulletin de 1871, p. 1 et suiv.

(3) On comprend que je n'entre pas dans un plus grand détail : le commentaire des donations insérées dans le *Liber Pontificalis* pourrait fournir la matière d'un volume considérable. Je me contenterai de renvoyer à l'ouvrage de Zaccaria « *De rebus ad historiam atque antiquitates ecclesiæ pertinentibus* » 2 vol. 1781, où l'on trouve une excellente étude sur les *patrimonia* de l'Eglise romaine. La distribution des fonds de terre de cette église en circonscriptions ou *patrimonia* ne se rencontre pas avant le milieu du sixième siècle. C'est dans une lettre de Pélage Ier que je la trouve indiquée pour la première fois (Card. Deusdedit, éd. Martinucci, p. 289) : le *Liber Pontificalis* n'en parle jamais. Sur le parti que l'on peut tirer de ses indications au point de vue topographique, v. de' Rossi (*Bull.*, 1873, p. 100 et suiv.); Lanciani (*Bull. della commissione di archeologia municipale*, 1873, p. 228); Jordan, *Topographie der Stadt Rom*, 1872, préface.

cher de ne les avoir pas faites plus complètes. Il s'en faut bien qu'il parle de toutes les fondations importantes du quatrième et du cinquième siècle ; ainsi la notice de Siricius ne contient pas un mot sur les nombreuses constructions auxquelles ce pape, suivant en cela les traces de son prédécesseur Damase, voulut attacher son nom. En revanche, la notice de Sylvestre contient un appendice considérable consacré aux fondations de Constantin, non-seulement à Rome, mais à Ostie, à Albano, à Capoue et à Naples. Ce long document forme d'ailleurs comme un opuscule séparé et ne semble pas avoir fait partie de la notice primitive de Sylvestre. Voici pourquoi :

Le livre pontifical, comme chacun sait, termine toujours ses notices par la mention des ordinations et de la sépulture de chaque pape. Dans la notice de Sylvestre, les ordinations se trouvent indiquées deux fois, avant et après l'énumération des fondations constantiniennes ; il semble dès lors que celle-ci ait constitué à l'origine ce que j'appelais tout à l'heure un appendice, un supplément à la notice de Sylvestre, et qu'on lui ait d'abord donné une place séparée entre les vies de Sylvestre et de Marcus. Le contenu de ce document est d'ailleurs indépendant de la notice de Sylvestre ; il n'y est question que de Constantin et non pas de Sylvestre ; les détails sur les églises de Capoue et de Naples n'ont évidemment rien à voir avec la chronique pontificale ; la notice proprement dite relate la fondation du *titulus Equitii* par Sylvestre ou sous ses auspices ; en même temps elle énumère les revenus qui lui sont attribués par le pape lui-même. Cette église revient dans le document constantinien, qui donne aussi une liste de fonds de terre affectés à son entretien ; mais ces fonds sont différents de ceux de la notice, et cette fois c'est Constantin et non pas Sylvestre qui intervient comme donateur.

Nous avons donc affaire à un document distinct de la notice et qui se donne comme le tableau des fondations constantiniennes. En réalité, il n'en est pas tout à fait ainsi ; outre les libéralités de Constantin, on y trouve encore des donations faites en divers temps par d'autres personnages. Ainsi, dans l'article sur la basilique des saints Pierre, Paul et Jean à Ostie, après la liste des fonds offerts par Constantin, on en trouve une seconde intitulée : *Item quod obtulit Gallicanus basilicæ suprascriptorum sanctorum.*

Avant la paix constantinienne, le *Liber Pontificalis* mentionne très-rarement des fondations d'églises ou d'autres lieux sacrés. Cependant il n'est pas tout à fait muet sur ce point, et ses indica-

tions méritent, non pas d'être acceptées aveuglément, mais d'être
prises en considération et rapprochées des monuments. C'est
ainsi qu'il attribue à Anaclet le monument sépulcral du Vatican ,
où les évêques de Rome vinrent jusqu'au troisième siècle reposer
près de l'apôtre Pierre, à Calliste le cimetière célèbre qui porte
son nom , à Marcellus des travaux dans les nécropoles de la voie
Salaria, à Félix Ier une basilique sur la voie Aurelia, à Calliste
encore une autre basilique sur la rive droite du Tibre. Aucune de
ces attributions n'est réfutée par les monuments; plusieurs d'entre
elles ont reçu des confirmations inattendues. Ainsi le livre des Φιλο-
σοφούμενα nous a rendu sur la participation de Calliste aux travaux
du cimetière de la voie Appienne un témoignage contemporain
et désintéressé ; qu'il existât au moins depuis le quatrième siècle
un monument commémoratif de Calliste dans la région transti-
bérine, c'est ce dont nous ne pouvons douter, le catalogue philocalien faisant mention d'une basilique construite par le pape Julius *trans Tiberim regione XIIII juxta Calixtum ;* ce monument
semble même avoir donné son nom à l'une des places de ce quartier, témoin le collier d'esclave avec l'inscription : *Revoca me ad dominum meum Viventium in area Callisti* (1).

   Le pape Marcellus était enterré dans le cimetière de Priscille.
Au deuxième mille de la voie Aurelia les topographes du septième siècle indiquent le tombeau d'un Félix, évêque et martyr,
que plusieurs au commencement du sixième siècle croyaient avoir
occupé le siége pontifical de Rome.

   Il y a donc lieu d'accepter sur ces points et même pour les
temps antérieurs à Constantin les indications du livre pontifical,
et de les considérer comme représentant la notoriété publique ou
tout au moins la tradition populaire des premières années du
sixième siècle sur l'origine des monuments.

(1) De' Rossi, *Bull.*, 1874, p. 50.

CHAPITRE IV.

Il faut distinguer trois périodes : 1° de saint Pierre à Victor ; 2° de Zéphyrin à Julius ; 3° de Libère à Symmaque.

1° *De saint Pierre à Victor.*

Les quinze pontifes qui sont compris dans cette période sont tous dits enterrés au Vatican, sauf deux exceptions, Clément, dont le corps est dit reposer en Grèce, et Alexandre, qui est assigné à la voie Nomentane, au septième mille. Ces renseignements sont conformes à la tradition populaire de Rome au cinquième siècle.

Pour ce qui concerne saint Clément, outre les récits légendaires sur son tombeau en Crimée, légendes qui, dépouillées autant que l'on voudra des éléments fabuleux qu'elles contiennent, n'en attestent pas moins une tradition localisée et persévérante, il y a à Rome un monument de la plus haute importance qui confirme indirectement la tradition relative à l'exil et à la sépulture lointaine de ce pontife disciple des apôtres. La basilique de Saint-Clément, où l'on a retrouvé des inscriptions remontant aux papes Sirice († 398) et Damase († 384), et des peintures facilement attribuables au temps de Constantin, remonte par ses origines premières à une époque beaucoup plus reculée (1). Or il est certain qu'elle ne conservait pas le corps de son titulaire : les martyrologes, sacramentaires et autres documents du quatrième et du cinquième siècle n'y font pas la moindre allusion ; les topographes du septième siècle, où l'on trouve l'indication de tous les corps saints qui reposaient par exception dans l'intérieur de Rome, ne parlent pas de saint Clément.

(1) V. de' Rossi, *Bull.*, 1870, p. 149 et suiv.

L'exception relative au pape Alexandre semble plus extraordinaire : il est dit enterré au septième mille de la voie Nomentane,
près du lieu où il eut la tête tranchée. Ses compagnons de martyre sont Eventius prêtre et Théodule diacre. Le jour de la déposition est fixé au 3 mai. Les documents plus anciens que le *Liber
Pontificalis* se bornent ici au martyrologe hiéronymien et aux
inscriptions découvertes en 1855 au septième mille de la voie Nomentane. Le martyrologe donne au *V non. mai.* : *Rome, via nomentana, miliario VII. Natale sanctorum Juvenalis Eventi, Alexan-
dri, Theodoli.* Je cite le manuscrit de Berne, le seul qui ait conservé
l'indication topographique ; mais dans les autres les noms des martyrs se suivent dans le même ordre, sauf que Juvenalis a disparu,
et le nom d'Alexandre n'est suivi d'aucune qualification. Cette
double circonstance, comme le remarque Fiorentini (1), est propre
à faire douter de l'identité du martyr 'Alexandre, honoré sur la
voie Nomentane avec le pape de ce nom. D'un autre côté, une
inscription dédicatoire trouvée sur le tombeau lui-même est tout
aussi muette sur la qualité épiscopale d'Alexandre ; et même,
comme dans le martyrologe, ce nom n'est pas cité en premier lieu.
Voici en effet le texte de cette inscription, mutilée au commencement :

.... ET ALEXANDRO DELICATVS VOT° POSVIT.
DEDICANTE. A.EPISCOPO. VRS (2).

L'ordre des noms est changé et le pape Alexandre manifestement indiqué dans l'itinéraire dit de Guillaume de Malmesbury
et compilé au septième siècle : « *Quinta porta nomentana..... in
» septimo milliario ejusdem viæ sanctus papa Alexander cum Even-
» tio et Theodulo pausant* (3). » Ces indications nouvelles provien-
nent-elles d'une tradition authentique, ou ne sont-elles que l'écho
de la croyance populaire au septième siècle sur l'emplacement du
tombeau de saint Alexandre ? *A priori* il est bien difficile de croire
que ce pape ait été enterré en dehors de la nécropole épiscopale,
et puisque le martyrologe s'accorde avec les monuments nouvellement découverts, non pas sans doute pour démentir absolument
le topographe du septième siècle, mais au moins pour diminuer

---

(1) *Vetust. martyr. V. non. mai.*, p. 496 b.
(2) *Atti del martirio di S. Alessandro*, etc. Rome, 1858; pl. I, Cfr. de' Rossi,
Inscr. chr., I, p. VII.
(3) De' Rossi, *Rom. sott.*, I, 179.

la force de son témoignage, il vaut mieux écarter ce témoignage tardif et rendre au Vatican le tombeau du pape Alexandre. Ce n'est pas le seul cas où les topographes du septième siècle se soient trompés sur la qualification des personnages dont ils indiquent exactement la tombe. Ici, d'ailleurs, l'erreur n'est peut-être pas à mettre à leur compte ; on a des exemples d'erreurs analogues dans des monuments beaucoup plus anciens. Je citerai, par exemple, une peinture nouvellement découverte dans le cimetière de Domitille, sur laquelle on donne à la vierge Pétronille le titre de martyre, auquel vraisemblablement elle n'a aucun droit (1).

Mais si le pape Alexandre a été réellement enterré au milieu de ses prédécesseurs *juxta corpus beati Petri*, il ne s'ensuit pas qu'au cinquième siècle l'erreur qui a fait plus tard vénérer son tombeau sur la voie Nomentane n'ait pas été accréditée à Rome. De cette croyance populaire nous avons un témoignage dans les actes édités par les Bollandistes, actes qui, bien que fabuleux, n'en remontent pas moins à une date assez reculée, au cinquième ou au sixième siècle. Cependant, si anciens que soient ces actes, ce n'est pas d'eux que relève ici le *Liber Pontificalis*; d'après lui, le supplice d'Alexandre aurait été la décapitation, tandis que les actes lui attribuent une mort beaucoup plus lente et plus douloureuse ; en outre, l'un de ses deux compagnons, Théodule, est appelé diacre dans le *Liber Pontificalis*; les actes ne font pas cette distinction et présentent Eventius et Théodule comme prêtres tous les deux. Le livre pontifical a donc puisé ici, comme cela lui est arrivé plusieurs fois, à des actes différents de ceux qui nous ont été conservés.

Venons maintenant au cas général, c'est-à-dire aux pontifes enterrés au Vatican.

L'existence autour du tombeau de saint Pierre des monuments funèbres de ses successeurs jusqu'à la fin du second siècle n'est mentionnée dans aucun texte plus ancien que celui du *Liber Pontificalis* (2). Il est néanmoins impossible de la mettre en doute. L'*epitome de Locis ss. martyrum*, compilé dans la première moitié du septième siècle, décrit ainsi ce lieu de sépulture :

Primum petrus in parte occidentali civitatis juxta viam corneliam ad miliarium primum in corpore requiescit et pontificalis ordo

---

(1) V. pour cette peinture et pour les erreurs des topographes en cette matière, de' Rossi, *Bull.*, 1875, p. 32-37.

(2) V. cependant, sur la découverte faite à Saint-Pierre, à la fin du seizième siècle, d'un sarcophage portant le nom de Linus, de' Rossi, *Bull.*, 1864, p. 39.

excepto numero pauco in eodem loco in tymbis propriis requiescit (1).

Excepté saint Clément, aucun des papes antérieurs à Victor n'avait, au quatrième et au cinquième siècle et même longtemps après, une fête solennelle ; aussi le martyrologe hiéronymien ne parle pas de leurs dépositions, bien qu'il contienne un ancien catalogue où leurs noms sont conservés (2). Mais l'absence de documents écrits ne nuisait en rien à la notoriété de la nécropole épiscopale du Vatican, et cette notoriété nous dispense de chercher d'autres sources d'information auxquelles le *Liber Pontificalis* aurait emprunté ses renseignements (3).

Quant aux dates qu'il assigne à la mort de chaque pape, nous n'avons, pour cette époque reculée, aucun moyen de contrôle ; l'absence d'anniversaires solennellement fêtés au quatrième et au cinquième siècle est un grave argument contre ses indications isolées ; nous allons le voir, du reste, si souvent en défaut, même pour les temps postérieurs à la paix constantinienne, qu'il y a tout lieu de se défier ici de son témoignage, et que, sans être téméraire, on peut donner à la fantaisie une large part dans ses renseignements lorsque rien ne vient les confirmer.

2° *De Zéphyrin à Julius.*

Outre la notoriété des sépultures pontificales, le rédacteur du *Liber Pontificalis* avait à sa disposition, pour cette période, des renseignements très-précis et très-authentiques dans l'ensemble de pièces chronologiques réunies par le chronographe de l'an 354. Nous savons qu'il a mis ce livre à contribution, puisqu'il y a pris tout le catalogue de papes terminé à Libère. Il est dès lors naturel de croire qu'il a puisé aussi à la double table des *depositiones episcoporum* et des *depositiones martyrum*, qui donne, sauf quatre exceptions relatives à Zéphyrin, Urbain, Anteros et Marcellus, le lieu et la date de toutes les sépultures épiscopales comprises dans cette période.

En général, on peut dire qu'il y a concordance entre les documents philocaliens et le *Liber Pontificalis*. L'accord est évident et dans les textes eux-mêmes, tant pour les dates que pour la topographie, aux articles de Calliste, de Pontien, de Fabien, de Cor-

(1) De' Rossi, *Roma sott.*, I, p. 145. V. aussi le bulletin de 1864, p. 39.
(2) Au 23 décembre. V. de' Rossi, *Rom. sott.*, I, p. 114.
(3) Pour la variante des manuscrits relative à Anicet et à Soter, v. à la fin de ce chapitre.

nelius, de Stephanus, de Xystus II, de Dionysius, de Gaius, de
Sylvestre, de Marcus et de Julius, soit en onze cas sur vingt et
un (1). Les sépultures de Zéphyrin, Urbain et Anteros n'étant pas
mentionnées dans l'almanach de Philocalus, il reste sept cas à discuter : ceux de Lucius, de Félix, d'Eutychianus, de Marcellinus, de
Marcellus, d'Eusebius et de Miltiade.

Pour ce qui regarde Marcellinus et Marcellus, le désaccord est
plus apparent que réel. La *depositio episcoporum* donne *XVIII kal.
febr. Marcellini in Priscillæ* et ne parle pas de Marcellus. Le *Liber
Pontificalis* assigne le même cimetière aux deux pontifes, mais
place la déposition du premier au *VI kal. mai.*, celle de Marcellus
au *XVIII kal. febr.* Son témoignage est confirmé par le martyrologe
hiéronymien qui, sous la rubrique *XVII kal. febr.*, donne : *Romæ,
via Salaria, in cœmeterio Priscillæ depositio Marcelli episcopi et confessoris;* et il faut bien remarquer que dans ce texte il est impossible de voir une confusion de *Marcellini* en *Marcelli* : le titre de
confessor, attribuable seulement à ce dernier pontife, coupe court
à toute interprétation semblable. Il semble donc naturel de corriger la table philocalienne et d'y lire :

   VI kal. mai. Marcellini in Priscillæ.
   XVIII kal. febr. Marcelli in Priscillæ.

Mais ici une difficulté se présente ; les *depositiones* de la table
philocalienne ne sont pas disposées dans l'ordre chronologique,
mais dans l'ordre du calendrier. Les articles de Marcellinus et de
Marcellus ne pouvaient donc pas se suivre et n'ont pu prêter à
une omission de copiste. A cela je répondrai que l'erreur doit être
considérée comme plus ancienne que la disposition actuelle de la
table philocalienne, laquelle pourtant, comme l'a démontré M. de'
Rossi, remonte à l'année 336. Quelque jugement que l'on porte
sur l'origine de cette table, qu'elle provienne des registres de la
préfecture urbaine, comme le veut M. de' Rossi, ou des archives
de l'Eglise romaine, il est évident qu'avant l'an 336 le document
où elle a été puisée ne présentait pas l'ordre du calendrier, et
alors Marcellus venant immédiatement après Marcellinus, l'erreur aura pu se produire.

L'accord se rétablit avec beaucoup plus de facilité en ce qui

---

(1) Le *Liber Pontificalis* donne à l'article de Calliste l'indication *in cœm. Calepodii via Aurelia, mil. III.* La table philocalienne n'indique pas le nom du cimetière : il était d'ailleurs fort connu (Cfr. l'*index cœmeteriorum* du sixième
siècle, de' Rossi, *Rom. sott.*, I, p. 131). — A l'article de Cornelius, le texte
très-précis et très-exact *in cripta juxta cœm. Callisti*, dérive des actes de ce
pape auxquels la notice fait de larges emprunts.

concerne Eusèbe et Miltiade. Pour le premier, le *Liber Pontificalis* donne *VI non. octob.* la table philocalienne et le martyrologe hiéronymien *VI kal. octob.* Pour Miltiade, le *Liber Pontificalis* indique *IIII id. decemb.*, les deux autres documents *IIII id. januar.* Ces deux différences rentrent dans l'ordre des erreurs paléographiques. M. de' Rossi, qui a noté la première (1), ne s'en met point en peine ; quant à celle qui regarde Miltiade, il ne la cite même pas, et en effet elles n'ont aucune importance.

Les deux difficultés relatives à Lucius et à Eutychianus me semblent du même ordre, bien que M. de' Rossi leur fasse l'honneur d'une discussion en règle. Pour Eutychianus, le *Liber Pontificalis* porte *VIII id. aug.*, les deux documents cités plus haut, *VI id. dec.* Les copistes qui ont changé *kal.* en *non.* et *jan.* en *dec.* dans les deux cas qui précèdent ont pu tout aussi bien prendre *dec.* pour *aug.* dans le cas actuel. Quant à *VI* devenu *VIII*, c'est une transformation trop élémentaire pour que l'on s'y arrête.

La déposition de Lucius est indiquée au *III non. mart.* dans la table philocalienne, au *IIII non. mart.* dans le martyrologe hiéronymien (2). Le *Liber Pontificalis* donne *III non. mart.* comme date de la mort et *VIII kal. sept.* comme date de la déposition. Cette même date *VIII kal. septemb.* se rencontre aussi dans un grand nombre de manuscrits comme date de la déposition de Cornelius, prédécesseur de Lucius. D'un autre côté, comme on l'a vu plus haut (p. 41), les notices de ces deux papes se sont embrouillées de bonne heure l'une dans l'autre par la négligence des copistes. Sans que l'on puisse tracer d'une manière précise la genèse de la leçon *VIII kal. sept.* dans l'article de Lucius, il est au moins permis de croire que cette leçon peut fort bien n'avoir d'autre fondement qu'une erreur paléographique.

La divergence relative à Félix est beaucoup plus grave, et à vrai dire, c'est la seule qui ait une réelle importance. D'abord le *Liber Pontificalis* donne *III kal. jun.* au lieu de *III kal. jan.*, ce qui n'est qu'une confusion de lettres. Mais, et c'est là le point délicat, au lieu du cimetière de Calliste, indiqué par l'index philocalien, le martyrologe hiéronymien et l'inscription de Xystus III restituée par M. de' Rossi, il place la sépulture de Félix dans le cimetière au deuxième mille de la voie Aurélienne. Je ne m'étendrai

---

(1) *Rom. sott.*, II, p. 210, note 3. Ce n'est pas seulement « qualche codice », mais *tous* les manuscrits du *Liber Pontificalis* qui ont la leçon *VI non. octob.*

(2) Dans les manuscrits actuels du martyrologe, on lit *Julii* pour *Lucii*, v. *Rom. sott.*, II, p. 64.

pas sur cette difficulté suffisamment résolue par M. de' Rossi. Il me suffit de constater qu'ici le rédacteur du *Liber Pontificalis* s'est laissé égarer par les écrits apocryphes sur le pape Félix II, ou peut-être plus directement par la multiplicité des *Félix* évêques et martyrs enterrés dans les cimetières de Rome.

Revenons maintenant aux trois pontifes que nous avons d'abord laissés de côté comme n'étant point mentionnés dans les tables philocaliennes. Voici la phrase qui concerne la sépulture de Zéphyrin : *Qui etiam sepultus est in cœmeterio suo juxta cœmeterium Callisti via appia VIII kal. sept.* Le martyrologe hiéronymien donne une autre date : *XIII kal. januar.* M. de' Rossi a fait voir (1) que le corps de Zéphyrin avait été, antérieurement à Xystus III, transporté de la crypte papale dans l'église supérieure. On peut donc admettre avec lui que les deux dates du martyrologe et du *Liber Pontificalis* se rapportent, la première, à la déposition, la seconde à la translation des restes du pontife. Quant à la double indication topographique, *in cœmeterio suo — juxta cœmeterium Callisti*, elle peut admettre deux interprétations, suivant le sens que l'on attribue aux mots *in cœmeterio suo*. Si on les entend de la crypte papale du cimetière de Calliste (2), il faut restituer le texte ainsi qu'il suit : *sepultus est in cœmeterio suo [XIII kal. januar.], juxta cœmeterium Callisti via Appia VIII kal. sept.*, et l'on aura deux textes de dates différentes (3), mêlés ensemble par un accident de transcription. Dans ce cas, le rédacteur du *Liber Pontificalis* aurait puisé à une source vraiment très-ancienne : ce cimetière qui depuis trois siècles portait le nom de Calliste et qu'il appelle ainsi lui-même en vingt endroits différents, il lui donnerait ici le nom de Zéphyrin, comme aurait pu le faire un contemporain, l'auteur des *Philosophumena* par exemple, qui ne pouvait ignorer que si Calliste avait été, comme diacre, chargé de l'administration de ce cimetière, c'était cependant sous les auspices du pape Zéphyrin qu'il y avait fait faire des travaux. Cela paraît bien invraisemblable et peu d'accord avec tout ce que nous savons déjà et tout ce que nous verrons par la suite sur les sources d'information du livre pontifical. Combien il est plus simple de donner aux mots *in cœmeterio*

(1) *Roma sott.*, II, p. 6 et suiv.

(2) Il est certain qu'il ne peut être ici question d'un cimetière souterrain distinct de celui de Calliste.

(3) Il ne faut pas songer ici à deux rédactions différentes du *Liber Pontificalis* lui-même, mais à une note marginale, *juxta cœmeterium Callisti VIII kal. sept.*, qui se serait introduite dans le texte.

suo le sens de basilique cimitériale et de l'appliquer à la petite
église supérieure où, depuis une date à chercher entre Damase et
Xystus III, Zéphyrin reposait à côté de l'acolythe martyr Tarci-
sius? Ce sens est reconnu légitime et usité par M. de' Rossi (1) ;
il se rencontre dans le *Liber Pontificalis* à la notice de Julius, où
la chronique pontificale, décrivant les édifices sacrés construits
par ce pape, appelle *cœmeteria* trois fondations auxquelles le catalogue philocalien donne le nom de basiliques. Je crois donc qu'il
n'y a pas ici deux rédactions différentes, mais une seule, que
rien ne nous autorise à restituer dans le texte du *Liber Pontificalis*
la date *XIII kal. januar.*, et que son rédacteur nous a donné tout
simplement la date de la fête ou de la commémoration de Zéphyrin telle qu'on l'observait de son temps, c'est-à-dire le *VIII kal.
sept.*, en même temps que l'indication du lieu où elle se célébrait,
c'est-à-dire la petite basilique *ad Sanctum Xystum*.

Restent les deux cas d'Urbanus et d'Anteros. Celui-ci ne figure
pas dans la table des dépositions, mais le jour de sa mort indiqué
dans le catalogue libérien et la date de sa fête marquée au martyrologe hiéronymien, sont pleinement d'accord avec le *Liber Pontificalis*.

Quant à Urbain, le martyrologe et le *Liber Pontificalis* sont également d'accord pour placer sa sépulture au cimetière de Prétextat le *VIII kal. jun.* Les deux textes dérivent ici des actes de sainte
Cécile, et très-probablement ils ont été induits en erreur par ces
actes, car la conjecture de M. de' Rossi, qui restitue Urbain au
cimetière de Calliste, a tous les caractères de la vérité.

3° De Libère à Symmaque.

La grande notoriété des tombes pontificales au quatrième et au
cinquième siècle ne permettait guère au rédacteur de la chronique papale de tomber dans des erreurs topographiques semblables
à celles que nous avons relevées par rapport à Alexandre, à
Urbain et à Félix Ier. Mais s'il ne s'est pas trompé sur les lieux, il
s'en faut bien qu'il nous ait donné les dates d'une manière exacte.
Ici l'almanach philocalien cessait de le guider : il nous manque
aussi pour redresser les chiffres du livre pontifical, et nous sommes obligés d'avoir recours à des documents très-divers : le *Libellus precum Faustini et Marcellini*, écrit par deux prêtres romains
contemporains de Damase, le martyrologe hiéronymien, la chro-

(1) *Rom. sott.*, II, p. 6 et 7.

nique de Prosper, etc. Voici les résultats de la comparaison entre les dates fournies par ces écrits et celles du livre pontifical :

De Libère à Anastase II, prédécesseur de Symmaque, on compte seize papes en y comprenant Félix II. Pour Xystus III, Hilaire et Félix III, le livre pontifical n'indique aucune date ; tout moyen de vérification nous fait défaut pour celles qu'il attribue aux papes Simplicius, Gélase et Anastase II. Restent dix cas où le contrôle est possible d'une manière plus ou moins parfaite.

Libère mourut le *VIIII kal. octob.*, suivant le témoignage conforme du martyrologe et du *Libellus precum* : le livre pontifical le fait enterrer le *VIII kal. mai.*

Le martyrologe indique au *VI kal. decemb.* la sépulture de Siricius ; dans le livre pontifical elle est placée, suivant les manuscrits, au *VIII kal. mart.* ou au *VIII kal. mai.* Ces deux cas ont entre eux beaucoup d'analogie ; l'erreur, qui est certainement ici du côté du livre pontifical, provient peut-être de la négligence des copistes : en respectant le reste de la date, ils auront confondu les abréviations des noms de mois.

Les dates se sont mieux conservées aux notices de Félix II, de Damase et de Zosime.

> Félix II : *XII kal. dec.* (*L. P.*). — *X kal. dec.* (*Libellus precum*).
> Damase : *III id. dec.* (*L. P.*). — *IIII id. dec.* (martyrol.).
> Zosime : *VII kal. jan.* (*L. P.*). — C'est à peu près la date qui ressort des lettres de Symmaque.

D'autres dates, au contraire, sont absolument fausses et ne peuvent être mises sur le compte des copistes.

Ainsi, la *depositio* d'Anastase Ier est indiquée au 27 avril (*V kal. mai.*), avec une vacance de vingt et un jours. Or nous avons par le martyrologe la date de l'ordination d'Innocent, successeur d'Anastase, le 21 décembre (*XII kal. januar.*). — La sépulture d'Innocent et celle de Boniface sont indiquées par le martyrologe, la première au *IIII id. mart.*, la seconde au *II non. sept.* Le livre pontifical donne *V kal. aug.* et *VIII kal. nov.* Pour ces deux papes le martyrologe indique la date de l'ordination et celle de la sépulture ; ces deux dates extrêmes se trouvent conformes avec les indications du *Liber Pontificalis* lui-même sur le temps qu'ils ont siégé. Elles sont donc absolument sûres ; c'est le *Liber Pontificalis* qui se trompe de date pour la sépulture. Le même cas se présente pour saint Léon, qui célébrait tous les ans l'anniversaire de son ordination le 29 septembre, et dont le martyrologe indique la mort au *IIII id. nov.*, tandis que le *Liber Pontificalis* la place au

III id. apr. C'est encore très-probablement parmi les dates fausses
qu'il faut placer celle de la sépulture de Célestin ; nous n'avons,
il est vrai, d'autre vérification que la durée de son pontificat
indiquée d'une manière conforme par tous les catalogues ;
d'après le calcul qui en ressort, Célestin n'a pu mourir avant
le 23 juillet 432. Le livre pontifical indique sa déposition au
VIII id. apr.

Un si grand nombre de fautes évidentes doit nous porter à nous
tenir en garde contre les indications du même ordre, que nous
ne pouvons contrôler, excepté, sans doute, celles qui ont rapport
aux prédécesseurs les plus immédiats de Symmaque.

En résumé, le *Liber Pontificalis* indique le lieu de la sépulture
de chaque pape d'une manière exacte, d'après la tradition très-vi-
vante encore à la fin du cinquième siècle, et les indications de la
table philocalienne des dépositions ; mais quand ces renseignements, puisés à de bonnes sources, se trouvent en contradiction
avec des écrits populaires et apocryphes, il suit la légende de préférence à l'histoire.

Pour ce qui concerne les dates, quand nous pouvons les vérifier, nous le trouvons trop souvent en défaut pour que nous puissions nous fier à ses indications lorsqu'elles sont isolées de tout
moyen de contrôle.

De l'index des sépultures pontificales.

Outre la notoriété publique et l'index philocalien, M. de' Rossi
indique une troisième source où le rédacteur du *Liber Pontificalis* aurait pu puiser des renseignements sur le lieu des sépultures pontificales. Il s'agit d'une table où se trouvent rangés, cimetière par
cimetière, tous les papes depuis saint Pierre jusqu'à Zacharie : je
vais montrer que cette table ou *index*, loin d'avoir servi à la rédaction du *Liber Pontificalis*, a été extraite de cette compilation ; ce
me sera en outre une occasion de rendre raison de deux anomalies
de la plupart des manuscrits du *Liber Pontificalis*, qui placent Anicet
et Soter au cimetière de Calliste, tandis que les abrégés féliciens et
cononiens les attribuent avec toute vraisemblance à la nécropole
pontificale du Vatican.

L'index des sépultures pontificales ne s'était encore rencontré
que dans le manuscrit 3764 du Vatican, d'après lequel il fut publié au siècle dernier par Bianchini et Vignoli, et récemment par
M. de' Rossi, dans la préface du tome II de la *Roma sotterranea.*
J'en ai trouvé une seconde copie en tête du manuscrit 5140 de

la bibliothèque nationale ; la voici, reproduite ligne par ligne
et lettre par lettre, comme elle se trouve dans le manuscrit.

ndicium in quo loco	unus q̇sq.		Via aurelia
romanor. pontificū	requiescit		Felix.
in uaticano	salaria.		Dionisius.
Petetrus.	Theodorus.	Marcellus.	Cornelius.
Linus.	Eugenius.	Marcellinus.	In cimit suo uia ardeata.
Cletus.	Vitalianus.	Siluester.	Marcus.
Anaclet ꝑ	A deo datus.	Siricius.	In cimit suo uia portum.
Euarestus.	Donus.	Calestinus.	Felix.
Sixtus.	Agatho.	Vigilius.	·In cimit suo uia ardeata.
Telesfor.	Leo.	Ad scm paulū	Damasus.
Igynus.	Benedictus.	Felix.	In pontias.
Pius.	Iohannes.	Ad scm lauren	Siluerius.
Eleuther.	Cunon.	cium.	In acersona.
Victor.	Sergius.	Zosomus.	Martinus.
Leo.	Iohannes.	Sixtus.	
Simplicius.	Iohannes.	Hilarus.	
Gelasius.	Sisinnius.	In cymit ca	
Anastasius.	Constantin ꝑ	lopodi uia	
Symachus.	Gregorius.	Aurelia.	
Hormista.	Gregorius.	Calistus.	
Iohannes.	Zacharias.	Iulius.	
Felix.	In cymiterio	Ad scm feli	
Bonifacius.	Calisti.	citatem uia	
Iohannes.	Anicitus.	salaria.	
Agapitus.	Sother.	Liberius.	
Pelagius.	Seuerinus.	Bonifacius.	
Iohannes.	Antheros.	Ad ursu pile	
Benedict ꝑ	Poncianus.	atu portu	
Pelagius.	Fabianus.	Anastasius.	
Gregorius.	Lucius.	Innocentius.	
Sauinian ꝑ	Sthephanus.	In portu in	
Bonifacius.	Syxtus.	mari.	
Bonifacius.	Euticeanus.	Clemens.	
Deusdedit.	Gaius.	In miliario	
Bonifacius.	Eusebius.	VI uia. no	
Honorius.	Melciades.	mentana.	
Seuerinus.	In cymiterio	Alexander.	
Iohannes.	priscille uia.	Vrbanus.	

Cette copie ne présente pas de différences essentielles avec la
pre.nière : les papes Marcellus et Marcellinus sont intervertis ; les
deux noms Dionysius et Cornelius, qui n'étaient, dans le texte

publié, attribués à aucun lieu de sépulture, sont ici rangés sous
la rubrique *via Aurelia*; enfin le nom du pape Alexandre est placé
sous l'indication *miliario VI via nomentana*. Ces divergences sont
évidemment imputables aux copistes; d'ailleurs les deux manuscrits sont, à un siècle près, aussi anciens l'un que l'autre, celui
du Vatican étant de la fin et celui de Paris du commencement du
onzième siècle.

Les manuscrits ne peuvent donc servir, par leurs variantes, à
éclaircir la question de l'origine de ce document, et il faut s'en
rapporter à l'ensemble du texte qu'ils nous ont conservé.

A première vue, il est clair que cet index est extrait du *Liber
Pontificalis*. Tel qu'il nous est parvenu dans les deux manuscrits
du onzième siècle, il présente sans doute bien des différences
avec le texte de la chronique des papes; mais ces différences se
reconnaissent facilement pour des fautes de copiste. D'ailleurs,
outre que les deux seuls manuscrits que nous possédons de l'index sont aussi des manuscrits du *Liber Pontificalis*, les désignations topographiques particulières à celui-ci ont toutes passé dans
l'index : ainsi l'expression *in cœmeterio Calepodii*, plus ancienne
que celle dont se sert l'index philocalien des sépultures pontificales, *via Aurelia milliario III in Callisti*. On peut faire la même remarque sur les désignations *in miliario VI via Nomentana*, *in
cymiterio suo via Ardeatina*, sur l'attribution à la voie Aurélienne
du tombeau de Félix Ier, etc. Enfin il serait difficile de trouver
pour ce document une autre source que le *Liber Pontificalis*. L'index philocalien ne comprend qu'un petit nombre de papes du
troisième et du quatrième siècle : le martyrologe hiéronymien ne
va pas, pour les sépultures pontificales, au delà du cinquième
siècle, et c'est à peine s'il mentionne deux ou trois papes du premier et du deuxième siècle. Il est donc naturel de regarder le
Liber Pontificalis comme la source de l'index des sépultures.

Maintenant, à quelle époque en a-t-il été extrait? C'est ce que
va nous apprendre l'examen des fautes introduites par les copistes dans l'Index, comparées aux variantes du même genre que
l'on trouve dans les différentes recensions du *Liber Pontificalis*, et
aux interpolations des manuscrits du martyrologe hiéronymien.

J'écarte d'abord les fautes de date récente, ou au moins d'une
évidence telle que leur influence ne s'est jamais fait sentir sur
aucun texte. Ce sont : 1° le transport des deux papes Dionysius et
Cornelius du cimetière de Calliste à la voie Aurélienne. M. de'
Rossi (*l. c.*, p. xxv) fait remarquer que ces deux noms, tels qu'ils
sont placés maintenant, dérangent l'ordre chronologique des pa-

pes enterrés un à un; il n'est pas possible qu'il n'y ait pas ici une faute de copiste; — 2º Libère aussi est transporté du cimetière de Priscille à celui de sainte Félicité; bien qu'ici la disposition originaire de la table ne soit pas plus visiblement troublée que dans le cas précédent, il faut admettre aussi un accident de copie, car l'attribution de la sépulture de Libère au cimetière de sainte Félicité ne correspond à aucune légende, à aucune translation, et n'a laissé aucune trace dans les documents qui relèvent plus ou moins de notre index.

Venons maintenant à deux fautes plus importantes. Le pape Urbain a perdu l'indication de sa sépulture au cimetière de Prétextat, de sorte qu'il tombe sous la rubrique du pape précédent, Alexandre, et se trouve indiqué au sixième mille de la voie Nomentane. Cette faute a passé dans tous les manuscrits du martyrologe hiéronymien; il y a donc lieu de la croire au moins contemporaine de leur original commun. Or l'un d'eux est du huitième siècle, et plus probablement du commencement de ce siècle. D'autre part, ce manuscrit, qui est le plus ancien, est loin d'être le plus correct. Il faut donc que l'original commun soit plus ancien encore, plus rapproché de la rédaction actuelle du martyrologe, c'est-à-dire des premières années du septième siècle. On peut donc dire que la table des sépultures existait déjà et avait été déjà maltraitée par les copistes dans le courant du septième siècle et même assez probablement avant la fin du sixième.

On arrive à la même conclusion en étudiant la propagation de la faute relative à Anicet et à Soter. Le *Liber Pontificalis* et l'index des sépultures ont en commun cette faute : dans l'un comme dans l'autre, Anicet et Soter sont attribués, non au cimetière du Vatican, mais à celui de Calliste. Cependant le *Liber Pontificalis* n'a pas toujours été fautif à cet égard. Les deux abrégés de Félix IV et de Conon placent régulièrement les deux pontifes dans la crypte vaticane. Ce n'est que dans les manuscrits complets que se trouve le déplacement.

Le plus ancien de ces manuscrits est celui de Naples, qui a été écrit au temps de Conon (687). J'ai montré plus haut que rien ne prouve que la série des vies s'étendît dans ce manuscrit jusqu'à Conon. Admettons-le cependant, au pis aller. Les manuscrits du *Liber Pontificalis* se divisent en deux classes, dont l'une comprend le manuscrit de Lucques et ses analogues, et en plus les deux abrégés de Félix IV et de Conon; l'autre est formée du manuscrit de Naples et de la plupart des manuscrits français. Dans cette seconde classe, le manuscrit de Naples présente un texte déjà

11

notablement différent du prototype de sa classe, lequel doit être
placé ainsi vers le milieu du septième siècle au moins, et même
s'il arrivait que l'on retrouvât la fin du manuscrit de Naples et
que l'on constatât qu'il se terminait avant Conon, cette date devrait être reportée plus haut. D'un autre côté, comme la faute est
commune aux deux classes de manuscrits, elle doit provenir d'un
ancêtre commun à ces deux classes, très-différentes l'une de l'autre, et dont la séparation ne saurait être placée beaucoup plus
tard que la fin du sixième siècle (1).

Cette faute du *Liber Pontificalis* est donc au moins aussi ancienne que celle du martyrologe. J'ajouterai qu'elle a la même
provenance ; il est en effet impossible de l'expliquer autrement
que par une erreur de copiste qui de l'index se sera introduite
dans le texte.

Rien ne prouve en effet que le *Liber Pontificalis* ait été revu du
sixième au neuvième siècle ; l'histoire de son texte, pour cette période, sauf les suppressions qui caractérisent la classe B, n'est autre que l'histoire des fautes qu'il a subies par la négligence des
copistes. D'ailleurs, admît-on une révision, sur quel fondement
aurait-on fait ce changement ? Aucune légende, aucun monument,
aucun topographe ne fait la moindre allusion à une translation des
deux pontifes. On pourrait croire, pour ce qui concerne le pape
Soter, à une confusion provenant de la basilique de sainte Sotéris,
vierge, voisine de la crypte papale du cimetière de Calliste ; mais
il faudrait trouver une raison semblable pour Anicet, et d'ailleurs
cette confusion serait bien extraordinaire : les topographes du
septième siècle ne la font jamais, et le *Liber Pontificalis* lui-même
cite la basilique de sainte Sotéris dans la vie d'Etienne II, sans
tomber aucunement dans cette méprise. Reste donc que nous
soyons en présence d'une faute de copiste qui aura dérangé dans
la table le rang assigné aux deux pontifes, et passé ensuite dans
le texte par le fait d'un correcteur malavisé.

De ce qui précède, il résulte que l'index des sépultures existait
déjà vers le commencement du septième siècle. Une circonstance
qui nous reste à signaler le fera remonter un siècle plus haut.

Dans l'index, la sépulture de Félix II est attribuée au cimetière de son nom sur la voie de Porto : ce renseignement est
manifestement contraire au *Liber Pontificalis*, qui, à l'article de

---

(1) J'ai dit plus haut que les divergences caractérisques entre ces deux classes
de manuscrits ne se présentent plus au delà du commencement du sixième siècle ; on pourrait donc remonter encore plus haut.

Félix II, indique une basilique de la voie Aurelia. C'est le seul cas où l'index soit en contradiction avec le *Liber Pontificalis;* mais cette contradiction n'est qu'apparente.

En effet, le *Liber Pontificalis* indique deux sépultures pour Félix II : dans sa notice à lui, la basilique de la voie Aurélienne ; dans celle de Libère, un terrain sur la voie de Porto : *Qui Felix depositus de episcopatu habitavit in prædiolo suo via Portuensi ubi et requievit in pace IIII kal. aug.* Je sais que les deux indications sont extraites de récits légendaires et apocryphes ; mais toutes les deux se rattachent à des faits et à des monuments bien réels. Sur la voie de Porto on célébrait précisément le *IIII kal. aug.* la fête d'un martyr nommé Félix. De même, au deuxième mille de l'Aurélienne, les topographes indiquent les sépultures de deux Félix, évêques et martyrs. Il y a donc contradiction entre la notice de Libère et celle de Félix II ; et, chose étonnante, le rédacteur de l'index a suivi la première de préférence à la seconde. On peut expliquer cette anomalie et en même temps la contradiction entre les deux notices du *Liber Pontificalis*, en admettant que celle de Félix II est une addition postérieure. Ceci d'ailleurs n'est pas une hypothèse gratuite. Le *Liber Pontificalis*, dont il ne nous reste qu'un fragment dans le manuscrit XXII de la bibliothèque capitulaire de Vérone, donne à Symmaque le n° LII, ce qui suppose qu'il contenait un pape de moins que les autres textes. Félix II est le seul que l'on puisse raisonnablement supposer avoir manqué à la série : les écrits apocryphes qui ont tenté de réhabiliter sa mémoire et de le présenter comme un pape légitime sont précisément contemporains de Symmaque. D'ailleurs, le *Liber Pontificalis* ordinaire contient aussi des traces de l'interpolation. Outre la contradiction flagrante dans l'indication de la sépulture de Félix II, contradiction d'autant plus facile à éviter si les deux notices étaient de la même main qu'elles se suivent sans aucun intervalle, il faut relever dans celle de Libère les mots : *Omnes itaque anni Felicis in ejus* (Libère) *ordine dinumerantur*, qui semblent introduits là pour suppléer à une notice indépendante de Félix II.

Il y a donc eu un temps où le *Liber Pontificalis* ne contenait pas d'article spécial à cet antipape, bien qu'il indiquât déjà sa sépulture et le représentât comme un pape légitime. Ce temps est très-voisin de l'origine que j'ai attribuée au *Liber Pontificalis*. En effet, la notice de Libère s'inspire déjà des apocryphes symmachiens qui ont dû voir le jour tout à fait au commencement du sixième siècle ; d'autre part, la notice de Félix II se présente déjà dans

l'abrégé de l'année 530. Il reste donc une quinzaine d'années environ, de 514 à 530, dans lesquelles l'intrusion a pu se produire (1).
Comme l'index des sépultures provient d'une rédaction où elle
n'existait pas encore, il faut qu'il ait été extrait du *Liber Pontificalis* vers le commencement du sixième siècle, et probablement
aussîtôt l'apparitiou de ce livre (2).

(1) Cette intrusion ne serait pas isolée. On a vu plus haut que les notices de
Victor et de Sylvestre ont été interpolées dans le même intervalle.

(2) L'index des sépultures pontificales n'est pas le seul document qui ait été extrait du *Liber Pontificalis*. Sans parler des catalogues du temps d'Hormisdas, la
table des papes avec les années, mois et jours de chaque pontificat, que l'on trouve
dans presque tous les manuscrits B, est évidemment tirée des notices. Il en est de
même du catalogue avec l'indication de la nationalité, qui se présente dans le
manuscrit de Leyde et ses similaires. V. pages 44 et 64.

CHAPITRE V.

Parmi les sources apocryphes du *Liber Pontificalis* il convient de faire une classe à part d'un certain nombre d'écrits rédigés à Rome au temps de la compétition de Laurentius contre Symmaque, dans les premières années du sixième siècle. Dans le chapitre suivant je m'occuperai avec détail de ces écrits auxquels on peut donner le nom général d'*apocryphes symmachiens*, non qu'ils soient directement ou indirectement attribuables au pape Symmaque, mais parce qu'ils ont vu le jour sous son pontificat (498-514), et qu'ils ont été composés par ses partisans pour soutenir sa cause. Il faut auparavant procéder à l'examen d'un autre document apocryphe, répandu à Rome peu de temps avant la fin du cinquième siècle, auquel tous les apocryphes symmachiens ont plus ou moins puisé, et qui a, de plus, servi directement et sans leur intermédiaire au rédacteur du *Liber Pontificalis*.

Les *Acta Silvestri* se présentent à nous comme l'histoire de la conversion de Constantin, de son baptême et du changement qui s'ensuivit dans les rapports de l'autorité romaine et des églises chrétiennes. Sur ces points nous sommes en possession de la vérité historique, consignée dans les écrits d'Eusèbe, de saint Ambroise, de saint Jérôme, etc. Quels qu'aient été les efforts des fabricateurs de légendes pour la dissimuler, elle n'en brille pas moins d'une clarté qui perce tous les nuages. Je ne m'arrêterai donc pas à démontrer qu'Eusèbe a dit vrai quand il nous a raconté les circonstances de la conversion et du baptême de Constantin ; ce sont là des faits acquis à l'histoire, et, si invraisemblable que cela ait pu paraître au moyen âge, il est certain que le premier empereur chrétien ne reçut point le baptême des mains du pape, qu'il

assista au concile de Nicée n'étant encore que simple catéchumène,
qu'il retarda jusqu'à ses derniers jours son initiation aux mystères chrétiens, et que cette initiation eut lieu, non pas à Rome,
mais dans une villa près de Nicomédie, peut-être par le ministère
d'Eusèbe, évêque arien de cette ville.

La légende y va tout autrement. Constantin est d'abord un persécuteur des chrétiens, et l'évêque de Rome, Sylvestre, est obligé
de se dérober à ses poursuites et de chercher un refuge dans une
montagne appelée *Syraptis* ou *Syraptim* : notons en passant cette
orthographe, qui n'est ni fortuite, ni indifférente. Sur ces entre-
faites, le prince persécuteur est atteint de la lèpre, et les prêtres
païens lui déclarent qu'il ne guérira qu'en se baignant dans le
sang d'enfants nouveau-nés. Cette proposition révolte les sentiments humains de Constantin ; alors saint Pierre lui apparaît en
songe et lui annonce qu'il peut se délivrer de sa honteuse mala-
die en recourant à l'intervention de l'évêque Sylvestre. On cherche Sylvestre, on le trouve dans une solitude du mont *Syraptim* :
Constantin fait acte de foi chrétienne, Sylvestre le baptise, et le
baptême le guérit de la lèpre. Vient ensuite une longue dispute
où Sylvestre défend les dogmes chrétiens, non pas comme on pourrait s'y attendre, contre des prêtres ou des philosophes païens,
mais contre des docteurs juifs (1).

Telle est, dans ses parties essentielles, la légende du pape Sylvestre, comme on la retrouve, dès le cinquième et le sixième siècle, dans une foule d'écrivains d'Orient et d'Occident, telle surtout qu'elle s'imposa à la croyance universelle pendant le moyen
âge. Je me bornerai à citer les documents les plus anciens où l'on
en trouve quelque trace, et je tâcherai de remonter à sa source
première, qui ne doit pas, comme on l'a dit trop facilement, être
placée à Rome.

En Occident, les textes les plus anciens que l'on puisse citer en
sa faveur sont les apocryphes symmachiens dont nous parlerons
au chapitre suivant, et notamment les *Gesta Liberii;* le *Liber Pontificalis* dépend tant de ces apocryphes que de la légende elle-même.
Au sixième siècle, Grégoire de Tours y fait des allusions mani-

---

(1) C'est de cette discussion que sont tirées les fragments prétendus inédits
d'un ouvrage de Sylvestre contre les Juifs, publiés par le cardinal Mai, dans
les tomes VII et VIII de ses *Scriptor. veter.*, d'où ils ont passé dans le tome
VIII° de la Patrologie latine de Migne. Du reste, Mai lui-même finit par s'apercevoir que ses fragments ressemblaient singulièrement au texte des *Acta Silvestri;* v. *Spicileg. rom.,* III, p. 700.

festes (1) , et si Cassiodore , dans l'histoire *Tripartite* , et Isidore de Séville , surent la mettre de côté pour suivre le récit d'Eusèbe , Bède l'adopta tout à fait, et ne contribua pas peu à la répandre.

Bède, Grégoire de Tours, le livre pontifical et les apocryphes du temps de Symmaque ont puisé à une source commune ; les *Acta Silvestri*, mentionnés dans le décret attribué au pape Gélase (492-496) : *Item actus beati Silvestri, apostolicæ sedis præsulis, licet ejus qui conscripsit nomen ignoretur, a multis tamen in urbe Roma catholicis legi cognovimus et pro antiquo usu multæ hoc imitantur ecclesiæ* (2). Il est bien peu probable que ces paroles aient été écrites par Gélase , mais cela importe peu à notre démonstration ; on peut au moins relever dans ce texte la distinction entre la lecture privée , seule permise à Rome , des actes dits de Sylvestre , et la lecture officielle que l'on en faisait dans d'autres églises. D'un autre côté , il est certain par les apocryphes symmachiens, que les *Acta Silvestri* circulaient à Rome avant le pontificat de Symmaque , ou tout au plus au commencement de ce pontificat. Il ne semble pas cependant qu'ils aient été tout d'abord accueillis avec faveur ; on verra plus loin que les *Gesta Liberii* leur font ce que nous appelons aujourd'hui une réclame et s'attachent même à répondre aux objections que ne pouvait manquer de soulever la nouveauté de leur récit et ses divergences radicales avec les textes d'Eusèbe et de saint Jérôme.

Examen fait des *Acta Silvestri*, on n'y trouve rien qui décèle une main romaine. Les indications topographiques, si fréquentes et si exactes dans tous les apocryphes romains, font ici presque complétement défaut. Elles se réduisent à un épisode à propos d'un martyr Timothée, auquel Sylvestre aurait donné la sépulture près du tombeau de saint Paul ; ce renseignement est exact au point de vue topographique , mais l'épisode en question est une interpolation évidente et sans rapport au reste de la narration. La basilique Ulpienne est indiquée comme le lieu où Constantin fit devant le Sénat et le peuple profession officielle de christianisme ; on sait que parmi les monuments profanes de Rome, ceux qui frappaient le plus les yeux et l'imagination au sixième siècle (3) étaient ceux

---

(1) *Procedit (Clovis) novus Constantinus ad lavacrum deleturus lepræ veteris morbum... Erat enim sanctus Remigius sanctitate ita prælatus ut sancti Silvestri virtutibus acquaretur.* Hist. Francor., l. II, ch. XXXI.

(2) Gelasii decretum *de recipiendis et non recipiendis libris.* Migne, *Patr. lat.*, t. LX, p. 174.

(3) V. Cassiodore, *Var.*, VII, 6; cf. Gregorovius, *Storia della città di Roma medio evo*, II, p. 97 et suiv.

du Forum de Trajan, sur lequel s'élevait l'imposante basilique Ulpienne. Ce détail a donc pu être introduit lors de l'importation à
Rome de la légende de Sylvestre et de sa rédaction en latin.
C'est en effet une importation étrangère que cette légende. Outre que la manière dont les apocryphes symmachiens s'évertuent
à l'étayer prouve son apparition récente sur le sol romain, outre
qu'il n'y est jamais fait mention du baptistère dit de Constantin,
autour duquel une imagination romaine aurait certainement
groupé les détails de son roman, il est certain qu'elle était depuis
bien longtemps connue et répandue en Orient lorsqu'au commencement du sixième siècle on s'efforça de l'introduire à Rome.

Je laisse ici de côté les chroniqueurs byzantins du neuvième
siècle ou des siècles postérieurs ; ils relèvent tous des *Acta Silvestri*
dont il existe une rédaction grecque (1) différente, sur certains
points, du texte latin publié par Surius au 31 décembre. Antérieurement, je trouve la légende de Sylvestre citée dans la chronique
de Malala et dans les ouvrages de Léontius, évêque de Jérusalem ; ces deux témoignages sont du sixième siècle. Saint Jacques
de Sarug, évêque syrien (452-521), a laissé un discours encore
inédit sur Constantin et sa lèpre (2). Son témoignage est ici d'une
grande valeur ; il ne s'agit pas d'une allusion glissée au milieu du récit d'autres événements, comme dans Grégoire de
Tours : c'est une homélie, une discours public, prononcé officiellement par un personnage considérable. La légende avait donc
cours depuis un temps notable dans le pays d'Edesse, et ici il faut
remarquer que le discours syriaque de Jacques de Sarug nous reporte plus haut que les témoignages de langue grecque, et peut-
être même que la rédaction latine des *Acta Silvestri*.

Mais on peut remonter plus haut encore : le plus ancien texte
où s'est conservée la légende de Constantin n'est ni grec ni latin,
ni même syriaque ; il a été rédigé en Arménie par Moïse de
Khorène, le plus célèbre des historiens de ce pays, qui écrivit
vers le commencement du cinquième siècle. On y trouvera tous
les détails essentiels de la fable : Constantin persécuteur, puis
frappé de la lèpre ; la consultation des médecins, qui ordonnent
un bain dans le sang d'enfants nouveau-nés ; Sylvestre exilé,

_____

(1) Publiée par Combéfis à la suite de ses *Illustrium martyrum triumphi*, Paris,
1659, in-8.

(2) *De Constantino imperatore et de lepra ejus mundatione*. Assemani, qui nous
a conservé ce renseignement, cite deux manuscrits : l'un, *Cod. Nitr.* V, p. 542,
l'autre, *Cod. arab. Vat.* LV, p. 230 (Assemani, *Bibl. oriental.*, I, p. 328).

puis rappelé pour baptiser l'empereur, qu'une vision divine a mis sur ses traces. Il est dès lors certain que les *Acta Silvestri* et Moïse de Khorène (1) , c'est-à-dire les deux documents les plus anciens où nous rencontrons la légende, dérivent l'un de l'autre, ou tout au moins ont puisé à une source commune. D'un autre côté, comme nous avons vu que la légende fut répandue plus vite en Orient qu'en Occident, et que ses détails en placent la formation loin de Rome, il est naturel de croire que l'historien arménien est plus voisin de l'origine première de la fable que les *Acta Silvestri* et les apocryphes du temps de Symmaque.

Ici je reviens à l'orthographe du nom *Syraptim*, de la montagne où Sylvestre se tenait caché. Le texte latin édité par Surius ne donne pas le nom de cette montagne ; cette rédaction, d'ailleurs, notablement défigurée (2) , n'est qu'une version de Siméon Métaphraste. Le texte grec publié par Combéfis porte Σοράκτιον, mais c'est là une conjecture. J'ai vérifié l'orthographe dans les manuscrits de la bibliothèque nationale ; on trouve Σωραπινῷ ὄρει presque constamment, quelquefois Σαραπινῷ ou même Σαραπίωνι, mais jamais Σορακτίῳ. Le véritable texte latin, celui qui a été inséré dans presque tous les passionnaires du moyen âge , porte en trois endroits différents la leçon *Syraptim* ou *Syraptis*, ou *Syrapti*, ce qui me donne le droit d'affirmer que cette orthographe était celle de la première rédaction latine. Mais cette conclusion se trouve encore confirmée par le témoignage du *Liber Pontificalis*. Sans doute, les textes imprimés (3) portent *Soracte* , mais c'est là une correction d'éditeur ; le manuscrit *Vaticanus* 3764 , d'après lequel on a toujours imprimé le livre pontifical jusqu'à Vignoli, porte bien *Syraptim ;* je m'en suis assuré, et les variantes publiées en témoignent aussi (4). Il en est de même de tous les manuscrits de la

---

(1) Je dis Moïse de Khorène, car bien qu'à la fin du chapitre sur la conversion de Constantin il cite l'historiographe Agathange (quatrième siècle) , cette autorité n'est invoquée que pour ce qui concerne les victoires de Constantin, non pour le récit de son baptême. D'ailleurs , le texte d'Agathange que nous avons maintenant, et qui, sans être la rédaction primitive de cet historien, n'en est pas moins très-probablement le même que Moïse de Khorène a eu sous les yeux , ne fait aucune allusion à la légende du baptême de Constantin. Langlois, *Historiens de l'Arménie*, t. I, p. 185 ; cf. p. 101.

(2) Pour donner une idée de la valeur de ce texte, je me contenterai de dire que le martyr Timothée , auquel Sylvestre est dit avoir donné la sépulture à Rome, est identifié avec le disciple de saint Paul.

(3) *In Silvestro*, n° 3, 1. 4.

(4) V. Migne, II, p. 1538.

classe A, la plus ancienne et la plus autorisée, d'où cette leçon a
passé dans le *Vaticanus* 3764 et dans les recensions du douzième
et du quinzième siècles. Seuls les manuscrits B ont constamment
l'orthographe *Soracte*, ce qui montre que dès le septième siècle on
avait corrigé l'orthographe primitive et identifié avec le Soracte la
montagne Syraptim de la légende. Mais le témoignage des manuscrits B n'a ici qu'une valeur secondaire : ils dérivent d'un exemplaire retouché loin de Rome ; et comme ils se trouvent en
opposition avec la recension A, complétement romaine, c'est
celle-ci qui doit être préférée. Il est donc certain que le texte original du *Liber Pontificalis* portait *Syraptim*, et comme cette leçon
dérivait directement des Actes de Sylvestre, où elle s'est d'ailleurs
conservée pendant tout le moyen âge, il est impossible de douter
qu'elle ne soit la leçon primitive.

Ceci étant établi, voyons d'où peut venir une orthographe aussi
singulière. Ni Leontius de Jérusalem ni Malala ne parlent du
mont *Soracte* ou *Syraptim*. L'homélie de saint Jacques de Sarug
n'étant pas publiée, je ne puis dire si ce nom s'y rencontrait et
quelle en était l'orthographe ; mais elle figure dans le texte de
Moïse de Khorène (1), et nous retrouvons ici l'accord le plus sin-
gulier, même sur les petits détails, entre la plus ancienne rédaction latine et le plus ancien témoignage oriental.

Cette concordance sur la légende de Sylvestre n'est point sans
rapport avec l'importance donnée à ce pontife par les histoires ou
légendes arméniennes. Moïse de Khorène et Agathange (2) racontent que le roi arménien Tiridate, contemporain de Constantin,
et converti dans des circonstances semblables, fit en compagnie
de saint Grégoire l'Illuminateur, apôtre de l'Arménie, le voyage
de Rome. Là une alliance fut conclue entre les deux souverains
et une autre entre le catholicos Grégoire et l'archevêque Sylvestre. Le moyen âge broda sur ce récit une pièce fausse qui se
donne comme le texte même de ces traités, et la mémoire de Sylvestre ne cessa pas d'être en grande vénération dans l'Eglise ar-

---

(1). Mais là comme dans le texte grec de Combéfis et dans le *Liber Pontificalis*,
l'orthographe primitive a eu à souffrir des conjectures des éditeurs. L'édition
anglaise de Moïse de Khorène (Londres, 1736) porte *Syraptim*, tant dans le texte
arménien que dans la version latine qui l'accompagne. Mais, en traduisant *in
montem Seraptium*, les éditeurs William et George Whiston ont cru devoir dire
en note : *legendum esse arbitramur Soracte ut in actis Silvestri est*. Cette conjecture a passé dans le texte de l'édition de Venise, 1841, sans que l'on [se soit
donné la peine de citer quoi que ce soit pour l'appuyer.

(2) Langlois, *Hist. de l'Arménie*, t. I, p. 187 ; t. II, p. 124.

ménienne. Je vois, par un récit de M. Langlois, que le couvent patriarcal de Sis, en Cilicie, croit posséder d'importantes reliques de ce pontife.

Mais ce qui est plus remarquable, c'est la ressemblance entre la légende de la conversion de Tiridate et celle du baptême de Constantin. D'après les traditions arméniennes (1), Tiridate fut d'abord un persécuteur des chrétiens. Sa fureur s'acharna en particulier contre Grégoire qui prêchait activement l'Evangile dans son royaume; il le fit arrêter et renfermer dans le souterrain d'un château nommé Ardaschad. Cependant la vengeance divine s'appesantit sur lui, et comme Nabuchodonosor, il fut changé en bête. Pendant que l'Arménie entière était en proie à la désolation, une vision céleste avertit les sœurs du roi qu'il pourrait recouvrer la forme humaine, si l'on recourait aux prières de Grégoire. Celui-ci est délivré, revient près du roi, lui rend sa forme d'homme, le convertit et le baptise. A la suite de cet événement, toute l'Arménie embrasse le christianisme. C'est alors qu'a lieu le voyage de Tiridate et de Grégoire dans la capitale de l'empire romain.

Il n'entre pas dans mon sujet de démêler ce que ces récits peuvent cacher de faits réels et quelle part on y doit faire aux éléments fabuleux. Ce qui me semble clair, c'est qu'une pareille concordance entre deux événements parallèles, la conversion de l'empereur et de l'empire romain d'une part, la conversion du roi et du royaume d'Arménie de l'autre, ne peut être l'effet du hasard, et qu'elle acquiert une singulière importance quand on la rapproche de ce que nous avons vu sur les origines de la légende de Sylvestre, sa première apparition en Occident et la filiation des textes qui nous l'ont conservée. De tout cela il me paraît résulter d'abord que la légende n'a pas pris naissance à Rome, et, en second lieu, que son berceau doit être placé en Arménie.

Quant au premier point, il me reste à écarter un témoignage monumental qu'on pourrait être tenté de m'opposer : je veux parler du célèbre baptistère du Latran, appelé aussi baptistère de Constantin. Je dirai d'abord que cette appellation n'a rien de commun avec la légende (2). La basilique à laquelle est attenant

---

(1) Agathange, dans les *Hist. de l'Arménie* de Langlois. t. I, p. 114 et suiv.

(2) M. Döllinger, *Die Papstfabeln des Mittelalters*, Munich, 1863, affirme que c'est le baptistère qui a donné lieu à inventer la légende de Sylvestre ; mais il ne donne aucune preuve et on a vu que cette opinion est contredite par tout ce que nous savons sur l'origine de cette légende.

le baptistère en question portait dans les temps anciens le nom de
son fondateur; on la désignait par les mots *basilica Constantiniana*; il en fut de même du baptistère, et s'il porte le nom de
Constantin, cela veut dire tout simplement qu'il fut fondé par cet
empereur. Le *Liber Pontificalis* nous a même conservé la liste des
fonds de terre affectés par Constantin à son entretien. Dans l'état
où nous le voyons maintenant, ce monument est l'œuvre de Xystus III (432-440). Ce pape y dédia une longue inscription qu'on
peut lire encore ; il n'y est fait aucune allusion au baptême du
premier empereur chrétien. Mais sur ce point rien n'est plus
éloquent que le silence des *Acta Sylvestri*. Si la légende que ces
actes racontent était née à Rome, il est impossible qu'elle ne se
fût pas formée autour du baptistère dont le nom était si bien fait
pour en provoquer l'éclosion.

Dans ces derniers temps on a cru voir une allusion à la légende
du baptême de Constantin dans une épigramme de l'*Anthologie*,
où l'on trouve une description de l'église maintenant détruite de
Saint-Polyeucte, à Constantinople. Cette église fut fondée vers la
fin du cinquième siècle ou le commencement du sixième par
Juliana, fille d'Anicius Olybrius, qui fut empereur à Rome en
472. La mosaïque de l'abside représentait le baptême de Constantin, et d'après l'interprétation de feu le chanoine Bock (1), elle le
représentait dans les circonstances indiquées par la légende. On
peut dire *a priori* qu'il ne serait pas bien étonnant que la légende
constantinienne eût acquis assez de faveur dans la capitale de
l'empire, vers l'an 500, pour qu'une princesse de la famille impériale pût la faire représenter par la peinture ; l'histoire vraie avait
alors contre elle toute la défaveur attachée à l'hérésie arienne,
surtout au moment où cette hérésie était la religion nationale des
Goths, oppresseurs de l'Italie. Cependant, après examen de l'épigramme citée et commentée par M. Bock, il faut répondre tout
simplement qu'elle ne parle en aucune façon de la légende. Voici
les vers où l'auteur décrit la mosaïque :

Ἔνθ' ἵνα καὶ γραφίδων ἱερῶν ὑπὲρ ἄντυγος αὐλῆς
ἔστιν ἰδεῖν μέγα θαῦμα, πολύφρονα Κωνσταντῖνον,
πῶς προφυγὼν εἴδωλα, θεημάχον ἔσβεσε λύσσην,
καὶ Τριάδος φάος εὗρεν ἐν ὕδασι γυῖα καθήρας.

Le deux mots γυῖα καθήρας ne signifient pas le moins du monde

(1) *Christliche Kunstblätter* de Fribourg-en-Brisgau, janvier et février 1869,
p. 145-151.

que Constantin se soit purifié de la lèpre en se plongeant dans
l'eau baptismale; ils expriment simplement la réception du sacre-
ment du baptême, indépendamment de toute circonstance particulière.

Les actes du juif Cyriaque.

La notice du pape Eusèbe, dans le *Liber Pontificalis*, est empruntée en partie aux actes du juif Cyriaque, qui contiennent un récit fabuleux de l'invention de la vraie croix par le
pape Eusèbe et sainte Hélène, mère de Constantin. Ces actes,
publiés par les Bollandistes au 4 juin, sont jugés par eux absur-
des et indignes de foi. En les indiquant comme source du *Liber
Pontificalis*, je dois leur donner une place tout auprès des actes
de Sylvestre. Il est remarquable que ces deux récits apocryphes
ont toujours fait route ensemble et qu'ils ont à peu près la même
histoire. En Occident ils sont mentionnés ensemble, l'un auprès
de l'autre, dans le décret dit de Gélase (1); tous les deux sont mis à
contribution par le *Liber Pontificalis* et par Grégoire de Tours (2).
D'ailleurs, les actes de Cyriaque ne représentent pas plus une
légende romaine que ceux de Sylvestre; on y chercherait vainement un indice topographique qui permît d'en placer la composition à Rome. Ils ne peuvent non plus avoir été rédigés à Jérusalem. En Orient nous les trouvons commentés, comme les actes
de Sylvestre, par saint Jacques de Sarug, dont Assemani cite
une homélie sur ce sujet (2). C'est le plus lointain témoignage que
j'aie pu recueillir sur leur compte : je ne vois aucun indice qui
me permette d'aller au delà et de placer leur rédaction en Arménie.

(1) Migne, *Patrol. lat.* t. XL, p. 174.
(2) *Hist. Franc.*, I, ch. XXXIV.
(3) Assemani, l. c. Sur saint Jacques de Sarug, v. les Bollandistes, t. XII
d'octobre, p. 824 et suiv.

CHAPITRE VI.

Les écrits que je me propose d'étudier dans ce chapitre comme sources du *Liber Pontificalis* sont :

1° la *Constitutio Silvestri*, procès-verbal supposé d'un concile romain tenu sous la présidence de saint Sylvestre antérieurement au concile de Nicée ;

2° le pseudo-concile romain qui se donne comme celui où saint Sylvestre aurait solennellement confirmé les décrets de Nicée ;

3° les *Gesta de Xysti purgatione et Polychronii episcopi hierosolymitani accusatione* ;

4° le pseudo-concile de Sinuesse ;

5° les *Gesta Liberii papæ* ;

6° les *Acta Eusebii presbyteri*.

On trouvera tous ces documents, sauf les *Acta Eusebii*, réunis à la fin du recueil de dom Coustant (1). Les *Acta Eusebii* ont été publiés par les Bollandistes (*tom. III Aug.*, p. 167).

1° La *Constitutio Silvestri*.

Pas plus pour ce document que pour les autres, je n'entreprendrai une discussion d'authenticité ; depuis longtemps il est reconnu que tous ces écrits sont apocryphes, qu'ils ont été fabriqués dans un temps bien postérieur à celui auquel ils prétendent remonter, et déjà, pour la plupart d'entre eux, dom Coustant a indiqué les premières années du sixième siècle et du pontificat de Symmaque. Je n'ai pas à refaire son argumentation ; il me suffira de la com-

---

(1) *Epist. Romanorum Pontificum*, Paris, 1721.

pléter et surtout d'indiquer dans quelle mesure ces apocryphes ont servi à l'auteur du *Liber Pontificalis.*

La *Constitutio Silvestri* a été rédigée à Rome ; ceci résulte tant du caractère général de ses dispositions que de l'exactitude topographique avec laquelle son auteur a placé la célébration du pseudo-concile au point précis de Rome où se conservait un souvenir monumental du pape Sylvestre, le *titulus Equitii* ou *Silvestri*, près des thermes de Trajan. Pour la date, elle se place entre l'apparition à Rome de la légende du baptême de Constantin par Sylvestre et la rédaction du *Liber Pontificalis ;* d'ailleurs l'un de ses principaux articles est évidemment inspiré par la controverse entre les catholiques de Rome et les partisans de l'antipape Laurentius. Enfin, ce qui n'avait point encore été signalé, elle contient une protestation en faveur de l'ancien cycle pascal de quatre-vingt-quatre ans, supplanté par le comput de Victorius d'Aquitaine. Nous avons déjà vu (p. 31) que ces deux manières de calculer la Pâque ne se trouvèrent en contradiction, depuis la publication du livre de Victorius, qu'en l'année 501, qui tombe précisément sous le pontificat de Symmaque, entre l'apparition des *Acta Silvestri* et celle du *Liber Pontificalis ,* et au fort de la compétition de Laurentius (1). Il y a donc tout lieu de croire que la *Constitutio Silvestri* a été fabriquée cette année-là même, à moins qu'on ne veuille en reculer l'apparition jusqu'à l'année 513, où les deux computs se trouvèrent de nouveau en opposition ; mais comme alors l'Eglise romaine était entièrement pacifiée et que Symmaque occupait sans aucune contradiction la chaire pontificale, la première date est beaucoup plus probable.

---

(1) Parmi les griefs articulés contre Symmaque, celui de n'avoir pas célébré la Pâque au jour légitime est formellement indiqué dans la notice laurentienne de ce pontife (Migne, II, p. 1423) : *Quem rex sub occasione paschali quod non cum universitate celebraverat ad comitatum convo[caverat] rationem [de] festivitatis dissonantia rediturum.* Cette citation à comparaître se place dans les premiers mois de l'année 501. Si c'est la Pâque de cette année qui y donna lieu, il faut admettre une inadvertance de la part du rédacteur de la notice, qui aurait dû écrire *indixerat* au lieu de *celebraverat.* Cependant il est à la rigueur possible que Symmaque ayant célébré la Pâque le 25 mars, suivant l'ancien cycle romain (le cycle alexandrin indiquait le 22 avril) ait été aussitôt après mandé à Ravenne, et que les événements racontés par les deux livres pontificaux, par Ennodius et par les lettres de Théodoric aient pu se placer entre la Pâque du 25 mars et celle du 22 avril. Cette solution me semble plus probable que la précédente ; si elle est acceptée comme vraie, il en résultera qu'au commencement du sixième siècle le cycle de Victorius ne faisait pas loi à Rome. — Cfr. de' Rossi, *Inscr. christ.*, t. I, p. xcv.

Il semble qu'indépendamment de l'intention de soutenir la
cause de Symmaque, le rédacteur de la *Constitutio Silvestri* ait
eu aussi le désir de revendiquer pour Rome l'honneur d'avoir été
le théâtre des premières assises œcuméniques de l'épiscopat chrétien. Le souvenir de Nicée et l'illustration qui pouvait en résulter pour l'Eglise orientale l'obsède et le chagrine. Ce sentiment,
naturel en un temps où les Eglises d'Orient étaient séparées de la
communion romaine, devait être plus particulièrement éveillé
chez notre faussaire, un pauvre clerc ignorant, et en tout cas de
race barbare, probablement quelque Goth converti de l'arianisme (1).

La *Constitutio Silvestri* contient dix-neuf chapitres ou décrets,
répartis en deux sessions et précédés d'un préambule où il est dit
que Constantin, après avoir été baptisé et guéri de la lèpre par saint
Sylvestre, réunit à Rome un concile de deux cent quatre-vingt-
quatre évêques d'Occident et cinquante-sept du pays de Rhino-
corura dont les noms sont indiqués; il est à remarquer que parmi
les évêques orientaux, un certain nombre portent des noms qui
suffiraient à exciter le soupçon, comme : *Quodvultdeus*, *Spesindeo*,
Sempervivus, *etc.* Trois lettres y sont jointes, rédigées dans le
même style barbare, et datées comme la *Constitutio* elle-même
par des consuls imaginaires. La première est une demande de
confirmation adressée à Rome par le concile de Nicée, les deux
autres sont deux rédactions différentes de la réponse adressée par
Sylvestre au concile; le pape, en confirmant les décisions de Nicée, communique aux trois cent dix-huit Pères les décrets de son
propre concile.

2° *Le second concile de Sylvestre.*

L'autre document fabriqué sous le nom de Sylvestre décèle une
main différente. On n'y trouve plus la barbarie de mots et la syn-
taxe en désordre de la *Constitutio;* le faussaire est probablement
de race latine. Une autre divergence se remarque dans l'attitude
sur la question pascale; cette fois encore c'est le système de Victorius qui est attaqué, mais non plus parce qu'il est contraire aux
anciens usages romains : on restreint entre le 14 et le 21 de la lune
l'espace où peut tomber le dimanche pascal, ce qui est, comme
nous l'avons vu, la solution acceptée par le *Liber Pontificalis*, c'est-
à-dire celle de Denys le Petit (2).

(1) V. le jugement de dom Constant cité au bas de la page 179.
(2) J'ai dit plus haut, p. 32, que la solution dionysienne de la question pas-

La réunion conciliaire dont ce document prétend contenir les décrets est attribuée encore aux thermes de Domitien ou de Trajan ; mais la date en est légèrement abaissée, de sorte que l'assemblée est dite s'être tenue après le concile de Nicée, et pour en confirmer les ¡actes. De plus, on n'y trouve aucune disposition relative aux évêques et aux papes mis en jugement. Toutes ces circonstances me portent à croire que le pseudo-concile est postérieur à la *constitutio Silvestri*. Il lui emprunte d'ailleurs deux décrets (1) sur les cinq qu'il comprend lui-même.

Les deux faux conciles attribués à Sylvestre ont été largement mis à contribution par le rédacteur du *Liber Pontificalis*. En leur comparant la notice de Sylvestre, on voit de suite que la plupart des décrets disciplinaires qui y figurent après le récit de la fondation du titre d'Equitius proviennent de l'un ou de l'autre des deux apocryphes : ainsi, les chapitres I, II, V, VI, XI, XV, XVI, de la *constitutio*, les chapitres IV et V de l'autre concile ont passé plus ou moins intégralement dans la notice. J'ai dit la plupart des décrets, car on chercherait en vain dans ces deux textes les dispositions relatives à la confirmation réservée aux évêques seuls, à l'onction baptismale permise aux prêtres, et l'interdiction de célébrer la messe sur un autel couvert de voiles de soie. Rien ne prouve cependant que ces décrets n'aient pas figuré autrefois dans le texte primitif et complet des deux apocryphes ; il est évident que nous n'en avons pas la première rédaction, et qu'ils ont eu jadis, au moins le second, une étendue plus considérable. Dans celui-ci, en effet, on trouve, sous le n° III, le titre *de conciliis ter in anno celebrandis;* or, le décret qui vient après ce titre n'a rien de commun avec l'obligation de célébrer le concile trois fois par an. Il y a donc ici une lacune. Voici un autre indice : le *Liber Pontificalis* raconte que Sylvestre défendit aux clercs de paraître devant les tribunaux laïques : *ut nullus clericus propter causam quamlibet in curiam introiret, nec ante judicem cinctum causam diceret, nisi in*

cale introduite dans le *Liber Pontificalis* ne pouvait guère s'expliquer que par une interpolation opérée entre 525 et 530. Sans recourir à cette hypothèse, on peut admettre que les calculs de Denys le Petit étaient connus et appréciés à Rome avant la publication de son cycle, en 525. Nous les voyons déjà adoptés par le pseudo-concile de Sylvestre, qui est certainement antérieur au *Liber Pontificalis.* Si le cycle victorien a été jamais employé à Rome, ce n'a été que bien peu de temps ; en 501 on le maltraite au nom des anciens cycles; en 513, qui est la date probable du second pseudo-concile, on le rejette en lui préférant les calculs de Denys le Petit.

(1) IV et V.

12

ecclesia. Les pseudo-conciles contiennent le même décret : *Nemo enim clericus vel diaconus aut presbyter propter causam suam quamlibet intret in curia* (1) ; — *nec ullum clericum ante judicem laicum stare* (2) ; mais on y chercherait vainement l'expression primitive et caractéristique de *judex cinctus*, qui signifie ordinairement juge en exercice, mais se rencontre assez souvent dans les lettres de Cassiodore avec le sens de juge laïque (3). De même, dans le tableau des intervalles après lesquels on peut être promu aux degrés successifs de la hiérarchie ecclésiastique, le *Liber Pontificalis* introduit entre le sous-diaconat et le diaconat une fonction de *custos martyrum* que l'on ne retrouve plus dans les deux faux conciles dont cependant il dépend manifestement en cet endroit. Les *custodes martyrum* devaient être des clercs préposés à la garde des nombreux sanctuaires suburbains, où reposaient encore au sixième siècle tous les martyrs de Rome. Leur fonction dut disparaître lorsqu'au huitième et au neuvième siècle on transféra les corps saints dans les églises de la ville, et c'est peut-être la raison qui a conduit quelque transcripteur malavisé à en supprimer la mention dans les deux faux conciles. Ici encore le *Liber Pontificalis* nous a mieux conservé le texte originaire du document qu'il a copié, que les manuscrits où ce document a été lui-même reproduit.

Indépendamment des emprunts faits par la notice de Sylvestre aux deux conciles apocryphes, il faut en signaler deux autres dans la notice de Victor et dans celle de Xystus Ier, auxquelles le pseudoconcile tenu pour la confirmation des décrets de Nicée a fourni ses chapitres II et III.

Après avoir ainsi puisé dans les conciles apocryphes du commencement du sixième siècle, le *Liber Pontificalis* à été lui-même, et précisément pour cette partie de son texte, mis à contribution par un autre faussaire, le pseudo-Isidore. Celui-ci, sous le titre : *Excerpta quædam ex synodalibus gestis sancti Silvestri papæ* (4), reproduit toute la partie canonique de la notice de Sylvestre, en y joignant d'autres textes empruntés aux vies de Siricius et d'Anastase Ier, à la *Constitutio Silvestri* et à d'autres recueils disciplinaires.

3° Les Gesta de Xysti purgatione.

Le commencement de la notice de Xystus III contient le récit

---

(1) *Constit. Silv. cap. XVI.* Migne, *Patr. lat.*, t. VIII, p. 839.
(2) *Epistola Silv. c. IV.* Migne, *l. c.*, p. 826.
(3) V. Ducange à ce mot.
(4) Hinsch, p. 449.

d'une accusation qui lui aurait été intentée par un certain Bassus, à la suite de laquelle il aurait été obligé de se justifier devant un concile d'évêques, en présence de Valentinien III. Toute cette histoire est empruntée au document apocryphe dont nous avons à nous occuper. D'après les *Gesta Xysti*, qui racontent l'affaire beaucoup plus au long, un riche propriétaire, appelé Marinianus et un certain Bassus, ancien consul, ayant eu à propos d'intérêts temporels quelques démêlés avec le pape Xystus, répandirent contre lui une odieuse accusation d'incontinence. Cette calomnie ayant pris consistance, Xystus demanda des juges, et l'empereur Valentinien réunit une assemblée composée du sénat et du clergé de Rome, dans la basilique Sessorienne, fondée par sainte Hélène (1). L'innocence du pape y fut reconnue et proclamée, les accusateurs proscrits et exclus de l'Eglise. Peu de temps après, Bassus et Marinianus moururent sans avoir pu obtenir d'être réconciliés ; les sacrements leur furent refusés, ainsi que la sépulture ecclésiastique.

Il est évident que tous ces faits sont de pure invention, et je ne sais même s'il faut admettre que les calomnies répandues par les Pélagiens contre Xystus III, longtemps avant son élévation au pontificat, alors qu'il n'était encore que simple prêtre sous le pape Zosime (2), ont été l'occasion de forger cette histoire sur son compte. Il s'agit ici de bruits d'une tout autre nature, concernant non plus la foi, mais la conduite privée du pontife. Le dessein est évidemment de trouver un précédent à l'accusation d'incontinence élevée contre Symmaque par les partisans de Laurentius et de défendre la thèse que le pape ne doit être jugé par personne et que l'évêque ne doit être condamné que sur un nombre de témoignages tel qu'il soit à peu près impossible de le réunir. Par cette intention et aussi par la langue et le style, les *Gesta Xysti* doivent être placés tout auprès de la *constitutio Silvestri*, et sont probablement attribuables à la même main (3).

---

(1) Une des sessions du concile de 501, réuni à Rome pour juger Symmaque, se tint précisément dans cette basilique. Symmaque s'y présentait, venant de Saint-Pierre, où il avait sa résidence, lorsqu'il fut attaqué par un parti de laurentiens et obligé de rebrousser chemin, non sans dommage pour les prêtres et les fidèles qui l'escortaient. *Epist. Symm. V*, édit. Thiel, t. II, p. 660.

(2) Saint Augustin, ép. 191 et 194 de l'édit. bénédictine.

(3) *Cum his igitur quæ in causa Symmachi acta sunt, superiora Marcellini, Silvestri, Liberii maximeque ista Xysti gesta conferentes, in ea magis ac magis firmamur conjectura qua omnium illorum figmentorum artificem esse opinamur neophytum aliquem Gotthum, qui præ nimio et inconsiderato sedis apostolicæ stu-*

Il est remarquable qu'en entrant dans le *Liber Pontificalis* cette histoire a été notablement modifiée. D'abord, ce n'est plus devant l'assemblée des prêtres de Rome que comparaît l'évêque Xystus, c'est devant un concile de cinquante-six évêques ; puis, ce qui est plus intéressant, l'affaire se termine d'une façon beaucoup plus honorable pour lui ; au lieu de refuser impitoyablement la communion et la sépulture à son ennemi confondu et condamné, le pape donne de ses propres mains à Bassus, mort en paix avec l'Eglise, une sépulture honorable dans le tombeau de ses ancêtres, au cimetière du Vatican.

Ce détail est intéressant à signaler, car il montre une fois de plus comment les monuments peuvent inspirer les fabricateurs d'apocryphes. Au temps où le rédacteur du *Liber Pontificalis* introduisait dans la légende de Xystus III l'épisode de la sépulture de Bassus au Vatican, on pouvait voir, près du tombeau de saint Pierre, un grand sarcophage orné de sculptures chrétiennes et portant le nom de Junius Bassus, mort préfet de Rome en 359 (1). Ce monument s'est conservé jusqu'à nos jours dans les souterrains de la basilique Vaticane. Je sais que le Junius Bassus qui y reçut la sépulture est très-différent de l'Anicius Bassus, consul en 431, qui semble désigné par la légende, et que ces deux personnages n'appartenaient pas à la même famille, mais les auteurs d'apocryphes n'y regardent pas de si près (2).

A la suite du récit relatif à Bassus et à Xystus III, l'auteur des *Gesta Xysti* en a cousu un autre où à propos de Polychronius, évêque imaginaire de Jérusalem, on raconte une histoire semblable et surtout on défend encore une fois la thèse des quarante témoins requis pour condamner un évêque. Ce récit n'ayant aucun rapport avec le livre pontifical, je n'ai pas à m'en occuper.

4° Le pseudo-concile de Sinuesse.

Je n'ai pas non plus à m'étendre sur le faux concile de Sinuesse,

---

dio, cum mentiri nunquam licere nondum didicisset, illa confinxerit ut Romanæ synodi judicium adversus ejus impugnatores defenderet. Dom Coustant, *op. cit.*, p. 118, ad calc.

(1) Bosio, *Rom. subt.*, p. 45.

(2) Dans les *Gesta Xysti* et dans le *Liber Pontificalis*, il est raconté que les propriétés de Bassus furent données à l'Eglise romaine; le pape Simplicius (467-476) consacra au culte chrétien, sous le vocable de saint André, une basilique profane ornée de peintures dans lesquelles se lisait le nom de son fondateur : *Junius Bassus v. c. consul ordinarius.* V. de' Rossi, *Bull.* 1871, p. 5 et suiv.

apocryphe du même temps, du même dessein et vraisemblablement de la même main que la *constitutio Silvestri* et les *Gesta Xysti*.
Dans l'état où il nous a été conservé, il repose sans doute sur la
même donnée légendaire que la notice de Marcellin dans le *Liber
Pontificalis*, c'est-à-dire sur l'apostasie de ce pontife; mais le *Liber
Pontificalis* ne lui a fait aucun emprunt. Ceci cependant doit
s'entendre seulement des anciennes rédactions A et B et de leurs
combinaisons diverses ; la recension du douzième siècle contient
dans la notice de Marcellin tout un passage emprunté aux actes
de l'absurde concile de Sinuesse (1).

5° Les *Gesta Liberii papæ*.

Bien que cet apocryphe n'ait fourni que bien peu de chose à
l'auteur du *Liber Pontificalis*, il faut cependant que nous nous en
occupions ici, à cause des relations étroites qui l'unissent aux documents du même genre dont nous avons parlé jusqu'à présent.
Voici le fond de ce petit roman :

Libère a été exilé par un empereur appelé Constans ou Constan-
tius, non pas, comme le dit l'histoire, à Berrhée en Macédoine,
mais seulement à trois milles de Rome, dans le cimetière de
Noella (2). Le jour de Pâques approchant, Libère est désolé de ne
pouvoir célébrer la solennité baptismale au Latran; ses prêtres
s'empressent autour de lui, le consolent et lui démontrent qu'il
n'est pas nécessaire d'avoir à sa disposition un baptistère monumental pour procéder à cette cérémonie. Libère se laisse convain-

(1) Je ne puis m'empêcher de signaler ici une analogie d'intention entre les
apocryphes symmachiens et les fausses décrétales. M. Hinsch a solidement démontré que le pseudo-Isidore a voulu venir au secours de la discipline ecclésiastique, fort troublée de son temps et dans son pays, malgré les efforts de
Louis le Débonnaire et des conciles réunis pour la rétablir (conciles de Paris
en 829, d'Aix-la-Chapelle en 836, de Meaux et de Paris en 845 et 846). Pour donner
plus de poids aux décisions de ces conciles, il a essayé de les faire passer sous
le nom des papes des premiers siècles. De même, après le concile de 501, tenu
pour rendre la paix à l'Eglise romaine et faire reconnaître Symmaque comme
pape légitime, les efforts des évêques et de Théodoric étant restés à peu près sans
résultat, des conciles apocryphes sont inventés à l'appui de leur sentence et pour
défendre le pontife contesté. C'est toujours l'histoire d'Oza qui voit chanceler
l'arche sainte et, sans qu'on l'en prie, étend vers elle une main profane.

(2) Il faut entendre ici non pas le souterrain lui-même, mais les bâtiments
d'habitation attenant à l'église supérieure par laquelle on accédait aux galeries
du cimetière. Les papes Boniface Ier et Jean III habitèrent ainsi, l'un le cimetière de Sainte-Félicité, l'autre le cimetière de Prétextat. V. le *Liber Pontificalis*
à ces papes.

cre et baptise dans le cimetière Ostrien, voisin de celui de Noella,
et dans lequel une ancienne tradition rapportait que saint Pierre
avait baptisé les premiers fidèles de l'Eglise romaine.

Quelques semaines après , la solennité de la Pentecôte ramène
la nécessité de célébrer le baptême, et Libère se trouve de nouveau
embarrassé. Alors , le prêtre Damase intervient et lui propose de
construire un baptistère à Saint-Pierre ; on sait que cette basilique était alors en dehors de Rome , de sorte que Libère exilé
n'avait pas besoin, pour y aller, de se mettre en rupture de ban.
Damase détourne des sources qui suintaient à travers les terres du
cimetière du Vatican, au grand détriment des sépultures ; il établit
deux canaux de dérivation et construit une piscine qui sert, le jour
de la Pentecôte, à baptiser une foule de nouveaux croyants.

Comme les précédents apocryphes, celui-ci se place sous le pontificat de Symmaque , dans l'intervalle entre l'apparition des *Acta
Silvestri* dont il dépend et celle du *Liber Pontificalis* par lequel il
est mis lui-même à contribution. La manière dont il parle des
faux actes de Sylvestre est tout à fait remarquable : *hoc quum le-
gisset* (Liberius) *ex libro antiquo , edoctus a libro Silvestri episcopi
Romanorum , eo quod et publice prædicaret quia in nomine Jesu
Christi a lepra mundatum fuisse per Sylvestrum Constantinum pa-
truum Constantis*. Tout en faisant sonner bien haut l'autorité du
livre de Sylvestre, l'auteur des *Gesta Liberii* sent néanmoins le
besoin de soutenir la légende et de la concilier avec l'histoire. Le
Constantin guéri de la lèpre par Sylvestre n'est plus l'empereur
père de Constant, mais un oncle de celui-ci ; il n'est jamais désigné comme ayant été empereur ; c'est déjà une tentative pour
embrouiller les souvenirs historiques. Vers la fin du récit , le
baptême de Nicomédie est formellement reproché à une autre personne que le grand Constantin, c'est-à-dire à Constant lui-même,
le persécuteur de Libère.

Dans son ensemble , cet apocryphe est favorable à Libère; sa
chute y est mentionnée et excusée. Il n'y est point question de
Félix. Damase est représenté comme faisant à Rome les fonctions
de vicaire épiscopal. Bien des détails sont en contradiction avec
l'histoire, et, à vrai dire , aucun des éléments du récit ne rejoint
en quoi que ce soit la série des faits qui se passèrent à Rome au
temps de Libère. Mais si les *Gesta Liberii* ne peuvent rien nous apprendre sur le pontificat de Libère , ils ne sont pas sans intérêt
pour l'histoire de celui de Symmaque, sous lequel ils ont été rédigés. Pendant la compétition de Laurentius , une grande partie
des églises de Rome , et nous savons qu'il faut y comprendre la

basilique suburbaine de Saint-Paul (1) , furent au pouvoir de cet antipape. Il est probable que Symmaque se sera trouvé, à quelque moment , dans l'impossibilité de célébrer la Pâque au Latran , et aura conféré solennellement le baptême dans quelque église en dehors des murs, peut-être à Saint-Pierre, qui semble avoir été toujours en son pouvoir (2). On aura voulu chercher un précédent à cette dérogation aux usages anciens ; de là la fabrication du petit roman qui nous occupe.

Un autre intérêt s'y rattache : c'est l'exactitude avec laquelle il décrit les lieux et les monuments. Comme exemple, je citerai sa description des travaux exécutés à Saint-Pierre par Damase : *Erant enim ibi* (ad S. Petrum) *monimenta et super aqua denatabat. Fecit autem... consilium Damasus et dixit : « Date mihi opera ministerii ut hæc aqua mundetur desuper cadavera hominum. » Fecit autem cuniculos duos et exinanivit locum illum qui est a dextera introeuntibus in basilicam beati Petri apostoli. Habebat enim ibidem fontem qui non sufficiebat. Et cecidit montem Damasus manu sua, et introivit plusquam consuetum est, et construxit fontem* (3). Ce texte trouve le meilleur commentaire dans l'inscription suivante , placée par Damase lui-même à Saint-Pierre , où on la conserve encore :

Cingebant latices montem, teneroque meatu
corpora multorum , cineres atque ossa rigabant.
Non tulit hoc Damasus , communi lege sepultos
post requiem tristes iterum persolvere pœnas.
Protinus aggressus magnum superare laborem
aggeris immensi dejecit culmina montis ;
intima sollicite scrutatus viscera terræ ,
siccavit totum quidquid madefecerat humor ,
invenit fontem præbet qui dona salutis.
Hæc curavit Mercurius levita fidelis.

6° *Les actes d'Eusèbe et la légende de Félix II.*

La notice de Libère contient sur l'exil de ce pape et son retour sur l'ordination et la retraite de Félix II, un récit contraire à tous

---

(1) V. p. 35.
(2) *Symm. Ep., V,* édit. Thiel, p. 662 ; cfr. la notice de ce pape dans le *L ibe Pontificalis,* n° 77, l. 14. En 501 le Latran était au pouvoir des schismatiques, ou tout au moins sous séquestre. Symmaque résidait à Saint-Pierre. Vers la fin de l'année, Théodoric invita le concile à rendre la maison épiscopale à Symmaque. Thiel, *op. cit.,* p. 681.
(3) Coustant, *op. cit.,* p. 93. Migne , *Patr. lat.,* t. VIII, p. 1392.

les témoignages de l'histoire. En voici la substance : Libère, n'ayant pas voulu admettre la foi arienne, est exilé par l'empereur Constance. Après son départ, et avec son agrément, le clergé romain élit pour le remplacer le prêtre Félix, qui ne tarde pas à excommunier deux prêtres romains, Ursace et Valens, convaincus d'être d'accord avec Constance. Ceux-ci intriguent alors auprès de l'empereur, et parviennent à faire rappeler Libère, qui revient en effet de l'exil, et fait d'abord quelque séjour au cimetière de Sainte-Agnès, puis finit par rentrer à Rome. Son retour donne lieu à des troubles dans le clergé et le peuple; des prêtres et des diacres sont massacrés en voulant s'opposer à son rétablissement sur le siége pontifical. Cependant Félix, retiré dans une propriété qu'il possède sur la voie de Porto, y meurt tranquillement le 29 juillet.

Je n'ai pas besoin de faire ressortir toutes les absurdités de ce roman ; elles sautent aux yeux de quiconque a la plus légère teinture d'histoire ecclésiastique. En dehors du *Liber Pontificalis*, ces récits se rencontrent, au moins partiellement, dans les actes du prêtre Eusèbe, histoire apocryphe, mais rédigée à Rome, en présence des monuments. Il y est raconté que pendant que Libère et Constance unissaient leurs efforts pour persécuter les catholiques de Rome, partisans de Félix, un prêtre nommé Eusèbe leur résista énergiquement et en face, ce qui lui valut d'être condamné à la réclusion dans une étroite cellule. Au bout de sept mois il y mourut. Les prêtres Grégoire et Orose lui donnèrent la sépulture dans la crypte papale du cimetière de Calliste ; Constance, l'ayant appris, fit enfermer Grégoire dans cette même crypte où il périt d'inanition.

M. de' Rossi a montré (1) comment cette histoire a été fabriquée d'après des monuments réels et des inscriptions apparentes encore au commencement du sixième siècle, et en même temps il en a signalé toutes les contradictions avec l'histoire vraie du pontificat de Libère. Je n'ai à m'occuper ici que des rapports entre les actes d'Eusèbe et le *Liber Pontificalis* et de la date de la légende. Sur le premier point, je dois constater d'abord qu'en plusieurs endroits le récit des actes d'Eusèbe est identique à celui de la notice de Libère. Voici les passages parallèles :

ACTES D'EUSÈBE.	NOTICE DE LIBÈRE.
Eodem tempore quo Liberius de exilio revocatus fuerat a Constantio	Ursatius et Valens rogaverunt Constantium ut revocaret Libe-

(1) *Roma sott.*, t. II, p. 107 et suiv.

augusto hæretico in eodem tantum dogmate ut non baptizarent populum sed una communione consummarent plebem...

Qui tamen (Felix) in prædiolo suo orationibus vacat ; et quidem jussu tuo Christianis occisionem et necem præcepisti inferri, maxime clericis et presbyteris et diaconibus.

Quapropter in plateis et in vicis et in ecclesiis, sive in balneis gladio trucidabantur, persequente Constantio christianos una cum Liberio.

rium de exilio ut una tantum communione participarent extra secundum baptismum.

...ab eodem die fuit persecutio in clero ita ut intra ecclesiam presbyteri et clerici necarentur et martyrio coronarentur. Qui Felix depositus de episcopatu habitavit in prædiolo suo, via Portuensi, ubi et requievit in pace.

Et persecutio magna fuit in urbe romana, ita ut clerici et sacerdotes neque in ecclesias, neque in balnea haberent introitum.

A première vue on reconnaît que la notice de Libère est plus précise et plus complète que les actes d'Eusèbe; il n'est donc pas possible d'admettre que ceux-ci aient été la source unique à laquelle la notice a été puisée. Le contraire semble plus vraisemblable, car, en dehors des détails particuliers à ses héros, le roman d'Eusèbe ne contient aucun élément qui ne se retrouve dans la notice de Libère. Mais on peut dire aussi que tous les deux ont puisé à une source commune, à un récit fabuleux du pontificat de Libère et de la compétition de Félix. C'est le moment de rechercher comment et en quel temps une légende aussi singulière a pu se former au détriment de la mémoire du pape Libère, si populaire de son vivant, et pour la plus grande gloire de son rival Félix II.

J'écarterai d'abord le texte publié par Baluze (*Miscell*, t. II. p. 497) sous le nom d'actes de Félix. Ce document, tiré par lui d'un passionnaire du neuvième siècle dont j'ai vérifié l'antiquité et le contenu, n'est autre chose qu'un extrait du *Liber Pontificalis*; on y chercherait vainement un détail ou une phrase qui ne se retrouve intégralement dans la notice de Libère ou dans celle de Félix II. Nous n'avons donc à notre disposition, pour juger de l'intention et du dessin général de cette légende, que le seul texte du *Liber Pontificalis*, puisque tout ce que disent les actes d'Eusèbe se retrouve dans la notice de Libère. Voyons donc jusqu'à quel point la légende du *Liber Pontificalis* est d'accord avec les monuments, la liturgie et l'histoire sinon du temps où elle prétend remonter, au moins de celui auquel elle fait son apparition.

J'ai déjà fait observer qu'il y a dans le *Liber Pontificalis* deux traditions différentes sur la mort de Félix. D'après la notice de Libère, l'antipape finit tranquillement ses jours dans une villa située sur la voie de Porto ; d'après la sienne propre, il meurt martyr dans la ville de Cora (Cora au pays des Volsques ?) et cependant tout près des murs de Rome et de l'aqueduc de Trajan : *Qui etiam passus est in civitate Corana cum multis clericis et fidelibus, occulte, juxta muros Urbis, ad latus formæ Trajani.* Dans ce texte, le nom de la ville de Cora est peut-être à mettre au compte de quelque accident paléographique, mais la double donnée topographique, *juxta muros Urbis, ad latus formæ Trajani*, aussi bien que l'indication relative à la sépulture de Félix, *in basilica quam ipse construxit via Aurelia, miliario II, XII kal. dec.* se rapporte à la voie Aurélienne, où, en effet, les topographes du septième siècle nous apprennent que l'on vénérait deux Félix évêques et martyrs, sur lesquels nous n'avons aucun autre renseignement (1). Comme le récit de la notice de Félix est évidemment une retouche apportée à la légende primitive, je ne m'en occuperai pas davantage, et je reviens à la notice de Libère et à la tradition qui place la mort de Félix II sur la voie de Porto, et sa sépulture au 29 juillet.

Le 29 et le 30 juillet ont été, dès les premières années de la paix constantinienne, et peut-être même auparavant, des anniversaires solennellement célébrés sur la voie de Porto. Le 29 était la fête des martyrs Simplicius, Faustinus et Viatrix, dans le cimetière de Generosa, au cinquième mille, sous la colline que surmontait l'antique sanctuaire de la déesse Dia et du culte arvalique. Le 30 on se réunissait dans le cimetière de Pontianus, beaucoup plus près de la ville, vers le second mille, pour l'anniversaire des martyrs Abdon et Sennen. Ces deux fêtes figurent sur l'ancien kalendrier romain qui a été inséré avec tant d'autres documents du même genre dans le martyrologe hiéronymien. Pour la seconde, nous avons de plus le témoignage du kalendrier ou férial philocalien, publié par le P. Boucher, sous le titre de *depositio martyrum ;* cette pièce remonte à l'année 336.

Plus tard, et dès la fin du cinquième siècle, le culte de ces deux groupes de martyrs fut dépassé par la popularité qui s'attacha à un saint Félix, honoré dans une basilique de son nom, vers le troisième mille de la voie, au-dessus de l'ancien cimetière *ad insalatos.* Sa fête était célébrée le 29 juillet, le même jour que celle des saints Simplicius, Faustinus et Viatrix, ce qui donna lieu de

(1) De' Rossi, *Roma sott.*, I, p. 140.

joindre son nom aux leurs dans les martyrologes, sacramentaires, passionnaires et autres livres liturgiques. Ce rapprochement, cependant, n'alla jamais jusqu'à fondre ensemble la légende de ce Félix et celle de ses trois compagnons ; dans un passionnaire du neuvième siècle, celui-là même d'où Baluze a tiré les prétendus actes de Félix II, ces actes précèdent au 29 juillet ceux de Simplicius, Faustinus et Viatrix, mais en demeurent distincts. Du reste, les plus anciens topographes des cimetières romains, l'*index cœmeteriorum* du sixième siècle, et l'itinéraire de Salzbourg (625-642) parlent du sanctuaire de Félix sans mentionner Simplicius et ses compagnons ; la sépulture de ceux-ci a été retrouvée ornée de peintures du septième siècle environ (1) qui les représentent groupés autour du Christ : Félix ne figure pas auprès d'eux.

Il n'y eut donc jamais, entre le Félix de la voie de Porto et les martyrs du cimetière de Generosa, d'autre relation que la coïncidence de leurs anniversaires. Maintenant, qui était en réalité ce Félix ? Nous avons vu qu'au neuvième siècle on l'identifiait nettement avec le prétendu pape Félix II ; cette croyance est plus ancienne et nous en trouvons une trace dans les capitulaires des évangiles, publiés par Fronto, Martène, etc. ; ces capitulaires, comme l'a démontré M. de' Rossi (2), sont en relation avec l'état de la liturgie grégorienne avant l'année 682, mais ne sauraient remonter à une date beaucoup plus ancienne. Tous les manuscrits que nous en possédons dérivent de l'exemplaire qui fut adressé par Hadrien à Charlemagne avec les autres livres de la liturgie de saint Grégoire. Ainsi, au témoignage de cet important document, dès la seconde moitié du septième siècle, l'autorité ecclésiastique de Rome acceptait (3) l'identification du Félix honoré sur la voie de Porto avec l'antipape Félix II, considéré dès lors comme pape légitime.

Quant au culte d'un saint Félix, vers le troisième mille de la

---

(1) De' Rossi, *Bull.* 1869, p. 5.

(2) *Roma sott.*, I, p. 127.

(3) La responsabilité des papes ne peut être ici que très-faiblement engagée ; il ne s'agit nullement de l'insertion de la légende de Félix II dans l'office divin. Dans la rubrique de l'évangile assigné au 29 juillet, on lisait d'abord : *SS. Felicis, Simplicii, Faustini, Viatricis.* Vers 682 ou peut-être vers le temps d'Hadrien (772-795), on introduisit le sigle p̄p̄ (*papæ*) à la suite du nom *Felicis*, et voilà tout. Je me dispense de parler des martyrologes : tous ceux qui identifient le saint Félix du 29 juillet avec Félix II le font d'après le *Liber Pontificalis*, comme le petit martyrologe romain, Adon, Usuard, Raban, etc. Bède ne commet pas cette confusion.

voie de Porto, il est beaucoup plus ancien ; la topographie du Tibre, connue sous le nom d'Ethicus (1), donne à l'ancienne *via
Portuensis* le nom de *via sancti Felicis martyris ;* ce texte, comme
M. de' Rossi l'a démontré (*l. c.*), a été rédigé au plus tard dans les
dernières années de la domination des Goths. Comme en parlant
de la voie de saint Félix, il semble employer une dénomination
déjà accréditée, il faut que le culte de ce saint remonte au moins
aux premières années du sixième siècle et même plus haut. Le témoignage de l'*index cœmeteriorum* qui figure dans la *Notitia regionum Urbis* (2), nous conduit à la même conclusion. Les documents
antérieurs au sixième siècle, qui pourraient aider à éclaircir la
question, sont : la *depositio martyrum* de l'an 336, les sacramentaires de saint Léon et de Gélase et le martyrologe hiéronymien.
Or les trois premiers ne contiennent aucune mention de Félix ; le
silence du sacramentaire gélasien est surtout remarquable, car il
présente au 29 juillet une messe des saints Simplicius, Faustinus
et Viatrix ; il faut donc que du temps de Gélase (492-497) le culte
du saint Félix de la voie de Porto n'eût pas encore atteint la popularité et la solennité à laquelle il parvint au sixième siècle.

Reste le martyrologe hiéronymien, où il est en effet question
d'un saint Félix au 29 juillet, à la suite des trois saints du cime-
tière de Generosa. Voici la leçon du manuscrit de Berne : *ROMÆ,
Via portensi. natale Abseodi. Rufi. Abdi. Pontiani. Niceti. ET VIA
PORTV. ensi. In cimiterio. ejusdem. miliario VI. Simplici. Fastini.
Viatrici. IN AFRICA. natale Felicis. Nicetæ. POSTINANIA Philippi.*
Les autres manuscrits présentent le même désordre ; il est clair
que le commencement de ce texte provient du *laterculus* suivant,
celui du 30 juillet, où figurent la voie *Portuensis*, le cimetière
Pontiani et les martyrs Abdon et Sennen. Il semble aussi que dans
tout ce qui vient après le mot *Felicis*, il faille chercher les débris
de l'indication topographique *in cymiterio Generosæ ad sextum Philippi*, afférente aux martyrs Simplicius, Faustinus et Viatrix.
Mais quelle que soit la restitution proposée pour le *laterculus* du
29 juillet, l'attribution de Félix à l'Afrique est nette et claire ; elle
se reproduit d'ailleurs unanimement dans tous les manuscrits.

Dès lors une solution s'offre à l'esprit. Il est certain qu'à partir
du commencement du sixième siècle on a rendu sur la voie de
Porto, et le 29 juillet, un culte solennel à un martyr du nom de
Félix, sur lequel les documents romains plus anciens que l'an 500

(1) De' Rossi, *Bull.* 1869, p. 11.
(2) De' Rossi, *Roma sott.*, p. 131.

sont absolument muets. D'autre part, le martyrologe hiéronymien
nous apprend que ce même jour du 29 juillet on fêtait en Afrique
un saint Félix, isolé de tout compagnon, ce qui est à noter, car
le martyrologe hiéronymien est rempli de saints Félix africains,
perdus au milieu de longues listes de martyrs. N'a-t-il pas pu se
faire que ce saint Félix ait été transporté à Rome au cinquième
siècle et que l'on ait continué à y célébrer son anniversaire au
même jour qu'en Afrique?

Des translations semblables eurent lieu en très-grand nombre
quand la persécution des Vandales, au commencement du sixième
siècle, força tant d'évêques, de prêtres et de fidèles à quitter l'Afrique et à venir se réfugier en Sardaigne et en Italie. Beaucoup
d'entre eux emportèrent avec eux les reliques de leurs évêques et
de leurs martyrs, et l'on sait que c'est dans ces circonstances que
le corps de saint Augustin fut transporté en Sardaigne. Ce n'était
pas d'ailleurs la première fois que ces émigrations et ces translations se produisaient. Dès l'arrivée des Vandales à Carthage, en
439, un grand nombre d'exilés vinrent chercher une autre patrie
sur le sol romain et lui confier les restes de leurs saints. C'est ainsi
que le corps d'un évêque de Vesceter, dans la Mauritanie Siti-
fienne, fut transporté à Rome, où il reçut l'hospitalité de la crypte
papale du cimetière de Calliste ; les fouilles de M. de' Rossi nous
ont rendu son épitaphe (1).

*Si l'on accepte cette hypothèse, il sera facile d'expliquer com-
ment l'auteur de la légende félicienne a pu relier son roman à des
monuments réels et à un culte déjà établi, procédé que nous
voyons perpétuellement employé par les apocryphes romains et en
particulier par ceux du temps de Symmaque. On ne peut nier,
cependant, que cette tentative de falsification ne soit plus hardie
que toutes celles que nous avons rencontrées jusqu'ici, puisqu'elle
ne vise à rien moins qu'à déshonorer la mémoire d'un pape, à le
transformer en hérétique et en persécuteur. Il n'est donc pas inutile de montrer en peu de mots quelles circonstances ont pu la
favoriser ou tout au moins donner à son auteur le courage de la
hasarder.

Chacun sait que la conduite de Libère dans l'affaire de l'arianisme et de saint Athanase lui valut de graves reproches, et que,
d'autre part, Félix II, choisi par Constance pour lui succéder sur
le siége pontifical de Rome, ne fut jamais accusé d'enseigner ouvertement l'hérésie d'Arius. Sur bien des détails, l'histoire impar-

(1) *Roma sott.*, II, p. 222.

tiale est ici contrainte de se défier des témoignages les plus voisins des événements. Saint Hilaire et saint Athanase avaient de bonnes raisons de ne pas garder tout leur sang-froid en parlant de Libère. Les prêtres Faustinus et Marcellinus, qui nous ont laissé un écrit intéressant sur les premières années du pontificat de Damase, sont, dans un sens opposé, des témoins suspects. Animés de l'esprit schismatique de la secte luciférienne, ils portent dans leur dévouement à la mémoire de Libère un mépris implacable des tempéraments dont Félix et Damase crurent devoir user à l'égard de personnes autrefois compromises dans le parti semiarien. D'un autre côté, saint Jérôme fut le secrétaire de Damase, et ce pontife, qui avait compté parmi ses électeurs les partisans de Félix, reconnut vraisemblablement leur concours par un respect peut-être un peu complaisant pour la mémoire de ce personnage. Toutefois, même en tenant compte des exagérations et des compromis attribuables aux deux partis, il est certain que Félix II fut imposé au clergé et au peuple de Rome par la puissance séculière ; qu'il fut ordonné par des évêques ariens dans le propre palais de l'empereur ; que, s'il n'enseigna pas lui-même l'arianisme, il se maintint en communion avec les évêques ariens les plus déclarés ; que le peuple de Rome ne se résigna jamais à le supporter et finit par obtenir, à force de réclamations, le rappel de son légitime évêque ; qu'enfin Libère étant de retour et réinstallé sur son siége épiscopal, Félix, au lieu de se tenir tranquille et de faire oublier son intrusion, envahit la basilique de Julius au Transtévère et dut en être écarté par la force.

Malgré tout, cependant, la mémoire de Félix ne resta pas vouée sans rémission au mépris et à la rancune populaires ; que l'attitude de Damase y ait contribué, et dans quelle mesure, c'est ce qu'il n'est pas facile de mettre en évidence. Il est certain qu'à la fin du cinquième siècle on avait admis l'ancien rival de Libère dans le catalogue des papes légitimes. Son nom ne figure ni dans la liste de saint Optat, qui se termine à Siricius († 398), ni dans celle de saint Augustin, qui atteint Anastase Ier († 401) ; mais son portrait fut placé entre ceux de Libère et de Damase dans la série des médaillons des papes, peinte vers l'an 500 sur les murs de la basilique de Saint-Paul. En cherchant sur quelle autorité on a pu se fonder pour l'y introduire, je n'en vois d'autre que la chronique de saint Jérôme ; dans ce document, qui n'est pas un catalogue de papes et dont le témoignage ne nous donne nullement le droit de conclure que le saint docteur ait considéré Félix II comme un pape légitime, celui-ci est dit avoir occupé le siége

romain pendant un an. On sait quelle était, dès le cinquième siècle, la considération attachée aux écrits de saint Jérôme ; le décret
de Gélase recommande de suivre ses appréciations sur Rufin et
en général sur tous les auteurs auxquels il a cru devoir infliger
quelque censure.

Il ne me reste plus qu'à indiquer le dessein général de la légende. Cette fois-ci il n'est plus question d'un pape accusé et mis
en jugement, à propos duquel on soutient la thèse que l'évêque
ne peut être condamné que s'il est convaincu par un nombre
énorme de témoins et que le premier siége ne peut être jugé par
personne. Les scènes d'émeute et de carnage qui attristèrent les
premiers temps du pontificat de Symmaque, la présence à Rome
d'un compétiteur suspect d'hérésie en face du pape légitime semble avoir porté l'auteur des fables féliciennes à chercher des précédents à ces tristes événements. D'ailleurs, en faisant de Rome,
au temps de Libère, le théâtre d'une compétition sanglante, il ne
s'est pas trompé de beaucoup ; car si les choses se passèrent à peu
près paisiblement du vivant de Félix et de Libère, la mort de celui-ci fut le signal de scènes odieuses entre les plus acharnés de ses
partisans et la majorité des chrétiens de Rome, libériens ou féliciens autrefois, mais ralliés à l'autorité du saint pape Damase (1).

Je termine cette discussion, peut-être trop longue, en consta-
tant que la légende de Félix dépend, comme la plupart des apocryphes précédents, des faux *acta Silvestri*. Il y a cependant ici,
comme dans les *Gesta Liberii*, une tentative de conciliation entre
la fable et l'histoire sur le baptême de Constantin. Dans les actes
d'Eusèbe, ce personnage lui-même, et Félix dans sa notice du livre pontifical reprochent à Constance d'avoir été rebaptisé à Nicomédie par un évêque arien.

---

(1) Dans tout ce qui précède, j'ai omis à dessein de parler d'une inscription
trouvée à Rome en 1582, qui donne à Félix II le titre de pape et de martyr.
Cette inscription fut découverte juste au moment où la critique de Baronius venait de détruire la légende du sixième siècle et allait écarter Félix du martyrologe et du catalogue des papes; puis elle disparut aussitôt. En admettant qu'elle
n'ait pas été le produit d'une imposture, on ne peut cependant la reconnaître
pour l'épitaphe placée sur le tombeau de Félix II au lendemain de sa mort. Sa
teneur, complétement en dehors du formulaire usité du quatrième au septième
siècle, doit la faire écarter tout à fait du débat, comme bien postérieure à tous
les documents autorisés, et inspirée par les écrits légendaires relatifs à Libère
et à son compétiteur.

CHAPITRE VII.

1° Les actes des martyrs.

C'est une chose digne d'attention que l'Eglise romaine, qui se glorifiait à juste titre du nombre de ses martyrs et entourait leurs tombeaux de tant d'honneur et de vénération, n'a conservé à peu près aucun procès-verbal de leurs actes. C'est à peine si dom Ruinart a pu insérer dans sa collection trois ou quatre de ces documents, encore ceux-là sont-ils des récits remaniés, d'un aspect et d'une autorité tout autre que les actes de certains martyrs asiatiques ou africains, où l'on trouve de véritables procès-verbaux criminels tirés des greffes des tribunaux provinciaux ou rédigés séance tenante par des sténographes chrétiens (1). Pour expliquer cette pénurie, on a dit que les actes des martyrs romains, soigneusement recueillis au moment même de la persécution, par des notaires dont c'était la fonction, et conservés dans les archives de l'Eglise, avaient disparu dans la persécution de Dioclétien avec tous les livres et papiers de la communauté chrétienne.

Que vaut cette explication ? Si l'on avait, au second siècle et au troisième, attaché tant de prix à posséder les procès-verbaux exacts des procès intentés aux martyrs, il s'en serait bien conservé quelque copie en dehors des archives de l'Eglise, et le quatrième siècle n'aurait pu les ignorer complétement. Si, après la paix rendue aux églises chrétiennes, les papes avaient désiré retrouver ou reconstituer les actes perdus, rien ne les empêchait de se faire délivrer

---

(1) On doit excepter ici les actes de saint Justin, philosophe et martyr; mais il faut noter que saint Justin n'a joui d'aucun culte dans l'Eglise romaine, au moins depuis le quatrième siècle; sa fête vient d'être tout récemment établie (1874).

à la préfecture urbaine toutes les pièces qui leur auraient semblé utiles. M. de' Rossi a montré que les archives de cette administration s'étaient ouvertes pour le compilateur de la chronographie de 354, lequel n'est peut-être pas autre que le propre calligraphe du pape Damase, Furius Dionysius Philocalus.

La véritable raison qui nous a privé de tant de documents intéressants, c'est que l'Eglise romaine n'y attachait pas alors l'importance qu'ils acquirent plus tard. D'autres églises introduisirent de bonne heure dans l'office liturgique la lecture des actes des martyrs. C'est ainsi que nous lisons dans un canon du concile d'Hippone, tenu en 393 : *Liceat etiam legi passiones martyrum, cum anniversarii dies eorum celebrantur* (1). Il n'en était pas de même à Rome, et il faut descendre jusqu'au temps d'Hadrien (772-795), pour trouver un texte qui nous montre le même usage établi dans l'église mère et maîtresse; encore semble-t-on y avoir apporté une grande réserve (2).

Voici, du reste, un article du décret de Gélase qui témoigne nettement des usages romains à la fin du cinquième siècle : *Item, gesta sanctorum martyrum quæ multiplicibus tormentorum cruciatibus et mirabilibus confessionum triumphis inradiant. Quis ista catholicorum dubitet et majora eos in agonibus fuisse perpessos, nec suis viribus, sed Dei gratia et adjutorio universa tolerasse? Sed ideo,* SECUNDUM ANTIQUAM CONSUETUDINEM, *singulari cautela in sancta Romana Ecclesia non leguntur quia et eorum, qui conscripsere, nomina penitus ignorantur, et ab infidelibus et idiotis superflua aut minus apta quam rei ordo fuerit, esse putantur..... Nos tamen, cum prædicta Romana Ecclesia, omnes martyres et eorum gloriosos agones, qui Deo magis quam hominibus noti sunt, omni devotione veneramur* (3).

Ainsi, au temps de Gélase (492-497), l'Eglise romaine, suivant en cela ses usages antiques, n'admettait pas les actes des martyrs aux honneurs de la lecture solennelle pendant les cérémonies de l'office divin. Elle se contentait de savoir que les martyrs avaient

---

(1) *S. Leonis M. opp.* éd. Ballerini, t. III, p. 88. — Cfr. *Pseudo-Isid.*, éd. Hinsch, p. 301. — Héfélé, *Hist. des conciles*, éd. française, t. II, p. 240 et suiv.

(2) *Vitæ enim Patrum* SINE PROBABILIBUS AUCTORIBUS *minime in ecclesia leguntur : nam ab orthodoxis titulatæ suscipiuntur et leguntur; magis autem passiones sanctorum martyrum sancti canones censuerunt ut liceat eas etiam in ecclesia legi, cum anniversarii dies eorum celebrantur.* Hadr. ep. ad Carol. Magn., ch. 17; Migne, *Patr. Lat.*, t. XCVIII, p. 1284; la dernière partie de ce texte est une reproduction du canon d'Hippone ; on peut comparer le commencement avec le décret de Gélase que nous allons citer.

(3) Thiel, *Epp. Romanor. pontif.*, p. 458.

souffert pour la foi, avec la grâce de Dieu ; elle célébrait leurs anniversaires et entourait leur mémoire d'honneur et de vénération,
mais ne s'inquiétait nullement de leur histoire. Il en était encore
de même un siècle après, au temps de saint Grégoire le Grand,
dont je dois aussi citer le témoignage : *Præter illa enim quæ in
ejusdem Eusebii* (Eusèbe de Césarée) *libris de gestis sanctorum martyrum continentur, nulla in archivo hujus ecclesiæ vel in Romanæ
urbis bibliothecis esse cognovi, nisi pauca quædam, in unius volumine
collecta. Nos autem pæne omnium martyrum, distinctis per dies sin-
gulos passionibus, collecta in uno codice nomina habemus, atque quo-
tidianis diebus in eorum veneratione missarum solemnia agimus ; non
tamen in eodem volumine, quis qualiter sit passus, indicatur, sed
tantummodo nomen, locus et dies passionis ponitur* (1). Dans cette
dernière phrase, saint Grégoire décrit évidemment un martyrologe,
mais il commence par attester qu'il ne connaît, tant dans les archives de son église que dans les bibliothèques de la ville de Rome,
qu'un seul passionnaire, et encore ce livre ne contient-il qu'un
petit nombre d'actes de martyrs.

Mais si l'autorité ecclésiastique de Rome restait indifférente à
l'égard de ces actes, il n'en était pas de même des particuliers, et
dès le cinquième siècle un grand nombre de récits hagiographiques circulaient dans les rangs des simples fidèles. Le rédacteur
du *Liber Pontificalis* les connaissait bien et fit à plusieurs d'entre
eux de larges emprunts que je vais signaler tout à l'heure. Il alla
même plus loin et se donna la tâche d'authentiquer en bloc tous
les actes de martyrs que l'on avait fabriqués jusqu'alors. A cet
effet, il inventa une série de décrets par lesquels les anciens papes
auraient créé toute une hiérarchie préposée à la rédaction et à la
garde de ces documents. C'est ainsi que dès l'âge apostolique saint
Clément divise Rome en sept régions, dans chacune desquelles
un notaire est chargé de les recueillir. Anteros se distingue par
son zèle à se procurer les actes des martyrs ; il les dépose dans
l'église. Fabien établit six sous-diacres et leur donne mission de
surveiller les notaires dans l'exercice de leurs fonctions. Il suffit
de comparer ces renseignements avec ce que nous avons dit ou
cité sur les usages réels de l'Eglise romaine, pour se convaincre
qu'ils ne sont autre chose que de pures inventions, et doivent
aller rejoindre bien d'autres imaginations du même genre, que
nous aurons bientôt à mettre au compte de notre auteur.

Les actes de martyrs employés dans la rédaction du *Liber Pon-*

(1) Greg. M. *Ep*. VIII, 29.

tificalis ne doivent pourtant pas être considérés comme dénués de toute valeur historique. D'abord ils ont été rédigés à Rome et peuvent en tous cas nous renseigner sur la topographie des sépultures et le culte dont elles étaient l'objet. Ensuite, ces documents étant antérieurs à l'apparition du livre pontifical se trouvent avoir une antiquité relative. Il est possible qu'à la fin du cinquième siècle tout souvenir des temps antérieurs à Constantin ne fût pas effacé de la tradition populaire ; d'ailleurs il existait alors des inscriptions et des peintures qui pouvaient avoir conservé d'utiles vestiges des siècles anciens. Il est donc intéressant de faire le départ des textes hagiographiques mis à contribution par le *Liber Pontificalis* : malheureusement ils sont bien peu nombreux.

Les notices d'Urbain, de Cornelius, de Gaius, de Marcellinus et de Marcellus sont les seules dans lesquelles on puisse reconnaître d'une manière certaine des emprunts faits à des actes de martyrs. Pour ce qui regarde Gaius et Marcellus, j'ai déjà traité la question et montré que les textes employés ont disparu ou ont été remaniés après avoir servi au rédacteur du livre pontifical. Il en est de même pour la notice de Marcellinus ; le faux concile de Sinuesse, dont il a été question dans le chapitre précédent, n'est pas la source où elle a été puisée : il faut admettre, ou qu'il a existé des actes de Marcellinus distincts de ce pseudo-synode, ou que la rédaction de celui-ci ne nous est pas parvenue dans son intégrité.

La notice d'Urbain a été tirée en partie des actes de sainte Cécile. Ceux-ci, d'ailleurs, sont, au jugement de M. de' Rossi (1), de la fin du quatrième siècle ou du commencement du cinquième. Reste la vie de Cornelius, qui va nous montrer une fois de plus la prédilection du *Liber Pontificalis* pour les récits apocryphes. Le catalogue libérien, copié perpétuellement par lui, contient, à l'article de Cornelius, une mention historique de la mort de ce pape, dont les lettres de saint Cyprien nous apprennent aussi les circonstances. On lit textuellement dans le document de l'an 354 : *Centumcellis expulsus, ibi cum gloria dormitionem accepit.* Le rédacteur du *Liber Pontificalis* commence par transcrire tout ce que contient le catalogue libérien, jusques et y compris les mots *Centumcellis expulsus;* là il s'arrête et entame une longue histoire d'après laquelle le pape Cornelius, mort en 252, suivant la date consulaire inscrite en haut de la notice elle-même, est ramené à Rome pour comparaître devant l'empereur Dèce, que l'on sait

(1) *Roma sott.*, II, p. xl et suiv.

avoir péri au delà du Danube, vers le mois de novembre 251. Cette même légende se retrouve dans le texte des actes de Cornelius, dont la meilleure rédaction a été publiée par Schelstrate (*Antiq. eccl.*, I, p. 188). Il y a même si peu de différence entre les deux narrations, qu'on se demande au premier abord laquelle est copiée sur l'autre. Mais, comme la *passio Cornelii* contient un important épisode sur les martyrs Cerealis, Sallustia, etc., dont ne parle pas le *Liber Pontificalis*, et comme celui-ci met au compte de Cornelius une translation des corps de saint Pierre et de saint Paul que le rédacteur des actes n'aurait pas manqué d'insérer dans son récit, s'il l'avait connue, il est plus probable que les actes sont antérieurs au livre pontifical.

Indépendamment de ces cinq notices, on peut signaler dans quelques autres des traces plus ou moins douteuses d'emprunts faits à des actes de martyrs. Je citerai la notice de Xystus II, qui semble avoir tiré quelque chose des actes maintenant perdus de saint Laurent; celle d'Etienne Iᵉʳ, dans laquelle le manuscrit *Vaticanus* 3764 et ses similaires présentent une ou deux phrases relatives à sa mort, qu'on ne trouve dans aucune autre recension. Les détails qu'on y lit sont en contradiction avec les actes de saint Etienne pape; ils dérivent, d'ailleurs, d'une meilleure source, et les monuments sont d'accord avec eux contre le récit des actes (1).

2⁰ *Les décrets pontificaux.*

Il me reste maintenant à parler des indications du *Liber Pontificalis* qui ne rentrent dans aucune des catégories de sources authentiques ou apocryphes que nous avons étudiées jusqu'ici. En première ligne se présentent les renseignements sur le nom et la patrie des pontifes et sur le nombre des prêtres et des diacres qu'ils sont dits avoir ordonnés pour leur église propre, d'évêques qu'ils auraient sacrés pour les églises de leur juridiction métropolitaine. Je sais que l'on a fait valoir beaucoup d'arguments *a priori* pour donner crédit à ces indications, mais jamais on n'a pu produire un document qui en justifiât même une seule. Il y a donc tout lieu, après ce que nous avons dit sur les procédés de composition du rédacteur de la chronique pontificale, de suspendre son jugement et de considérer ici ses informations comme peu sûres. Bien qu'il soit possible que l'on ait conservé le nom du père de chaque pontife, il est certain qu'aucun d'eux, jusqu'à la fin

(1) De' Rossi, *Roma sott.*, II, p. 85.

du cinquième siècle, n'est jamais désigné que par son *cognomen*, tant dans les livres qui parlent d'eux que dans les épitaphes, inscriptions dédicatoires, souscriptions de conciles, appellations des titres presbytéraux, etc. Dès lors, si l'on ne peut nier absolument la vérité de ces renseignements, il est tout aussi impossible d'indiquer, même par conjecture, la source où ils ont pu être puisés. On peut admettre que le rédacteur du livre pontifical ayant sous la main des indications de cet ordre pour les temps les plus voisins de lui, les ait suppléées par pure invention pour les premiers siècles. Du reste, ce ne sont pas là des renseignements si intéressants pour l'histoire que nous devions regretter qu'ils ne nous aient pas été conservés d'une manière sûre.

Il n'en est pas de même des décrets liturgiques ou disciplinaires; il serait évidemment du plus haut intérêt pour l'histoire de la discipline ecclésiastique, de savoir si telle ou telle disposition attribuée par le *Liber Pontificalis* à un pape des trois premiers siècles a réellement été une règle imposée et observée pendant l'âge des persécutions. Entrer dans l'examen de chacun de ces décrets serait faire un commentaire du livre des papes et non une étude d'ensemble sur ses origines. Je me bornerai à dire qu'un certain nombre sont évidemment étrangers aux papes à qui on les attribue, comme l'institution du carême par saint Télesphore, et le décret du pape saint Etienne, au temps de la persécution de Valérien, par lequel il est défendu aux ministres du culte de porter les vêtements sacrés en dehors des églises. D'autres prescriptions, comme celle qui regarde les évêques venus au concile romain, dans la notice de Xystus Ier, et celle qui règle la Pâque suivant le cycle de Denys le Petit, dans la notice de Victor, sont certainement extraites de document apocryphes bien postérieurs à ces pontifes (1). En regardant bien, on découvre çà et là des traces de préoccupations contemporaines de Symmaque, comme dans les deux décrets attribués à Evariste et à Lucius sur le nombre de prêtres et de diacres qui doivent accompagner constamment l'évêque pour pouvoir au besoin prêter témoignage de l'innocence de sa conduite. Enfin, n'est-ce pas une animosité personnelle du rédacteur qui lui fait diriger contre les moines et les religieuses toute une série de décrets qui les excluent des fonctions ecclésiastiques les plus humbles? C'est ainsi que Xystus Ier, contemporain d'Hadrien, réserve aux seuls ministres du culte le droit de toucher aux vases sacrés, que Soter, contemporain de Marc-Aurèle, défend aux moi-

(1) Voir p. 178 ; cfr. p. 29 et suiv.

nes de porter la main sur les linges d'autel et d'allumer l'encens dans l'église, que Boniface Ier (418-422) applique cette même défense aux femmes, fussent-elles consacrées à Dieu.

Ces considérations nous donnent donc tout lieu de n'accepter qu'avec la plus grande défiance les dires du livre pontifical quand nous ne pouvons en vérifier l'origine. Tout ce qu'on peut affirmer, c'est que les dispositions liturgiques et disciplinaires qu'il contient témoignent des usages établis dans l'Eglise romaine au commencement du sixième siècle. A cet égard, l'œuvre du compilateur inconnu de la chronique papale n'est pas sans analogie avec celle du faux Isidore, et celui-ci s'est si bien reconnu dans son prédécesseur du temps d'Hormisdas, qu'il a forgé un grand nombre de ses pseudo-décrétales sur les indications du *Liber Pontificalis* (1).

(1) En terminant cette étude des sources du livre pontifical, je rappelle ce que j'ai dit (p. 13) sur les emprunts faits par les notices de saint Pierre et de saint Clément aux apocryphes relatifs à ces deux saints. Le *Vaticanus* 3764 et ses dérivés contiennent à la suite de la vie de Pius un passage sur la fondation du titre de Praxède, extrait des lettres qui circulent sous les noms de Pastor et de Timothée. V. les Boll. au 19 mai.

CHAPITRE VIII.

Dans la première partie de ce travail, je me suis efforcé d'établir que le *Liber Pontificalis* a été rédigé avant l'année 530 et même probablement vers le pontificat d'Hormisdas (514-523). Aux raisons données alors pour établir ce dernier point, je dois ajouter une considération qui complétera ma démonstration. Plus on étudie les deux *libri pontificales*, favorables l'un à Symmaque, l'autre à Laurentius, et plus on se convainc que ces deux compilations ont été faites à l'imitation l'une de l'autre, et qu'on doit les ranger toutes les deux parmi les écrits auxquels donna occasion le schisme laurentien, au commencement du sixième siècle. La chaleur de la lutte n'est pas moins sensible dans l'un que dans l'autre ; tous deux sont précis et détaillés dans le récit des événements qui leur sont favorables, vagues et brefs quand l'intérêt de leur cause le demande. C'est ainsi que le *Liber Pontificalis* symmachien glisse sur les séances du concile de 501 dont l'attitude ne fut pas toujours aussi énergique en faveur de Symmaque que celui-ci l'aurait désiré. Au contraire, le partisan de Laurentius fait ressortir que les évêques et le roi avaient réellement tenu à faire comparaître Symmaque et à porter un jugement dans sa cause, que l'acte d'accusation dressé par les laurentiens avait été lu solennellement devant le concile, et qu'enfin celui-ci ne s'était nullement prononcé sur la vérité ou la fausseté des faits articulés contre le pape. En revanche, il passa rapidement sur les scènes de désordre et de carnage dont Rome fut le théâtre après le départ des évêques ; il s'agit ici de faits peu honorables pour le parti de Laurentius ; le biographe symmachien s'est bien gardé de les passer sous silence.

De cette corrélation entre les deux livres pontificaux il faut

conclure qu'ils sont contemporains. Si l'exemple d'écrire les vies
des papes a été donné par le parti symmachien, comme l'imitation
laurentienne se place entre 514 et 518, sans aucun doute possible,
la date que nous avons attribuée par conjecture au *Liber Pontificalis* se trouve confirmée. Si au contraire c'est le *Liber Pontificalis*
laurentien qui a paru le premier, l'autre ne devra pas pour cela
être reporté à une date bien postérieure, et on devra le rapprocher
le plus possible de l'an 514. En effet, dès l'année 506, toutes les
églises de Rome furent rendues à Symmaque ; bien que cette restitution eût été faite par ordre de Théodoric, elle n'aurait pu avoir
lieu si dès lors les esprits n'eussent commencé à s'apaiser. Laurentius mourut ensuite, puis Symmaque, celui-ci après avoir
tenu huit ans sans conteste le gouvernement de l'Eglise. La trace
des discordes de ses premières années dut s'effacer de plus en
plus ; et ce serait placer bien tard la rédaction d'un livre inspiré
par sa querelle que de la reculer jusqu'à la fin du pontificat d'Hormisdas.

Du reste, pour dire toute ma pensée, je croirais plus volontiers
que la chronique laurentienne a été rédigée la dernière. Dans le
livre pontifical symmachien, les fondations et restaurations d'églises par Symmaque occupent une place considérable. Le partisan
de Laurentius en parle aussi, mais en peu de mots (1) et même il
semble dire que si tant d'églises ont été bâties ou refaites par Symmaque, c'est avec l'argent des autres. Ce détail satirique me
semble viser les longues énumérations du *Liber Pontificalis* symmachien.

Après avoir établi la date de la première rédaction du livre pontifical, il est intéressant de dater aussi, autant que cela est possible, les diverses continuations qui l'ont prolongé depuis le commencement du sixième siècle jusqu'à la fin du neuvième. Pour y
arriver, nous avons deux procédés à notre disposition : étudier
les manuscrits et les limites successives où ils s'arrêtent; discerner
dans le texte lui-même les particularités de style et d'intention qui
trahissent des rédacteurs différents. La première méthode est de
beaucoup la plus sûre ; l'autre tient plus largement ouvert le champ
de l'appréciation personnelle ; je tâcherai donc de ne m'en servir
qu'en toute prudence. J'ai voulu caractériser tout d'abord ces deux

(1) Voici ce qu'il en dit : « Hic beati Martini ecclesiam juxta sanctum Sil-
» vestrem *Palatini inlustris viri pecuniis* fabricans et exornans, eo ipso instante
» dedicavit ; nonnulla etiam cymeteria et maxime sancti Pancratii renovans,
» plura illic nova quoque construxit. » (Migne, II, p. 1426.)

procédés ; car, dans ce qui va suivre, je ne puis m'astreindre à
donner d'abord les résultats absolument certains, puis les conjectures plus ou moins probables ; l'ordre chronologique s'impose ,
sous peine de tomber dans une obscurité inextricable.

La première coupure se place après Félix IV († 530). Le manuscrit qui servit au compilateur de la collection canonique dont nous
avons parlé (liv. I, chap. II), n'allait pas au delà de ce pape. Depuis Symmaque, les consuls sont toujours indiqués, et, ce qui est
très-remarquable, ils le sont avec les mêmes désignations que l'on
rencontre sur les épitaphes de Rome à cette époque ; nous sommes
ici bien loin de la confusion qui règne dans les dates consulaires
extraites du catalogue libérien. Pour Hormisdas († 523) et Jean Ier
(† 526), on marque aussi, à la fin de la notice, la date consulaire
de leur mort. Elle manque dans la notice de Félix IV comme
dans celle de Symmaque ; ces deux dernières ont une autre analogie de rédaction : c'est que le jour initial et le jour final du pontificat sont indiqués au commencement. Toutes ces notices ont été
écrites par un contemporain , peut-être les unes après les autres ,
comme je l'ai dit plus haut, p. 27 (1). L'abrégé félicien leur conserve à peu près la même étendue qu'elles ont dans le *Liber Pontificalis ;* il y a même un passage de la vie d'Hormisdas qui a disparu des manuscrits de celui-ci et ne s'est conservé que dans le
texte félicien. Ceci ne peut servir d'argument contre ma thèse et
redonner au texte félicien l'antériorité sur le *Liber Pontificalis ;* il
s'agit ici d'une lacune certainement attribuable à un copiste et
non point d'une différence de rédaction ; chacun pourra s'en assurer en lisant dans la vie d'Hormisdas le récit sur la légation en-
voyée par ce pape à Constantinople ; il est évident que ce récit
est interrompu (n° 84 , l. 14) et qu'il ne se terminait pas originairement aux mots *consentimus sedi apostolicæ ;* la suite se trouve
dans l'abrégé félicien. Il n'est pas étonnant que celui-ci soit aussi
étendu que le *Liber Pontificalis* pour les vies d'Hormisdas à Félix IV. Au temps où il a été rédigé, les événements de cette période
avaient un intérêt assez grand pour engager à ne faire aucune suppression. Il n'en était plus de même à la fin du septième siècle ;

---

(1) Il y a dans la notice d'Hormisdas une erreur de date. Au commencement,
on dit qu'Hormisdas siégea *a consulatu Senatoris usque ad consulatum Symmachi
et Boetii,* c'est-à-dire de 514 à 522. Hormisdas ne mourut qu'en 523, et le *Liber
Pontificalis* le marque ainsi à la fin de cette même notice. Il ne faut pas attacher plus d'importance à cette erreur qu'à une autre du même genre qui se
trouve dans la vie de Félix IV ; il y est dit que ce pape siégea *a consulatu Ma-
burtii,* c'est-à-dire depuis 527, tandis que son pontificat commence en juillet 526.

aussi toutes ces notices sont-elles moins longues dans l'abrégé
terminé à Conon que dans l'abrégé félicien ; le premier, en revanche, est très-complet pour les papes les plus voisins du temps où
il s'arrête.

Après Félix IV la rédaction offre quelque différence dans la manière de marquer les dates et surtout l'esprit change. L'auteur de la
notice de Félix a passé sous silence l'irrégularité de l'élection de
ce pape, imposé par la volonté de Théodoric ; il s'abstient d'infliger au roi goth l'épithète d'hérétique qui est jointe à son nom dans
la vie de Jean Ier et dans celle de Boniface II. Désormais l'animosité contre la domination des Goths éclate sans réserve aucune. Le
nouveau rédacteur prend ouvertement le parti de l'antipape Dioscore
contre Boniface II, insiste sur les prétentions anticanoniques de ce
pape à désigner lui-même son successeur, met en relief la piété et
la libéralité de Justinien, triomphe de l'essai de réhabilitation des
partisans de Dioscore sous Agapit, et condamne l'ordination de
Silvère, créature du roi goth Théodat. Comme on le voit, je n'hésite pas à lui attribuer les trois notices de Boniface II, de Jean II,
d'Agapit et même le commencement de celle de Silvère. Cette dernière n'est pas tout entière de la même main : le premier narra-
teur, après avoir raconté et blâmé l'élection de Silvère, entre dans
le récit de la guerre de Bélisaire contre les Goths ; il nous fait assister d'abord au siége et à la prise de Naples par le patrice byzantin qu'il conduit ensuite à Rome, où Vitigès vient l'assiéger à son
tour. Après avoir rapporté la défaite finale des Goths, il s'arrête et
le récit qui suit (n° 100, l. 1) est dû à une autre main. Sur ce changement de rédaction il ne peut y avoir aucun doute, comme on le
verra bientôt. Déterminons d'abord la date à laquelle le premier
biographe a dû écrire.

Dans les deux notices d'Agapit et de Silvère, Justinien est appelé
domnus, ce qui indique qu'il régnait encore lorsque ces notices
ont été écrites ; Justinien mourut en 563. La mention de la victoire de Bélisaire et de la retraite des Goths sur Ravenne n'a pu
être introduite au plus tôt que vers la fin de l'année 538. D'un autre côté, comme le rédacteur ne semble avoir absolument rien ra-
battu de son ressentiment contre Silvère, il faut qu'il ait écrit
avant la mort de ce pontife, qui doit être arrivée avant le départ de
Vigile pour Constantinople en novembre 544. Enfin, bien qu'il parle
de la défaite des Goths, il ne mentionne pas la prise de Ravenne
par Bélisaire, vers la fin de 539 ; très-probablement donc le commencement de la notice de Silvère et ce qui précède a été rédigé
entre le mois de mars 538 et la fin de l'année suivante.

Dans cette partie du *Liber Pontificalis* on trouve encore deux dates consulaires, non plus au commencement, mais à la fin des notices de Boniface II et de Jean II. Bien que ces dates soient données comme celles de la mort, il est évident qu'elles ne peuvent être appliquées qu'à l'ordination (1). Peut-être n'appartiennent-elles pas à la rédaction primitive : écrites d'abord en marge des notices, elles auraient été ensuite insérées dans le texte, hors de leur véritable place, par un lecteur peu au courant de la chronologie des consuls. Il n'en est pas de même du synchronisme des rois goths et des empereurs d'Orient, régulièrement marqués dans les deux mêmes notices, et qui disparaît après pour ne plus se représenter. Faut-il voir dans ces particularités des notices de Boniface II et de Jean II la trace d'une rédaction différente de celle des deux suivantes? C'est possible ; en tout cas, l'esprit des quatre notices est bien le même et le style ne change pas d'aspect.

La fin de la notice de Silvère contient un autre récit des événements de la guerre gothique. Nous sommes de nouveau transportés à Naples, que Bélisaire fait rentrer dans l'obéissance au nom de Justinien, puis le patrice vient à Rome, et alors, à la différence du premier rédacteur, qui depuis ce moment néglige complétement les affaires ecclésiastiques pour parler du siége de la ville, le nouveau biographe s'occupe uniquement de Silvère et de sa déposition, causée par les intrigues de Vigile ; sur cet événement, il nous donne un récit détaillé qui ne peut avoir été écrit que par un témoin et sous une impression encore vive. Dans la biographie de Vigile on trouve de même des passages évidemment écrits au moment où les faits se sont passés, comme le récit du départ du pape au milieu des malédictions de ses ennemis et des sympathies de ses partisans. D'un autre côté, cette notice présente de graves bévues historiques; le rédacteur ne comprend rien à ce qui s'est passé à Constantinople ; il confond la répression de la révolte de Guntarit en Afrique (547) avec la victoire de Bélisaire sur Gélimer (534). Pour concilier cet anachronisme avec la minutie et la précision des autres récits, on peut supposer qu'à la suite de la notice interrompue

---

(1) Ici je rejette absolument la conjecture de Vignoli qui au lieu de : *consulatu Lampadi* (530), dans la notice de Boniface II, propose de lire : *iterum post consulatum Lampadi et Orestis* (532). Elle a contre elle l'analogie de la date attribuée à Jean II et le témoignage unanime des manuscrits, sauf pour l'adjonction *et Orestis,* où l'abrégé cononien lui donne raison ; mais cette adjonction ne change pas la date. La rédaction *Lampadi et Orestis* est d'ailleurs conforme aux textes lapidaires qui nomment toujours les deux consuls (V. de' Rossi, *Inscr. Christ.*, I, p. 465).

de Silvère un lecteur ait écrit sur son manuscrit quelques souvenirs contemporains, au fur et à mesure des événements, sans plus conserver la division en notices. Un rédacteur venu plus tard aura fondu ces récits avec des renseignements pris ailleurs, séparé les notices et introduit quelques anachronismes. Une preuve que dans la fin de la vie de Silvère et dans celle de Vigile, il y a des passages d'une autre main que ce qui précède et ce qui suit, c'est que plusieurs événements y sont datés par l'indiction, ce qui ne s'était pas encore vu et ne se représentera pas avant un siècle. D'autre part, l'irrégularité de l'ordination de Vigile pouvait jeter de l'incertitude sur le moment précis où son pontificat commençait et où finissait ̣ celui de Silvère. ̦En résumé, j'admets dans ces deux notices des éléments contemporains, mais une rédaction postérieure, la même que de celle de quelques-unes des biographies suivantes.

Dans celles-ci, de Pélage Ier à Honorius (555-638), on ne peut méconnaître un travail contemporain, ou plutôt une série de continuations contemporaines. Préciser les moments où la rédaction change de main me semble bien délicat, et ce n'est qu'avec toutes les réserves possibles que je signale la notice de Pélage II (577-590), comme pouvant être le point de départ d'une nouvelle série, la précédente comprenant les deux notices de Silvère et de Vigile, puis celles de Pélage Ier, de Jean III et de Benoît Ier. Mes soupçons se fondent sur la manière affectueuse dont on parle de ces deux derniers papes et sur l'introduction de la formule *Qui mortuus est et sepultus* qui apparaît pour la première fois dans la vie de Pélage II.

La notice de saint Grégoire est courte et sans proportion avec l'importance de son pontificat. Celui qui l'a écrite partageait peut-être les rancunes de certains clercs romains contre les moines, très en faveur au temps de saint Grégoire. Il est d'ailleurs évident que c'est un clerc qui tient la plume; aussi a-t-il bien soin de noter que Sabinien, successeur de saint Grégoire, remplit l'église de clercs séculiers, et que Deusdedit (614-617) rappela les prêtres et autres clercs aux postes d'où on les avait écartés. Il dit aussi que ce dernier pape fit au clergé des largesses posthumes : *Hic dimisit per obsequia sua et ad omnem clerum rogam unam integram ;* c'est là un détail qui sera désormais religieusement noté. La notice suivante, celle de Boniface V (617-626), contient pour la première fois un éloge des qualités du pontife ; sur ce point les biographes vont dorénavant renchérir les uns sur les autres.

Dans toute cette partie du *Liber Pontificalis* nous avons sans aucun doute une chronique contemporaine. Celui qui tient la plume est toujours un clerc, mais il ne paraît pas que ce soit un clerc d'un ordre bien élevé. Ces maigres notices ont plus d'une ressemblance avec les chroniques de monastères ; au lieu de distribuer les événements le long d'un cycle ou en forme d'annales, on les groupe par pontificats ; ce procédé d'ailleurs ne laisse pas une grande incertitude sur les dates, car les pontificats de cette période sont très-courts. Pour le fond, on y trouve peu d'événements intéressants ; des fondations d'églises, bien moins nombreuses qu'autrefois, quelques indications historiques, relatives aux rapports de l'Eglise romaine avec les empereurs et les exarques, la mention des phénomènes naturels, pluies, débordements du Tibre, famines, éruptions du Vésuve, comètes, etc.

La notice d'Honorius a une physionomie à part; elle ne comprend rien autre chose que l'énumération assez longue de ses fondations, si l'on excepte les deux phrases : *Hic temporibus suis multa bona fecit. Hic erudivit clerum.* On peut donc arrêter à son prédécesseur Boniface V (✝ 626) une seconde série de notices depuis Silvère, si tant est qu'il y ait lieu de distinguer dans cette période des séries de notices attribuables à une main déterminée, et que toutes les biographies n'aient pas été simplement ajoutées une à une.

Après Honorius la rédaction devient plus ample ; les événements importants, comme les tentatives de révoltes de certains fonctionnaires byzantins, les entreprises des exarques contre le pontificat romain, et les phases de la crise monothélite sont racontés avec quelque détail. La notice de Théodore (642-649) s'inspire du concile tenu en 649 par Martin Ier, et emprunte même quelques passages aux actes de cette assemblée. C'est vers ce temps que les manuscrits nous présentent, pour la première fois depuis 530, quelque trace d'une coupure dans la série des notices. Le manuscrit 632 de Vienne, appartenant à la recension A, se termine par la notice d'Eugène Ier (✝ 655), suivie de ces mots : *Vitalianus natione Signiensis provinciæ Campaniæ de patre Anastasio sed. ann. mens.* L'absence des chiffres d'années et de mois afférents à ce pontife suppose un manuscrit écrit avant sa mort (669). Après la notice d'Adeodatus (✝676), successeur de Vitalien, on trouve dans le *Vaticanus* 3764 et ses similaires la note suivante : *A tempore ordinationis sancti Gregorii papæ usque huc , sunt anni LXXXXV, menses V, dies XIV.* Ce calcul, exact, moyennant la correction LXXXV introduite dans le chiffre des années, semble indiquer la fin d'un manuscrit. J'ai dit plus haut (p. 135) ce que je pense de deux notes semblables insérées avant les notices de saint

Léon et de saint Grégoire le Grand. Ces dernières n'ont pas de signification, car elles marquent des pontificats qui ont assez d'importance pour faire époque ; il en va tout autrement dans le cas présent. Le pape Donus, qui suit Adeodatus, n'est pas de ceux qui déterminent une période dans l'histoire des pontifes romains. Un troisième indice nous est fourni par la liste des patriarches de Constantinople placée en tête du *Liber Pontificalis* dans les manuscrits *Vaticanus* 3764 et *Parisinus* 5140. Cette liste s'arrête à Constantin (675-678) dont le successeur devait être connu à Rome quand la notice de Donus († 678) a été rédigée. Nous avons donc tout droit de conclure à une coupure entre les notices d'Eugène Ier et de Vitalien, et à une autre entre Adeodatus et Donus. Dans la notice de Vitalien, on trouve deux dates par indiction, ce qui ne s'était pas vu depuis Vigile.

Les pontificats suivants, ceux de Donus, Agathon, Léon II, Benoît II, Jean IV, Jean V et Conon, sont tous très-courts ; il importe peu de savoir si les vies de ces pontifes n'ont été écrites qu'après la mort de Conon (687) ou si elles ont été ajoutées successivement, ce qui est plus probable, vu la vivacité de certains détails dans le récit du sixième concile œcuménique et la mention de ce concile comme très-récente dans la notice de Léon II : *Hic suscepit sanctam sextam synodum quæ per Dei providentiam* NUPER *in regia urbe celebrata est.*

Qu'il y ait eu une rédaction terminée à Conon, c'est ce qu'atteste l'abrégé conservé dans deux manuscrits de Vérone et de Paris (v. p. 56). L'original du *Luccensis* (v. p. 47) s'arrêtait également à ce pape. J'écarte ici le témoignage du manuscrit napolitain, parce que, s'il est évident que ce manuscrit a été écrit sous Conon, il n'est nullement prouvé que la série des notices s'y étendît jusqu'à lui.

La longue notice de Sergius se distingue assez nettement de celles qui la suivent. Elle ne présente pas encore le synchronisme des empereurs qui va reparaître à partir du pape suivant. D'un autre côté, la chute de l'empereur Justinien II y est mentionnée comme une punition divine, ce qu'il n'aurait pas été naturel d'écrire lorsque cet empereur fut remonté sur le trône en 705. Ces indices, et la vivacité particulière du récit dans la biographie de Sergius me portent à croire qu'elle a été ajoutée toute seule par un rédacteur différent de celui qui a écrit les suivantes, tout au moins de l'auteur de celle de Constantin († 714), où Justinien II est appelé *christianissimus imperator, orthodoxus, bonus princeps,* etc.

Le biographe de Sergius avait donné l'exemple de dater la mort du pape par l'indiction et le nom de l'empereur ; ces indications se retrouvent dans les notices suivantes, sauf la première, celle de Jean VI. Mais le nouveau rédacteur n'est pas aussi prodigue d'épithètes louangeuses, *beatissimus, sanctissimus,* que l'avait été celui de la vie de Sergius. Il est froid à l'égard de Jean VI et trouve même des paroles de blâme pour Jean VII, qui aurait montré quelque faiblesse dans l'affaire du concile *in trullo.* Au contraire, le pontificat de Sisinnius, pour ne durer que vingt jours, donne cependant lieu à un éloge. L'enthousiasme reparaît dans la vie de Constantin, qui est la dernière dans le manuscrit de Lucques, écrit peu après la mort de ce pape, et dans deux manuscrits moins anciens, le *Parisinus* 317 et le *Vaticanus* 5269.

De Constantin à Etienne II les manuscrits ne présentent aucune coupure, mais un très-grand nombre, comme nous l'avons vu, s'arrêtent à Etienne II. Les notices de ce pape et de ses prédécesseurs Grégoire II ét Grégoire III sont d'une étendue inusitée jusqu'alors, et, ce qui est plus important, elles ont une grande valeur historique. Depuis le milieu du septième siècle, la chronique papale devient progressivement plus sérieuse, plus remplie de faits intéressants pour l'histoire. Les clercs qui la rédigent sont de plus en plus des hommes à même de bien voir les événements, capables de les juger et de les raconter. A partir du commencement du huitième siècle, le *Liber Pontificalis* se rédige dans l'entourage même du pape : c'est pendant ce demi-siècle qu'il atteint sa plus haute valeur au point de vue de l'histoire générale. Plus tard les réparations faites aux églises envahiront presque toute la place, et il faudra descendre jusqu'au temps de Nicolas Ier pour retrouver une rédaction aussi complète.

Au delà d'Etienne II les manuscrits ne présentent plus de séparation aussi tranchée. A la suite d'anciens exemplaires terminés à Constantin ou à Etienne II on ajoute des séries de notices qui vont jusqu'à Etienne III, Hadrien, Léon IV, etc. ; mais il ne sert à rien de distinguer ces séries, qui ne sont constituées que par des exigences de librairie ; il est bien évident que les biographies sont désormais rédigées une à une, aussitôt après la mort des pontifes, et quelquefois même commencées de leur vivant. Depuis Paul Ier (757-768) elles affectent un dessin uniforme. D'abord le tableau de la carrière ecclésiastique du nouveau pape, antérieurement à son élection, puis le récit détaillé de cette élection et des faits qui la suivent le plus immédiatement ; ce récit prend quelquefois une place considérable, comme dans les vies d'Etienne III et de Léon III. Viennent ensuite de longues énumé-

rations des dons faits aux églises par le pape, des travaux entrepris par lui pour la réparation des édifices sacrés, la défense ou
l'embellissement de la ville de Rome, le repeuplement de la cam-
pagne suburbaine, etc. On ne trouve plus de récits relatifs à l'histoire de l'Italie et des pays voisins, comme dans les notices des
deux Grégoire et d'Etienne II ; sauf quelques faits considérables,
comme le sacre de Charlemagne et l'invasion sarrasine de l'an 847,
l'histoire même de la ville de Rome est passée sous silence. Le
biographe ne semble avoir d'autre tâche que de transcrire année
par année les états de dépenses du souverain pontife; celui-ci
n'est jamais nommé sans que son nom soit accompagné d'inter-
minables épithètes consacrées par l'usage de ce temps : *sanctissimus
ac beatissimus præsul, permaximus atque coangelicus pontifex*, etc.
Il est probable qu'aussitôt après l'élection on commençait la notice par la biographie antérieure du pontife, l'éloge de ses qualités
et vertus et le récit de son élection, après quoi on inscrivait comme
sur un registre, et année par année, tous les travaux qu'il entreprenait, tous les dons et réparations qu'il accordait aux églises ;
le pape mort, cette énumération s'arrêtait, et l'on se contentait
d'indiquer brièvement le lieu et la date de sa sépulture.

Que ces notices aient été commencées du vivant même des papes, c'est ce dont nous avons une preuve certaine dans la vie de
Léon IV. Après avoir raconté la construction de la cité léonine
fondée par ce pontife (n° 535), le biographe ajoute que les chrétiens doivent en reconnaissance prier pour que Dieu le conserve
longtemps sur la terre et lui donne après sa mort une récompense
éternelle. Valentinus (827) n'a siégé que quarante jours ; sa biographie se borne à l'éloge de sa vie antérieure et de ses vertus,
mais cet éloge occupe autant de place que dans les plus longues
notices. Il semble que la vie d'Eugène II (824-827) n'ait pas été
terminée; le rédacteur qui l'avait commencée aura négligé d'y ajouter le mention de sa mort et l'indication du lieu de sa sépulture.

Une autre chose à remarquer dans cette partie du *Liber Pontificalis*, c'est que les biographes officiels se copient volontiers les uns
les autres ; on peut comparer à ce point de vue l'éloge de Paschal I⁰ʳ à celui de Léon III. De même, une inondation du Tibre
qui se produisit sous Nicolas I⁰ʳ (n° 583) est décrite dans les mêmes termes qu'un autre phénomène semblable arrivé sous Benoît III (n° 568).

Les notices de Nicolas I⁰ʳ et d'Hadrien II ont un aspect
tout différent des autres biographies du neuvième siècle. Les
fondations et donations y tiennent très-peu de place et la vé-

ritable histoire y reprend l'étendue légitime. Elles ont été rédigées du vivant de ces deux pontifes : dans la première, Nicolas Ier est plusieurs fois appelé *pontifex a Deo conservandus* ; la
seconde n'est pas même terminée et ne comprend que les trois
premières années d'Hadrien II qui en a siégé cinq. Les trois papes suivants, Jean VIII, Marinus et Hadrien III, passent sans
qu'on s'occupe de rédiger leurs vies ou même de terminer celle
d'Hadrien II. L'usage ancien reparaît une dernière fois après eux,
et Etienne V a une notice qui toutefois ne nous est pas parvenue
dans son intégrité. Elle est d'ailleurs peu intéressante, le rédacteur ayant cru devoir revenir à la forme des notices antérieures à
Nicolas Ier et se borner ou à peu près à des énumérations de dons
faits aux églises. On ne peut guère douter que celle-ci n'ait été,
comme les précédentes, écrite avant la mort du pape ; rien cependant ne le montre positivement.

Ce serait le moment de parler du caractère officiel attribué par
quelques personnes au *Liber Pontificalis* ; je crois avoir exprimé
suffisamment ma pensée sur ce sujet en montrant comment, depuis
la moitié du septième siècle, le milieu de la rédaction se rapproche de plus en plus de la chancellerie pontificale. Dans aucune
partie du *Liber Pontificalis* les droits et prérogatives du siége romain ne sont indifférents aux rédacteurs, mais parfois, dans les
sept premiers siècles, ils se permettent de critiquer l'élection ou
la conduite de tel ou tel pontife. A partir du huitième siècle, il n'en
est plus de même ; que les notices soient écrites du vivant ou
après la mort des papes, on n'y trouve aucun fait ni aucune appréciation de nature à déplaire à celui dont on écrit la vie (1). Nous
avons donc ici de l'historiographie plutôt que de l'histoire proprement dite ; et, à considérer l'uniformité de style et de rédaction qui
se maintient depuis Paul Ier jusqu'à Nicolas Ier (757-858), aussi
bien que l'origine probable des renseignements consignés pendant
un siècle entier dans la chronique pontificale, on ne peut guère
douter qu'il n'y eût alors dans les bureaux de la chancellerie apostolique, sinon un emploi d'historiographe, au moins une tradition
d'écrire la vie des papes et certains usages sur la manière de la rédiger. Malheureusement, à partir de Formose et même de Jean VIII,
l'emploi fut aboli ou la tradition interrompue, et il faut descendre
jusqu'à la fin du onzième siècle pour la voir remise en honneur.

(1) Je signalerai ici une interpolation dans la notice de Sergius II, suivant
l'édition Vignoli ; c'est une contre-partie fort méchante du *Liber Pontificalis*. Elle
provient d'un manuscrit maintenant perdu, le *Farnesianus* E. 4. 25.

14

CONCLUSION

Il est temps de résumer et de coordonner les conclusions diverses auxquelles nous sommes arrivés successivement.

D'abord la date du *Liber Pontificalis*, que l'on n'avait pu jusqu'ici indiquer que par conjecture, est devenue certaine. De l'an 687, où l'avait reportée la découverte du manuscrit napolitain, nous l'avons vue remonter jusqu'aux premières années du pontificat d'Hormisdas, c'est-à-dire jusque vers l'an 514. Il nous a été possible, sinon de prononcer un nom d'auteur, au moins de discerner dans quelle région littéraire et dans quel milieu social la chronique des papes a paru et trouvé ses premiers lecteurs. Nous avons pu même en pénétrer l'intention : œuvre d'un clerc peu lettré et d'un ordre inférieur, elle a été composée sous l'impression de la querelle de Symmaque et de Laurentius, pour soutenir la cause du pape légitime, peut-être pour répondre à un livre semblable émané du parti opposé.

Ces deux points acquis, c'est-à-dire la date et l'origine populaire du livre pontifical, nous avons étudié les sources mises à contribution par son auteur. La première et la principale est le catalogue philocalien de l'an 354 ; c'est lui qui a fourni le cadre où tous les autres éléments, soit apocryphes, soit authentiques, sont venus se ranger dans un ordre constant et sous des formules identiques. De ces éléments, un certain nombre doivent inspirer confiance : ce sont ceux que l'auteur a empruntés à la notoriété publique, aux inscriptions, aux traditions encore pures. Ainsi, nous devons accepter en général comme digne de foi tout ce qu'il nous dit sur les fondations et restaurations d'églises, sur les donations mobilières et immobilières qu'il attribue aux papes et aux empereurs.

Dans sa chronologie, nous avons constaté qu'il suit toujours le catalogue philocalien ou la chronique de saint Jérôme pour la durée et les dates extrêmes de chaque pontificat, mais que les chiffres de jours pendant lesquels le saint-siége aurait été vacant sont de pure imagination. De même les dates de la sépulture des papes, tant qu'elles ne sont pas tirées des *indices* philocaliens ou vérifiées par d'autres documents, ne sauraient inspirer une entière confiance : déjà, en ce qui concerne le lieu et la date de la *depositio*, nous avons reconnu la prédilection de l'auteur pour les récits apocryphes.

Cette tendance se manifeste bien plus clairement dans les emprunts qu'il fait aux *Acta Silvestri* et aux textes canoniques apocryphes fabriqués de son temps pour les besoins de la controverse de Symmaque. Nous avons reconnu que la légende de Sylvestre, de laquelle dépendent plus ou moins tous ces documents supposés, n'a point été inventée à Rome, mais en Orient, d'où elle fut importée à Rome vers la fin du cinquième siècle. Quant aux autres apocryphes, tout en montrant dans quelle mesure ils ont été mis à contribution pour le *Liber Pontificalis*, j'ai cherché à en déterminer plus précisément la date et l'intention ; l'étendue donnée à cette partie de mon travail se justifie par la lumière qui en sort sur la littérature au milieu de laquelle se place la chronique des papes.

Outre la légende de Sylvestre et les apocryphes symmachiens, le *Liber Pontificalis* a puisé encore à certains actes de martyrs dont quelques-uns sont maintenant perdus et d'autres se sont conservés jusqu'à nous. Pour tout le reste, décrets sur la discipline et la liturgie, indications sur la famille et la patrie des papes, chiffres des ordinations, etc., ses sources nous sont presque toujours inconnues, et il est bien probable que la majeure partie de ces détails ont été tout simplement inventés.

En résumé, notre étude sur les sources du livre des papes n'aura pas pour effet d'en augmenter l'autorité ; cependant, tout en attribuant à l'imagination de notre rédacteur et des auteurs d'apocryphes qui l'ont précédé une large part dans la compilation, il reste déjà que tous les décrets disciplinaires et liturgiques qu'elle contient attestent les usages de l'Eglise romaine au commencement du sixième siècle, que tous les récits, hagiographiques ou autres, qui y sont entrés, se trouvent reportés à une date relativement ancienne. C'est déjà quelque chose. Il faut considérer maintenant que par suite de la date attribuée à la première rédaction du livre pontifical, toutes les notices du sixième et du septième siècle se trouvent avoir l'autorité de récits contemporains, et que toutes les indications qui intéressent l'archéologie chrétienne, la topographie de Rome et l'histoire de l'art sont démontrées avoir été recueillies dès les premières années du sixième siècle, bien avant la guerre des Goths, c'est-à-dire en un temps où la plupart des édifices antiques et des basiliques constantiniennes subsistaient encore et laissaient lire leurs inscriptions monumentales. Ces résultats prouvent assez qu'il n'était point inutile de définir la date et l'autorité de la chronique des papes.

Celle-ci d'ailleurs méritait à un autre point de vue l'étude critique que nous lui avons consacrée. Elle est en effet le premier essai d'histoire pontificale qui ait jamais été tenté, si l'on excepte le catalogue philocalien; encore ce dernier ne renferme guère autre chose que des dates. Cette conclusion, indiquée en divers endroits de mon livre, doit être énoncée ici d'une manière formelle. Avant 514, nul n'a entrepris d'écrire une histoire des papes; divers catalogues ne contenant que les noms, la suite et des dates plus ou moins exactes se déduisent des ouvrages de saint Irénée, d'Eusèbe, de saint Augustin, de saint Jérôme et de saint Optat de Milève (1); le catalogue philocalien y joint le synchronisme des empereurs et, pour cinq ou six papes, insère quelques détails bien maigres, mais en somme il ne contient qu'une chronologie. Les peintures de Saint-Paul apparaissent vers l'an 500, et je ne crois pas me tromper en leur attribuant quelque part dans les causes qui ont déterminé la rédaction du livre pontifical. Celui-ci, sans doute, n'a pas toute la valeur littéraire et toute l'autorité que nous lui souhaiterions; nous voudrions qu'il eût été l'œuvre de quelque personne capable de mettre à profit toutes les ressources que pouvaient fournir les archives de l'Eglise romaine et de la préfecture urbaine, les bibliothèques de la ville et les traditions encore vivantes dans le haut clergé et l'aristocratie laïque. Mais puisque ceux qui étaient à même de la bien écrire n'ont pas jugé à propos de nous donner cette histoire, sachons gré au pauvre clerc qui s'est chargé de cette tâche. Si son œuvre prête à la critique en bien des endroits, il a tout au moins donné un exemple utile : son livre sera continué, et désormais d'après des souvenirs présents et des documents d'une autorité incontestable.

Ce serait ici le moment d'insister sur la grande autorité à la-

(1) Je ne parle pas des catalogues terminés à Hormisdas (v. p. 132); il me semble presque certain que ces catalogues ont été extraits du *Liber Pontificalis*.

quelle parvint rapidement le livre des papes et de montrer son
influence sur la littérature historique du moyen âge. Une pareille
étude m'entraînerait trop loin ; je me contenterai de quelques observations. Les premiers livres où s'est conservée quelque trace
de la chronique papale sont les martyrologes. Tous, en y comprenant même la rédaction actuelle du martyrologe hiéronymien ,
l'ont mis plus ou moins à contribution. J'ai parlé plus haut de
l'erreur topographique introduite dans le martyrologe hiéronymien par un déplacement de lignes dans l'index des sépultures
pontificales , et j'ai montré alors que cette erreur date au moins
de la première moitié du septième siècle; il me serait même facile
de la reporter beaucoup plus haut. Après le martyrologe hiéronymien prennent rang, comme ancienneté, le petit martyrologe romain , rédigé vers l'an 700 , et celui de Bède , qui date du commencement du huitième siècle. Le premier (1) présente plus d'un
emprunt fait au *Liber Pontificalis*. Je me bornerai à indiquer l'article du 8 décembre : *Romæ, Eutychiani papæ et martyris qui CCCXLII
martyres sua manu sepelivit* , extrait textuellement de la notice
d'Eutychianus (2). Le martyrologe de Bède ne nous est parvenu
que sous une forme remaniée au neuvième siècle par Florus ,
sous-diacre de Lyon ; aussi , bien qu'il soit probable que la citation du livre pontifical qu'il contient au 6 août se rapporte à la
rédaction primitive , je n'oserais pourtant l'affirmer. Mais il est
indubitable que Bède a connu et cité la chronique papale. Dans
son *Historia ecclesiastica gentis Anglorum* (lib. II, c. 4) il lui emprunte un passage de la notice d'Eleuthère. Après Bède , tous
les compilateurs de martyrologes , Florus, Raban Maur, Adon ,
Usuard, etc., ont puisé largement au *Liber Pontificalis* et l'ont fait
entrer ainsi dans l'usage liturgique. Les passionnaires le mirent
également à contribution pendant tout le moyen âge , et lorsqu'on
réforma le bréviaire romain au temps de saint Pie V , ce fut encore à lui que l'on emprunta les légendes de tous les anciens
papes (3).

Du moment où le livre pontifical entrait ainsi dans la composi-

(1) Migne, *Patr. lat.*, t. CXXIII, p. 146. V. sur ce martyrologe, de' Rossi,
Roma sott., t. II. p. xxvii et suiv.

(2) Il est à remarquer que les fêtes des papes du premier et du second siècle
ne sont dans le petit martyrologe romain ni tirées du martyrologe hiéronymien, ni empruntées au *Liber Pontificalis*.

(3) L'édition du bréviaire romain publiée par saint Pie V donne en tête des
leçons l'indication des sources où elles avaient été prises ; le *Liber Pontificalis*
y est cité sous les rubriques : *ex Pontificali, ex Damaso, etc.*

tion de l'office divin, son autorité ne pouvait manquer de devenir
sacro-sainte ; aussi serait-il difficile de citer un historien du
moyen âge qui, l'occasion s'en présentant, ne se soit autorisé de
son témoignage ou ne lui ait fait quelques emprunts. A l'exemple
de Bède, déjà cité, je puis, pour le huitième siècle, joindre celui de Paul Diacre, dont l'*Historia gentis Langobardorum* contient
maint passage extrait de la chronique papale.

Pour ce qui concerne les textes canoniques, j'ai signalé plus
haut l'influence du *Liber Pontificalis*, non pas sur la compilation
des fausses décrétales, — ce point est depuis longtemps acquis à
la science, — mais sur la facilité avec laquelle on accueillit en
France l'imposture pseudo-isidorienne. Il me reste à montrer que
non-seulement il fut mis à contribution comme source historique,
mais qu'il devint le type et le modèle de compilations analogues ;
je veux parler des livres épiscopaux, genre de composition historique très-répandu au moyen âge. Ici encore je me restreindrai à
citer un petit nombre d'exemples, et par-dessus tout, les plus
anciens.

Tout d'abord se présente le livre épiscopal de *Metz* (1), rédigé
en 784 par Paul Diacre ; c'est une compilation d'un intérêt médiocre, où, sauf pour quatre évêques, saint Clément, saint Auctor,
saint Arnoulf et saint Chrodegang, on ne trouve guère autre
chose que le nom et l'ordre de succession des pontifes de l'Eglise
messine. Le rapprochement de cet ouvrage avec le livre pontifical
romain ne pourrait même pas se justifier, si la notice du dernier
évêque, saint Chrodegang, n'était calquée sur celles des papes,
dont elle reproduit le cadre, l'ordre et les formules.

Vient ensuite le *Liber Pontificalis* de *Ravenne* (2), rédigé vers
l'an 841 par Agnellus, abbé du monastère de Saint-Barthélemy
dans cette ville. Cette chronique indigeste, dont le style barbare a
été sans doute encore dénaturé par les copistes qui nous l'ont
transmise, témoigne d'une étude approfondie des monuments si
nombreux et si curieux de Ravenne. L'auteur les cite à chaque
instant, en fait de longues descriptions, transcrit intégralement
les inscriptions et les chartes. Là où ce secours lui manque et où
la tradition est muette, il supplée à l'histoire disparue en attribuant aux pontifes anciens toutes les vertus dont il suppose qu'ils
ont été ornés, et en invectivant contre les vices des évêques de
son temps ; quelquefois même il arrête son récit et entame une

(1) Pertz, *Monum. Germ. Scr.*, II, p. 260.
(2) Muratori, *Script.*, t. II, part. I.

homélie en règle sur les vertus ou les miracles de ses héros. Disons aussi qu'Agnellus, partisan déclaré de l'indépendance de son Eglise, perd toute mesure quand il parle des prétentions de certains évêques de Ravenne et de l'opposition qu'ils rencontraient à Rome. Tout évêque qui s'est insurgé contre le pape est pour lui un saint ; au contraire il se montre très-dur contre ceux qui ont fait soumission au siége apostolique. Avec ces sentiments, il n'est pas étonnant qu'Agnellus parle peu du livre des papes ; il semble pourtant lui avoir emprunté son titre de *Liber Pontificalis*, et on peut relever çà et là des passages qui en sont manifestement extraits (1).

Après Agnellus, le neuvième siècle nous fournit encore deux livres épiscopaux dont le premier surtout est d'une importance considérable. Le *Liber episcopalis* d'*Auxerre*, publié par Labbé (2) sous le titre de *Gesta episcoporum Autissiodorensium*, fut compilé pour la première fois sous l'évêque Wala (873-879) par les clercs Alanus et Rainogala, assistés du moine théologien Herricus. A la première lecture on y reconnaît une imitation du livre pontifical romain. Celui-ci d'ailleurs est formellement cité sous le nom de *Gesta Pontificalia* (3). Les auteurs indiquent toujours les sources où ils ont puisé, et pour la plupart ces sources sont aussi sûres qu'intéressantes, vies des évêques saint Germain et Aunarius, conciles, recueils de canons, lettres des papes, chartes et testaments, etc.; plusieurs documents sont même transcrits intégralement. Il n'est pas une église en France qui ait une histoire aussi bien ordonnée : ce livre intéressant mériterait à beaucoup d'égards une étude spéciale. Ajoutons que l'usage d'écrire les biographies des évêques se conserva dans l'église d'Auxerre bien des siècles après Alanus et Rainogala ; on trouvera dans le volume de Labbé une continuation du livre épiscopal qui va jusqu'à l'année 1593.

Le livre épiscopal de *Naples* (4) est aussi ancien que celui d'Auxerre, mais il est loin d'en avoir la valeur. L'auteur, Jean, diacre de Saint-Janvier, s'est inspiré du livre pontifical romain,

---

(1) V., par exemple, la notice de Jean, 33ᵉ évêque (Muratori, *l. c.*, p. 136); il y copie la notice de Boniface IV.

(2) *Nova Bibl. mss.*, t. I, p. 411 ; Migne, *Patr. lat.*, t. CXXXVIII, p. 219.

(3) Le livre épiscopal d'Auxerre donne avec soin le synchronisme des papes jusqu'à Sergius Iᵉʳ, mais pas au delà; peut-être l'exemplaire qui a servi à ses rédacteurs n'allait-il pas plus loin. J'ai dit plus haut qu'un manuscrit ayant autrefois appartenu à l'église d'Auxerre était conservé à Ley le (v. p. 68). Ce manuscrit va jusqu'à Etienne III († 772) ; il a été écrit au temps même où l'on rédigeait le livre épiscopal d'Auxerre.

(4) Muratori, *Script.*, t. I, part. II, p. 285.

de Bède et de Paul Diacre, du premier surtout, dont une bonne partie est entrée dans sa compilation, de sorte qu'au lieu de donner l'histoire des évêques de Naples il ne présente guère que celle des papes. Les dernières vies cependant ont un intérêt plus grand et lui appartiennent en propre. Comme les deux livres épiscopaux de Ravenne et d'Auxerre, celui de Naples contient une quantité de renseignements importants sur les édifices religieux de la ville épiscopale. La dernière notice est celle d'Athanasius, mort en 872.

Revenons au livre des papes. Après le neuvième siècle et depuis Formose, le travail des biographies pontificales s'interrompt pour longtemps. C'est seulement vers la fin du onzième siècle que l'on s'occupe de nouveau de le reprendre, sous l'influence de la renaissance ecclésiastique due à Grégoire VII. Encore n'est-ce là qu'une résurrection passagère. Après Pierre de Pise et Pandolfe de Rome, dont les continuations sont publiées en France par le bibliothécaire Pierre-Guillaume, on entreprendra plutôt de refaire la chronique papale que l'on ne s'attachera à la continuer. Mais soit que ces compilations restent distinctes du livre pontifical comme celles d'Amalric Auger, de Ptolémée de Lucques ou de Pierre de Herentals, soit qu'il leur emprunte ses continuations successives, comme il le fait à la chronique de Martinus Polonus et à celle de Bernard Guidonis, elles dépendent toutes de lui pour les temps anciens et ne font même que reproduire ses notices diversement interpolées et remaniées.

Au quinzième siècle il subit sa dernière transformation, ou plutôt reçoit une continuation qui embrasse l'histoire du grand schisme d'Occident jusqu'au temps de la restauration de la papauté à Rome, sous Martin V. Ce siècle est pour lui une période de vogue, sinon d'autorité. Supplanté un instant par l'œuvre plus littéraire de Platina (1479), il est remis en lumière par le renouvellement des études d'histoire ecclésiastique. Panvinio et Baronius le citent fréquemment, peut-être avec trop de confiance; même des écrivains protestants, Blondell, Pearson, Dodwell, en appellent volontiers à son témoignage. L'édition de Mayence (1602) s'épuise rapidement dans le courant du dix-septième siècle; au dix-huitième, quatre éditions italiennes, parmi lesquelles les splendides volumes de Bianchini méritent la première place, se succèdent avec rapidité. En même temps il est l'objet des discussions les plus graves de la part des critiques d'histoire; les questions qu'il soulève occupent une grande place dans l'*Antiquitas Ecclesiæ illustrata* du savant et judicieux Schelstrate. Depuis Bosio jusqu'à M. de' Rossi, il est le livre de chevet de tous les archéo-

logues qui travaillent à la Rome chrétienne. Dans ce siècle enfin,
il est devenu l'objet de recherches et de travaux critiques de la
part des compilateurs allemands qui construisent depuis cinquante
ans les *Monumenta Germaniæ*.

Venu après tant d'illustres devanciers, je m'estimerai heureux
si l'on juge que ce travail a pu contribuer pour quelque chose à
définir l'origine et l'autorité d'un livre qui, si sévèrement qu'on
voudra l'apprécier, restera toujours une source historique importante et souvent même une source unique.

ADDITIONS ET CORRECTIONS

p. 2. *Onofrio Panvinio est le premier...* V. Platina, *Vitæ Pontificum*, édition de Cologne, 1611, p. 9.

p. 27. *J'éliminerai...* Compléter ce qui suit par les considérations énoncées au commencement du chap. VIII du livre III, p. 199.

pp. 30, 31 et 128, notes. Boucher, *de ratione temporum ;* lire : *de doctrina temporum.*

p. 31. ... *neque citra XXX Phamenot.* Ce passage se trouve dans Mai, *Nova Patrum bibl.* VI, p. 9 ; cfr. de' Rossi, *Inscr. christ.*, t. I, p. LXXXVIII.

p. 32, ll. 5 et 6. ... *la pleine lune*, lisez : *le 14 de la lune*, ce qui est plus exact.

p. 37. A la liste des manuscrits donnée dans ce chapitre manquent le n° 5517 de la Bibliothèque nationale, décrit p. 74, et le *Vallicellanus Blanchinii* D, décrit p. 53.

p. 39, l. 1. 768; lire : 763.

p. 70, à la fin, et p. 39, l. 9-7 avant la fin. Voici la description et le classement des manuscrits de Trèves, sur lesquels les renseignements ne me sont arrivés que pendant l'impression. Je les dois à l'obligeance de M. Schœmann, bibliothécaire de Trèves.

Trevirensis 1342 (1). Membr. in-4° de 91 feuillets, écriture du

---

(1) V. Pertz, *Archiv..* t., VIII, p 602.

commencement du treizième siècle ; provient de l'abbaye de
Saint-Mathias , près de Trèves. Il commence sans titre par les
deux lettres de Jérôme et de Damase ; suit un catalogue : *Incipiunt nomina beatorum pontifium sanctæ sedis apostolicæ* , de saint
Pierre jusqu'à Hadrien Ier ; le nom de Léon III , son successeur ,
a été ajouté de seconde main; vient enfin la série des notices sous
le titre : *incipiunt gesta Romanorum pontificum*. Elles vont jusqu'à
la vie d'Etienne III († 772) qui est complète. A la fin : *expliciunt
gesta beatorum romanorum pontificum a beatissimo Damaso papa
conscripta ex rogatu Ieronimi prespyteri. Gloria tibi Domine.* Puis
viennent les *Gesta Trevirorum* et la vie de saint Henri , archevêque de Trèves.

Trevirensis 1345. Membr. in-4° de 56 feuillets, écriture du quatorzième siècle ; il provient du monastère de Sainte-Agnès dans le
diocèse de Trèves. Le contenu, en ce qui concerne le *Liber Pontificalis* , est absolument le même que celui du précédent , sauf que
l'adjonction du nom de Léon III au catalogue et *l'explicit* ne figurent point ici. Outre le *Liber Pontificalis* , ce manuscrit contient
encore les *Gesta Trevirorum* et la chronique de Martinus Polonus.

Trevirensis 1348. Membr. in-f° de 77 feuillets , écrit en 1478.
Même disposition que le n° 1348, mais il ne contient pas la vie de
saint Henri. A *l'explicit* il ajoute les mots : *Liber monachorum in
Himmerode* , ce qui montre qu'il provient du monastère cistercien
d'Hemmenrodt dans le diocèse de Trèves, et la date : *anno gratiæ M IIII° LXXVIII.*

Ces trois manuscrits , qui se ressemblent tant pour la distribution des matières, ne concordent pas moins pour la teneur du
texte ; il est probable que les deux derniers ont été copiés sur le
premier. D'après les variantes qui m'ont été envoyées, ils doivent
prendre place à la suite des manuscrits de la troisième famille de
la classe B, famille qui a pour type le *Parisinus* 13729.

p. 76. Aux trois manuscrits de cette famille, le *Bernensis* 408, le
Guelferbytanus et le *Parisinus* 5140 , il faut en ajouter un quatrième, le *Vindobonensis* 388 dont la description ne m'est parvenue
que pendant l'impression des dernières feuilles. J'en suis encore
redevable à la bienveillance de M. Ed. Chmelar, maintenant conservateur du musée impérial *für Kunst und Industrie.*

Vindobonensis 388, autrefois *Hist. eccl.* n° 28 (1). Membr. in-f° ,
de 81 feuillets à deux colonnes , écriture du douzième siècle. Les
cinquante-six premiers feuillets (sur les autres , voir le nouveau

(1) Cf. Pertz, *Archiv.*, t. III , p. 671.

catalogue de la bibliothèque impériale de Vienne) comprennent le *Liber Pontificalis* jusqu'aux mots *probatissimos viros* — de la vie d'Etienne III (n° 276 , l. 7). Point de titre. D'abord les lettres de Jérôme et de Damase, puis un catalogue ne contenant que les noms des papes jusqu'à Léon III ; suivent les notices. Comme les autres manuscrits de sa classe, le *Vindobonensis* a conservé la variante : *hic fecit cimiterium* NOVILLE *via Salaria*, dans la notice de Marcellus. Ses caractères extérieurs le rapprochent beaucoup du *Guelferbytanus*, dont il est peut-être une copie.

p. 77, l. 5. *Parisinus* 3764 ; lire : *Parisinus* 5140.

p. 83, l. 15. Lire : *Mutinensis*, VI. F. 5.

p. 88, l. 6. 1892 ; lire : 1896.

p. 118 , l. 18. *N'a pas été reproduit*, c'est-à-dire qu'on n'a fait que répéter l'édition de Schelstrate. On trouvera ce texte dans les *Origines de l'Eglise romaine*, par les Bénédictins de Solesmes, Paris, 1836.

p. 121, l. 14 av. la fin. *Welser ;* lire : *Busée.*

p. 135, l. 3. *avec un* V. *Je discuterai ;* lire : *avec un* V, *je discuterai.*

p. 138, l. 3. *peuvent ;* lire : *pouvant.*

p. 140, au milieu. *par Pontien ;* lire : *pour Pontien.*

p. 154 , l. 3. *VI kal. octob.* Ajouter : Le martyrologe hiéronymien a , en outre, la date *VI non. octob.*, qui provient de quelque erreur paléographique ou d'une correction faite d'après le livre pontifical.

p. 167, note 1, l. 3. *acquaretur ;* lisez : *æquaretur.*

p. 175 ; cfr. p. 30 , au bas. Je n'ignore pas que dom Coustant avait déjà remarqué que le *Victorinus* de la *Constitutio* ne pouvait être différent de Victorius d'Aquitaine. Cette identification qui ne portait que sur la ressemblance des noms a été contestée par M. Döllinger (*Hippolytus und Callistus* , p. 246 et suiv.) dont Mgr Héfélé (*Hist. des Conciles* , t. I , p. 431) et M. de' Rossi (*Bulletino* , 1866 , p. 96) approuvent le sentiment. Ces trois savants n'ont eu égard qu'à l'identité de nom entre le Victorinus de la *Constitutio* et un hérétique mentionné par l'auteur du catalogue d'hérésies qui fait suite au *De præscriptionibus* de Tertullien. Il est possible que l'auteur de la *Constitutio* ait eu sous les yeux quelque document relatif à la controverse sabellienne où se trouvait le nom de Victorinus, et qu'il en ait pris occasion de changer *Victorius* en *Victorinus ;* mais d'après tout ce que nous avons vu, il est certain que dans les passages cités il n'est point question du cycle d'Hippolyte , mais de celui de Victorius, attaqué par un défenseur de l'ancien cycle romain de quatre-vingt-quatre ans. La conjecture de dom Coustant se trouve donc vérifiée par un argument nouveau.

p. 193. l. 4. Effacer le mot *peut-être*.

ANALECTA

RECHERCHES SUR L'ŒUVRE ARCHÉOLOGIQUE

DE

JACQUES GRIMALDI

ANCIEN ARCHIVISTE DE LA BASILIQUE DU VATICAN

D'APRÈS

LES MANUSCRITS CONSERVÉS A ROME, A FLORENCE, A MILAN,
A TURIN ET A PARIS

par M. Eugène MÜNTZ

ANCIEN MEMBRE DE L'ÉCOLE FRANÇAISE DE ROME (1).

———————

La Renaissance, à laquelle nous devons d'avoir vu sortir de l'oubli tant de chefs-d'œuvre de l'antiquité classique, a inauguré pour les monuments de l'antiquité chrétienne une période de

(1) On ne saurait se flatter de pouvoir faire connaître dans son ensemble, dès la première tentative, l'œuvre d'un érudit aussi abondant que Jacques Grimaldi. Ce serait une tâche difficile, et qui exigerait beaucoup de temps, que de réunir seulement ses manuscrits dispersés. Il faudrait visiter en détail les bibliothèques de l'Italie septentrionale, où quelqu'un de ses ouvrages se cache peut-être encore. Ces manuscrits ont pu facilement échapper à l'attention des rédacteurs de catalogues, parce qu'il n'a pas pris soin d'inscrire toujours son nom à la suite du titre. Ce titre même n'est pas toujours rédigé de manière à donner à des chercheurs inattentifs ou pressés une idée exacte du contenu des volumes. La même observation s'applique aux bibliothèques étrangères, où il est possible que des fragments de l'œuvre de Grimaldi aient été transportés. On comprendra que des lacunes soient ici inévitables, et nous n'avons pas aspiré à en être entièrement exempt. Le lecteur tiendra compte des difficultés inhérentes à un genre de travail pour lequel le secours des livres imprimés faisait presque complétement défaut.

15

vandalisme qui s'est prolongée jusque fort avant dans notre siècle Sans doute bien des peintures, bien des édifices des premiers temps avaient été détruits pendant le moyen âge; mais ils ne l'avaient du moins pas été au nom des principes du goût. Il était réservé à Nicolas V, à Léon X, à Sixte V, à Paul V, de sacrifier systématiquement tant de souvenirs vénérables, et de joncher de ruines les abords des deux grands sanctuaires de la ville éternelle, le Latran et le Vatican.

Tous leurs contemporains ne se montrèrent pas aussi exclusifs, et, parmi les archéologues romains du seizième et du dix-septième siècle, il s'en trouva plus d'un qui s'efforça de conserver, du moins par la plume ou le crayon, l'image de la Rome de Constantin et de saint Sylvestre, de Charlemagne et de Léon III, ainsi que des grands papes du moyen âge.

I

Personne n'a apporté plus d'ardeur dans ce pieux travail de conservation que le savant auquel est consacrée cette étude, Jacques Grimaldi. Son souvenir est indissolublement lié à celui de la vieille basilique de Saint-Pierre, et à celui de plusieurs autres monuments romains célèbres. Ses ouvrages forment la base de leur histoire; aucun des archéologues des deux derniers siècles n'a pu se dispenser d'y recourir, et cependant son nom n'est connu que de quelques rares érudits; c'est à peine si deux ou trois fragments de ses écrits ont eu les honneurs de l'impression. On chercherait en vain dans les grands recueils biographiques d'Italie, de France ou d'Allemagne, une notice sur ce travailleur modeste qu'on a tant copié et si peu cité, et dont les services, en ce qui concerne l'étude de l'art chrétien de la basse époque, sont vraiment incalculables. L'auteur de l'*Introduction à la théologie monumentale* (1), ce vaste travail critique et bibliographique sur l'histoire de l'archéologie chrétienne, M. Piper, ne le mentionne pas davantage dans le chapitre qu'il a consacré à ses prédécesseurs ou contemporains, et où il passe en revue Alfarano et de Angelis, Severano et Rasponi, et plusieurs autres Italiens dont l'œuvre est loin de pouvoir se mesurer avec celle de Grimaldi. Ce n'est que dans un livre spécial, les *Scrittori bolognesi*, du comte Fantuzzi (2), que l'on rencontre quelques détails sur sa vie et ses ouvrages, et

(1) *Einleitung in die monumentale Theologie*. Gotha, 1867, pp. 695-697.
(2) Bologne, 1784, t. IV, p. 306 et suiv.

encore cette notice est-elle bien incomplète et bien défectueuse, quoique composée à l'aide de matériaux communiqués par G. Marini. Ajoutons que le classement des nombreux manuscrits de notre auteur n'a jamais été tenté, et que les érudits les mieux renseignés ont ignoré jusqu'à l'existence de ceux de ces manuscrits qui se trouvaient en dehors du Vatican.

Cet oubli, cette injustice, provient en partie du fait même de Grimaldi. Il composa ses ouvrages, non pas pour les livrer au public, mais pour les déposer dans la bibliothèque de quelque haut personnage, tel que le pape Paul V, le cardinal Frédéric Borromée, le grand-duc de Toscane, le duc de Savoie. Le soin avec lequel il les transcrivit lui-même, l'emploi d'encres de différentes couleurs, l'apposition, sur un grand nombre de feuillets, de sa signature et de son cachet, la multiplicité des copies du même ouvrage et les différences qui existent entre elles, toutes ces particularités ne laissent aucun doute sur ses intentions. Il cherchait à sauver de l'oubli le plus de peintures, de mosaïques, d'ornements, de statues, d'inscriptions possible, en les décrivant avec minutie ou en les dessinant; il ne songea jamais à tirer vanité de ce qu'il considérait comme un devoir, de même qu'il ne fut pas ce que nous appelons un savant de profession.

Né à Bologne — il se qualifie lui-même de « presbyter bononiensis (1) » — le jour de la fête de la dédicace de la basilique de Saint-Pierre (2), il se fixa, jeune encore, à Rome. En 1581, il fut attaché à cette même basilique (3), puis on le voit successivement devenir notaire public (4), archiviste du chapitre, et enfin bénéficier. Il fut promu à cette dernière dignité le 29 juin 1602 (5).

---

(1) Cod. Ambrosianus A. 168, f° 182.

(2) Fantuzzi, qui nous fournit ce renseignement (IV, 306), oublie de joindre à l'indication du jour de la naissance celle de l'année. Essayons de combler cette lacune. Grimaldi nous apprend lui-même qu'il entra dès sa jeunesse au service de la basilique de Saint-Pierre. On sait, d'autre part, que lorsqu'il mourut, en 1623, il avait été attaché pendant quarante-cinq ans à cette basilique. Nous ne serons donc pas loin de la vérité en plaçant vers 1560 l'époque de sa naissance.

(3) Cod. Ambr. A. 168, f° 71 : « Hoc anno MDLXXXI ego Jacobus Grimaldus cœpi inservire basilicæ Vaticanæ in officio acolythorum sacristiæ, adhuc puer indignus quidem. »

(4) « Privilegium notariatus mei Jacobi Grimaldi, presbyteri bononiensis, expeditum die vigesima Maii millesimo quingentesimo nonagesimo octavo, per acta Angeli Carosii, Archivi romanæ curiæ scriptoris, servatur in Archivo sacrosanctæ Vaticanæ basilicæ. » Cod. Barberinus XXXIV, 49, f° 74 verso.

(5) Fantuzzi, *loc. cit.*

Le titre de notaire est celui auquel il parut tenir le plus, celui qui revient le plus souvent sous sa plume ; le procès-verbal est la forme de description qu'il emploie de préférence.

Son goût pour l'archéologie, l'épigraphie et la diplomatique, se manifesta de bonne heure. Sous la puissante impulsion du grand Onofrio Panvinio, ces études s'étaient développées rapidement dans le clergé romain et chez les savants de la cour pontificale. A Saint-Pierre même, Grimaldi eut un prédécesseur dont il reçut peut-être encore les leçons, Tiberio Alfarano, de Gérace, l'auteur de notes précieuses sur l'ancienne basilique et du meilleur plan que nous possédions de cet édifice (1). Il n'eut qu'à suivre la voie inaugurée par ces maîtres pour rendre à son tour les services les plus signalés. A la méthode excellente qu'il leur emprunta il joignait une force de travail peu commune. Choisi par les chanoines de Saint-Pierre pour gardien de leurs archives, aujourd'hui encore si riches, il s'appliqua sans relâche à transcrire, à analyser ou à classer les innombrables documents confiés à ses soins. Gaëtano Marini, dans une lettre publiée par le comte Fantuzzi (2), rend hommage dans les termes suivants au zèle et aux lumières de celui qui, sous tant de rapports, peut être considéré comme lui ayant frayé la voie.

« Fui sorpreso, portatomi nell' archivio del Capitolo di San-Pietro, a vedere i grossi e varj volumi di indici da esso fatti a quasi tutto quell' archivio, e quello che è più mirabile, si è la divisione delle materie, ed il sistema a cui ha saputo richiamarle tutte. Convien' veramente credere che fosse uomo d'ingegno, ed instancabile nel lavoro. »

La démolition des derniers restes de la basilique permit à notre auteur d'exercer une action non moins féconde dans le domaine de l'antiquité figurée. Il assistait navré aux actes de vandalisme commis par les architectes de Paul V. Rien de plus éloquent dans sa simplicité que le récit qu'il nous fait de la dernière messe célébrée le 15 novembre 1609 dans la chapelle de Sixte IV, et qui se termine par ces mots : « hæc fuit ultima missa in choro et vetere basilica celebrata. » Il finit par s'identifier avec ces ruines, encore toutes pleines du souvenir de saint Damase, de saint Hilaire, de Léon III, de Pascal I, d'Othon II, et de tant d'autres illustres

---

(1) Je publierai une étude spéciale sur cet auteur, auquel j'ai déjà consacré quelques notes dans la *Revue critique*, 1875, n° 33.

(2) *Scrittori bolognesi*, IV, p. 307.

pontifes ou ~~~~~~~~~~~ veillant, sans ~~~~~~ dit le bon génie de la vénérable successeurs de ces grands hommes ~~~~~~~ les trésors que les gèreté.

Un des premiers actes de Grimaldi fut de provoquer la rédaction d'un procès-verbal destiné à perpétuer le souvenir de la grande mosaïque absidale exécutée sous Constantin, restaurée et en partie refaite sous Innocent III. Comme on semble avoir ignoré jusqu'ici que c'est à lui que nous devons cette pièce importante et le dessin qui s'y trouve joint (1), je constaterai ses droits par son propre témoignage :

« Apsida veteris basilicæ, cujus exemplum servatur hodie in archivo ejus sacri templi, me in primis procurante, ne tam singularis memoria deperiret. Anno si quidem MDXCIIII (2) dum fabri ipsam, novi gratia B. Petri erigendi altaris, demolirentur apsidam, ni id negocii promotum a me tunc fuisset, infra proximum triduum exemplum prædictum sumi nequaquam potuisset (3). »

L'idée de Grimaldi était vraiment lumineuse. Si les papes du dix-septième et du dix-huitième siècle avaient fait rédiger un procès-verbal analogue toutes les fois qu'il leur fallut soit démolir, soit restaurer quelque monument historique, que de peintures et de mosaïques n'auraient-ils pas sauvées d'une destruction irrémédiable, que d'incertitudes n'auraient-ils pas évitées à l'archéologie moderne!

Les ornements sacrés, les sarcophages, les médailles, les inscriptions, ne fixèrent pas moins l'attention de ce compilateur infatigable. L'illustre épigraphiste de la Rome moderne, M. de' Rossi, a eu plus d'une fois l'occasion de signaler les services qu'il a rendus sous ce dernier rapport. Mais quoique Grimaldi commençât dès la fin du seizième siècle à réunir les éléments de son travail, la composition même des ouvrages auxquels nous sommes redevables de tant de notices précieuses ne paraît guère remonter au delà de l'année 1615, à l'exception du *Diarium* du jubilé et de quelques autres fragments de peu d'importance.

(1) Ce dessin, qui existe encore dans les archives de la basilique du Vatican, a été publié par Ciampini, *De sacris Ædificiis*, pl. XIII, et par les Bollandistes, *Acta sanctorum*, juin, t. VII, p. 135.

(2) C'est 1592 qu'il faut lire : telle est, en effet, la date inscrite dans le procès-verbal. V. Ciampini, *De sacris Ædificiis*, p. 47.

(3) Florence. Fonds Magliabecchi, classe III, n° 173, f° 3.

Plusieurs papes ou princes firent gloire de le ~~.~~ ~~penser des~~ services si divers qu'il avait rendu (1), reconnut ses transcripment VIII, en datatiques et sanctionna en quelque sorte l'œuvre tions car il s'était dévoué.

Plus tard, nous voyons Paul V lui accorder une pension annuelle de cinquante écus. Cet exemple fut suivi par le grand-duc de Toscane, qui lui donna de nombreuses marques de sa munificence. Ajoutons que ses travaux lui valurent un canonicat à Santa-Maria in Porticu, et la place de « lecteur des sentences » contre les hérétiques dans les abjurations publiques (2).

On est moins exactement informé des relations de Grimaldi avec les savants contemporains, de sa situation dans le monde littéraire. Je puis cependant dire qu'il était fort lié avec Pompeo Ugonio, le docte auteur de l'*Historia delle stationi di Roma* (1588) et des manuscrits archéologiques de la bibliothèque Barberine. Il nous l'apprend lui-même dans un de ses ouvrages (3). Nous le trouvons également en rapport avec l'architecte Martin Ferrabosco, le collaborateur de l'*Architettura della basilica di San-Pietro in Vaticano*, de Costaguti (Rome, 1620 et 1684). Ferrabosco reconstitua pour lui le plan du projet de reconstruction que Nicolas V avait adopté pour la basilique de Saint-Pierre (4).

Les dernières années de la vie de Jacques Grimaldi ne répondirent pas entièrement à l'austérité des premières ; son âge mûr fut troublé par des passions violentes, qui contribuèrent même, s'il faut en croire le *Diarium* du sacristain de Saint-Pierre, à hâter sa fin. Cependant son activité littéraire ne se ralentit pas un instant ; les années 1618 à 1623 sont précisément celles où il mit au jour le plus grand nombre d'ouvrages.

Il mourut le 7 janvier 1623 (5), après avoir été attaché pendant près d'un demi-siècle (quarante-cinq ans), à la basilique du prince des apôtres.

Voici en quels termes un de ses collègues enregistra sa mort :

« A di 7 Gennaro 1623. Il sopradetto sig. Giacomo Grimaldi, sacerdote, e chierico beneficiato della sacrosanta Basilica Vaticana, il quale

---

(1) Publié par Fantuzzi, t. IV, p. 307, note.

(2) Fantuzzi, *loc. cit.* Ce savant se trompe évidemment en plaçant cette dernière nomination en l'année 1568 ; la date 1598 me paraît plus vraisemblable.

(3) Cod. Ambrosianus A. 168, f° 21.

(4) Cod. Barberinus, XXXIV, 50, fol. 443.

(5) Et non pas en 1683, comme le rapporte le comte Fantuzzi.

ha servito detta chiesa per spazio di anni 45 con ogni fedeltà nell' officio di chierico sopranumerario, accolito di sagrestia, sotto sagrestano, mansionario, sagrestano, ed ultimamente chierico beneficiato, ed ha avuto cura dell' archivio, il quale ha accomodato tutte le scritture nell' ordine che oggi si vedono, ha scritto e fatti libri memorabili, delli quali ne ha donati a principi, e signori grandi, come alla santa memoria di papa Paolo V, il quale per ricognizione le donò una pensione di 50 ducati, al gran duca di Fiorenza, al duca di Savoja, ed altri principi, quali libri trattano delle cose memorabili della chiesa di San-Pietro, e del Volto santo ec. morto nella parrochia della Mad. del Popolo, e sepolto in questa chiesa privatamente (1). »

II

Grimaldi n'a apporté dans ses études ni la supériorité d'esprit d'un Panvinio ou d'un Bosio, ni la brillante éducation classique des humanistes proprement dits. C'est une nature sèche, incapable de s'élever bien haut, remarquable surtout par sa passion de l'ordre, de la clarté, de la précision, et par l'ardeur avec laquelle l'humble clerc a travaillé à devenir un érudit, presque sans le secours d'un maître. Je ne crains pas d'affirmer que jamais avant lui on n'avait accordé tant d'attention à des monuments dont le tort était de ne pas appartenir au paganisme ; jamais on ne les avait décrits avec autant de soin, on pourrait presque dire d'amour. Quand il s'agit de procéder à quelque inventaire archéologique, l'archiviste est doublé chez lui du notaire. En ce qui concerne les inscriptions surtout, Grimaldi s'applique à les reproduire avec autant d'exactitude que possible, en tenant compte des lettres manquantes, de la dimension des lacunes, et d'autres détails trop négligés par Panvinio et son école.

On est en même temps frappé de sa curiosité insatiable. Papyrus, briques sigillées, monnaies, bas-reliefs, fresques, miniatures, tout l'intéresse, tout lui est familier. Il se livre à des recherches approfondies sur plusieurs points de l'histoire du costume ecclésiastique, sur la forme des lampes servant au culte, etc. Si nous faisons abstraction du groupe de savants voués dès lors à l'étude des catacombes, et de ceux qui, comme Vasari, s'occupaient spécialement des écoles modernes, nous pouvons soutenir, sans crainte d'être démenti, que personne à cette époque n'a pos-

(1) Cancellieri, *De secretariis Basilicæ Vaticanæ*, IV, 1741. Cf. 1667-96.

sédé, en matière d'art, une érudition aussi variée, aussi étendue.

A cette connaissance des monuments, Grimaldi joint une connaissance parfaite des sources manuscrites ou imprimées. La bibliothèque et les archives du Vatican n'ont point de secrets pour lui, et il ne cesse d'y puiser à pleines mains. Chartes, missels enluminés, histoires ou chroniques locales, il n'y a rien qui échappe à ses investigations (1). Il se sert de ces matériaux pour déterminer l'origine ou le caractère des différents monuments, pour leur donner leur signification véritable. Tantôt il produit une vieille quittance qui fixe l'époque à laquelle ont été exécutées des fresques de Giotto, tantôt il cherche à établir l'âge d'une mosaïque par sa comparaison avec les miniatures. Dans ces dernières tentatives, est-il nécessaire de le dire, il échoue souvent; mais les erreurs qu'il commet sont moins nombreuses et moins graves que celles des archéologues du dix-septième et du dix-huitième siècle. Cela ne tient-il pas à ce que, de son temps, l'habitude d'étudier les œuvres d'art dans des reproductions insuffisantes n'avait pas encore prévalu? Grimaldi et ses contemporains examinaient directement les originaux : de là cette sincérité et cette solidité de jugement qui manquent à leurs successeurs. Il y a même lieu de croire qu'il est l'auteur des nombreux dessins joints à son texte. En effet, Bianchini, dans son édition du *Liber Pontificalis* (III. 159), le raille, bien à tort selon moi, de son inexpérience à manier le crayon : « Jacobus enim Grimaldus ad acta conscribenda selectus, non potuit ita facile reddi pictor ex ea deputatione qua declarabatur notarius. »

Quelque honneur que fassent au goût et à la perspicacité de Grimaldi les dissertations qu'il nous a laissées, c'est surtout dans ses efforts pour constituer des recueils soit d'inscriptions, soit de documents, soit d'ouvrages d'art, que nous devons le considérer. Sous ce rapport il n'y a point d'éloges qu'il ne mérite. Il a révélé les trésors innombrables que cachaient les souterrains de Saint-Pierre, il nous a mis à même d'étudier dans ses dessins, et mieux encore dans ses descriptions, toute une moitié de la Rome chrétienne, dont la perte, sans lui, aurait été complète et irréparable. Le succès avec lequel il s'est acquitté de cette tâche justifierait à lui seul le jugement, si éloquent dans sa concision, que Tirabos-

---

(1) Il cite à chaque instant les ouvrages, alors inédits, de Petrus Mallius, de Mapheus Veggius, de Panvinio, etc., etc., et ne manque presque jamais d'ajouter au titre de ces ouvrages l'indication de la cote, bien différent en cela de la plupart de ses successeurs, notamment de Ciampini.

chi porte sur notre auteur et son admission parmi les représentants les plus autorisés de la science italienne :

« In altra maniera si volse ad illustrare le antichità uno scrittore poco fino riconosciuto, e degno non di meno di andar del pari co' più rinomati, cioè Giacomo Grimaldi (1). »

III

L'héritage littéraire si considérable laissé par Jacques Grimaldi ne tarda pas à tenter les savants romains. Il était à peine mort que déjà commençait le partage de ses dépouilles. Le premier qui fit usage de ses manuscrits fut Jean Severano, dans ses *Memorie sacre delle sette chiese di Roma* (Rome, 1630, t. I, p. 7 et ss.). Puis vint Torrigio, qui les mit en quelque sorte en coupe réglée dans ses *Sacre grotte Vaticane* (Rome, 1635, 1639, 1675). On peut dire que, sans le secours que lui a prêté Grimaldi, cet ouvrage célèbre n'existerait pas. Fioravante Martinelli, dans sa *Roma ex ethnica sacra* (Rome, 1653), ne profite guère moins des travaux de l'ancien archiviste de la basilique Vaticane. On verra plus loin qu'il pourvut un de ses manuscrits d'un index destiné à faciliter les recherches (Vaticane, fonds Capponi, no 145). Ciampini est un de ceux qui lui doivent le plus, quoiqu'il prononce rarement son nom. Il lui a notamment pris les descriptions et les croquis de l'oratoire de Jean VII, de la façade et de l'intérieur de l'ancienne basilique du Vatican, des peintures du Latran, etc. Bonanni enfin, dans son *Historia templi Vaticani* (Rome, 1696, 1700 et 1715), pour ne citer que les principaux d'entre les auteurs du dix-septième siècle, s'inspire de lui à chaque page et honore ces emprunts par l'usage judicieux qu'il en fait.

Il serait trop long d'énumérer tous les savants du siècle dernier ou de notre siècle qui ont puisé dans l'œuvre manuscrite de Grimaldi. Aux Bollandistes (2), il fournira la description du sépulcre de saint Léon Ier (*Propylæum ad acta sanctorum maii*), reproduite plus tard par Bianchini, dans son édition du *Liber Pontificalis* (III, p. 159), et par l'abbé Migne, dans son édition du même ouvrage (II, p. 323). Un troisième éditeur de la chronique papale, Vignoli, consultera ses *Descendentiæ canonicorum* (*Lib. Pont.* II,

___

(1) *Storia della letteratura italiana*, t. VIII, p. 507, éd. de Milan.

(2) Il faut cependant noter que ces auteurs n'ont eu qu'une connaissance fort imparfaite des manuscrits de Grimaldi, comme on peut le voir facilement par l'article qu'ils lui ont consacré : *Acta sanctorum*, juin, t. VII, p. 86.

p. 16, 17). Le grand Muratori profitera de ses recherches sur la numismatique (*Antiquitates medii ævi*, II, 783). Cancellieri enfin le suivra pour ainsi dire pas à pas dans son volumineux traité sur les *Secretarii basilicæ Vaticanæ* (Rome, 1786), aussi touffu et aussi mal composé que les *Instrumenta authentica*, ou le *De sacrosancto Sudario*. Arrivé à la fin de son travail, il n'hésite pas à payer à son devancier ce juste tribut d'éloges : « Ac nequeo mihi temperare, quin hujus modi Elenchos (la liste des bénéficiers de Saint-Pierre) absolvam vita et rebus gestis Jacobi Grimaldi, qui eos confecit, quemque totius fere operis decursu socium ac ducem de meo itinere optime meritum habere gloriatus sum. » (p. 1741).

Les archéologues ou épigraphistes modernes n'ont pas tiré un moindre parti de ce fonds si riche qu'aujourd'hui encore, malgré tant de plagiats ou d'emprunts, il nous offre en abondance les renseignements inédits les plus précieux. Le maître par excellence des antiquités chrétiennes, M. de Rossi, a assigné à Grimaldi une place honorable parmi les collecteurs d'inscriptions (*Inscriptiones christianæ*, préface XXI, note 5); il a également utilisé un de ses manuscrits, le Vat. 6437, dans son beau travail sur la mosaïque de S. Andrea in Barbara (*Bullettino di archeologia cristiana*, 1871, éd. fr., p. 13). L'auteur des *Iscrizioni delle chiese ed altri edificii di Roma*, M. Forcella (Rome, 1869 et années suivantes), a de son côté trouvé, dans l'œuvre de Grimaldi, quelques inscriptions intéressantes : sa moisson eût été bien plus considérable encore s'il avait connu les manuscrits de la Barberine, de la bibliothèque nationale de Florence et de l'Ambrosienne. Mais par un concours de circonstances difficile à expliquer, ces manuscrits, si riches en variantes, ont jusqu'ici échappé à l'attention, non-seulement de M. Forcella, mais encore de tous ses prédécesseurs, sauf Muratori et Mai, qui ont consulté ou cité, l'un le cod. Ambr. A. 168, l'autre (*Iliadis fragmenta antiquissima cum picturis*, Milan, 1819. fol. IX et XI), les trois exemplaires de la même bibliothèque.

IV

Une classification rigoureuse des manuscrits de Grimaldi est à peu près impossible, car si beaucoup d'entre eux contiennent les mêmes dissertations, il n'en est guère qui soient absolument identiques et qui constituent la reproduction littérale l'un de l'autre. L'auteur semble avoir pris plaisir à varier les matières, à introduire des changements plus ou moins considérables, de manière à conserver à chacune des copies exécutées de sa main son caractère d'original. Nous allons cependant essayer, avant d'en dresser la liste, de faire abstraction de ces différences, et de distribuer les principaux de ces manuscrits entre un certain nombre de familles. En voici la description sommaire :

Diarium anni jubilæi 1600. Archives de la basilique du Vatican. E. 38. — Barberine XXXII.

Instrumenta autentica translationum ss. corporum et sacrarum reliquiarum e veteri in novam... basilicam... Archives de la basilique du Vatican G. 13. — Copie à la Corsinienne 276. col. 39. D. 4. — Deux exemplaires différents à la Barberine XXXIV. 49 et XXXIV. 50.

Opusculum de sacrosancto Veronicæ sudario ac lancea. Archives de la basilique du Vatican. H. 3. — Bibl. nat. de Florence, P. III. n° 173. — Ambrosienne, A. n° 168.

Catalogus sacrarum reliquiarum almæ Vaticanæ basilicæ... Archives de la basilique du Vatican. H. 2. — Bibl. Casanatense (sans cote).

Cancellieri a publié dans le t. IV de son *De secretariis basilicæ Vaticanæ*, pp. 1667-1696, « l'*Elenchus reliquiarum basilicæ Vaticanæ a Jacobo Grimaldo contextus, novis accessionibus locupletatus.* — Ce catalogue, écrit en italien, n'a presque rien conservé de sa forme première ; d'un côté, Cancellieri y a fait de nombreuses additions ; de l'autre il a retranché les *excursus*, qui donnent au travail de Grimaldi son principal intérêt.

Catalogus omnium archipresbiterorum ss. Vaticanæ basilicæ... Archives de la basilique du Vatican. H. 1. — Barberine XXXIV. 36.

Liber canonicorum sacrosanctæ Vaticanæ basilicæ... qui diversis temporibus ad summum pontificatum et cardinalatum erecti fuerunt. Bibl. du Vatican, n° 6437. — Copie dans la même bibliothèque, fonds Capponi, n° 145.

Descendentiæ canonicatuum, beneficiatuum et clericatuum sacrosanctæ basilicæ Vaticanæ. — Archives de la basilique du Vatican. H. 59.

Antiquissimæ scripturæ quæ in arborum cortice exaratæ in Vaticana bibliotheca asservantur... Bibl. du Vatican. n° 6064. Voir aussi : même bibliothèque n° 6438. — Barberine XXX. 135. f° 81. — Bibl. nationale de Paris, fonds latin n° 12919 ; (S. Germain latin n° 4661).

De Carola Lusignana regina, Ludovici de Sabaudia, Hierusalem, Cypri et Armeniæ regis, conjuge. — Archives d'Etat de Turin.

236

ARCHIVES DE LA BASILIQUE DU VATICAN.

E. 38. — Diarium anni 1600.
73 feuillets. Contient la description de l'ouverture de la Porte-
Sainte, la mention des visites faites par le pape aux basiliques,
des fêtes, etc., etc. (1).

G. 13. — Instrumenta autentica translationum sanctorum corporum et sacrarum reliquiarum e veteri in novum templum S.
Petri sub Paulo V. P. M. cum multis memoriis, epitaphiis et inscriptionibus basilicæ ejusdem per Jac. Grim. dicti templi olim
archívistam, notarium publicum, fideliter accurateque scripta et
publicata A. D. 1621, apostolica sede vacante per obitum fel.
record. SS. Patris et Domini nostri Pauli PP. V. mense Januario
die 29. signata et in autenticam formam redacta 1621. In-folio.
D'après Fantuzzi, loc. cit, une copie autographe de cet ouvrage
existe dans les archives ou dans la bibliothèque du Vatican. Elle
contient 286 ff.

H. I. — Catalogus omnium archipresbiterorum sanctissimæ
Vaticanæ basilicæ principis apostolorum a Benedicto IX summo
pontifice, quo hæc dignitas in amplissimo cardinalium collegio
initium sumpsit, ad Paulum V. P. M. in scripturis archiv. ejus
basilicæ et bibliothecæ Vaticanæ fideliter accurateque collectus
per Jac. Grimaldum olim ejus templi archivistam, nunc clericum
beneficiatum an. 1620. In-fol. 168 ff. — Au folio 153 on lit :
« Laus Deo, in parochia populari portæ Flaminianæ an. 1620 die
Veneris 25 Sept. ego Jacobus Grim. hoc opusculum complevi et
absolvi. »

H. 2. — Catalogus sacrarum reliquiarum almæ Vaticanæ
basilicæ, Paulo Bizono, et Marco Aurelio Maraldo SS. D. N. Pauli
PP. V. datario, ejus basilicæ canonicis majoribus sacristis, fideliter scriptus. A. D. 1617, in-folio, 79 ff.

H. 3. — Opusculum de sacrosancto Veronicæ sudario, ac lancea
quæ Salvatoris nostri Jesu Christi latus aperuit in basilica Vaticana maxima veneratione asservatis, edictum per Jac. Gri. ejus
basilicæ clericum beneficiatum. An. D. 1618, in-fol. 210 ff., nom-

(1) N'ayant pu, faute de temps, soumettre les manuscrits de ces archives à
à un examen approfondi, je me suis le plus souvent borné à reproduire la description qu'en donne le comte Fantuzzi, d'après les précieuses notes de Marini.

breux dessins. — Au folio 113 sont les dessins de l'oratoire de
Jean VII. — Au folio 158 : « Finit liber. Laus Deo. Jac. Gri.
manu propria scripsi et subscripsi. Atque faciebam Romæ in civitate Leoniana 1618. 3 Maii. — Folio 163, histoire et description
de la sainte lance, etc.

H. 59. — Descendentiæ canonicatuum, beneficiatuum et clericatuum sacrosanctæ basilicæ Vaticanæ. Quomodo unus alteri suc-
cessit a temporibus Sixti IV ad hanc diem, fideliter accurateque
collectæ per Jac. Grimal. olim d. basilicæ arch. clericum beneficiatum. Romæ A. D. 1622 mense Junio; in-fol. 300 ff.

Aux ouvrages ci-dessus indiqués il faut ajouter les trois manuscrits suivants, que Cancellieri signale dans son *De secretariis
basilicæ Vaticanæ* (p. 1142-3). Ce sont des cadastres que l'on con-
sulte encore avec fruit de nos jours, comme on peut s'en convaincre en parcourant l'ouvrage de M. Adinolfi, intitulé : *la Portica
di san Pietro, ossia Borgo nell' età di mezzo*. Rome, 1859.

Sedente ss. D. N. Paulo quinto pont. max. A. II. Evangelista Pallotto tituli s. Laurentii in Lucina card. Cusentino archipresbytero.

Catastum domorum sacrosanctæ Vaticanæ basilicæ principis
apostolorum almæ urbis, quæ sitæ sunt in civitate Leonina, sive
burgo S. Petri de regione Castelli. Jussu capituli fideliter accurateque cum instrumentorum assignatione confectum atque conscriptum anno MDCVII Paulo Bizzono, Aloysio Rainaldutio, Ber-
nardino Paulino, et Tiberio Cincio canonicis majoribus camerariis.

Sedente Paulo quinto pont. opt. max. anno II Evangelista Pallotto tit. s. Laurentii in Lucina cardinale Consentino archipresbytero. Catastum domorum sacrosanctæ Vaticanæ basilicæ
principis apostolorum, jussu capituli fideliter accurateque cum instrumentorum assignatione confectum, atque conscriptum, anno
domini MDCVI. Continet domos in regionibus urbis præter illas
quæ sunt in civitate Leonina sive burgo S. Petri, quæ alio volumine comprehenduntur (Suit la liste des chanoines).

Sedente ss^{mo} d. n. d. Urbano octavo, etc. Catastum vinearum
sacros. bas. Vaticanæ principis apostolorum almæ urbis jussu
R^{mi} capituli fideliter cum instrumentorum assignatione confectum atque conscriptum. Anno jubilei 1625 (1). — Continet vineas
in monte Malo extra portas Pertusiam, Turrionum, Angelicam,
Castelli et alibi.

---

(1) Il doit y avoir ici quelque méprise. Grimaldi étant mort en 1623 ne peut
être l'auteur d'un travail exécuté en 1625. Tout au plus peut-on admettre que le
cadastre que Cancellieri place sous son nom ait été commencé par lui.

No 6038. — Recueil d'inscriptions. — Quelques-unes d'entre elles
sont annotées par Grimaldi (ff. 72, 143, etc.), mais la majeure partie remonte à une époque bien plus ancienne (celle du folio 91
porte la date de 1548), et appartient à des pays autres que l'Italie
(France, Pologne, etc.).

N° 6064. — Antiquissimæ scripturæ quæ in arborum cortice exaratæ in Vaticana bibliotheca asservantur. Sanctissimi domini nostri Pauli quinti P. M. jussu exemplatæ. Anno domini MDCXVII.
pet. in-folio de 27 feuillets numérotés ; autographe. Contient la
transcription de papyrus, provenant principalement de Ravenne.
D'après Marini (Fantuzzi, *Scrittori bolognesi*, *loc. cit.*). J. B. Doni
a eu entre les mains une copie de ce travail et l'a insérée en entier
à la fin de son *Tesoro delle Iscrizioni*, p. 467-495, sans prévenir le
lecteur de l'étendue de ses emprunts.

N° 6438. — Instrumenta antiquissima e corticibus arborum et
membranis descripta. Anno domini MDCXVII ; in-folio , papier,
en partie autographe. — Folios 1-36. Transcription des papyrus
du n° 6064, diplômes des princes Pandolfe et Landolfe, publiés par
Doni, *Inscripliones antiquæ*, p. 520. — Folios 38-57. Inscriptions
latines et italiennes, monnaies, etc., avec des notes de la main de
Grimaldi. — Folios 58-105 (d'une autre main) : Incipit præfatio
Cresconii de concordia canonum ad Liberinum. — Folios 105-132.
Regula canonicorum ex valde antiquo libro in membranis manus-
cripto fideliter accurateque exemplata. Anno domini 1619 mense
Aprilis. « En marge se trouve cette note : est edita. Vide concil.
Colati. t. IX. A. Maius. »

N° 6437. — Liber canonicorum sacrosanctæ Vaticanæ basilicæ
Principis Apostolorum qui diversis temporibus ad summum
pontificatum et cardinalatum erecti fuerunt, fideliter accurateque collecti per Jacobum Grimaldum prædictæ basilicæ clericum beneficiatum olim archivistam. Romæ anno domini nostri Jesu Christi MDCXXII in festo S. Antonii Patavini. XIII
Junii die lunæ ; deux volumes petit in-folio , autographes : t. I.
ff. 1-190 ; t. II. ff. 191-397 (Les deux derniers feuillets sont blancs).
— Toutes les pages des deux volumes ont été recouvertes de papier végétal ; l'écriture, altérée par la solution qui a servi à fixer

---

(1) C'est par erreur que Fantuzzi range les manuscrits dont la description va
suivre parmi ceux des archives du Vatican.

cette matière, est aujourd'hui fort difficile à lire. — A la biogra-
·phie de chaque pape est joint un dessin représentant ses armoiries. La place des autres dessins est restée vide.

Fonds Capponi, n° 145. — Copie du manuscrit précédent « ad
usum Floravantis Martinelli indice locupletatus anno domini
1638. » In-folio, de 519 pages. — La place de toutes les armoiries
est vide.

ARCHIVES DU CHATEAU SAINT-ANGE, AUJOURD'HUI RÉUNIES AUX ARCHIVES SECRÈTES DU VATICAN.

On y trouvait une foule de notes de Grimaldi, des copies et
papyrus, de diplômes, d'inscriptions, etc., que Marini avoue avoir
beaucoup mises à contribution (1). Parmi elles figuraient les trois
diplômes publiés par Doni, pp. 515, 518 et 520.

BIBLIOTHÈQUE BARBERINI.

XXX. n° 135. Recueil de pièces. — Folio 81. « Titulus instru-
menti difficillissimis hastatis litteris exaratus Pandolfi et Landolfi,
Longobardorum gentis principum, anno domini MXI. Anno
domini 1618, etc. — Folio 83. De aliquot generibus lampadum
quas Anastasius enumerat (avec dessins). — Folio 85. Inscriptiones et epitaphia veteris Vaticanæ basilicæ. — Folio 93. Extraits
de la biographie de Nicolas V, par G. Manetti. — Folio 100. Planta
templi Vaticani quod Nicolaus quintus Bernardo Rossellino architecto inchoaverat. — Folio 102. Epistola Nicolai papæ tertii
Ursini ad canonicos S. Petri super reformatione status d. basilicæ Vaticanæ. » etc.

Tout ce volume paraît se composer de copies reproduisant soit
des dissertations de Grimaldi, soit des extraits faits par lui.

XXXII. Diarium anni jubilæi 1600.

XXXIV. n° 36. Cathalogus omnium archipresbyterorum sacrosanctæ Vaticanæ basilicæ Principis apostolorum a Benedicto
nono S. P. sub quo hæc dignitas ex amplissimo cardinalium collegio initium sumpsit ad s^{mum} D. N. Urbanum VIII. Ex scripturis
archivi ejus basilicæ et bibliothecæ Vaticanæ fideliter accurateque
collectus. Romæ MDCXXXV (2).

In-folio, 122 feuillets; copie. La préface, due à J.-B. Nardoni

---

(1) Fantuzzi, *Scrittori bolognesi*, loc. cit.
(2) Les derniers mots du titre ont été ajoutés après coup.

et datée du 6 août 1635, nous apprend que ce travail, commencé par Grimaldi, a été continué après sa mort jusqu'au pontificat d'Urbain VIII.

XXXIV. n° 49. Instrumenta autentica translationum sanctorum corporum et sacrarum reliquiarum e veteri in novam principis apostolorum basilicam atque immissionis lapidis benedicti a S^mo D^no n. Paulo quinto pont. maximo in fundamentum porticus et frontis ejusdem basilicæ. in-folio, parchemin, 81 feuillets, sans compter la préface et la table des matières. Autographe. Dessins très-soignés. — Dédié au pape Paul V, et portant la date du 19 avril 1620.

XXXIV. 50. Paulo quinto Pont. max. anno quinto decimo. Instrumenta autentica translationum sanctorum corporum et sacrarum reliquiarum e veteri in novum templum sancti Petri cum multis memoriis, epitaphiis, inscriptionibus, delineatione partis basilicæ demolitæ et iconicis historiis sacræ confessionis ab eodem summo pontifice magnificentissime exornatæ anno domini MDCXVIIII. — A la fin du volume : « finit liber. laus deo, deiparæ virgini et æthereo janitori, anno domini MDCXX Romæ die Veneris XV Maii. » In-fol. papier, 529 ff. numérotés, sans compter le titre et la préface — Autographe. — Dessins innombrables ; à la fin du volume se trouvent des gravures de la basilique de Saint-Pierre. Une foule de feuillets sont revêtus du timbre de notaire de Grimaldi : « signum tabellionatus. » Le papier est corrodé en beaucoup d'endroits par l'encre, et l'état du manuscrit est des plus défectueux. Ce manuscrit, l'ouvrage capital de Grimaldi, semble n'avoir jamais été consulté ; l'existence même n'en paraît pas avoir été connue jusqu'ici.

On trouve en outre dans la même bibliothèque n° XL. 18, un extrait du *Sudarium* de Grimaldi.

BIBLIOTHÈQUE CASANATENSE (MINERVE).

Sans cote. Cathalogus sacrarum reliquiarum Vaticanæ basilicæ principis apostolorum cum multis ipsarum antiquis et dignis memoriis ab archivo ejus basilicæ et aliunde acceptis, anno domini MDCXVIII ; petit in-folio, papier. 69 feuillets numérotés, non compris la table des matières. Autographe. Dessins. L'auteur y étudie une cinquantaine de reliques. — Folio 62, il donne la description de la chapelle de Sixte IV, mais sans l'accompagner d'un dessin, comme dans le manuscrit de l'Ambrosienne. — Dans une note placée à la suite de la table des matières, il déclare qu'il ne s'occupera pas de la sainte face ni de la sainte lance, « de sudario Veronicæ et lancea habetur in libro separato per me Jacobum Grimaldum edito 1618. »

BIBLIOTHÈQUE CORSINI.

276. col. 39 D. 4. Instrumenta autentica translationum, etc., in-folio, 284 ff., dessins. Copie du manuscrit conservé dans les archives du Vatican. Cette copie est accompagnée du certificat suivant : « Fidem facio ego infrascriptus, qualiter præsens copia extracta fuit ex suo originali in archivo secreto Vaticano asservato et collationata... XXIII Junii 1706.

FLORENCE.

BIBLIOTHÈQUE NATIONALE.

Fonds Magliabecchi, P. III. n° 173. Opusculum de sacrosancto Veronicæ sudario Salvatoris nostri Jesu Christi et lancea qua latus ejus apertum fuit in Vaticana basilica maxima veneratione asservatis. Editum et scriptum per Jacobum Grimaldum ejus basilicæ clericum beneficiatum. Romæ anno domini millesimo sexcentesimo vigesimo. Un vol in-fol. en papier de 172 ff. numérotés, non compris la table, disposée dans la première partie par ordre chronologique, et ensuite par ordre de matières. — Autographe. — Dessins.

La « Brevis declaratio aliquarum monetarum antiquarum ex archivo Vaticanæ basilicæ et Vaticanæ bibliothecæ aliisque autenticis scriptoribus collecta » (cl. XXXVII. Cod. 60). P. III, cod. 173, fait double emploi avec le manuscrit précédent. Voici l'indication des principales dissertations archéologiques contenues dans le volume.

Folio 97. De Johanne septimo papa et ejus sacello in honorem deiparæ Virginis dicato, anno domini septingentesimo quinto, in quo idem pontifex sacrosanctum sudarium in marmoreo ciborio honorifice collocavit, ut in hoc libro dictum fuit fol. 15 (description et croquis des mosaïques, du ciborium, du crucifix de bronze, du baldaquin, etc., de cet oratoire).

Folio 115. Antiqua umbella quæ ciborio sacrosancti sudarii Veronicæ in veteri Vaticana basilica serviebat.

Folio 126. Exemplum capsæ in templo Pantheon.

16

Folio 127. De capsa sanctissimi sudarii ¡in ecclesia sancti Eligii fabrorum juxta Velabrum.

Folio 166. Brevis declaratio aliquarum monetarum, etc. Voir ci-dessus.

Folio 169. Planta antiquæ Vaticanæ basilicæ, etc., etc.

MARUCELLIANA.

Fonds Gori. A. 199. p. 298. Memoria aurei numismatis reperti sub una majorum columnarum veteris Vaticanæ basilicæ die lunæ septima Augusti anno domini millesimo sexcentesimo sexto, indictione quarta ; au-fol. 301 on lit : *ego, Jacobus Grimaldus* etc. 12 mars 1617. — Copie.

MILAN.

BIBLIOTHÈQUE AMBROSIENNE.

N° A. 168. inf. Liber de sacrosancto sudario Veronicæ Salvatoris nostri Jesu Christi ac lancea quæ latus ejus aperuit in Vaticana basilica maxima veneratione asservatis. Editus et scriptus per Jacobum Grimaldum ejusdem basilicæ clericum beneficiatum. Romæ, anno domini MDCXXI. Papier, in-fol. Dessins. Autographe.

Folio 28. Portes de bronze de Célestin II. — Folio 66. Le trésor de la basilique du Vatican en 1527. — Folio 116. Peinture du Latran qui représente le pape en train de revêtir les ornements pontificaux. — Folio 117. Ciborium de Jean VII. — Folio 122. Autre ciborium. — Folio 140. Tombeau de Boniface VIII et dissertation sur le costume du clergé attaché à la basilique du Vatican. — Folio 150 v°. Description de la chapelle construite en 1493 par le neveu d'Innocent VIII. — Folio 155. Ciborium de Bramante. — Folio 179. Triclinium de Léon III, etc.

A la fin de la table des matières on lit la dédicace suivante : « Jacobus Grimaldus, Vaticanæ basilicæ humilis clericus, hoc opus Roma Mediolanum misit ad Illustrissimum et Reverendissimum D. D. Federicum SS. R. E. tituli S. Mariæ Angelorum in thermis presbyterum cardinalem Borromeum, Mediolani archiepiscopum, die lunæ vigesima septima mensis Septembris in festo SS. Cosmæ et Damiani, anno salutis millesimo sexcentesimo vigesimo primo. Feliciter ego Jacobus Grimaldus manu propria. »

Muratori a mis à contribution ce manuscrit dans sa dissertation sur les monnaies. *Antiquitates medii ævi*, t. II, p. 783. — Panelli le cite également dans ses *Memorie istoriche di santi Vitaliano è Benvenuto vescovi di Osimo*. Osimo 1763, note 20. Voir Fantuzzi, *Scrittori bolognesi*, t. IV, p. 309, note.

N° A. 178. in-f. Beati Leonis papæ tertii sermo de sancto Jacobo apostolo ex libro antiquissimo Callisti papæ secundi de vita et miraculis ipsius apostoli et de translatione sacri corporis ejus in Hispaniam, exemplatus in bibliotheca sacrosanctæ Vaticanæ basilicæ cum præfatione Jacobi Grimaldi in vita ejusdem B. Leonis. A. D. MDCXVII. In-folio, 102 feuillets, dessins, autographe. — Dédié au card¹ F. Borromée.

Folio 16. Description des reliques et du costume de S. Léon I.

Folio 20. Description du triclinium de Léon III (analogue à celle du n° 168), etc.

N° I. 87 inf. Catalogus sacrarum reliquiarum almæ Vaticanæ basilicæ cum multis memoriis et antiquitatibus fideliter accurateque confectus per Jacobum Grimaldum ejus basilicæ clericum, olim archivistam, anno domini MDCXXI.

TURIN.

ARCHIVES D'ÉTAT.

M'étant adressé à M. le chevalier V. Promis, directeur de la Bibliothèque particulière de S. M. le roi d'Italie à Turin, pour savoir si la collection confiée à ses soins ne renfermait pas l'un ou l'autre des manuscrits offerts par Grimaldi au duc de Savoie, j'ai reçu de lui la lettre qu'on lira ci-dessous. Je ne saurais mieux faire que de la reproduire en entier, en exprimant publiquement à ce savant distingué ma vive gratitude pour la parfaite obligeance avec laquelle il a répondu à ma demande, ainsi que pour la précision de ses renseignements :

« Dans la bibliothèque de S. M. ne se trouve aucun ouvrage de Jacques Grimaldi. J'ai pourtant eu connaissance d'un manuscrit de cet auteur qui est conservé aux archives d'Etat de Turin, et dont je vous donne ci-joint la description et le titre. C'est un volume petit in-folio, relié en parchemin, avec fleurons en or. Les deux premiers feuillets sont blancs, le troisième porte l'écusson colorié de notre cardinal Maurice de Savoie, fils du duc C. Emmanuel Ier, et le titre rouge et noir que voici :

» De Carola Lusignana regina, Ludovici de Sabaudia, Hierusalem, Cypri, et Armeniæ regis carissima conjuge, in Vaticana basilica sepulta , nonnullæ memoriæ, ad serenissimum principem et reverendissimum dominum dominum Mauritium de Sabaudia, sancti Eustachii diaconum cardinalem amplissimum. Romæ. Anno MDCXXI.

» Après deux autres feuillets blancs vient une lettre de Grimaldi, adressée au cardinal et commençant ainsi : « Serenissime princeps etc. Jacobus Grimaldus Vaticanæ basilicæ humilis clericus salutem plurimamque felicitatem. » Cette lettre est datée de Rome, 1er mai 1621. L'auteur y expose qu'ayant promis en 1620 au prince Thomas, son frère, de réunir quelques notices sur Charlotte de Chypre, il lui dédie à présent son ouvrage. A cette lettre succède la table des matières, puis un autre feuillet blanc, et enfin le texte, qui occupe les feuillets numérotés 1 à 13. Au fº 6 on voit le dessin d'un tableau de l'hôpital du Saint-Esprit, représentant la reine aux pieds du pape Sixte IV. Au fol. 8 se trouve le portrait en couleur de la princesse, d'après le même tableau.

» Voilà, Monsieur, tout ce que j'ai pu trouver sur Grimaldi. Si ce n'est pas beaucoup, vous y verrez du moins la preuve de ma bonne volonté. »

PARIS.

BIBLIOTHÈQUE NATIONALE.

Fonds latin, nº 12919 (S. Germain latin, nº 466). « Copie figurée, faite en 1617, d'une charte octroyée vers 980 par les princes Pandolfe et Landolfe. » Quoique cet opuscule, composé de cinq feuillets, ne porte ni titre ni nom d'auteur, je n'hésite pas à y reconnaître un original écrit de la main de Grimaldi.

Peut-être serait-il difficile de retrouver aujourd'hui un manuscrit de Grimaldi intitulé : *De sacrosancto Veronicæ sudario*, qu'Emeric David, dans son *Histoire de la peinture au moyen âge*, page 63, éd. de 1862, mentionne comme appartenant à la bibliothèque du cardinal Fesch.

V

Les extraits qui suivent sont destinés à montrer quelles ressources l'archéologie chrétienne peut tirer, de nos jours encore, de l'étude des manuscrits de Grimaldi. Quoique plus d'un savant ait utilisé, quelquefois même copié, les passages les plus intéressants de ces ouvrages, la publication du texte original ne paraîtra pas superflue. Il importe en effet de substituer à des analyses plus ou moins sommaires, plus ou moins exactes, les descriptions mêmes de cet auteur si consciencieux, préoccupé avant tout de revêtir ses moindres écrits du caractère de l'authenticité. Ce n'est qu'en cherchant à obtenir dans les études de ce genre le plus grand degré possible de précision que l'on peut espérer de contribuer aux progrès de la science des antiquités chrétiennes.

La présente publication ne renferme qu'une petite partie des pièces que j'ai transcrites. Les extraits relatifs aux mosaïques comprises entre le quatrième et le neuvième siècle prendront place dans le travail que j'ai préparé sur ce sujet; ceux qui concernent les monuments de la Renaissance entreront dans mon recueil de matériaux sur l'art à la cour des papes aux quinzième et seizième siècles.

Une courte notice, dont l'unique objet est de joindre aux dissertations de Grimaldi les renseignements bibliographiques indispensables, précède chaque extrait.

Je dois ajouter que j'ai cru inutile de conserver les abréviations ou l'orthographe originales, sauf lorsque l'auteur cite des documents anciens. J'ai également cherché à rétablir la ponctuation, qui est fort obscure et fort défectueuse, et qui, dans son état primitif, aurait pu apporter des inconvénients sérieux à l'intelligence du texte.

Description du crucifix d'argent donné par Charlemagne à la basilique de Saint-Pierre.

De ce curieux monument de l'orfévrerie carlovingienne, demeuré intact jusque vers le milieu du seizième siècle, il nous reste encore, d'après M. Mignanti (1), un moulage conservé dans le cimetière des chanoines du Vatican. Ce moulage a passé inaperçu pendant plus de deux siècles. En effet, Severano le mentionne encore dans ses *Memorie sacre* (1630, t. I. p. 184), mais ni Torrigio, dans ses *Sacre grotte Vaticane*, ni Dionysio, dans ses *Sacrarum Basilicæ Vaticanæ cryptarum monumenta*, ni Msr Barbier de Montault, dans son ouvrage intitulé : *Les souterrains et le trésor de Saint-Pierre* (Rome, 1866), ne semblent plus en avoir eu connaissance.

(1) *Istoria della sac. patr. basilica Vaticana.* Rome, 1867, t. I, p. 80. — Cet auteur attribue à Léon IV le don de ce crucifix.

Avant de reproduire la description de Grimaldi, je dois faire observer qu'elle est empruntée en grande partie à l'opuscule d'Angelo Rocca, *De particula ex pretioso et vivifico ligno sacratissimæ crucis*, Rome, 1609, p. 44-45, où se trouve également une gravure sur bois du même crucifix. Si je la publie, ce n'est donc pas à cause de son originalité, mais bien pour remettre en lumière le monument si intéressant auquel elle se rapporte et que Panvinio déjà avait signalé dans son travail sur la basilique du Vatican (*Spicilegium* de Maï, t. IX, p. 373).

Sequens pagina 178 ostendit verum exemplum sanctissimi crucifixi quatuor clavis affixi, cujus mentio in hoc libro f⁰ 69, a Leone papa tertio Vaticanæ basilicæ donati, vel a Carolo Magno dicti Leonis tempore, ut inquit Panvinius, ad hominis staturam, cujus altitudo septem constat palmis, crucis latitudo XI. altitudo XIII. Crucifixus tantum erat argenteus. In Borbonica urbis clade sub Clemente VII. ob nigredinem non fuit cognitus. Anno 1550 in usus sacrarii basilicæ conflatus cum multis frustis argenti quæ erant in sacrario, et conversus in calices, crucem altaris pulcherrimam inauratam, cum duobus candelabris magnis argenteis, quæ a Manno Pisano aurifice egregio opere fabrefacta, item duas Petri et Pauli apostolorum statuas ad usum altaris a domino Manno elaboratas atque sex alia candelabra minora, ut notant libri sacristiæ dicti anni, relicto schemate et exemplo dicti sanctissimi crucifixi in eodem sacrario ad hanc diem.

Hic sanctissimus argenteus crucifixus in veteri Vaticana basilica erat in pectorale seu brachio dextro; loco motus sub Julio 2° in demolitione basilicæ in sacrario et sacello ss. Servatii et Lamberti episcoporum, nunc vero s. Joannis Chrysostomi, repositus fuit; quem ut dixi ob nigredinem impii milites Borbonii non cognoverunt. Ante ipsum crucifixum in dicto pectorale prior subdiaconorum cum subdiaconis romanæ Curiæ (ut notat antiquum pontificale romanum in pergameno manuscriptum dictæ basilicæ) et cum cappellanis aulæ imperialis ad pectorale dextrum laudem imperatori in coronatione alta voce cantabant hoc modo « exaudi Christe, » scrinarii vero cum capitiis sericis induti, ante pectorale consistentes in Choro respondebant, « domino Karolo invictissimo Romanorum imperatori et semper Augusto salus et victoria » etc.

Hic locus secundum plantam basilicæ erat in capite columnarum n° 38. 52. etc.

Hæc sanctissima crucifixi imago habet in summitate crucis Salvatorem triumphantem cum sceptro et globo mundiali, hinc inde a lateribus deiparam Virginem, et sanctum Joannem Evangelistam, infra, pedibus subjectos, apostolos Petrum ad dexteram, et Paulum cum ense ad sinistram.

Ambr. A. 168, inf. v° 177.

Description des peintures du pape Formose dans la basilique du Vatican.

Les chroniqueurs du moyen âge déjà mentionnent les peintures dont le pape Formose (891-896), avait fait orner l'intérieur de la basilique du Vatican, et auxquelles se rattachait le souvenir d'un miracle (1). Ces peintures, retraçant l'histoire du peuple d'Israël, offraient un intérêt particulier, parce qu'avec les mosaïques de Sainte-Marie Majeure elles formaient pour la première période du moyen âge le seul exemple connu d'un cycle de représentations si vaste et si original. La description qu'en donne Grimaldi a été plus d'une fois consultée. Ciampini (*De sacris Ædificiis*, pl. X, XI) a même publié d'informes gravures des dessins joints au travail de son prédécesseur; mais le texte même, dont l'importance n'échappera à personne, n'a pas encore reçu la publicité à laquelle il a droit. Aussi croyons-nous devoir le reproduire en entier. Le grand prédécesseur de Grimaldi, Onofrio Panvinio, n'a pas manqué de signaler l'intérêt des peintures du pape Formose, dans son *De septem urbis ecclesiis* (2), où il se contente de les mentionner; il y revient avec plus de détails dans le *De rebus antiquis memorabilibus et præstantia basilicæ sancti Petri*, publié en partie dans le *Spicilegium* de Maï (t. IX), et connu par de nombreuses copies manuscrites. Voici comment il s'exprime à ce sujet dans le second chapitre du livre III (*Spicilegium*, IX, p. 233) :

Formosus papa totam sancti Petri apostoli basilicam, vetere pictura quam ex musivo Constantinus fecerat exolescente, variis novis picturis eximie totam condecoravit quæ adhuc supersunt.

Nicolaus III papa totam eam renovavit, depictis in peristylio, supra majores columnas, romanorum pontificum imaginibus.

Jottus, celebris suo tempore pictor, multas imagines Dei, beatæ Virginis, angelorum et sanctorum ibidem in muro pinxit, supersunt adhuc angelus magnus super organum, Christi vultus et beatæ Virginis imago.

Pompeo Ugonio (*Historia delle stationi di Roma*. R. 1588. p. 96, b.) n'a fait que répéter les renseignements fournis par Panvinio, de même que les contemporains ou successeurs de Grimaldi se sont

---

(1) Voir Bonanni, *Numismata summorum pontificum templi Vaticani fabricam indicantia* (Templi Vaticani historia), p. 34.

(2) *De præcipuis urbis Romæ sanctioribusque basilicis quas septem ecclesias vulgo vocant*. Rome, 1570, p. 37.

bornés à citer ou à analyser le travail de ce dernier (Severano, *Memorie sacre delle sette chiese di Roma*. R. 1630', I, p. 98, Bonanni, *Templi Vaticani historia*, éd. de 1700, p. 34, avec quelques détails nouveaux).

On peut rapprocher des fresques de Saint-Pierre une autre peinture du pape Formose, qui ornait autrefois un édifice situé sur le Cœlius. M. de Rossi a remis en lumière et publié, dans le *Bulletino di archeologia cristiana* (1868, p. 59), le dessin que Ciampini a fait exécuter d'après cette peinture en 1689, et que l'on conserve à la bibliothèque du Vatican (Vat. lat., n° 7849).

De picturis Formosi papæ et rota porphyreta in veteri basilica demolita sub Paulo V pont. max.

Pars veteris basilicæ S. Petri, sub Paulo V demolita, mediam navem magnam et amplam habebat ; hinc inde quatuor alias, duas per latera. Navis media altissima erat ; undecim magnæ columnæ ab una parte, et undecim ab alia cum suis magnificis architrabibus marmoreis, zophoro musiveo et corona lateritia, supra quam surgebant parietes altissimi picti historiis novi et veteris testamenti. In dextro pariete ab ingressu ejusdem navis erant in summitate ad planum fenestrarum prophetæ stantes. Immediate sub fenestris erant istæ historiæ : Animalia ingrediuntur in arcam. — Arca ferebatur super aquas. — Abraham tres vidit et unum adoravit — ejicit ancillam et filium — stravit asinum suum ut immolaret Isaach — Abraham extendit brachium ad immolandum — Isaach petit sibi afferri de venatione — affertur venatio — tres alias historias offuscatas et pulvere cœcatas excipere non potui. — Infra in alio ordine : Moyses et Aaron loquuntur ad Pharaonem ut dimittat populum. — Virgam vertit in serpentem coram Pharaone. — Aquam virga vertit in sanguinem. — Tangit aquam fluminum et exeunt ranæ. — Tangit terram et exeunt sciniphes. — Spargit cinerem et grando interficit jumenta. — Ignis et grando interficiunt homines. — Plaga locustarum. — Angeli interficiunt primogenitos. — Submersio Pharaonis in mari rubro et egressio Moysis tangentis virga aquas maris. — In altero pariete.... erant historiæ novi testamenti, sed quia pulvis ob inclinatum parietem in ipso facile consistebat picturæ erant penitus cœcatæ, has solas notavi : Baptismus. — Suscitatio Lazari — In medio parietis, supra altare apostolorum Simonis et Judæ, est crucifixio cum latronibus, et juxta crucem Maria mater ejus, et sanctus Joannes Evangelista ; immediate sub cruce imagines capitum apostolorum Simonis et Judæ ; in festo eorumdem accendebantur lumina ante ipsas, etiam novissime. — Descensus ad limbum, — apparet XI apostolis, ut clarius sequens declarat exemplum. — Infra has historias, spatiis distinctis, in rotis picti erant summi pontifices a pectore sursum, nudatis capitibus, cum orbiculari diademate, et ipsorum nominibus ; sed literæ vix cernebantur verbi gratia. Siricius sedit ann. XV. M. V. D. XX. Anastasius sedit ann.... Felix sedit ann. I. M.... Julius sedit ann.... Eusebius sedit ann.... Ormisda sedit ann.... Has antiquissimas historias et utrosque dictos parietes mediæ navis pictura incultas et ineptas ac decoloratas Formosus papa pingendas curavit.

Benedictus XII has renovare cogitaverat, aliasque elegantiores ejus loco subrogare, morte interceptus non attigit, ut magna angeli figura, manu Jotti egregii pictoris, ibi indicabat

Zophorus ut dixi musiveus erat ad flores. At Nicolaus tertius Ursinus (Mapheo Veggio teste) supra quodlibet columnarum capitulum mediæ navis romanos pontifices pingi jussit, — dextra ab ingressu in ipso musiveo zophoro hi erant, in hac parte basilicæ, sub Paulo V demolita, a pectore sursum cum pallio more græco nudatis capitibus cum orbiculare diademate : Incipiendo versus altare majus : Pius, Sother, Eleutherius, Victor, Zephirinus, Callistus, Urbanus, Anthérus, Pontianus, Favianus, Cornelius, supra columnam africanam. In pariete supra portas, Lucius, Stephanus, Sixtus II, Dionysius, Felix, Eutichianus, Caius, Marcellinus, Marcellus; supra aliam columnam africanam, Eusebius, Miltiades, Sylvester, cum tiara unius coronæ atque orbiculari diademate, sic et sequentes pontifices præter Liberium habentem quadrum diadema, Marcus, Julius, Liberius, Felix, Damasus, Siricius et Anastasius. Naves laterales in parietibus habebant tecto subjectas picturas ad flores cum stemmatibus Eugenii quarti laceras et offuscatas....

(Le reste est relatif au pavement) — Barberine XXXIV; 50. ff. 106 et suiv.

Mapheus Veggius libro 2° hæc scribit : Nicolaus tertius dignæ recordationis, qui totam basilicam sancti Petri renovavit cum depictis etiam supra columnas omnium summorum pontificum imaginibus, etc. Folio 108, v°.

Suivent les dessins dont l'un nous montre :

Parietem sinistrum ingrediendo cum picturis Formosi papæ, qui paries pendebat versus campum sanctum palmis quinque, ideo picturæ propter pulverem erant penitus deletæ; alter paries pendebat versus ecclesiam et pulvis in eo consistere non poterat. — Folio 112.

Un autre est consacré à la paroi :

Cum historiis novi testamenti quæ excipi potuerunt Formosi papæ, ingressus sinistra. — Folio 113.

Sur le feuillet 114 enfin sont représentés :

Pontifices summi in pariete prædicto et zophoro columnarum.

Procès-verbal de l'ouverture du tombeau de saint Léon IX.

Plusieurs savants ont fait usage du procès-verbal dressé par Grimaldi au moment de la translation des cendres des quatre premiers papes du nom de Léon. Les Bollandistes l'ont reproduit, mais sans en citer l'auteur (1). Bianchini et l'abbé Migne l'ont également publié dans leurs éditions du *Liber Pontificalis* (2). Le procès-verbal relatif à l'un des plus illustres successeurs et homonymes de ces papes, S. Léon IX, est beaucoup moins connu. Les Bollandistes paraissent en avoir ignoré l'existence; du moins n'en font-ils pas mention dans le chapitre qu'ils ont consacré à ce pontife (3), et plus tard, lors de la publication du *Propylæum ad acta sanctorum Maii* (p. 189), ils se contentent de citer à ce sujet Aringhi, dont le récit n'est évidemment qu'une analyse de celui de Grimaldi (4). Les notes archéologiques jointes aux procès-verbaux des exhumations, non-seulement de Léon IX, mais de beaucoup d'autres papes, m'ont déterminé à imprimer, à titre de specimen, le morceau qu'on va lire :

Elevatio corporis s. Leonis papæ noni de sepulcro. Successive eadem die decima septima januarii millesimo sexcentesimo sexto , die vero Martis , hora noctis tertia , indictione quarta, Pauli papæ quinti anno primo.

In Dei nomine. Amen. Sanctissimus Leo nonus, pontifex maximus , qui Vaticanam principis apostolorum basilicam donis ac privilegiis insigniter decoravit , quæ etiam in archivo ejusdem ecclesiæ asservantur , postquam ab hac mortali ad cœlestem et æternam vitam est evocatus , sacrum et venerabile corpus ejus ad lævam statim ingressus basilicæ in majori navi intra marmoream arcam honorifice humi conditum fuit. Qui locus est inter portas argenteam olim , nunc æneam , ac mediam , et Ravennianam quondam , hodie s. Bonifacii appellatam. Successu autem temporis, altare super id corpus , multis illustratum miraculis , in honorem ejusdem sancti pontificis erectum fuit. De eo sic scribit Petrus Mallius canonicus sancti Petri qui vixit sub Alexandro tertio (5) : « Leo nonus hic requiescit infra ecclesiam beati Petri in pilo

---

(1) Historia elevati et translati corporis S. Leonis ex ms. catalogo ecclesiæ S. Petri. *Acta sanctorum Aprilis*, II, p. 21 , avec une gravure du dessin de Grimaldi. — Dans le *Propylæum Maii*, p. 66, ils ont publié une autre gravure plus exacte.

(2) T. III, p. 159, et t. 118 de la *Patrologie latine*, vol. I, p. 326.

(3) *Acta sanctorum Aprilis*, II, 643.

(4) *Roma subterranea*. Rome , 1651 , t. I, p. 262. — Torrigio, *Sacre grotte vaticane*, 1639, p. 171, semble avoir également connu ce récit.

(5) L'ouvrage de Mallius a été publié en 1646, à Rome, par l'abbé de Angelis,

marmoreo prope portam Ravennianam, de quo sunt apud nos multa et magna miracula. Hic condidit privilegium canonicis beati Petri de libertate suarum ecclesiarum.» Idem auctor, ut videre est in eodem archivo, ex antiqua scriptura in membranis, de consuetudinibus ecclesiæ sancti Petri, scribit quod Innocentius secundus condidit privilegium in quo concessit canonicis præfatis medietatem omnium ministeriorum, id est omnium altarium quæ sunt in ecclesia et sancta Maria in Turri, præterquam altaris sancti Leonis noni papæ. Sacellum hoc a ducentis circiter annis, non sancti Leonis, sed mortuorum communi vocabulo appellatum est; cum ad ipsam aram pro animabus defunctorum sacrificium expiatorium fieret, privilegio ad id, ut traditio habebat, per aliquem summum pontificem concesso. Quod Petrus de Benevento dictæ ecclesiæ canonicus sub Martino quinto magnifice dotavit pro uno perpetuo cappellano ibi missam celebraturo. Dein Gregorius decimus tertius pro suffragiis animarum in purgatorio existentium privilegium confirmavit, ut ejus diploma in dicto archivo adservatum ostendit.

Cum itaque sanctum hoc corpus illustrissimus ac reverendissimus dominus cardinalis Cusentinus archipresbyter in novum templum esset illaturus, sibi prius visum fuit, ut dissecrato jam altari eoque amoto cum omnibus ornatibus ejus, sepulcrum dicti sancti pontificis immediate subtus aram positum aperiretur. Quo facto die undecima mensis januarii MDCVI post preces Deo fusas RR. DD. Paulo Bizono et Marco Antonio de Magistris canonicis, aliisque presbyteris, meque notario, præsentibus et inspicientibus, hora noctis secunda a cœmentariis sepulcrum apertum fuit; elevata solum marmorea tabula superiori, quæ tegebat arcam : viso corpore statim eadem arca clausa est ; ibique jussu ejusdem illustrissimi erectum altare ligneum cum duabus ardentibus lampadibus usque ad proximam futuram translationem. Die igitur decima septima præfati mensis MDCVI, hora, noctis tertia, clausa ecclesia, idem illustrissimus Dominus cum interventu RR. DD. canonicorum Pauli Bizoni, Marci Antonii de Magistris, Aloysii Cittadini, Joannis Baptistæ Bandini, et Paridis Pallotti, nec non cum aliis sacerdotibus, beneficiatis, clericis beneficiatis, parochis, sacristis, et cappellanis, accessit ad dictum sepulcrum, et ut talis actus memoria apud posteros conservetur, idem illustrissimus archipresbyter ac canonici rogaverunt me notarium ut totam rerum seriem præsenti adnotarem instrumento, adhibitis infrascriptis testibus.

Genuflexus itaque cardinalis cum canonicis, confessionem fecit. Deinde jussit cœmentariis ut arcam detegerent, quæ ex quinque magnis marmoreis tabulis compaginata erat. Ea aperta R. D. Ascanius Torrius parochus stola indutus diligenter tollere cœpit fragmenta lignea capsæ castaneæ, in qua sanctus jacebat, quæ nimia vetustate emarcuerat, ac supra corpus conciderat. Ablatis fragmentis et partim retro aram novæ basilicæ, ubi in proximo locandum erat, partim vero in angulo inter capsam cypressinam et plumbeam repositis, R. D. Joseph de Dominicis, alter parochus, stola indutus descendit in eamdem arcam et reverenter sacra patena ossa dicti sancti pontificis Leonis intra capsam plumbeam in cypressina inclusam, cum ab eodem illustrissimo domino cardinale e pontificali ambæ benedictæ fuissent, condere cœpit. Quæ ossa dum sic reponerentur, idem cardinalis, ut populi devotioni aliquæ ejusdem sancti pontificis reliquiæ in dicta basilica palam exhiberentur, dixit eidem domino Josepho ut aliquas acciperet, qui ex dicto corpore extraxit infrascriptas, videlicet : de tibia, de coxa, de cruce, vertebra duo, et dentem unum. Quæ sic receptæ ibi statim in capsa eburnea, ebano ornata, decenter clusæ sunt (1), et idem illustrissimus cardinalis dedit R. D. Paulo Bizono, majori sacristæ, præsenti ibidem, ut eas in sacrario reponeret. Facta fuit diligentia extrahendi brachium unum, nam illustrissimus cardinalis id maxime cupiebat, ut sancti Gregorii Nazianzeni brachio, theca argentea ornato, in dicta basilica consociaret ; sed nullum inventum est ; licet dominus Thomas Carrotius artium et medicinæ doctor, infrascriptus testis, ossa articulatim inspiceret. Deinde idem R. D. Joseph prosecutus est repositionem reliquorum ossium corporis præfati sancti pontificis intra ipsam plumbeam capsam.

Quibus collocatis card. claudi jussit illam tegmine plumbeo ac cypressino et sigillis Rᵐⁱ capituli muniri, statimque sacrum corpus ita clusum delatum est a sacerdotibus cum luminibus in chorum Sixti quarti, ubi post : Te Deum laudamus [et] antiphonam: dum esset summus pontifex, cardinalis dixit orationem de sancto Leone : Deus qui animæ famuli tui etc. et audita, hora noctis sexta, maxima labente pluvia, ad proximum archipresbyterale palatium suum recessit. Fuerunt cantatæ vigiliæ a presbyteris superius nominatis. Illucescente die corpus delatum est super altare ligneum optime ornatum in loco ubi repertum fuit, ibique confluenti populo expositum.

Arca marmorea in qua quiescebat longa est palmis novem cum quinque sextis, lata palmis quatuor unciis quinque, alta palmis quatuor semis. Corpus magnæ erat staturæ, nam a pedibus usque ad capitis verticem, ut idem R. Joseph mensuravit, novem continebat palmos. Pedes ad portam argenteam versi erant ; caput ad Ravennianam. Super quibus et actum (etc., etc.).

Description des peintures de Calixte II dans le palais apostolique du Latran.

Grimaldi n'est ni le seul, ni le premier auteur qui ait insisté sur l'importance des peintures, dont un pape français, Calixte II

(1) En marge : « Istæ reliquiæ, videlicet de tibia, de coxa, de crure, vertebra duo, et dens unus, fuerunt confusæ in armario reliquiarum incuria ministrorum cum aliis reliquiis sine nomine ut infra dicetur » (Bibl. Barberini XXXIV, 50, fᵒ 63, vᵒ, et suiv., et XXXIV, 49, fᵒ 32 et suiv.).

(1119-1124), a fait orner l'oratoire de Saint Nicolas, dans le palais apostolique du Latran. Mais comme la description qu'il en donne est de beaucoup la plus complète et qu'elle peut servir à trancher plusieurs des problèmes qui se rattachent à cet ouvrage, elle mérite d'être tirée de l'oubli.

Panvinio, auquel l'archéologie figurée est redevable de tant de progrès, consacre à cet insigne monument de la peinture murale du moyen âge une notice assez étendue, qui ne fait pas double emploi avec celle de Grimaldi, et qu'il est indispensable de rapprocher de cette dernière (1).

Un peu plus tard, Alph. Ciacconio fit copier les portraits des papes représentés dans l'oratoire. Ses dessins se trouvent dans le cod. Vatic. n° 5407. « S. Cælestinus papa I, » qui manque dans les gravures subséquentes, ouvre la marche. A côté de lui est tracée cette note : « Reperitur in patriarchio lateranensi ad sacellum pœnitentiariorum, quam effigiem cum multis aliis adpictis legitur renovasse Alexander III, papa. » Puis viennent Calixte I, S. Léon, S. Sylvestre I, S. Gélase I, S. Pascal I, S. Anastase I, S. Grégoire I, S. Grégoire VII, et Alexandre II.

La description de Grimaldi paraît être la troisième en date.

Je n'insisterai pas sur les descriptions ou gravures postérieures. On les trouvera mentionnées ou résumées dans l'*Historia abbatiæ cassinensis*, de Gattula, Venise, 1733, t. I, p. 362-368 (avec planche).

De oratorio S. Nicolai a Callisto papa II in patriarchio Lateranensi quod hodie extat, in quo pœnitentiarii missas celebrant.

Hoc oratorium, sive ædicula pulchra et longa cum tecto ligneo imbricato, retro apsidem aulæ Leonianæ, scribit Panvinius suo tempore esse totam depictam, nunc pœnitentiariorum ibi degentium ignorantia, tota est alba præter apsidem cujus sacras imagines coloribus refricarunt. In apsidis testudine est imago Deiparæ Virginis Imperatricis, similis illi, quæ est in sacello Altempsiano in basilica Transtiberina ; tenet crucem, filium sinu gestat. Hinc inde duo angeli virgas tenentes ; coronam habet in capite. Ad pedes Deiparæ Callistus secundus cum planeta et pallio ac quadrato diademate habet rotundum albentem barbam, pulchroque aspectu in dextris, in sinistris autem Anastasius IV cum planeta et pallio et quadrato diademate pariter prostratus.

In ipsa testudine à dextris S. Sylvester papa cum planeta et pallio cum libro et dextra benedicens, cum thiara unius coronæ, a sinistris est S. Anastasius cum pallio pontificali et rotondo diademate. In zophoro apsidis legitur hæc mutilata inscriptio, corruerunt litteræ ex pictura ac spatia litterarum notavi ; est autem hujusmodi :

(1) *De septem urbis ecclesiis*, p. 173.

SVSTVLIT HOC PRIMO TEMPLVM CALIXT[us|AB IMO
VIP (quatuor litterarum spatium) LATE GALLORVM NOBILITATE
PRÆSIDET ÆTHEREIS PIA VIRGO MARIA CHOREIS
(litteræ 17 in hoc versu desiderantur) PAT CVLMINE
HOC OPVS ORNAVIT VARIISQVE MODIS DECORAVIT (1).

In parte Evangelii sunt hi summi pontifices, pictura inepta, planeta et
pallio induti, cum orbiculari diademate et thiara unius coronæ, ad parietem hemicycli. Sinistra tenent librum, dextera benedicunt, pollice
cum annulari conjuncto. S. Leo papa, S. Paschalis papa cum barba alba
septuagenarius, S. Gelasius papa, cum barba, quinquagenarius, S. Cœ-
lestinus papa etiam 50 annorum. In latere epistolæ S. Gregorius papa,
S. Alexander papa secundus, senex annorum 77. barba alba rotunda,
extenuata facie, S. Gregorius papa 7, annorum 50, S. Callistus papa
senex valde, non habet regnum, nisi tantum orbiculare diadema, et
hoc quia fuit ante S. Sylvestrum qui primus regnum portavit; ita erat
in zophoro columnarum majorum veteris basilicæ Vaticanæ, a S. Lino
usque ad S. Sylvestrum orbicularia diademata habebant. In singulis sunt
dicta nomina sanctorum.

Miratus sum quomodo Gelasium II, Paschalem item II, et alios sanctos
nominet, quos idem Callistus, ut inquit Panvinius (2), pingi jussit, eos
scilicet romanos pontifices, qui ante se fuerunt ab Alexandro II° dein-
ceps, quamquam fœdissima pictura, sed in breviario Benedictino, ut
videre est tomo 4 Eccl.æ Bibl.æ de illustratione missalis et breviarii
pag. 5. pro sanctis coluntur, ubi habentur hæc verba. Ad hæc in officio
de sanctis plurimorum abbatum ut Leonardi, Othmari, ipsius Benedicti,
Columbarii, Odilionis, Antonii, Maurini, Mauri, Bernardi, Aegidii,
Galli, Hongeri, Heliæ, Scriberti, Placidi, Victoris papæ III, Paschalis
papæ II, Stephani papæ III et reliquorum etc. in martyrologio Benedictino.

Retro dictam ædiculam Callistus II alia duo cubicula à fundamentis
fecit cum vestiario, seu guardarobba, duoque conjuncta conclavia condidit ad audientiam publicam, iconicis picturis exornata, schismata Alexan-
dri II cum Cadalao Parmense, Gregorii VII, Victoris III et Urbani II
cum Gilberto Ravennate, et Paschalis cum tribus adulterinis aliis pon-
ficibus. Postremo pacem, quam ipse cum Henrico V imp. fecit. In cu-
biculis duobus memoratis erat coronatio Lotharii II. Hujus partis

(1) Je complète cette transcription au moyen du manuscrit de l'Ambrosienne A,
178, f° 36 v°. — Les auteurs postérieurs ont restitué l'inscription comme suit :
Sustulit hoc primo templum Calixtus ab imo.
Vir clarus late Gallorum nobilitate.
Verum Anastasius papatus culmine quartus.
Hoc opus ornavit variisque modis decoravit.
(2) De septem ecclesiis, p. 173.

memoria cum Henrico V extat in libro Longobardo sanctæ Sophiæ de Benevento Bibl. Vaticanæ fol. 215.

Bibl. du Vatican, fonds Capponi, 145, folio 172 et suiv.

Description de la façade de l'ancienne basilique de Saint-Pierre.

Dès le neuvième siècle, la façade de la basilique de Saint-Pierre dut être soumise à une restauration étendue. Grégoire IV, au témoignage du *Liber Pontificalis* (1), renouvela presque entièrement les mosaïques qui la décoraient. Au treizième siècle, un autre pape du même nom, Grégoire IX, remplaça ces dernières par une mosaïque qui subsista jusqu'au règne de Paul V. Le procès-verbal qu'on va lire a été dressé au moment où cette partie de la basilique disparaissait définitivement (1606) ; c'est lui qui a servi de base à toutes les descriptions ultérieures.

Torrigio n'a pas manqué de le mettre à profit dans ses *Sacre grotte Vaticane* (2). Ciampini en a également publié un extrait, en même temps qu'il a fait reproduire le dessin qui l'accompagne (3). Nous retrouvons une gravure de ce dessin dans les ouvrages du chevalier Fontana (4) et de Valentini (5). Bonanni, enfin, a utilisé le même travail tout en accordant la préférence à la peinture des cryptes du Vatican qui représente la façade et ses mosaïques (6).

Mais comme tous ces savants n'ont donné que des analyses plus ou moins sommaires de la description si minutieuse de Grimaldi, il ne sera pas superflu de reproduire ici le texte original. J'hésite d'autant moins à le faire que les prédécesseurs de notre historien ont à peine mentionné les travaux de Grégoire IX (7), et que, sans le procès-verbal qu'il a eu soin de dresser, le souve-

(1) Ed. Vignoli, in vita Gregorii IV, § XXVIII.

(2) Page 154.

(3) *De sacris Ædificiis*, p. 37, 38, pl. IX.

(4) *Il Tempio Vaticano e sua origine*, p. 99. Rome, 1694.

(5) *La patriarcale basilica Vaticana*. Rome, 1843, t. I, pl. IV.

(6) *Templi Vaticani historia*, p. 42. Cette peinture est accompagnée de l'inscription que voici : « Exemplum atrii porticus cum anteriori facie basilicæ veteris a Gregorio papa IX musaico ornatu in demolitione anni MDCVI Pauli V, Pont. max. jussu asservatum. »

(7) Panvinio. *De septem ecclesiis*, p. 37. Ugonio, *Hist. delle stationi*, p. 94 v°.

Dans son *De rebus antiquis* (voir le *Spicilegium romanum* de Maï, IX, p. 233) Panvinio est un peu plus explicite. Voici comment il s'exprime à ce sujet : « Anteriorem basilicæ partem supra porticum egregiis musivis figuris ornavit Sergius papa, cum veteres exolevissent : quibus omnino dirutis has, quas nunc cerni-

nir même d'un ouvrage si important serait à peine parvenu jusqu'à nous.

Descriptio anterioris faciei Basilicæ (Vaticanæ) anno millesimo sexcentesimo sexto, die tertia mensis Aprilis. Coram illustrissimo et rever. domino domino Evangelista Pallotto, tituli sancti Laurentii in Lucina,... ego notarius accersitus a dicto ill^{mo} cardinali ipso præsente, et de ejus ordine, notavi faciem anterioris ejusdem veteris Basilicæ musivo opere a Gregorio papa nono, cujus ante pontificatum archipresbyter fuit, magnifice ornatam quæ talis est : Imago Salvatoris nostri Jesu Christi sedentis in throno majestatis suæ et benedicentis. Juxta ipsum hinc inde duæ imagines stantes scilicet a dextris beata deipara Virgo, a sinistris princeps apostolorum. Ad pedes Salvatoris Gregorius papa nonus genuflexus in habitu papali cum planeta, et pallio, et fere prostratus, offerens super pulvinar ad pedes Salvatoris aureum numisma. Quatuor Evangelistæ in figuras (sic) leonis, angeli, aquilæ, et bovis tenentium codices Evangeliorum. Infra has figuras Evangelistarum effictæ sunt imagines stantes, in figuram hominum, eorumdem Evangelistarum scilicet : ad dexteram Salvatoris post beatam Virginem sanctus Mattheus cum libro in quo sunt litteræ : *assumpsit Jesus Petrum Jacobum et Joannem.* Juxta sanctum Mattheum S. Marcus tenens codicem in quo est initium ejus Evangelii. Ad sinistram Salvatoris sanctus Joannes in senili ætate cum libro dicente initium Evangelii juxta ipsum. Sanctus Lucas cum libro sui Evangelii. Subter has imagines cernuntur viginti quatuor seniores, omnes offerentes Salvatori coronas, quorum unus renovatus fuit ab Eugenio quarto, ut ejus stemmata gentilicia indicant. In zophoro, seu frigio dividente superiores imagines Evangelistarum ab inferioribus seniorum, leguntur hi versus operis tessellati :

CEV SOL FERVESCIT SIDVS SVPER OMNE NITESCIT

ET VELVT EST AVRVM RVTILANS SVPER OMNE METALLVM

DOCTRINA QVÆ FIDE CALET ET SIC POLLET VBIQVE

ISTA DOMVS PETRA SVPER FABRICATA QVIETA.

Hinc inde, retro imagines seniorum, ab una parte est civitas Hierusalem, ab altera Bethleem cum ovibus egredientibus ipsas urbes. Sub imagine Gregorii legitur nomen ipsius videlicet : GREGORIVS PAPA VIIII. Illustrissimus Carolus Cardinalis de Comite dictam imaginem Gregorii, et alteram Innocentii tertii, quorum pontificum gentis

mus, refecit Gregorius IX papa, ut ex indice liquet, hosque versiculos apposuit :
» Ceu sol fervescit, etc.
» Earum partem dirutam re fecit Eugenius IIII papa ; sunt vero Christus, beata Virgo, sanctus Petrus, quatuor Evangelistæ, sub quatuor apostolis : infra seniores cum coronis restituti ab Eugenio IIII papa. »

est, dono accepit ab eodem illustrissimo cardinale archipresbytero.
Innocentii imago erat in apside veteris basilicæ demolita sub Clemente
octavo, et servata in quodam cubiculo dictæ ecclesiæ. Infra musaicum
opus jam descriptum extat tectum porticus basilicæ renovatum a Martino quinto, ut illius insignia in marmore et pictura demonstrant, cum
insigniis (sic) etiam ducum Britanniæ pictis. Inter ipsa stemmata et arcus
columnarum porticus cernuntur historiæ antiquissimæ B. Petri, vel ab
eodem Gregorio, vel ab alio antiquiore pontifice factæ, sunt autem dis-
putatio cum Simone Mago, lapsus Simonis, apparitio Christi ad locum
Domine quo vadis, crucifixio Petri, decollatio Pauli, cum miraculo
trium fontium, sepulturæ eorumdem, quando fuerunt projecti in puteum
ad Catacumbas, et postea inde elevati, visio Constantini de sanctis
apostolis, ostensio imaginum ipsorum Constantino per beatum Sylvestrum, prout clarius in libro picturarum in dicto archivo basilicæ apparet. Super quibus etc. Actum in camera ejusdem illustrissimi et reveren-
dissimi domini cardinalis archipresbyteri in ædibus sui archipresbyte-
ratus sitis in atrio dictæ basilicæ, ac in opposito dicti operis musivi,
sub die et anno quibus supra, præsentibus ibidem domino Francisco
Mollio Cusentino aulico dicti illustrissimi, et domino Joanne Antonio
Ghetto, fabricæ suprastante, testibus rogatis.

Ego Jacobus Grimaldus notarius publicus, de præmissis rogatus, in
fidem manu propria scripsi, subscripsi, et signavi.

Bibl. Corsini, n° 276, folio 119 v°, et suiv. Se trouve également Bibl. Barberini n° XXXIV, 49, folio 54-55, etc.

Description des anciennes peintures de l'église Sainte-Marie sur l'Aventin.

Grimaldi paraît avoir été le seul auteur qui se soit occupé des
peintures si intéressantes de l'église Santa-Maria-Aventina ou
del Priorato. J'ai en vain cherché quelque notice sur cet ouvrage
dans les différentes descriptions de Rome. Panciroli (*Tesori nas-
costi nell' alma città di Roma*, éd. de 1600, p. 477-91), Severano
(*Sette chiese*, I, 374-6), Martinelli (*Roma ex ethnica sacra*, 1653,
p. 186), Venuti (*Accurata e succinta descrizione topografica e istorica
di Roma moderna*, p. 186), Volkmann (*Hist. Krit. Nachrichten von
Italien*. Leipzig, 1777, II, p. 582), Nibby (*Roma nell' anno 1838*,
p. m. I. p. 473-4), les auteurs de la *Beschreibung* (t. III, 3ᵉ p., pages 420-422), bref tous ceux, anciens ou modernes, qui ont parlé
de l'église en question semblent avoir ignoré jusqu'à l'existence
de cette décoration murale. Pour retracer l'histoire de la peinture
romaine du moyen âge il est indispensable de reconstituer, au
moyen des témoignages des archéologues des trois derniers siècles, les innombrables fresques qui ornaient autrefois la plupart

17

des églises de la ville éternelle. Aucun auteur ne fournira sous
ce rapport autant et d'aussi précieux renseignements que Jacques
Grimaldi.

Anno 1619 die Jovis, V Septemb., ego Jacobus Grimaldus ingressus
fui ecclesiam S. Mariæ in Aventino, prioratus Ierosolymitanæ militiæ
S. Joannis urbis Romæ, et in quodam claustro dictæ ecclesiæ ingressus
dextera in quadam antiquissima porticu, vidi vetustissimas quasdam
picturas in quibus erat in medio quidam sanctus Græcus, ad latus ejus
dextrum quidam ducens equum sine sessore et quidam alius manibus
junctis venerans rectus dictum sanctum, a latere sinistro ejusdem sancti
quidam episcopus cum baculo pastorali tangens quamdam mulierem
mortuam præsente uno qui hujus modi actum mirabatur; infra erant
nonnullæ litteræ, vetustate fere omnes obliteratæ, quæ cum sensu ca-
reant non apponuntur. Sub his litteris picti sunt menses Januarius ad
ignem, Februarius cum pisce, sic de aliis. Infra picturas mensium sunt
kalendaria ,sanctorum antiquissima. In mense Junio non est appositus
sanctus Antonius Patavinus, argumentum dictæ antiquitatis, et in mense
Aprili notatur sanctus Leo papa nonus. Ostendit antiquitas dicta dicta-
rum tabularum sanctum Leonem paulo post ab ejus obdormitione fuisse
in sanctorum numerum relatum; et certe hæ tabulæ sunt notatu dignæ.
In dicto etiam mense Aprili notatur Liberius papa, et in mense Junio,
die 22, [nomina] 1300 et plurium martyrum ut in dictis tabulis continetur.

Barberine n° XXXIV, 50, folio 66.

La chapelle de la Conception et les peintures du Pérugin.

Le chapitre qu'on va lire offrira des détails circonstanciés sur
un des ouvrages les plus importants de Sixte IV, la chapelle élevée dans la basilique de Saint-Pierre en l'honneur de la Conception de la Vierge et en l'honneur de saint François et de saint
Antoine de Padoue.

Ces détails ont d'autant plus d'intérêt que nos guides habituels,
Albertini, Panvinio, Ugonio, ne consacrent que peu de lignes à
la description de ce sanctuaire orné par la main du Pérugin,
d'Antoine Pollaiolo et de Michel-Ange. Ils nous montrent quel
secours les ouvrages de Grimaldi peuvent apporter à l'histoire de
l'art moderne.

Voici comment le premier des auteurs ci-dessus mentionnés,
Albertini, s'exprime à ce sujet :

« In ecclesia S. Petri est capella cum choro et pulcherrimis collumnis
porphir., spolia thermarum Domiani (sic), quæ vocatur Syxti capella :
in qua est sepulchrum æneum Syxti IIII; quæ omnia tua sanctitatis

(Jules II) in minoribus constituta benemerenti patruo posuit : ut dicam in epytaphiorum opusculo » (1).

Panvinio est plus laconique encore :

Xystus IIII amplum delubrum, quod canonicis pro choro usui est, condidit, in quo æreo solio sepultus est (2).

Xysti IV... corpus sepultum est in oratorio ab se constructo, in quo nunc canonici et clerus sancti Petri divinas laudes Deo canunt, sub prægrandi, pretiosissimi operis, æreo monumento cum hoc elogio : Xysto IV, etc. (3).

Ugonio n'ajoute qu'un petit nombre de données nouvelles aux descriptions de ses prédécesseurs :

Il decimo altare è nella cappella fabricata da papa Sisto quarto ad honor della concettione di nostra Donna, di S. Francesco, et di S. Antonio da Padova. Dove fece un bellissimo choro per i canonici, e benefitiati, et clerici, intarsiato di varij lavori, nel mezzo è la sua sepoltura di metallo, opera rarissima e da Antonio Pollaiolo Fiorentino che la fece tanto apprezzata, che la inscrisse per elogio, come detto habbiamo, nel suo sepolcro à S. Pietro in Vincoli chi quello fece. L'altare di questa cappella è riguardato con gran piacere et sodisfattione per la bella statua che vi è della Madonna, che tiene il figliuolo calato dalla croce infra le braccia; opera dell' eccellente Michel'Angelo Buonaroti che mostrò egli stesso assai compiacersi di essa, poi che nella cinta à traverso della Vergine vi scolpi il suo nome. Questa statua da luogo più oscuro fu qua fatta trasportare dall' illustrissimo cardinale Antonio Carafa, signore non meno per virtù et dottrina che per sangue nobile, mentre era canonico di questa chiesa et l'ornamento che vi è di pietra attorno, vi fece fare il signor Ludovico Bianchetto, canonico pur di S. Pietro, et mastro di camera di Gregorio decimo terzo l'anno del giubileo, nel qual tempo egli era preposto alla sacristia nostra (4).

Quant à la fresque du Pérugin qui ornait l'abside de cet édifice, et dont Grimaldi nous a conservé le croquis en même temps que la description, elle paraît avoir été inconnue aux biographes modernes du célèbre maître de Raphaël (5). Plusieurs fragments ont

(1) *Opusculum de mirabilibus nove et veteris urbis Rome*, éd. de 1515, p. 84.

(2) *De septem ecclesiis*, p. 46.

(3) *Spicilegium* de Maï, IX, p. 363. Voir aussi p. 372.

(4) *Historia delle stationi di Roma*, p. 98.

(5) Torrigio (*Sacre Grotte*, p. 146) attribue à tort cette fresque à Balthasar de Sienne (Balthasar Peruzzi). Cet artiste, étant né en 1481 seulement, ne pouvait

cependant été sauvés de la destruction, et ces fragments existaient encore vers la fin du siècle dernier. Grimaldi nous raconte lui-même qu'il fit présent de la figure de la Vierge au cardinal Borghèse, et de celle des deux anges au cardinal Montalto, qui s'en servit pour décorer la chapelle de sa « vigne » de Sainte-Marie-Majeure. Orsini, dont le livre, *Vita*, *elogio e memorie dell'egregio pittore Pietro Perugino e degli scolari di esso* (1) parut en 1804, a encore vu ces deux anges :

> « E difficile il poter rammentare tutte le opere di questo grande artefice ; ed ora mi sovviene di aver veduto in Roma nella cappelleta del palazzo della villa Negroni, cioe in quello che è nella gran piazza di Termini, due angeli dipinti in fresco con molta vivezza di pennello, che stanno allogati allato il quadro dell' altare. »

Et en note il ajoute ces mots :

> « Furono coteste pitture salvate dall' antico coro del Vaticano e donate al cardinal Montalto. »

Mezzanotte répète sans commentaire les assertions d'Orsini (2). Voici maintenant le procès-verbal de Grimaldi :

> Memoria elevationis reliquiarum ex concha porphyretica elegantissima sub ara chori sacelli, quod Sixtus quartus pontifex maximus in veteri Vaticana basilica ædificavit. — Descriptio brevis ejusdem sacelli et de capsa argentea rotunda damaschini operis, in qua sunt reliquiæ.
>
> Anno salutis christianæ millesimo sexcentesimo nono, die lunæ decima sexta Novembris, jubente sᵐᵒ d. n. Paulo quinto, summo pontifice, qui augustissimum Vaticanum templum sumptu maximo et magnificentia admirabili perficere est agressus, fuerunt elevatæ sanctorum reliquiæ ex ara sacelli chori, quod Xystus quartus pont. max. ante annos centum triginta erexerat à fundamentis in honorem sanctæ Dei genitricis Virginis Mariæ et beatorum Francisci et Antonii de Padua, et delatæ in sacrarium, ut infra dicetur.
>
> Hoc sacellum, satis amplum, erat in eodem loco ubi hodie XVI Novembris MDCXV novus cernitur chorus à Paulo V. P. M. magnificentius exstructus, cujus nova fundamenta, [quæ] præter magnam latitudinem, magnam item habent profunditatem, effossa sunt ad palmos centum et

---

être l'auteur d'un ouvrage exécuté sous Sixte IV (1471-1484). Dionysio, au contraire, maintient l'attribution de Grimaldi, *Sacrarum Vaticanæ basilicæ cryptarum monumenta*. Rome, 1773, f° XV. D'après MM. Crowe et Cavalcaselle, *Histoire de la peinture italienne* (éd. all., t. IV, p. 416), Peruzzi serait l'auteur des apôtres peints en grisaille dans la même chapelle, sous Clément VII.

(1) Pages 195-196.

(2) *Della vita e delle opere di Pietro Vannuci*. Pérouse, 1836, p. 45.

quinque, et quia ad ipsa fundamenta jacienda Carolo Maderno architecto locus nondum solidus videbatur, fistuca, seu machina ansata, fabri complures palos magna vi in terram adegerunt.

Chorus Sixti quadratam formam paulo longiorem præ se ferebat, tantæ fere latitudinis et longitudinis quantæ fortasse hodie extat ibi chorus novus a Paulo V ædificatus, parietes habebat multæ crassitudinis, palmorum circiter tredecim; tegebatur non arcuato, sed plano fornice. Hieme a frigoribus, æstate a caloribus defensus omnibus gratus erat. In facie habebat apsidem picturis ornatam, in cujus curvitate erat imago deiparæ Virginis ulnis filium gestantis, in corona angelorum sedentis, a dextris ejus princeps apostolorum offerens Sixtum IIII, ad vivum expressum, manibus supplicem, pluviali indutum, nudato capite, cum thiara tribus coronis ad pedes, genibus flexis, Jesu Christo benedicenti, ac sanctus Franciscus; a sinistris vero sanctus Paulus et sanctus Antonius Patavinus in juvenili ætate lilium gestans; supra caput deiparæ duo angeli; hinc inde, alter fidibus, seu testudine, alter lyra sonantes; opus Petri de Perusio, egregii pictoris, ad hanc formam.... (Suit le croquis de la peinture.)

Imaginem deiparæ habuit card. Burghesius, dictos duos angelos card. Montaltus, quos ego Jacobus Grimaldus eidem principi obtuli ac d. d. (1).

In zophoro apsidis hæc legebantur :

[SIXTVS] HOC SACELLVM. A FVNDAMENTIS. ERECTVM. B. VIRGINI.

S. FRANCISCO. ET S. ANTONIO PATAVINO. DEDICAVIT.

Infra erat pictura ex claro obscuro quatuor Evangelistarum in figuris hominum. Sub ea testudine situm erat altare, a pavimento sacelli gradibus aliquot elevatum, binis columnis porphyreticis integris, frontispicio marmoreo, nobilibus diversorum colorum lapidibus, statuaque celeberrima gloriosissimæ Virginis Dei matris filium mortuum cruce depositum sinu tenentis, quæ a Michaele Angelo Bonarota, florentino, pictura, sculptura et architectura clarissimo, mirabili arte facta fuit olim impensa card. S. Dionysii pro sacello S. Petronillæ in dicta basilica; ibique posita tempore Gregorii XIII, ornatum apprime cernebatur. Arcum apsidis sustinebant duæ integræ et magnæ columnæ porphyreticæ (2), in quibus ex eodem durissimo lapide sculpti sunt in summo columnarum duo imperatores (3) in qualibet columna se mutuo amplec-

---

(1) Variante : « Card. de Montealto pro sacra ædicula in vinea sua ad S. Mariam Majorem. »

· (2) Ces colonnes furent transportées dans la chapelle Pauline, au Quirinal, et non au Vatican, comme le prétend Grimaldi. Voir Severano, *Memorie sacre delle sette chiese di Roma.* Rome, 1630, t. I, p. 99. Elles se trouvent aujourd'hui dans la Bibliothèque du Vatican. — Mignanti, *Istoria della sacrosanta patriarcale basilica vaticana*, t. I, p. 102.

(3) Ce motif fait penser aux deux statues de porphyre de Saint-Marc de Venise, où l'on voit également deux empereurs qui s'embrassent.

tantes, induti paludamento et globum manu gerentes. Inde amotæ trans-
latæ sunt in ornatum altaris cappellæ Paulinæ in palatio apostolico Vaticano (aiebat Pompeius Ugonius hos esse Honorium et Archadium).

In altero arcu, supra ingressum sacelli, signa marmorea seu stemmata gentilicia ejusdem pontificis affixa erant cum litteris SIXTVS IIII.
PONT. MAX. Fulciebatur arcus quatuor columnis numidicis cinericiis,
in cujus summitate a parte interiori ex pictura stabat imago sanctissimi
crucifixi ; pendebat ibi magnus elephantis dens, longitudine et crassitu-
dine insignis, pendet hodie in sacrario basilicæ.

Fornix tegens totum sacellum opere plano effictus vergebat à capitulis
marmoreis, pontificis Xysti insignibus sculptis atque inauratis, certis-
que spatiis divisis, quos quidem fornices cœmentarii vocant ad lunas
fabrefactos.

Pavimentum stratum erat parvis lateribus quadris vitriatis cum
robore gentilicio Sixti, in cujus medio stabat nobilissimum sepulcrum
a terra elevatum ejusdem Sixti, quod majori pietate quam impensa
Julius secundus ejus nepos, dum cardinalis esset, ab Antonio Polaiolo
florentino ex ære, præstanti opera, faciendum curavit, cinctum socculo
marmoreo viridi lacædemonio, cernitur hodie in sacrario basilicæ.

Hinc inde subsellia basilicanorum triplici ordine extabant ex nuce
variis floribus et figuris cœlata ac segmentata pari magnificentia a Sixto
memorato pontifice fabrefacta, canonicorum cæteris eminentiora.

In ambitu apsidis in parte Evangelii humi sepultus erat Julius secundus, Sixti quarti nepos.... Corpus Julii secundi cum optimis paramentis
aureis, sine annulo aureo, et ossa confusa cum paramentis ; signum
eorum quæ Paulus Jovius scribit in vita Pompei card. Columnæ, dum
agit de miseranda urbis clade a nefario Carolo duce Borbonico et militibus ejus tempore Clementis septimi ; ait enim non solum barbarica
rabie sævitum ab ipsis fuisse in vivos, sed etiam in mortuos, tumulos
aperiendo ut raperent annulos aureos ; qui sacrilegi satellites chorum
Sixti IIII ingressi sepulcrum Julii aperientes deprædati sunt. Non ape-
ruerunt sepulcrum Sixti 4ti, ut arbitror propter difficultatem elevandi
totam machinam æream. Corpus Sixti integrum erat, aureis vestibus ex
broccato indutum, cum uno annulo aureo pulcherrimum saphirum magnum preciosum habente, cum armis Pauli secundi in auro cœlatis, ac
cum litteris PAVLVS PP II, valoris, ut scribit Joannes Burchardus in
suo diario anni 1484, ducatorum trecentorum, atque supra corpus ejus
aureus unus nummus, julii duo argentei, cum alio argenteo nummo,
quem hodie testonem vocant, atque alio æreo ad subjectum exemplar...
(Suit le dessin de cette médaille.)

Parietes dealbati, cum crucibus rubris ad formam consuetam effictis,
signum consecrationis ejusdem sacelli, binas magnas habeba(n)t fenes-
tras meridiem respicientes.

Fornix item albus erat, in medio ejus fornicis insignia marmorea
Sixti inaurata coloribus tacta cernebantur. Limina sacelli munita erant
ferrea crate, supra quam ligneus suggestus musicorum extabat.

Die igitur dominica XV Novembris 1609 cantavit missam majorem Marius Alterius canonicus dictæ basilicæ in ara chori.... et hoc fuit ultima missa in choro et vetere basilica celebrata....

Die lunæ XVI ejusdem, Aloysius Cittadinus canonicus, post elevatam superiorem mensam lapideam longam palmis X, latam palm. 6 unc. 2 altaris chori, accepit ex labro porphyretico pulcherrimo et integro, conchæ instar fabrefacto, innixo super ornamentis ad pedes leonum effictis ejusdem durissimi lapidis, capsam cedrinam intra quam erat alia arca parva eburnea arcuata, longa palmo uno, diversis operibus et coloribus segmentata et signis clusa ; sub capsa cedrina stabat lamina plumbea hujusmodi inscriptione notata per quondam Guillermum Roccham Valentinum, archiepiscopum salernitanum, cujus sepulcrum hodie cernitur sepulcrali imagine et stemmatibus in ecclesia populari ad portam Flaminiam :

Anno christianæ salutis nono et septuagesimo supra mille et quadringentos, sexto idus Decembris, in conceptionis B. Mariæ Virginis celebritate, Sixti IIII pont. max. jussu, hanc cappellam cum altare, quam opere sumptuoso erexerat, magnifice dotaverat in honorem ejusdem Dei genitricis et sanctorum Christi confessorum Francisci et Antonii de Padua R. P. Guillermus archiepiscopus salernitanus, Suæ Sanctitatis referendarius, dedicavit ac consecravit, et in hoc altare reliquias sanctorum infrascriptas recondidit... (Suit la liste des reliques.)

Ambrosienne, n° I. 87. inf., f° 72.

Le trésor de la basilique de Saint-Pierre pendant le sac de Rome, en 1527.

Une partie seulement de ce récit est inédite ; le reste a été publié par Torrigio dans ses *Sacre grotte Vaticane*, pp. 255-259 (depuis : *basilica S. Petri diripitur* jusqu'à : *centum ducatis redemerunt*). Mais comme les passages omis offrent un intérêt des plus vifs et qu'ils donnent à l'ensemble une physionomie vraiment originale en même temps qu'ils servent à nous convaincre de son authenticité, il ne sera pas inutile de reproduire ici le chapitre tout entier.

M. Charles Milanesi ne paraît pas avoir eu connaissance de cette relation, qui a presque la valeur d'un témoignage contemporain. On ne la trouve du moins pas mentionnée dans son recueil intitulé : *Il sacco di Roma del MDXXVII*, *Narrazioni di contemporanei* (Florence, 1867). C'est un motif de plus pour la remettre en lumière.

Anno MDXXVII, sub Clemente septimo pontifice maximo, atra illa die sexta Maii, Joanni apostolo sacra, cum Carolus dux Borbonius, perditionis alumnus, maximo cum exercitu ad portam Terrionis civitatis Leonianæ, quæ nunc equitum levis armaturæ dicitur, ut illam expugnaret et Romam victor intraret, machinis et apparatu bellico instructus appropinquasset, ubi et ipse procerus dux plumbea glande e tormentario pulvere emissa, divina exigente justitia, temporalem vitam cum æterna incendiorum morte commutavit, Deo optimo maximo suæ potentiæ jaculo impium ipsum sic interficiente, ne potens iniquitate in sua gloriaretur malitia terram sanctam intrasse pedibus apostolorum principis calcatam suoque et innumerabilium martyrum pretioso cruore purpuratam, Clemens tanta clade ex improviso contra urbem grassante dolore indicibili perculsus in arcem sancti Angeli per ambulationem à Vaticano se recepit.

Hoc lugubri anno de sanctissimo Sudario (1) hæc habentur :

In archivo ætherei janitoris pauca eliciuntur. Vivebant multi sub Pio V et Gregorio XIII ex basilicanis qui prædationem hanc viderant; nil memoriæ reliquerunt in tabulis, mortui jam sunt. Pauci supersunt hodie, qui excidii ipsius miserias à prædictis audierunt.

Ab his nuper accepi sudarium Christi, lanceam, et sancti Andreæ caput in suis ciboriis deprædationis tempore permansisse intacta, salva et illæsa.

In tanta rerum turbatione claves sudarii amissæ fuerunt; ex censuale anni 1528 sacristiæ exactor solvit carlenos X pro clavibus Veronicæ.... Argumentum quod ex eo minime motum fuerit sudarium ciborio, resque hujuscemodi si in arcem sancti Angeli delata (?) fuisset non est dubium aliquod ;quin Jovius et alii scriptores non notassent, pariterque aliquid extaret in archivo basilicæ atque traditio vigeret, sicut viget hodie apud basilicanos memoratos hæc sanctissima pignora sanctæ Ecclesiæ a suis nequaquam ciboriis amota fuisse. Quod Dei summo beneficio satis superque tribuendum est, qui excæcavit illorum intellectum ut videntes non viderent et intelligentes non intelligerent, ne ad tam excelsas et præclaras reliquias impias et sacrilegas manus extenderent....

Hæc de basilicæ Vaticanæ direptione (etsi digressio sit) ex benignitate lectoris infra apponere libuit :

Occiso Borbonio ad Terrionis portam, sitam in loco nuncupato Magello, sive Macello, ita sub Carolo Magno appellato ex privilegio ejus in dicto archivo sancti Petri, nuncupatum macellum propter occisiones martyrum sub Neroniano gladio, ex Tacito lib. XV, ubi ejus rei gratia Carolus, suggerente Leone tertio, ecclesiam in honorem Salvatoris excitavit, videturque hodie ad dictam portam, habens ingressum ex palatio sancti Officii, et anathemisato ejus corpore in quadam ædicula angusta, quæ modo parochiæ sancti Angeli in fornacibus subjacet, militari tumultu, ut fama est, et Borbonii ædicula appellatur (2), humato, dum

---

(1) Cette relation du sac de Rome ne forme, à proprement parler, qu'un chapitre de l'histoire du saint Suaire.

(2) En marge : « Ædicula ista vocabatur, ante occisionem Borbonii, ædicula

ab illius exercitu Leoniana civitas validissime premeretur (ut est dictæ basilicæ constans fama atque traditio) basilicani aliqui pii viri desiderio anhelantes sanctorum reliquias et magis preciosa servare ac in arcem prædictam deferre, ea in sarcinam unam colligarunt, sed tempus breve illos fefellit. ·

Capitur Roma, urbium regina, dicta die post maximam sanguinis copiam (ut hodie etiam indicat paries palatii Dominici cardinalis de Ruvere, e regione sancti Spiritus in Saxia plumbeis glandibus totus perforatus) fortissimorum civium regionum Pontis et Parionis, portam sancti Spiritus acerrime tutantium, occisorum. Basilica sancti Petri diripitur; reliquiæ prædantur.

Inter quas erat una ex spinis coronæ dominicæ a Jordane Ursino cardinale archipresbytero donata et insigni vasculo clusa, quæ omnino periit.

Sancti Andreæ apostoli genu vase chrystallino, sex leonibus substentato, cum imagine sancti Petri et nomine Nicolai papæ quinti, collocatum, similiter amissum est.

Sancti Philippi apostoli brachium argento et lapidibus preciosis occlusum cum uno camæo galeato, quatuor unionibus et uno smaragdo ornatum, rapitur et basilica sancti Petri tanto thesauro spoliatur.

Brachium unum sancti Gregorii papæ primi itidem etiam ablatum fuit, quod nobilissimo argenteo vase optimo chrystallo et ejus pontificis imagine decorato honorifice conditum erat.

Thecam argenteam cum reliquiis dominicæ syndonis ac sancti Joannis Chrysostomi; item arculam argenteam, Nicolai V stemmatibus ornatam, cum reliquiis sancti Leontii martyris et aliorum sanctorum; item vasculum chrystallinum cum reliquiis sancti Theodori martyris argento tectum; item sanctorum Machabæorum reliquias; item argenteum tabernaculum clarissimæ Ursinarum gentis, signo gentilicio decoratum, cum sancti Silvestri papæ et aliorum sanctorum reliquiis; item sancti Ægidii abbatis in alio digno vasculo reliquias conditas ingenti jactura tantarum preciosarum rerum raptu, ossibus sacrosanctis distractis aliorsum, basilica eadem relicta est, ut haberet in æternum quod lugeret (1).

Sancti Joannis Chrysostomi digitus, tabernaculo dignissimo chrystallino clusus; sanctæ Claræ virginis reliquiæ in scutella de ambra; gabassum, seu reliquiarium, ab Alexandro quarto argento ornatum; tabernaculum chrystallinum, cum pede argenteo deaurato, insignibus Eugenii papæ cœlatum multisque ditatum reliquiis; tabernaculum alterum deauratum cum chrystallo et reliquiis ss. apostolorum Petri et Pauli, et aliorum sanctorum ac sanctæ Catharinæ virginis, etiam cum thecis suis

Gozadini, cum esset tunc familiæ Gozadinorum Bononiæ, ex censuale vinearum anni 1517, in archivo Sancti Petri. »

(1) Cette phrase, d'une construction si bizarre, est un exemple des négligences de style qui abondent dans l'œuvre de Grimaldi.

omnino perierunt, ossa sacratissima, et usque in sæculi finem deside-ratissima.

Sancti Lucæ Evangelistæ calvaria, a gloriosæ memoriæ divo Gregorio papa primo argento tecta, quæ hodie cernitur, tunc retro chori sacellum (ut antiquorum habet traditio et constans in basilica viget fama) in puteum, in tanto rerum anfractu, a minore sacrista projicitur, absconsa ibi per dies aliquot breves, immanissimæ prædæ superfuit, in primo leonum sævientium impetu ingens thesaurus.

Armum dextrum sancti Stephani protomartyris, a Pelagio primo summo pontifice ad basilicam eamdem antiquitus ritu solemni delatum, arcula argentea nudarunt; novissime intra coronam ab angelo sustenta-tam, ill^mi domini Scipionis Corbellutii, ejus basilicæ canonici, nunc sanctæ Susannæ presbyteri cardinalis, impensa ex argento fabrefactam, hæc tam insignis reliquia conditur.

De costa sancti Laurentii martyris, ejus adipe et carbonibus quibus ustus fuit, olim in tabernaculo inaurato cum corona argentea positis atque in ecclesia S. Salvatoris juxta Terriones a Carolo Magno con-structa, ex privilegio antiquissimo anni 797 indict. 7. habetur in archivo ejus basilicæ, in majore ejus ædis ara collocatis, et dudum illinc ad basilicam eamdem delatis, argentum abstulerunt, quæ anno 1611 ab Angelo Damasceno, canonico mag^o, theca ærea et argentea clusæ fue-runt.

Sancti Jacobi intercisi, sancti Sebastiani et sanctæ Mennæ, inclyto-rum martyrum, capita suis argenteis thecis spoliarunt. Sancti Jacobi præfati sacra calvaria a Jordane cardinale prædicto donata ex suo Bra-chiani ducatu accepta; item sancti Sebastiani caput ab Eugenio IIII P. M. intra binas argenteas imagines, lapidibus preciosis distinctas, magnifice claudebantur. Fortissimi martyris Jacobi intercisi corpus ex Martiniano castro, juxta lacum Clodianum, Brachianæ ditionis, ut mo-numenta Braccarensis ecclesiæ docent, Paschalis secundi auctoritate, ad ipsam Lusitaniæ metropolim delatum est.

Sancti Longini martyris, sancti Josephi ab Arimathia et sancti Gu-lielmi confessoris brachia argento sacrilege nudarunt.

Sancti Lamberti, trajectensis episcopi, sacri capitis partem a Nico-lao V. argento occlusam spoliarunt.

Amissæ sunt paucæ nonnullæ aliæ reliquiæ sanctorum, ut libri sa-crarii ejus temporis docent, sed pia ædituorum illorum diligentia, Deo iniquos satellites reprimente ne in pejora ruerent, multæ ea clade ser-vatæ fuerunt. Agendæ Christo sunt gratiæ ut videamus nunc the-saurum magnum in thecis argenteis complurium insignium reliquiarum in sacrario basilicæ prædictæ digno honore collocatum.

Crucem magnam piissimi Constantini Augusti auream et argenteam; — regnum quo coronatus fuit Nicolaus V; — rosam auream Martini V; — scutellam ex chrisopatio; argento aurato ornatam, gemmam magni pretii, si talis chrysopatius orientalis fuisset, sed hodierni aurifices pro certo tenent hanc gemmam fuisse ex chrysopatio alemannico, qui sunt

majores et molliores, fuissetque magni valoris dicunt; — scutellam ex
croniola; — naviculam chrystallinam beati Petri ab Eugenio quarto
donatam, habentem vexilla quatuor, insignia Eugenii, saphiros, balas-
sos et alios preciosos lapides; — culcitras, sive stragula funebria aurea
ad flores crispante auro, Eugenii, Pauli II, Callisti tertii, aliorumque
pontificum, prioris de Roma e familia Carafa, Petri Zaccostæ, Rhodi
magistri, ad triginta et ultra, brevitatis causa omissa; — candelabra
argentea majora et minora; — cruces preciosissimas unionibus, saphirris
et balassis ornatas; — calices multos; — cymilia denique cuncta, ipsorum rapinæ placita, ingenti jactura prædati sunt.

Crucifixum, ad hominis staturam, a Carolo Magno donatum ex
argento ob nigritudinem non cognoverunt; inde in usus sacros ad nova
candelabra et duas apostolorum principum statuas faciendas conversum,
relicto schemate imagineque priori simili ex stucco, seu mixtura, ad
hanc usque diem.

Non defuit tunc canonicorum opera de servandis reliquiis enixe. Post
direptionem namque magnum calicem argenteum a nobilissima virgine
Ursina, filia Jacobi Ursini, in ecclesia S. Mariæ Novæ sepultæ, pie
oblatum, qui adhuc extat, guttur S. Blasii martyris in argenteo tabernaculo, cum duobus angelis ornato, et Justini imperatoris crucem, ac
diversa argenti frusta a Cæsarianis militibus Germanis centum ducatis
redemerunt, ut censuale sacristiæ 1527 aperte demonstrat.

Mirandum igitur valde est, ut nefarii ipsi prædones, illecti gemmis
et unionibus sacri verticis sancti apostoli Andreæ, non ascenderint
ciborium ad argentum lapidesque pretiosos ipsius capitis auferendum.

Scribit Paulus Jovius, in vita Pompei cardinalis Columnæ, non solum
barbarica rabie sævitum ab his fuisse in vivos, sed etiam in mortuos,
tumulos aperiendo, ut raperent annulos aureos, sicut contigit de sepulcro Julii secundi, quod pene aram chori situm erat ab illis apertum,
rapto annulo, projecto corpore in medium sacellum, quod postea ædituorum tunc opera intra angustam capsam, confusis ossibus cum paramentis sacris, bellico urgente timore, in eodem loco sepultum fuit; ita,
ut Jovius dicit, reperta fuerunt ossa Julii anno 1610, die 12 Februarii,
in demolitione antiquæ basilicæ.

Beati Petri templum sacrosanctum, cujus fama et sanctitas diffun-
ditur per universum orbem, cui nefandissimus Totila honorem detulit
parcendo his qui ad illum confugerant, cujus anteriores gradus summæ
venerationis ergo inclitæ memoriæ Carolus Magnus singillatim osculatus
est, impie profanaverunt, violando virgines, dehonestando mulieres in
magno numero, miseros pontificiæ cohortis Helvetios occidendo, tam
in atrio, quam in basilica, trucidato ipsorum duce lecto cubante, uxore-
que ejus opem ferre nitente viro vulnerata manibusque mutilata, quæ
ad Pii IIII tempora vixit, a summis pontificibus honeste tractata.

Scribere libet horrendum facinus quod proceri illi satellites aggressi
fuerant in Lateranensi basilica, quod operæ complevissent, nisi Deus
suo opponenti digito illis obstitisset. Relatu quondam Diomedis Jantelli

chorani sub Pio IIII in eadem basilica et Clemente VIII in Vaticana
ecclesia sacristæ multoties narrantem audivi, idque ipse acceperat a late-
ranensibus canonicis qui tempore excidii vivebant, quod Borbonii milites in magno numero convenerunt in sanctissima Lateranensi ecclesia
ut gravi ferreo malleo unam ex quatuor marmoreis parastatis , ciborium
capitum apostolorum Petri et Pauli substinentibus, frangerent, et machinam totam ad terram dejicerent, preciosissimas gemmas et magnum
argenti pondus quibus calvariæ ipsæ ornatæ sunt sacrilege ablaturi, bre-
viorem modum non invenientes ad sacrum loculum aperiendum , diffisi
tot cratibus ferreis quibus valido munimine cinctus est ambo. In solario
supra tabernaculum timore pressus latebat æedituus unus , qui ut vidit
milites ipsos malleo parastatam percussuros campanulam in prædicto
solario appensam (quod divinæ bonitati et miraculo tribuitur) pulsare
cœpit ; illi unde sonitus adveniret ignari non campanam, non presbyterum in lacunari absconsum ullatenus videntes , magno timore conter-
riti, insidias timentes, ab incœpto statim destitere, catervatim extra ecclesiam abeuntes, ubi sic divina faciente justitia, dissensione quadam inter
eos suborta , vibratis ensibus inter se certare cœperunt. Interim con-
sultum fuit sacrosanctis capitibus a Senatu romano apud primarios
duces exercitus , servarique suo tempore aiebat Laterani clavam ipsam
ferream (1).

Ambrosienne, nᵒ I, 168, inf., fᵒ 66.

Je joins à ces extraits une lettre de Grimaldi , — la seule que
j'aie réussi à me procurer. Cette pièce, qui est en même temps
un des rares documents qu'il ait rédigés en italien , se trouve dans
le manuscrit 2023, folio 187 , du fonds de la reine Christine , à la
Bibliothèque du Vatican.

Illᵣᵉ et Eccᵗᵉ Sigᵣ. mio Illᵐ⁰. — Ho procurato di pigliar i principij delli
tre libri che io promisi a V. S. per mandar fuori a veder se si trovano
in altre librarie, non ho possuto per star male ancora chi tiene la chiave ;
subito guarito non mancarò. Per adesso si potra mandar la nota all'
Illᵐ⁰ Sigᵣ Cardinale con avisarlo della sudᵃ diligenza che si farà quanto
prima.

Li libri sono questi scritti in carta pergamena di carrattere assai
antico.

Una compilatione de decreti scritta et fatta in tempo di Alessandro 3ᵒ.
il cui titolo è Compilatio decretorum per Magistrum Labbantem Cardinalem tituli Sanctæ Mariæ Transtiberim ad Petrum praesulem Pampi-
lonae. Et è volume assai grande ; ed è tenuto un libro raro et che non si
trovi in altro luogo.

Un libro over volume assai grande et di molte carte di lettera molto

(1) Il s'agit du marteau dont on s'était servi pour démolir le tabernacle.

abbreviata et minuta ; mancano nel fine alcune carte perse per negligenza di chi ne haveva cura, essendo stati molti anni con i libri di essa libraria di S. Pietro in una stanza della fabrica mal tenuti, et alcuni mesi ammontonati come sassi; lo trovai in tempo di Clemente VIII sciolto e buttato in un cantone di armario, lo feci ligare, et vedere da Mons.r Pegna, et altri auditori di Rota, e lo riputorno opera rara ; è rimasto per sorte il titolo del libro di lettera piccolina nella prima carta, cioè : Liber Magistri Gottifridi de Alatro super decretis. E' notato in alcuni inventarj della sudetta libraria cioè nell' Inventario del 1456, 1457 et 1458 : Rescriptum super decreto domini Goffreddi de Alatro. Il detto libro è notato in esso inventario tra gli altri libri donati alla sud.a basilica dal Cardinal Giordano Orsino arciprete di S. Pietro in tempo di Eugenio 4° (1).

In indice librorum anni 1454. Rescriptum super decreto D.l Goffredi de Alatro.

Il detto Gottifredo fù diacono cardinale creato da papa Alessandro 4°. fondatore di una chiesa di S. Stefano in Alatri come hoggi mostra il nome di lui scolpito in marmo in essa chiesa. Fù auditore di Rota come testifica il registro di d° Alessandro papa l'anno 4° di che ne ho memoria cavata da detto registro.

L'altro libro è un colletto di espositori sopra l'Apocalipsi, ed è lettera antichissima. Lo mostrai al sig.r Dom.co per veder se era in libraria di Palazzo et fece diligenza et non lo trovò. In liminari pagina in principio et in fine vi sono queste lettere di carattere antichissimo.

Iste liber est Gregorii praesulis summi. Il Sig.r Domenico et io pensiamo detto Gregorio essere stato il settimo per esservi uno espositore circa quelli tempi.

Hora non mancarò far la diligenza quando mi sarà dato potervi entrare, et servire V. S. come desidero fare, et di corrispondere in parte alla benivolenza ch'ella mi dimostra col vivo affetto, con che li bascio le mani. Di Casa à p° di Maggio 1615, — Di V. S. Ill.re et Ecc.te aff.mo serv.e — Giacomo Grimaldi. — All' Ill.re et Ecc.te Sig.r mio Oss.mo, il sig.r Alessandro Rainaldi.

---

(1) Voir sur ce legs Marini, *Archiatri pontificj.*, t. II, p. 130 ; Rome 1784 et Cancellieri, *de Secretariis*, t. II, pages 906 et 915.

II

LE MYSTÈRE PROVENÇAL DE SAINTE AGNÈS

DU MANUSCRIT DE LA BIBLIOTHÈQUE CHIGI ET DE L'ÉDITION DE M. BARTSCH

PAR

M. Léon CLÉDAT

ANCIEN MEMBRE DE L'ÉCOLE FRANÇAISE DE ROME.

On connaît la curieuse légende de sainte Agnès, dont la rédaction est attribuée à saint Ambroise (1). Bien qu'appartenant à une famille païenne, Agnès avait embrassé la foi nouvelle et avait fait vœu de ne connaître jamais d'autre époux que le Christ lorsque, à l'âge de treize ans, elle est rencontrée, se rendant à l'école, par le fils du préfet de Rome, qui s'éprend pour elle d'un vif amour. Il demande la main de la jeune fille ; mais il est repoussé, et ne tarde pas à tomber malade. Il déclare alors à son père qu'il ne peut être guéri que par l'amour d'Agnès. Aussitôt on mande Agnès au palais du préfet. Elle demeure inflexible, et s'entend condamner à être jetée au milieu d'un lupanar. Mais Dieu veille sur elle, et lui envoie ses anges pour la protéger. Le fils du préfet veut passer outre ; il est frappé de mort. Cependant Agnès, touchée par la douleur du père, consent à le ressusciter. Le préfet, homme faible, ne voulant plus poursuivre celle qui lui a rendu son fils, et n'osant pas l'acquitter, laisse l'affaire entre les mains de son vicaire. Agnès est condamnée par ce nouveau

(1) *Acta sanctorum*, 21 janvier.

juge à être brûlée vive, et la sentence de mort, un instant retardée par un miracle, est enfin exécutée.

L'auteur du mystère provençal qui va nous occuper suit fidèlement ce récit. Les modifications qu'il y apporte sont peu nombreuses : il met en action, en les développant, certains incidents qui ne sont qu'indiqués dans la légende, comme l'interrogatoire des parents d'Agnès ; il ajoute quelques scènes, comme celle de la conversion et du baptême des courtisanes, ou celle des lamentations de la mère et de la sœur d'Agnès ; mais le plus souvent il traduit la légende presque mot pour mot. Il faut même reconnaître que c'est une pâle traduction. Le mérite littéraire de cette œuvre est donc à peu près nul ; au point de vue dramatique toutefois, nous y trouvons une certaine recherche d'effets, sur laquelle il est intéressant d'insister.

I

La scène où l'on représentait le mystère devait avoir trois étages : en bas l'enfer, au milieu la terre, et au-dessus le ciel (1). Les événements qui se passent au ciel et en enfer sont du reste en petit nombre. Notre attention n'est appelée qu'une fois dans le domaine de Satan : c'est au moment où l'archange Raphaël y pénètre, sur l'ordre du Christ, pour en retirer l'âme du jeune téméraire que sainte Agnès va ressusciter. Les diables, qui étaient occupés à faire cuire leur nouvelle proie, disparaissent en sifflant devant Raphaël, avec lequel nous remontons aussitôt sur la terre. L'auteur du mystère nous transporte plus fréquemment au troisième étage : nous y voyons d'abord le Christ remettre à l'archange Michel un vêtement de cheveux pour couvrir Agnès et une épée pour la protéger. Dans la légende, au moment même où Agnès est dépouillée de ses vêtements, sa chevelure croît miraculeusement et la revêt. La science du machiniste, à l'époque où se place notre mystère (2), n'était probablement pas assez développée pour que l'on pût exécuter ce changement à vue, si bien qu'Agnès

---

(1) Il n'est pas douteux qu'il n'y avait aucun changement de décoration. Le théâtre représentait simultanément, et non pas successivement, le ciel, la terre et l'enfer. Les indications des jeux de scène seraient inconciliables avec la théorie contraire. Sur la disposition matérielle des théâtres au moyen âge, voir le curieux texte latin qui accompagne le drame français d'*Adam* publié par M. Luzarche en 1854. Consulter aussi l'*Histoire de la mise en scène jusqu'au Cid*, par E. Morice.

(2) Au quatorzième siècle.

reste assez longtemps nue sur la scène, et chante même la douleur qu'elle en éprouve (1). Il semble cependant qu'on lui avait laissé un *mantel*, qui joue un rôle délicat à préciser dans les recommandations déshonnêtes que le préfet Sempronius fait au portier du mauvais lieu (2).

Mais le Christ s'aperçoit qu'il a oublié de dire à l'archange Michel de délier Agnès, et il songe que le vêtement de cheveux est peut-être insuffisant. C'est alors qu'il fait venir l'archange Gabriel et lui donne de nouvelles instructions. Un peu plus tard, nous assistons aux ordres donnés à l'archange Raphaël, d'abord pour la résurrection du fils du préfet, ensuite pour les consolations divines à transmettre à la sainte sur son bûcher. Enfin c'est encore dans le ciel que se déploie l'apothéose finale.

Tout le reste de l'action se passe naturellement sur la terre. D'un côté nous avons le palais ou château (*castellum*, disent les rubriques latines du mystère) du préfet ou sénateur Sempronius, de l'autre le château de la famille d'Agnès, au milieu une place publique avec le tribunal, la *cathedra*, du sénateur, et au fond le lupanar. Ces divers édifices devaient être disposés de façon à ce que le spectateur pût assister aux scènes de l'intérieur, ou plutôt ils étaient remplacés par de simples pancartes indiquant le lieu de la scène ; l'imagination du spectateur faisait le reste.

Quoique le manuscrit du mystère ne porte aucune division, en lui appliquant nos habitudes modernes on peut y trouver trois actes (3) : l'acte du jugement, celui du lupanar, et celui du martyre. Le premier est le plus développé : c'était sans doute celui que le public goûtait le plus au moyen âge, comme l'acte de la cour d'assises dans nos mélodrames contemporains. L'auteur du mystère a même ajouté à cet acte, postérieurement, deux petites scènes sur lesquelles nous reviendrons à l'occasion d'une méprise de M. Bartsch, et qui nous paraissent avoir été destinées à rendre plus éclatant, en le retardant, le coup de théâtre produit par la profession de foi chrétienne d'Agnès.

Les mystères étaient composés pour un public très-nombreux

---

(1) Lignes 528 et 529 de l'éd. Bartsch :
  Tal dolor ai qel cor mi vol partir
  Qar nuda sui afr'aqesta gent vil.
(2) Lignes 463 et 464 :
  E mena la mi al bordell
  E fai lo li sos so mantell.
(3) Nous ne parlons, bien entendu, que de la partie du mystère qui nous est conservée : les premiers feuillets du manuscrit sont perdus.

18

et très-peu lettré : une grande partie des spectateurs devaient être d'ailleurs trop éloignés de la scène pour entendre complétement les acteurs. Aussi s'explique-t-on fort bien que, dans le mystère de sainte Agnès en particulier, le dialogue soit peu soigné, et que la partie musicale et la partie merveilleuse aient reçu un grand développement. C'est un drame lyrique et féerique. Il est certain que les complaintes qui abondent, surtout dans la seconde partie de l'œuvre, et qui étaient chantées sur des airs populaires indiqués par le manuscrit, devaient ravir le public aussi bien que le son des trompettes, les apparitions d'anges et de diables, et ce chant solennel du *Silete*, qui retentit dans le ciel à plusieurs reprises pendant les péripéties de l'acte du martyre.

Il ne faut donc pas trop reprocher à l'auteur les conversions multipliées qu'il a ajoutées à la légende. Le spectateur le plus éloigné de la scène comprenait très-bien le sens d'un baptême représenté sous ses yeux, tandis qu'il n'aurait ni entendu ni compris, à défaut d'action, les sentiments les mieux étudiés et exprimés dans le plus beau langage. La même raison peut expliquer comment l'auteur du mystère a complétement négligé la peinture des caractères. Il aurait pu devancer Corneille en créant, dans le personnage de Sempronius, un caractère analogue à celui du Félix de *Polyeucte*, le type du fonctionnaire bourreau de lui-même : c'est ainsi que la légende nous présente Sempronius. Au lieu de cela, il nous offre un personnage insignifiant, païen fanatique au premier acte, et chrétien parfait au troisième. Ce devait être plus clair pour les gens du moyen âge, quoique ce soit moins intéressant pour nous. Le mystère nous montre ensuite Sempronius renversé du pouvoir par le peuple révolté, tandis que, dans la légende, Aspasius, vicaire de Sempronius, ne le remplace que sur son ordre, et seulement pour le jugement d'Agnès. Mais cette transmission de pouvoirs, régulière et momentanée, outre qu'elle ne se fût pas conciliée avec la conversion de Sempronius, eût été moins facilement saisie par le public que le tumulte d'une émeute et d'un changement de gouvernement.

II

Ce qui fait le principal intérêt du mystère de sainte Agnès, c'est qu'il est un des rares exemples de la littérature dramatique du moyen âge dans le midi de la France, et qu'il offre, au point de vue philologique, des particularités fort curieuses. Il est contenu dans un manuscrit de la bibliothèque Chigi (1) qui a été publié pour la première fois par M. Bartsch (2).

Ce manuscrit est réuni à plusieurs autres dans le même volume; mais cette réunion est absolument factice, et uniquement due au hasard de la reliure. Les divers manuscrits ainsi accolés n'ont d'autres rapports entre eux qu'un format à peu près identique et une communauté d'origine qui a donné l'idée de les relier ensemble. Nous n'aurons donc à nous occuper, dans ce volume, que du manuscrit du mystère.

Nous avons déjà parlé des deux scènes qui ont été ajoutées postérieurement en marge. Ce ne sont pas des fragments que le copiste a passés par inadvertance et qu'il a ensuite rétablis; car, si on les supprime, on ne constate aucune lacune dans le texte. Il semble même qu'il y ait plus de suite dans les idées exprimées quand on ne tient pas compte de ces modifications. Il est donc certain qu'il y a eu une retouche de l'œuvre, et non pas seulement une correction de la copie. Et comme cette retouche paraît de la même main que le reste du texte, il y a quelque probabilité pour que nous soyons en présence du manuscrit original de l'auteur ou des auteurs du mystère. Cette probabilité augmente si l'on considère qu'il y a dans le manuscrit un certain nombre de *lapsus calami* ou d'incorrections comme en peut commettre un auteur médiocrement lettré qui écrit à la hâte et sans soin; on n'y trouve pas de fautes de copie proprement dites. Il y a même plusieurs passages où l'on voit que l'auteur a changé, en écrivant, le vers qu'il avait conçu d'abord; par exemple, la ligne 479 de l'édition porte, conformément au manuscrit :

E veirem sil sieus dieus l'en poira aiudar (3).

Mais on lit dans le manuscrit, immédiatement après *dieus*, le mot *volra*, qui a été gratté; il me paraît évident que l'auteur avait d'abord voulu mettre :

E veirem sil sieus dieus volra l'en aiudar (4),

et qu'en écrivant il s'est aperçu que *poira* donnait un meilleur sens que *volra*. De même, ligne 141, le vers se terminait d'abord par

(1) Portant le numéro C, V. 151.
(2) Berlin, 1869.
(3) Et nous verrons si son Dieu *pourra* la secourir.
(4) Et nous verrons si son Dieu *voudra* la secourir.

corbat, qui a été gratté et remplacé par *girat*. De même encore, ligne 300, il y avait d'abord :

    Sol *qe* non fossem encolpat.

Puis on a remplacé *qe* par *nos*, probablement par raison d'euphonie, le vers précédent et le vers suivant contenant également un *qe*, dont la triple répétition eût été désagréable.

Nous ajouterons que ce mystère a dû être le produit d'une collaboration ; car si l'écriture est la même au commencement et à la fin, il y a, à un certain endroit (1), un changement de main qui correspond à un changement d'allure dans le vers et de formes orthographiques. Puis la première main reprend jusqu'à la fin. — Nous pouvons pénétrer encore plus avant dans le secret de la composition du mystère et affirmer qu'il y a eu d'abord un canevas écrit en latin. C'est d'après ce canevas qu'on a composé les vers provençaux, en laissant entre les diverses scènes et les divers discours la place nécessaire pour transcrire purement et simplement dans le texte latin la partie du canevas indiquant les jeux de scène et les changements de personnages. Cette transcription manque en plusieurs endroits, et dans quelques autres on a, par erreur, copié du canevas plus qu'il n'était nécessaire. C'est cette particularité qui nous a inspiré la présente conjecture. On lit aux lignes 778 et 779 : *Qintus miles dicit aliis quod ibit visum*. Les trois derniers mots sont inutiles et font double emploi avec les vers provençaux qui suivent et qui en sont le développement. Il suffisait de mettre *sic* et deux points, comme dans la ligne 786 et partout ailleurs : *Sextus miles dicit sibi sic*.

III

Nous arrivons à l'examen détaillé de l'édition de M. Bartsch. Nous nous arrêterons d'abord aux f°s 70 verso et 71 recto du manuscrit, qui méritent une attention particulière, parce qu'ils contiennent les deux fragments ajoutés en marge dont nous avons déjà parlé plusieurs fois. M. Bartsch réunit les deux fragments en les mettant à la suite l'un de l'autre (2). En réalité, le second fragment, qui est le plus court, et qui commence par *modo loquitur quintus et sextus prefecto* doit être placé cinquante lignes plus loin, immédiatement avant *alter consanguineus dicit Aineti* (l. 269) ; car on

(1) L. 1178 et suivantes. On pourrait encore admettre que le manuscrit, sauf le passage dont nous parlons, a été écrit par un copiste sous la dictée de l'auteur.
(2) L. 154-218 de son édition.

trouve dans le manuscrit, à cet endroit même, un renvoi dont M. Bartsch ne tient aucun compte, et qui consiste dans le mot *quintus* suivi d'une croix. Il ne peut y avoir le moindre doute sur la signification de ce renvoi, qui répond à une croix semblable placée avant *modo loquitur quintus*. Si l'on se reporte au texte, on verra combien le sens devient clair et la suite des scènes naturelle quand on remet à leur place ces discours de *Quintus* et de *Sextus*. Nous ferons remarquer en outre qu'il y a dans le manuscrit un espace blanc entre les huit premiers vers et les six derniers de ce fragment; on peut donc faire commencer, avec une vraisemblance suffisante, le discours de *Sextus* au neuvième vers, à *En cenador*.

Revenons maintenant au premier fragment, qui part de *Modo petit consilium suis ministris* (1). Le discours qui commence par *Seynors onraz* (l. 170) est précédé dans le manuscrit non pas du nom de *Peyre*, mais du chiffre IIII, qui signifie évidemment *quartus*. Cette remarque paraît, au premier abord, n'avoir pas une grande importance, parce que ce *quartus* est évidemment Peyre, et que, par conséquent, la rectification est de pure forme. Mais elle nous permet de rayer un peu plus loin le même mot *quartus* que M. Bartsch supplée, sans raison aucune, en tête du petit discours qui commence par : .... *q'autre dieu* (l. 195). Ce discours de huit vers est assez embarrassant : aucun renvoi, aucune indication n'en détermine la place exacte, et, comme il est écrit dans la marge du haut de la page, la première ligne en a été considérablement rognée quand on a relié le manuscrit, ce qui empêche de la lire entièrement. Mais ce qui est certain, c'est que M. Bartsch a interverti l'ordre des vers, et que ceux qu'il place troisième et quatrième doivent être rejetés à la fin et sont les septième et huitième. En effet, ces huit vers sont écrits sur trois lignes dans la marge supérieure du f° 70 v° : la première ligne contient quatre vers et occupe toute la largeur de la page. Les deux lignes suivantes ne contiennent chacune que deux vers et n'occupent que la moitié de la largeur. L'erreur de M. Bartsch a été de lire d'abord la première ligne dans toute son étendue, tandis qu'il fallait diviser cette ligne par moitié et n'en lire la seconde partie qu'après la deuxième et la troisième ligne, de la façon suivante :

1er vers. — 2e vers. — 7e vers. — 8e vers.
3e vers. — 4e vers.
5e vers. — 6e vers.

_____

(1) L. 154 de l'édition. M. Bartsch lit : *Modo* redit *consilium suis mi....*

M. Bartsch lit au contraire :

1ᵉʳ vers. — 2ᵉ vers. — 3ᵉ vers. — 4ᵉ vers.
5ᵉ vers. — 6ᵉ vers.
7ᵉ vers. — 8ᵉ vers.

Même *a priori* le système de M. Bartsch ne paraît pas acceptable, car on ne s'explique pas comment le scribe, après avoir écrit les quatre premiers vers en une ligne, aurait pu faire deux lignes des quatre derniers. On comprend très-bien au contraire qu'il ait adopté la division en deux colonnes, s'arrêtant constamment au milieu de la page, et ne passant à la seconde colonne que lorsque, rencontrant le texte, il ne peut plus continuer dans la première. Ce qui tranche la question, c'est que, dans le manuscrit, un trait fin réunit l'extrémité de la troisième ligne au milieu de la première, et indique ainsi d'une façon très-nette la succession des vers.

Les deux mentions en prose : *Modo petit consilium*, etc., et *Modo loquitur quintus*, etc., sont placées l'une dans la marge latérale extérieure du f° 70 v°, l'autre dans la marge supérieure du f° 71 r°. Elles sont d'une main du seizième siècle et me paraissent reproduire des mentions identiques qui se trouvaient auparavant dans le haut des marges supérieures, et que la reliure avait rognées. Ce qui peut contribuer à le prouver, c'est que, sur le bord extrême du f° 71 r°, on voit encore quelques taches d'encre régulières, dernière trace de l'écriture enlevée.

Les erreurs que nous venons de signaler dans l'édition de M. Bartsch sont loin d'être les seules. Plusieurs corrections ont déjà été faites *a priori* au texte qu'il donne, par M. Paul Meyer (1), qui a su deviner le vrai texte à travers les fausses lectures de l'édition. Ainsi, à la ligne 520, M. Bartsch lit :

El bosc clar deua uist at palasih Amfos,

et il propose de mettre à la place :

El bosc clar *ai* vist al palais Amfos (2).

La première lecture n'a pas le moindre sens, et la seconde n'en a guère davantage. M. Meyer a proposé une correction beaucoup plus naturelle, et qui, vérification faite, se trouve être le texte même du manuscrit, que M. Bartsch avait mal lu. Le manuscrit porte en effet, conformément aux prévisions de M. Meyer :

El bosc d'Ardena justal palashi (*pour* palaish) Amfos (3).

(1) *Revue critique*, numéro du 18 septembre 1869.
(2) Ce qui signifierait : Dans le bois clair, j'ai vu au palais d'Alphonse.
(3) Ce qui signifie : Dans le bois d'Ardenne, près du palais d'Alphonse.

Arrêtons-nous d'abord au mot *justal,* que M. Bartsch lit : *uist at.* On ne s'explique pas l'erreur qui consiste à lire *uist* au lieu de *iust*, alors que, dans le manuscrit, il y a un accent, très-fortement marqué, sur le premier jambage et non pas sur le troisième. La sixième lettre est aussi, sans le moindre doute, un *l* et ne peut en aucune façon être prise pour un *t*. On comprend mieux la lecture *clar* au lieu de *dar*, parce que, dans tout le reste du manuscrit, le jambage droit du *d* est constamment incliné dans le sens oblique sur la boucle, ce qui rend la confusion du *d* et du *cl* impossible. Mais nous avons trouvé une seconde exception à cette habitude du scribe, c'est dans la ligne 574 : le *d* du mot *dir*, sur lequel il ne peut y avoir aucun doute, y est exactement fait comme celui du mot *dardena* dans la ligne 520. Cette double exception s'explique très-bien : en effet *dardena* est dans la *première* ligne du f° 72 v°, et *dir* dans la *première* ligne du f° 73 v°; dans ces deux cas le scribe n'était pas obligé d'incliner le jambage, il pouvait le pousser à son aise, et perpendiculairement, dans la marge du haut de la page, où il n'était pas gêné par une ligne antérieure.

Autres corrections de M. Meyer justifiées par le manuscrit : L. 1080, l'édition porte *daierenant,* tandis que le manuscrit donne *daici enant*; l. 1197, l'édition donne *Que si crezes,* tandis qu'il y a *Que cil crezes*.

La vue de M. Bartsch le trompe surtout lorsqu'il y a une surcharge dans le manuscrit : il ne manque jamais, dans ces cas-là, de mêler ensemble le texte primitif et le texte corrigé. Ainsi, l. 257, il y avait d'abord dans le manuscrit :

> *E dises que nos em crestia.*

On a fait les corrections suivantes : on a ajouté *si* au-dessus de la ligne entre *e* et *dises*, on a placé un *i* tout contre l'*e* d'*em*, et on a exponctué les deux premières lettres de *nos*. Le texte ainsi modifié doit donc se lire :

> *E si dises que siem crestia,*

et non pas :

> *E si dises que em crestia.*

De même, l. 699, il y avait d'abord dans le texte :

> Baron ar vos *en retornas* qen brieu retornares.

Puis la même main a effacé, par un trait léger, *en retor*, et a mis au-dessus : *na*, ce qui fait qu'on doit lire : *n'anas*. M. Bartsch lit : *En retornaas*, et substitue sans façon *enquer* à cette fausse lecture. Il y a une autre faute dans le même vers, qui doit être lu ainsi :

> Baron, ar vos n'anas , qen brieu *retornares*.

Après les surcharges , une des causes qui contribuent le plus à troubler la vue de M. Bartsch est la couleur rouge des rubriques en prose. Ainsi , à trois reprises différentes, l. 1357, 1374 et 1471, il s'obstine à lire *quartus* quand il y a *unus* dans le texte (1). Il lit encore (l. 1467) *quatuor*, alors qu'il y a *quando*. Dans cette même ligne il supprime *quinque* (Vᵉ) entre *veniunt* et *angeli*.

Toujours dans les rubriques :

L. 94. Il y a *seiner* après *respondit*. L'édition omet ce mot.

L. 284. Il y a *respondit sibi Aines*, et non pas *respondit sancta Aines*.

L. 534. Il faut ajouter *sibi* entre *portat* et *indumentum*.

L. 561. Il faut ajouter *est* (représenté par le point et virgule abréviatif), après *dictum*.

L. 715. Il y a *iverunt* et non pas *inerant*.

L. 727. Il faut ajouter *sic* après *Aineti*.

L. 1019. Il faut ajouter *et* entre *mortui* et *respicit*.

L. 1356. Il y a *tantum* (tm avec un trait au-dessus), et non pas *tamen*. L'abréviation de *tamen* est *tn*.

On trouve une autre mention en prose placée en marge par une main postérieure sur le fol. 70 verso. M. Bartsch la lit (l. 154) : *Modo redit consilium suis mi...*, tandis qu'il y a : *Modo petit consilium suis ministris*.

Autre catégorie d'erreurs : Dans le manuscrit de *sainte Agnès*, on trouve souvent employé un signe abréviatif, qui n'est autre qu'un point et virgule, et qui remplace tantôt *er*, tantôt *m*, tantôt *n*. M. Bartsch confond le plus souvent ce point et virgule avec la lettre *z*, quoiqu'il n'y ait pas la moindre ressemblance entre les deux. C'est ainsi que, pour la ligne 781, il met en note *vesz*, pour la ligne 1065 il lit encore *crestiaz*, pour la l. 1086 *fazlia*, pour la l. 1262 *noz*. — On sait aussi que, dans l'écriture gothique, l'*r* se fait de deux façons, et que, sous l'une de ses formes, il ressemble un peu au *z*. A la ligne 900, il y a un *r* ainsi fait après *vene*, et cet *r* est coupé par un jambage abréviatif oblique, représentant, comme chacun sait, la syllabe *unt* ou *um*. M. Bartsch lit dans cet ensem-

---

(1) *Unus* est écrit *un* avec l'abréviation d'*us*. M. Bartsch a pris les quatre jambages d'*un* pour le chiffre 4.

ble le mot *venzi*, et il renvoie à tort, pour un autre exemple de ce prétendu *z*, à la ligne 781, où il y a un point et virgule abréviatif et non pas un *z*. A ce propos, nous ferons remarquer que M. Bartsch a voulu plusieurs fois, au moyen d'apostrophes, de traits et de petites lettres, représenter exactement l'état paléographique de certains mots dans le manuscrit. Mais les caractères d'imprimerie se prêtent mal à ces représentations ; par exemple, ligne 377, le manuscrit porte *deshar*, et, au-dessus d'*sh* (non entre *sh* et *ar*, comme on le croirait d'après le *fac-simile* approximatif de M. Bartsch), il y a deux petites lettres ajoutées. Ces deux lettres, peu lisibles, sont du reste plutôt *pe* que *on*.

Voici quelques fausses lectures de M. Bartsch, qui sont plus importantes :

L. 88. Il y a *onrar* et non pas *amar*.

L. 176. Il y a *daray* et non *diray*.

L. 1336. Il y a *tenrai* et non *ferai* ;

L. 1345. Il y a *ar* et non *or* ;

L. 1459. Il y a *ves li* et non *nessi*.

Je proposerais, en outre, de lire *nostre* grat, au lieu de *vostre* grat, à la ligne 166.

IV

Nous indiquerons maintenant, dans l'ordre des lignes, un certain nombre d'autres lectures inexactes de M. Bartsch. Elles sont générale ment moins graves que les précédentes. Quelques-unes de nos rectifications devront passer dans le texte même, les autres constituent des fautes du manuscrit, qu'il suffit de mentionner en note, conformément au système adopté par M. Bartsch.

L. 72. Le manuscrit donne *mollers* et non *moillers*.

L. 108. Il y a un trait sur *ses*, ce qui en fait *sens*.

L. 110. Le manuscrit donne bien *mandat* et non pas *mendat*.

L. 148. Le manuscrit porte *diau*; de même aux l. 272, 286 et 416.

L. 170. Il y a sous le *t* d'*onrat*, une sorte de cédille, qui était vraisemblablement destinée à le corriger en *z*.

L. 180. La fin du vers manque, et M. Barstch supplée *o perdon*. Il est certain cependant que la première lettre n'est pas un *o*, car on voit la première partie de cette lettre, et c'est un jambage droit.

L. 195. Je propose de lire, avant *q'autre dieu*, *Seyner ne cresas* ou *Seyner ne crerai*. Il manque pour ce vers la moitié supérieure de toutes les lettres.

L. 196. Le vers se termine par *ceipa* ou *celpa*. Même observation que pour la ligne précédente.

L. 198. M. Bartsch lit : *e ma ley ost e seyn*. Je lis plutôt : *en la ley ost enseynat*. Même observation que pour les deux lignes précédentes.

L. 217. Il y a un trait sur *sos*.

L. 228. On lit ense*n*iada et non pas ense*i*nada.

L. 314. *Ainetis* et non *Aicnetis*.

L. 344. *Jorn* est écrit par un *c* cédillé.

L. 377. Il y a un trait sur *no*.

L. 454. *Tostemps* et non *tostems*.

L. 490. Il y a un trait sur *fo*.

L. 496. Il y a un trait sur *no*.

L. 499. Le manuscrit donne *naqc alegrainza*.

L. 510. Il y a *prenes* et non *prenas*.

L. 515. Il y a *luniarai* et non luiniarai.

L. 539. Il y a *non* entre *homs* et *pusca*.

L. 570. Le manuscrit porte : nostre ydola qe *non nos*.

L. 574. Il y a un trait sur *ses*.

L. 592. *Fisas* ot non *fizas*.

L. 596. Il y a *spirit* et non *sperit*.

L. 606. Il y a un trait sur *be*.

L. 626. Le manuscrit donne *paire* sans *s*.

L. 639. *Baptisme* et non *baptesme*.

L. 645. Il y a *desois* et non *desors*.

L. 650. *Aines* et non *Agnes*.

L. 660. Il y a *conoisent* avec un trait sur le premier *o*. *Senor* ne manque pas du tout dans le texte *b* qui porte en outre aytal et conoysent.

L. 661. Il y a *hom* avec un trait sur l'*o*.

L. 662. Le texte *b* porte : *al* sieus.

L. 663. Le texte *b* donne : *ans* lur.

L. 679. Il y a : defora e puh.

L. 720. Il y a *nos sa siam vengut* au lieu de : *nos em vengut*.

L. 765. Il y a bien *garda ser* et non pas : *garda da ser*.

L. 783. Le manuscrit donne : qella *si* sia.

L. 792. *Seniors* et non *senors*.

L. 799. Le manuscrit porte bien *ques el* fos, mais l'*s* et un des *e* sont exponctués.

L. 811. Il y a *criz* et non *critz*.

L. 878. *Ult* et non *vult*.

L. 880. Il y a *via* et non *vias*.

L. 892. Il y a un trait sur la première syllabe de *venes*.

L. 913. Il y a *to* jhorn et non *lo* jhorn.

L. 920. Il y a *amfrelz* et non *ansrelz*. Conf. l. 843.

L. 927. La fin de ce vers est très-effacée, mais on lit plutôt : *fort iust narai*.

L. 931. Il y a : en *so*, et non *en ço*.

L. 941. Il y a : *qu'anc* mais, et non *que* mais. M. Bartsch a négligé l'*a* qui est au-dessus du *q*, et a lu le *c* final comme un *e*.

L. 942. Il y a : *grans*.

L. 952. Le manuscrit donne *fara* et non *farai*.

L. 988. Il y a bien *mon fil* et non pas *ques il*.

L. 1013. *Ques* et non *quez*. La fin du vers est peu lisible, mais le dernier mot se termine en *nozor* et non en *ouzor*.

L. 1026. Le manuscrit ne donne pas *aai*, mais l'*a* d'*ai*, étant la première lettre du discours, se trouve répété en rubrique. Pourquoi ne pas lire aussi *ddiable* à la l. 1042, et *uueimays* à la l. 1404?

L. 1028. Il y a une cédille sous le *c* de *doucor*.

L. 1034. Il y a *del cenador* et non *de cenador*.

L. 1080. Il y a *uel* et non *vuel*.

L. 1107. Il n'y a pas *es*, mais *ee* avec un trait au dessus, ce qui est l'abréviation régulière d'*esse* en latin et d'*esser* en provençal.

L. 1127, 1128 et 1129. Il n'y a pas *es*, mais le point et virgule avec un trait au milieu, qui est ordinairement l'abréviation d'*est*.

L. 1135. Il y a *tro*.

L. 1137. *Quanz* est écrit par un *c*.

L. 1146. Il y a *com* par un *o*.

L. 1164. Il n'y a pas *baron d'aiso*, mais *baron aiso*.

L. 1172. Il y a : *aitri*.

L. 1202. Il y a *pregas* et non *preges*.

L. 1229. Il y a : *recitatz*.

L. 1233. *Mais* et non *mas*.

L. 1237. Il y a et il faut *nos* et non *vos*.

L. 1302. Il y a : *liunage* avec un trait sur l'*u*.

L. 1370. *Tastut*.

L. 1399. Il y a un trait sur *fi*.

L. 1413. *Montaina* et non *montana*.

L. 1417. Il n'y a pas aparaellada, mais l'*a* a été refait en *e*.

L. 1464. Il y a *d'aqi* et non *d'aci*.

TOULOUSE. — IMPRIMERIE A. CHAUVIN ET FILS, RUE DES SALENQUES, 28.

TABLE DES MATIÈRES

ÉTUDE SUR LE *LIBER PONTIFICALIS*

ANALECTA

CPSIA information can be obtained at www.ICGtesting.com
Printed in the USA
LVOW131810050612

284782LV00024B/360/P